智·慧·商·业
创新型人才培养系列教材



# 供应链管理实务

李志君 崔星／主编
花永剑／副主编

人民邮电出版社
北京

**图书在版编目（CIP）数据**

供应链管理实务 : 微课版 / 李志君，崔星主编. -- 4版. -- 北京 : 人民邮电出版社，2023.7
智慧商业创新型人才培养系列教材
ISBN 978-7-115-60657-0

Ⅰ. ①供… Ⅱ. ①李… ②崔… Ⅲ. ①供应链管理－高等职业教育－教材 Ⅳ. ①F252.1

中国版本图书馆CIP数据核字(2022)第232514号

## 内 容 提 要

本书包括理解供应链、供应链驱动要素、供应链运营管理、供应链需求预测、供应链综合计划、供应链采购管理、供应链库存管理、供应链运输管理、供应链生产管理和了解供应链前沿动态 10 个任务，系统地介绍了供应链管理的基础知识和基本技能，同时根据各任务内容的特点和要求，提出了相应的知识目标、技能目标和素养目标。其中，基础知识讲解部分注重理论的渗透，实践环节则以工作过程为导向进行讲解。

本书内容充实，简单易懂，充分反映了新的教学模式，具有可操作性，符合高等职业教育的实际情况。

本书可作为高等职业院校物流管理、企业经营管理及连锁经营管理等相关专业的教材，也可作为企业人员自学和提高管理工作效率的参考书。

◆ 主　　编　李志君　崔　星
　副 主 编　花永剑
　责任编辑　刘　尉
　责任印制　王　郁　彭志环

◆ 人民邮电出版社出版发行　　北京市丰台区成寿寺路 11 号
　邮编　100164　　电子邮件　315@ptpress.com.cn
　网址　https://www.ptpress.com.cn
　三河市祥达印刷包装有限公司印刷

◆ 开本：787×1092　1/16
　印张：15.75　　2023 年 7 月第 4 版
　字数：395 千字　　2025 年 6 月河北第 6 次印刷

定价：54.00 元

**读者服务热线：(010)81055256　印装质量热线：(010)81055316**
**反盗版热线：(010)81055315**

# 前言
FOREWORD

供应链管理是物流管理者、企业经营管理者、连锁经营管理者的典型工作任务，是企业相关管理者必须具备的基本技能，也是高等职业院校物流管理、企业经营管理及连锁经营管理等专业的一门重要的核心课程。

本书的前几版自出版以来，受到了众多高等职业院校的欢迎。为了更好地满足广大高等职业院校的学生学习供应链管理知识的需要，编者结合近几年的教学经验和改革实践，在保留前几版特色的基础上进行了修订，修订的主要内容如下。

（1）根据 2021 年 8 月发布的国家标准《物流术语》（GB/T 18354—2021）对供应链相关概念进行了更新。

（2）为贯彻党的二十大精神，落实立德树人的根本任务，结合行业、岗位、专业发展需要，本书在每一个任务中新增了素养目标，旨在帮助学生树立正确的价值观，传播优秀中华传统文化。

（3）根据课程难易程度，本书增加了视频讲解，既方便学生自主学习，又满足教师混合式教学的需要。

在本书的编写和修订过程中，编者始终结合高等职业院校的教学需要，面向职业工作岗位，以任务为载体，以工作过程为导向构建教材体系，将供应链基础理论知识（任务一到任务三）、供应链计划中的需求和供给（任务四、任务五），以及供应链实施中的要素管理（任务六到任务九）、供应链前沿动态通过 10 个任务串联起来，体现了培养学生职业能力的目标。本书修订后的内容更加丰富，也更具针对性和实用性，便于教师教学和学生自学。

通过 10 个任务的学习和训练，学生能够掌握供应链管理和基于供应链进行物流管理的基础理论、基础知识和基本技能，增强供应链管理能力，提高综合管理素质。

本书的参考学时为 40～60 学时，建议采用理论实践一体化教学模式，各任务的参考学时见推荐学时分配表。

**推荐学时分配表**

| 任务 | 课程内容 | 学时 |
|---|---|---|
| 任务一 | 理解供应链 | 2～4 |
| 任务二 | 供应链驱动要素 | 2～4 |
| 任务三 | 供应链运营管理 | 4～6 |
| 任务四 | 供应链需求预测 | 4～6 |

续表

| 任务 | 课程内容 | 学时 |
|---|---|---|
| 任务五 | 供应链综合计划 | 4～6 |
| 任务六 | 供应链采购管理 | 4～6 |
| 任务七 | 供应链库存管理 | 6～8 |
| 任务八 | 供应链运输管理 | 6～8 |
| 任务九 | 供应链生产管理 | 4～6 |
| 任务十 | 了解供应链前沿动态 | 4～6 |
| 学时总计 | | 40～60 |

本书由浙江商业职业技术学院李志君、崔星任主编，浙江商业职业技术学院花永剑任副主编。李志君编写了任务一、任务三、任务四、任务五、任务六、任务九和任务十，崔星编写了任务二、任务八，花永剑编写了任务七。

在本书的编写过程中，编者参考了一些著作和论文，在此对相关作者一并致谢。由于编者水平和经验有限，书中难免有不足之处，恳请读者批评指正。

编者

2023年3月

# 目录

CONTENTS


**任务一　理解供应链…………1**

案例引入……………………………2

相关知识……………………………2

一、供应链的概念……………………2

二、供应链的特征……………………3

三、供应链的类型……………………4

四、供应链管理………………………6

五、供应链的目标……………………7

六、供应链的结构模型………………8

练习与实训…………………………10

**任务二　供应链驱动要素……13**

案例引入……………………………14

相关知识……………………………14

一、竞争战略、供应链战略及二者的匹配……………………………14

二、供应链绩效的驱动因素…………20

三、各驱动因素分析…………………22

练习与实训…………………………28

**任务三　供应链运营管理……31**

案例引入……………………………32

相关知识……………………………33

一、供应链设计策略…………………33

二、供应链管理方法…………………52

三、供应链协调管理…………………59

练习与实训…………………………66

**任务四　供应链需求预测……68**

任务引入……………………………69

相关知识……………………………70

一、需求管理…………………………70

二、影响需求的因素…………………72

三、需求预测的动机…………………74

四、需求预测的特点…………………75

五、提高需求预测准确性的方法……75

六、基本的预测方法…………………79

任务实施……………………………83

练习与实训…………………………84

**任务五　供应链综合计划……86**

任务引入……………………………87

相关知识……………………………87

一、供给管理…………………………87

二、综合计划在供应链中的作用……89

三、综合计划的有关问题……………90

四、综合计划策略……………………91

五、利用线性规划制订综合计划……92

六、利用 Excel 制订综合计划………97

任务实施……………………………100

练习与实训…………………………103

**任务六　供应链采购管理…105**

任务引入……………………………106

相关知识……………………………106

一、采购在供应链中的作用…………106

二、采购流程…………………………109

三、自制和外购决策…………………115

四、货源寻找与采购中的多标准决策模型……………………………118

五、采购管理的发展趋势……………122

任务实施……………………………124

任务实施 ···· 124
练习与实训 ···· 125

**任务七　供应链库存管理 ···· 127**

任务引入 ···· 128
相关知识 ···· 130
　一、库存的作用与类型 ···· 130
　二、供应链库存管理策略 ···· 133
　三、确定性库存决策 ···· 136
　四、不确定性库存分析 ···· 141
任务实施 ···· 147
练习与实训 ···· 148

**任务八　供应链运输管理 ···· 150**

任务引入 ···· 151
相关知识 ···· 152
　一、运输在供应链中的作用 ···· 152
　二、各种运输方式及其特征 ···· 153
　三、合理运输与不合理运输 ···· 158
　四、运输网络的设计选择 ···· 161
　五、运输决策 ···· 164
　六、运输路线选择 ···· 169
任务实施 ···· 175
练习与实训 ···· 177

**任务九　供应链生产管理 ···· 179**

任务引入 ···· 180
相关知识 ···· 182
　一、生产流程决策 ···· 182
　二、生产计划 ···· 187
　三、生产排程 ···· 202
　四、供应链管理思想下的生产方式 ···· 205
任务实施 ···· 211
练习与实训 ···· 212

**任务十　了解供应链前沿动态 ···· 214**

案例引入 ···· 215
相关知识 ···· 217
　一、互联网与电子商务时代的供应链 ···· 217
　二、供应链金融 ···· 223
　三、大数据与供应链 ···· 228
　四、智慧供应链 ···· 236
　五、绿色供应链 ···· 240
练习与实训 ···· 242

**参考文献 ···· 244**

# 理解供应链

## 知识目标

1. 理解供应链的概念
2. 了解供应链的特征和类型
3. 了解供应链管理中的术语
4. 明晰供应链的目标

## 技能目标

1. 掌握供应链的基本概念
2. 能区分不同企业的供应链类型和结构

## 素养目标

1. 树立大局意识和全局观，树立和谐共生理念
2. 培养团队协作意识，加强协同创新观念

### 案例引入

以一位顾客走进沃尔玛商店购买清洁剂为例。清洁剂供应链（见图1-1）始于顾客对清洁剂的需要，下一个环节是顾客访问沃尔玛商店。沃尔玛的货物陈列在货架上，这些货物由成品仓库或者分销商用汽车通过第三方供应，制造商为分销商供货。假如制造商是宝洁公司，宝洁公司从各种供应商处购进原材料。这些供应商可能由更低层的供应商供货。例如，包装材料来自包装公司，而包装公司又从其他供应商处购进原材料来生产包装材料。

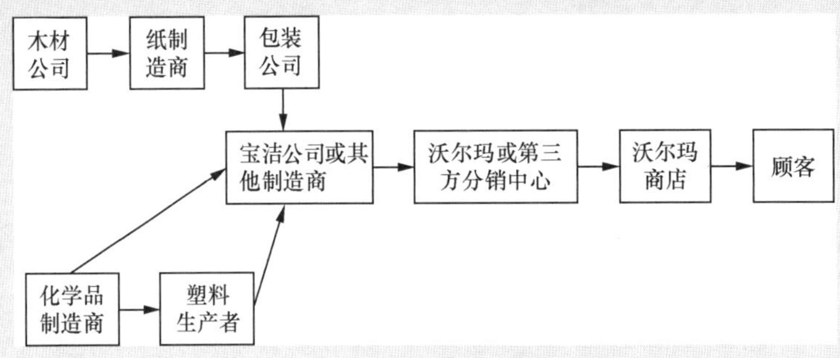


图1-1 清洁剂供应链

另一个例子是，当一位顾客在线购买戴尔计算机时，计算机供应链包括顾客、戴尔网站、戴尔装配商，以及戴尔的所有供应商及其供应商的供应商。戴尔网站为顾客提供定价、种类等产品可获性信息。选择产品后，顾客输入订单信息并付款。随后顾客可以返回戴尔网站查看订单履行状态。这个过程涉及供应链不同环节中信息流、物流和资金流的变化。

以一个在当地的商业街出售运动鞋的商店为例。虽然这个商店不生产鞋子，但是它为顾客提供有价值的服务——便利的购买地点、较广的产品选择范围。这个商店只是庞大供应链中的一环。这个供应链还包括：塑料和橡胶生产商——提供生产鞋子所用的原材料；制造商——设计并生产鞋子；批发商——决定何时购进何种鞋子；运输公司——将原材料和成品鞋运往世界各地；软件公司和网络服务商——为协调整个供应链的信息系统提供支持；财务公司——在整个供应链中帮助分配资金，确保效率高的制造商和服务提供商能获利。

这些例子表明，供应链由直接或间接地满足顾客需求的各方组成，不仅包括制造商和供应商，而且包括运输商、仓储商、零售商以及顾客。在每个组织中，供应链都具有接受并满足顾客相应需求的全部功能，如新产品开发、市场营销、物流、生产、分销、财务和顾客服务等。

### 相关知识

微课：理解供应链的概念

## 一、供应链的概念

2021年8月发布的国家标准《物流术语》（GB/T 18354—2021）对供

应链的定义为“生产及流通过程中，围绕核心企业的核心产品或服务，由所涉及的原材料供应商、制造商、分销商、零售商直到最终用户等形成的网链结构”，该标准还将供应链管理定义为“从供应链整体目标出发，对供应链中采购、生产、销售各环节的商流、物流、信息流及资金流进行统一计划、组织、协调、控制的活动和过程”。

马士华教授对供应链的定义为“供应链是围绕核心企业，通过对信息流、物流、资金流的控制，从采购原材料开始，制成中间产品以及最终产品，最后由销售网络把产品送到消费者手中的，将供应商、制造商、分销商、零售商，直到最终用户连成一个整体的功能网链结构”。

总部位于美国俄亥俄州立大学的全球供应链论坛将供应链管理定义为“为消费者带来有价值的产品、服务以及信息的，从源头供应商到最终消费者的集成业务流程”。

供应链是指处于生产和流通全过程中的模式，不是仅局限于原材料采购和产品销售环节，而是体现在整个社会再生产的所有经济活动中。

供应链不是输送链，而是涉及众多组织和个人的一个复杂的网链结构形态。

供应链是以链内不同企业间的物流行为和活动的运作与管理为基础的物料链，其直观的表现形式是企业间在物流行为与管理、资金运作上的高度协调与一致。

供应链是物料链、资金链，更是信息链，强调信息的价值和作用。在现代企业运作模式中，企业只有保证信息得到及时、准确、高速的沟通和融合，才能实现管理的高效率和良好效果。

供应链还是价值增值链。由于业务的商业性和利润目标，供应链必然涉及整体的价值增值以及各节点间价值增值的协调和平衡。

供应链的有效性取决于各参与者的素质、能力，更取决于各参与者的经营理念。企业管理者要树立全球化竞争思想，寻求企业外部一切可利用的资源，在非隶属关系下构建竞争优势，在整体效益最大化的前提下争取个体利益，实现供应链高度协同，保证供应链业务的实效性。

在供应链的所有节点企业中，核心企业一般只有一个。核心企业的选择与其经营性质无关，既可以是生产制造企业，也可以是零售企业或服务企业，但核心企业对供应链有着很大的影响。

## 二、供应链的特征

### 1. 多层次性

供应链往往由多个、多类型、多地域的企业构成，供应链节点企业组成的跨度、层次、文化和性质差异较大，而各节点企业又自成体系地承担着供应链上不同的工作和角色，供应链结构模式比一般单个企业的结构模式更为复杂。

### 2. 更新性

供应链管理为了适应企业战略和市场需求变化的需要，其中的节点企业需要动态地更新，这使得供应链具有明显的更新性和动态性。

### 3. 需求拉动性

供应链的形成、存在、重构，均基于最终用户的需求，并且在供应链的运作过程中，最终用户的需求是供应链拉动信息流、物（产品/服务）流、资金流运作的驱动源。

**4．竞合性**

供应链是由多个企业组成的虚拟组织，不可避免地会出现个体目标与供应链整体目标的矛盾和冲突，如果处理不好，势必会造成供应链整体运行效率的下降。同时，个体与供应链整体之间又存在“共生、合作”的关系，供应链整体成功，个体才能成功。

**5．交叉性**

任何一个企业不可能仅和一个企业发生业务活动，因此，一个节点企业既可以是这个供应链的节点成员，也可以是另一个供应链的节点成员。众多的供应链形成交叉结构，增加了协调管理的难度。

## 三、供应链的类型

**1．内部供应链和外部供应链**

根据制造企业供应链的发展过程，供应链可分为内部供应链和外部供应链。从结构上讲，内部供应链是指由企业内部产品生产和流通过程中所涉及的采购部门、生产部门、仓储部门、销售部门等组成的供需网络；外部供应链则是指由企业的产品生产和流通过程中所涉及的原材料供应商、生产商、储运商、零售商以及最终用户组成的供需网络。

**2．稳定的供应链和动态的供应链**

根据供应链的稳定性，供应链可分为稳定的供应链和动态的供应链。基于相对稳定、单一的市场需求而组成的供应链的稳定性较强，基于相对频繁变化、复杂的市场需求而组成的供应链的动态性较强。

**3．平衡的供应链和倾斜的供应链**

根据供应链的容量与用户需求的关系，供应链可分为平衡的供应链和倾斜的供应链。供应链具有一定的、相对稳定的设备容量和生产能力（所有节点企业能力的综合，包括供应商、制造商、运输商、分销商、零售商等）。当供应链的容量能满足用户需求时，供应链处于平衡状态；当市场变化加剧，造成供应链成本增加、库存成本增加、浪费增加时，企业不能在最优状态下运作，则供应链处于倾斜状态。

**4．物理效率型供应链和市场反应型供应链**

根据供应链的功能（物理功能和市场中介功能），供应链可分为物理效率型供应链和市场反应型供应链。物理效率型供应链（Efficient Supply Chain）主要体现供应链的物流功能，即以最低的成本将原材料转化为零部件、半成品、产品，以及实现其在供应链中的运输等。市场反应型供应链（Responsive Supply Chain）主要体现供应链的市场中介功能，即快速将产品分配到用户需求的市场中，体现供应链对未知需求的快速反应。

表1-1比较了这两种类型的供应链。

表1-1　两种类型供应链的对比

| 比较项目 | 物理效率型供应链 | 市场反应型供应链 |
|---|---|---|
| 基本目标 | 以最低的成本供应可预测的需求 | 尽可能快地对不可预测的需求做出反应，使缺货量、降价程度、废弃库存量最小化 |
| 制造核心 | 保持较高的平均利用率 | 配置更多的缓冲库存 |
| 库存政策 | 产生高收入，从而使整个供应链的库存最小化 | 部署好零部件和成品的缓冲库存 |

续表

| 比较项目 | 物理效率型供应链 | 市场反应型供应链 |
|---|---|---|
| 提前期 | 在不增加成本的前提下，尽可能缩短提前期 | 大量投资以缩短提前期 |
| 选择供应商的方法 | 以成本和质量为中心 | 以速度、柔性和质量为中心 |
| 产品设计策略 | 最大化绩效和最小化成本 | 采用模型设计以尽可能减少产品差别 |

### 5．推式供应链和拉式供应链

根据供应链的动力来源，供应链可分为推式供应链和拉式供应链。推式供应链主要体现为供应链成员采取按库存生产模式，以产定销，从上游到下游推销产品。拉式供应链注重对最终用户需求的满足，采取按订单生产模式，以销定产，把下游的实际需求沿供应链向上游传递，拉动供应链各成员的管理工作。

**小链接**

供应链驱动模式一般有两种：生产推动型和需求拉动型。生产推动型供应链是以制造商为核心企业，根据产品的生产和库存情况，有计划地把产品推销给用户，其驱动力源于供应链上游制造商的生产。需求拉动型供应链的驱动力产生于最终用户，产品生产是受需求驱动的，生产是根据用户实际需求进行协调的。

生产推动型供应链是指供应链中的产品生产是根据市场预测和企业计划进行的，表现为按库存生产（Make-to-Stock）。这种供应链驱动模式适用于大批量生产的功能型产品，产品的品种、规格比较单一，生命周期长。需求拉动型供应链是指供应链中的产品生产是根据用户订单进行的，表现为按订单生产（Make-to-Order）。这种供应链驱动模式适用于价值昂贵的定制产品。例如在造船业中，船厂一般根据船东的要求进行船只的设计、物料采购和生产等活动。

生产推动型供应链管理的主要任务在于协调供应链各成员，加强各成员之间的合作，使供应链成为一个有机的整体并统一运作，从而降低浪费（减少库存、缩短等待时间、减少不增值环节），提高效率。需求拉动型供应链管理的主要任务在于缩短用户提出定制需求到得到定制产品之间的时间，加速供应链对定制化需求的反应速度，即追求供应链的敏捷性。

### 6．盟主型供应链和非盟主型供应链

根据供应链成员中是否存在主导企业，供应链可分为盟主型供应链和非盟主型供应链。盟主型供应链指某一成员在供应链中占有主导地位，对其他成员具有很强的辐射能力和吸引能力，通常该企业称为核心企业或主导企业。

盟主型供应链相对于非盟主型供应链，是比较典型的一种供应链类型。根据供应链的主导地位，供应链可划分为制造企业主导的供应链、商业企业主导的供应链和第三方物流企业主导的供应链等形式。

（1）制造企业主导的供应链。制造企业主导的供应链，是指以制造企业的核心业务为基础构筑的供应链。一些大型制造商主导物料流源头，具有选择供应商的权力和一定的价格控制能力，围绕某一或若干制造企业主导产品系列就形成了供应链管理体系。

（2）商业企业主导的供应链。商业企业主导的供应链，是指以商业企业的销售渠道为基础构筑的供应链，是围绕众多用户（企业）而展开的供应链管理体系。一些大型销售商主导

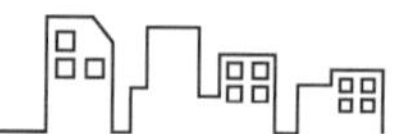

产品流源头，具有选择品牌产品和制造商的能力。

对于大型供应商而言，如果没有全过程物流的供应链管理，就无法建立有效的分销网络；对于大型连锁零售商而言，如果没有全过程物流的供应链管理，就无法建立完善的配送体系。而这一分销网络、配送体系对于企业取得竞争优势是十分关键的，健全的分销网络和配送体系往往使企业获得价格上的竞争优势。例如，一家大型商贸集团设立了全国性连锁店，就能够在家电市场的激烈竞争中主动采用价格策略，甚至能够直接影响制造企业对价格的决策权。

（3）第三方物流企业主导的供应链。它是以支持一个或若干企业或特定客户需要所提供的集成物流过程及物流网络为基础构筑的供应链，是围绕供应商与制造商、制造商与销售商、工商企业与客户等的供需关系，由第三方物流服务供应商开展商业活动而形成的供应链管理体系。它是以支持客户（制造商、销售商或最终用户）进行供应链管理为生存前提的，因此称其为物流链可能更为恰当。

## 四、供应链管理

图 1-2 所示为企业运营管理的传统观点，仍然把重点放在特定组织管理自己的运营职能时所必须执行的活动上。然而，一个企业仅仅强调在自己的范围内做正确的事情是不够的。企业管理者还必须知道企业是怎样与其供应商、分销商和用户联系在一起的（这就是所谓的供应链）。

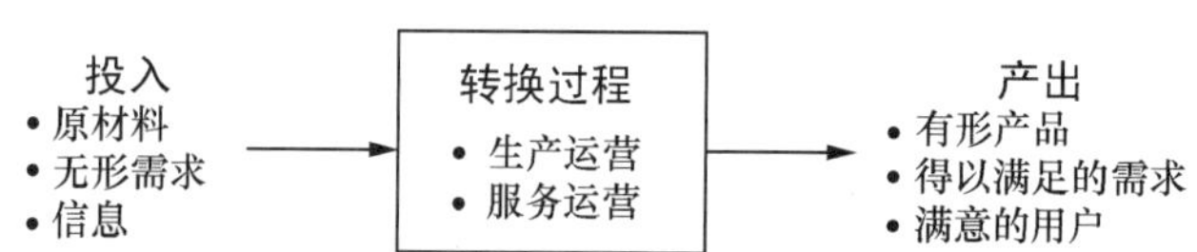


图 1-2　企业运营管理的传统观点

供应链中的各组织是通过物流、信息流和资金流联系在一起的，这 3 种“流”在供应链中的流动可以是向上的，也可以是向下的。图 1-3 所示为安海斯-布希（Anheuser-Busch）公司的简化供应链。从安海斯-布希公司的角度来看，向其投入资源的企业是其上游企业，而把安海斯-布希公司的产品送达最终用户的企业则是其下游企业。

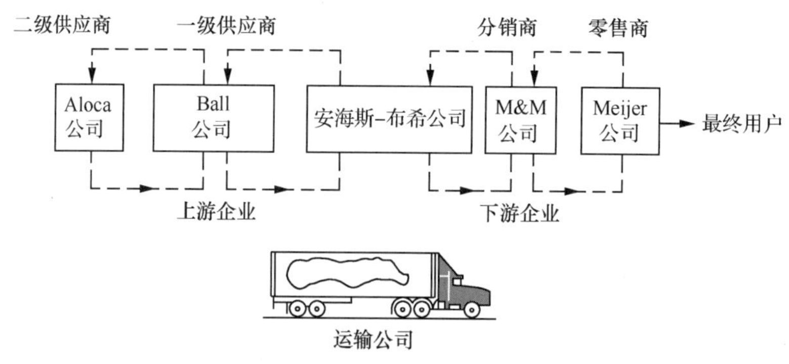


图 1-3　安海斯-布希公司的简化供应链

上游企业是用于描述那些相对于其他相关活动或企业，位于供应链前端的活动或企业的术语。例如，谷物收割活动位于谷物加工活动的上游，而谷物加工活动则位于谷物包装活动的上游。下游企业是用于描述那些相对于其他相关活动或企业，位于供应链后端的活动或企业的术语。例如，衬衫缝制活动位于纺织品编织活动的下游，而纺织品编织活动则位于棉花收割活动的下游。

一般来说，客户到商店购买罐装啤酒时，肯定不会考虑啤酒到达商店之前要经历哪些步骤。以铝罐为例，Alcoa 公司从地下采掘铝，并将铝运送到 Ball 公司，Ball 公司用铝制造安海斯-布希公司需要的铝罐。根据供应链词典，Ball 公司是安海斯-布希公司的一级供应商，因为它向安海斯-布希公司直接提供产品。同理，Alcoa 公司是安海斯-布希公司的二级供应商，因为它向安海斯-布希公司的一级供应商提供产品。

因此，一级供应商是向特定企业提供产品或服务的供应商，二级供应商是向企业的一级供应商提供产品或服务的供应商。

Ball 公司生产的铝罐与其他原材料（如玉米、葡萄、啤酒花、酵母和水）一起被用来生产罐装啤酒，然后安海斯-布希公司将罐装啤酒出售给 M&M 公司（分销商），M&M 公司再把产品分销给 Meijer 公司（零售商）。当然，其中还有运输公司，它们负责将投入和产出的各种货物沿着供应链从一个地方运到下一个地方。

在图 1-3 中，物流和信息流都是双向的。例如，Ball 公司向 Alcoa 公司下达一个订单（信息），然后 Alcoa 公司将铝（产品）运送到 Ball 公司。安海斯-布希公司甚至会将使用过的空货盘或者液体容器送回它的一级供应商，这样便产生了有形产品沿着供应链的方向流动。

当然，除了这里提到的这些企业，供应链中还有许多成员——安海斯-布希公司拥有的数百个供应商，其拥有的零售商的数量更加庞大。我们也可以从 Alcoa 公司、M&M 公司或者供应链中其他成员的角度把供应链用图表示出来，关键是大部分供应链成员既是客户又是供应商。需要强调的是，供应链必须是非常高效的，因为产品的最终价格必须能够补偿所有的成本并给供应链的所有成员带来利润。

在阅读上面的例子的时候，你可能会想“供应链并不是一个全新的事物”，但是大多数企业以前是在一个脱节的、低效的供应链中与其他企业合作的。供应链管理是企业为了使用户价值最大化和获得可持续的竞争优势而主动进行的管理活动。它代表了一个企业或者企业中的一个团体为了尽可能以效率最高和效果最好的方式建立并运作供应链所做的有意识的努力。

沃尔玛是供应链管理最早的倡导者之一。在 20 世纪 80 至 90 年代，沃尔玛在供应链管理方面所做的工作可以说是革命性的。沃尔玛每家分店每天通过卫星向供应商发送当日销售信息，然后供应商利用这些信息计划生产并将订单上的货物运送到沃尔玛的仓库。沃尔玛会用专业的卡车队在 48 小时之内将产品运送到各家分店，并每两周补充一次分店库存。这些措施使得沃尔玛实现了较好的客户服务（因为产品几乎总能出现在货架上）、较低的产品存储和运输成本（因为供应商只生产和运输沃尔玛需要的产品），以及较高的零售店空间利用率（因为分店不用维持多余的库存）。沃尔玛已经通过更高级的采购和物流（供应链管理的两个关键领域）获得了持续的成功，许多先驱性的实践使其成为整个业界的典范。

## 五、供应链的目标

供应链的目标应该是供应链整体价值最大化。供应链所产生的价值应为最终产品对客户的价值与满足客户需求所付出的供应链成本之间的差额。对大多数商业企业供应链而言，

微课：供应链标准离我们有多远

价值与供应链赢利（亦称供应链剩余）之间是强相关关系。供应链赢利来自客户的收入与供应链总成本之间的差额。例如，一位客户花 60 美元从百思买（Best Buy）公司购买了一台无线路由器，这 60 美元代表供应链获得的收入。百思买公司及供应链的其他环节发生了诸如信息传递、生产零部件、组件、库存、运输、资金的转移等成本。客户支付 60 美元与生产并分销路由器所产生的成本之间的差额形成了供应链赢利。供应链赢利是供应链所有环节共享的总利润。供应链赢利越多，供应链就越成功。供应链的成功应该由供应链赢利而不是单个环节的利润来衡量。

我们已经用供应链赢利定义了供应链的成功，下一步工作是寻求收入和成本的来源。对于一个供应链而言，收入的唯一来源是客户。在沃尔玛，购买清洁剂的客户是唯一为供应链提供正现金流的一方，所有其他现金流只是供应链内部的资金交换。当沃尔玛付款给供应商时，它正花费客户提供的部分资金，并把这些资金传递给生产商。在这个供应链里，所有的信息流、物流或资金流都会产生成本。因此，对这些“流”的管理是供应链能否成功的关键。有效的供应链管理包括对供应链资产的管理，对信息流、物流和资金流的管理，以实现供应链赢利最大化。

供应链决策会对供应链赢利产生极大的影响。这些决策及其影响因不同的供应链结构而充满了变化。例如，美国和印度的快速消费品在供应链结构上是不同的。与印度分销商相比，美国分销商在供应链中起的作用非常小。美国和印度供应链结构的不同可以用分销商对供应链赢利的影响来解释。

美国的零售商大部分是联合的，即零售商集中从制造商处购买消费品。这种联合模式使零售商具备足够的规模，因此，供应链中不太可能引入其他中间商环节。例如，分销商等中间环节的引入对降低成本所起的作用很小，并可能因为增加了额外的交易而增加成本。相反，印度有数百万个零售商，印度零售商的小规模限制了它们所能承受的库存水平，因此需要经常补货——其每周的食品进货量相当于美国一个家庭的进货量。制造商保持低运输成本的唯一方法是采用整车承运的方式，将产品送达市场，然后用较小的车辆通过巡回送货的方式进行本地配送。中间环节接受整车承运的货物并拆零，然后以较小批量供给零售商。要想维持低运输成本，中间环节的存在起了关键作用。大多数的印度分销商是一站式商店，储存不同制造商生产的各种产品，从烹饪用油到肥皂、清洁剂等。一站式商店除了提供便利以外，在交货时通过将不同制造商的产品集中起来为零售商配货，还可以降低运输成本。印度分销商也回收物品，因为分销商回收物品的成本比制造商从各个零售商处回收物品的成本低很多。在印度，分销商是很重要的，可以说，分销商的存在促使了供应链赢利的产生。但是，随着印度零售商开始联合，分销商的作用将会减小。

## 六、供应链的结构模型

供应链结构模型是为指导与帮助系统的设计、实施及运行而提供的结构化、多功能模型和方法的集合。因此，了解和掌握供应链的结构模型是有效指导供应链设计的必要工作。从节点企业之间的关系角度来看，供应链的结构模型主要包括以下两种。

**1．供应链链状结构模型**

图 1-4 所示为链状结构模型 I，产品的最初来源是自然界，如矿山、油田、橡胶园等，最终去向是用户。产品为满足用户需求而生产，最终被用户所消费。产品从自然界到用户经历

了供应商、制造商和分销商的三级传递，并在传递过程中完成产品加工、产品装配等转换过程。被用户消费掉的最终产品会回到自然界，从而完成物质循环。

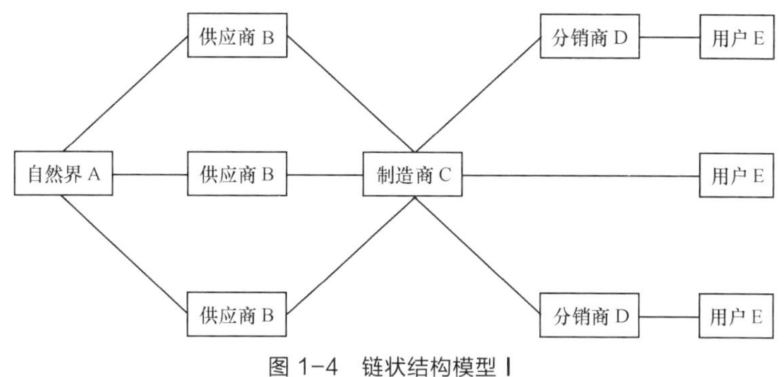

图 1-4 链状结构模型 Ⅰ

很显然，图 1-4 中的模型只是一个简单的静态模型，旨在表明供应链的基本组成和大体轮廓，我们可以进一步将其简化成串行链状结构模型Ⅱ（见图 1-5）。在图 1-5 中，企业被抽象成一个个点，称为节点，并用字母表示。节点以一定的方式和顺序联结成一串，构成一条（供应）链。在串行链状结构模型Ⅱ中，若假定 C 为制造商，则 B 为供应商，D 为分销商；同样，若假定 B 为制造商，则 A 为供应商，C 为分销商。从方便进行供应链研究的角度来讲，把自然界和用户放在模型中没有太大的作用。图 1-5 所示的模型致力于对供应链中间过程进行研究。

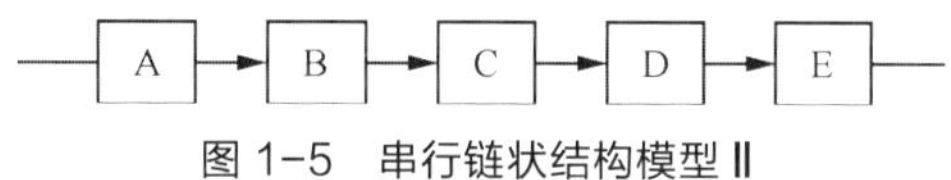

图 1-5 串行链状结构模型 Ⅱ

供应链上除了存在资金流和信息流外，还存在物流（产品流）。物流的方向一般从供应商流向制造商，再流向分销商。在特殊情况下（如产品退货），供应链上的物流方向与上述方向相反。因为产品退货属非正常情况，退货的产品也非严格定义的产品，所以在此不予考虑。我们依照物流的方向定义供应链的方向，以确定供应商、制造商和分销商之间的顺序关系。

在图 1-5 所示的模型中，定义 C 为制造商时，我们可以认为 B 为一级供应商，A 为二级供应商，而且可递归地定义三级供应商、四级供应商……同样，我们可以认为 D 为一级分销商，E 为二级分销商，并递归地定义三级分销商、四级分销商……一般来说，对于一个企业，我们应尽可能考虑其多级供应商或分销商，这样有利于从整体上了解供应链的运行状态。

**2．供应链网状结构模型**

供应链网状结构模型反映了现实世界中产品的复杂供应关系。在理论上，网状结构模型可以涵盖世界上所有企业，我们可以把所有企业都看作上面的一个个节点，并认为这些节点之间存在联系。当然，这些联系有强有弱，而且在不断地变化。

在网状结构模型中，物流做有向流动，即从一个节点流向另一个节点。物流从某些节点补充流入，从某些节点分流流出。物流进入的节点称为入点，物流流出的节点称为出点。入点相当于矿山、油田、橡胶园等原始材料供应商，出点相当于用户（企业）。如果有的企业既为入点又为出点，我们可以将代表这个企业的节点一分为二，变成两个节点——一个为入点，另一个为出点，并用实线将其框起来。在图 1-6 中，$A_1$ 为入点，$A_2$ 为出点。同样，如果有的企业对于另一企业既为供应商又为分销商，我们也可以将这个企业一分为二，甚至一分为三或更多。如果变成两个节点，则一个节点表示供应商，另一个节点表示分销商，并用实线将其框起来。在图 1-7 中，$B_1$是 C 的供应商，$B_2$是 C 的分销商。

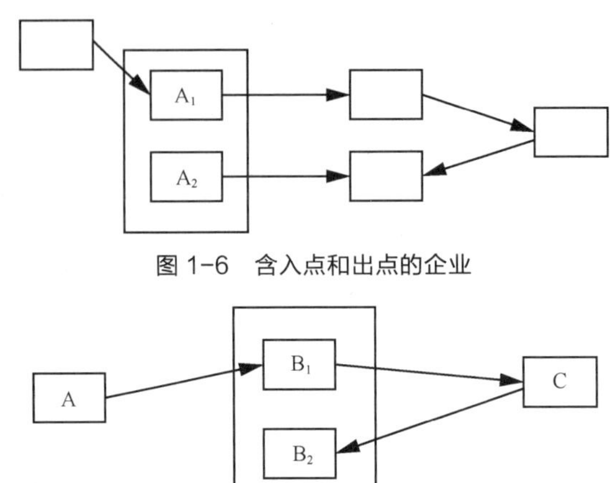


图 1-6　含入点和出点的企业

图 1-7　含供应商和分销商的企业

有些企业的规模非常大，内部结构也非常复杂，与其他企业相联系的只是该企业中的一个部门，而且其内部也存在产品供求关系，用一个节点表示这些复杂的关系显然不行。这就需要我们将表示这个企业的节点分解成很多相互联系的小节点，这些小节点构成一个网，称为子网。在引入子网的概念后，研究图 1-8 中 C 与 D 的联系时，我们只需考虑 $C_4$ 与 D 的联系，而无须考虑 $C_1$、$C_2$、$C_3$ 与 D 的联系，这就简化了研究。子网模型常用于描述企业集团。

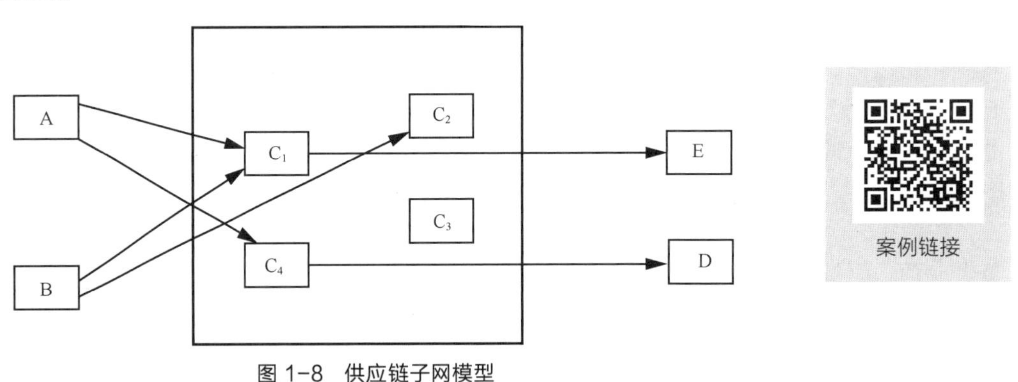


图 1-8　供应链子网模型

## 练习与实训

**（一）单项选择题**

1. 供应链可分为物理效率型供应链和市场反应型供应链，其划分依据是供应链的（　　）。

A. 稳定性　　B. 复杂性

C. 容量与用户需求的关系　　D. 功能

2. 在市场变化加剧的情况下，若供应链成本增加、库存增加、浪费增加，企业不能在最优状态下运作，此时的供应链是（　　）。

A. 稳定的供应链　　B. 动态的供应链

C. 平衡的供应链　　D. 倾斜的供应链

3. 供应链是一个（　　），产品从原材料到成品再到用户手中的全过程实际上是在波特教授所谓的“价值系统”中运行的。

A. 价值链　　B. 信息流　　C. 资金流　　D. 物流

**（二）判断题**

1. 推式供应链的驱动力产生于最终用户，整个供应链的集成度较高，信息交换迅速，可以根据用户的需求实现定制化服务。（　　）

2. 物理效率型供应链的基本目标是以最低的成本供应可预测的需求。（　　）

3. 在供应链中，不可能存在一个企业同时是入点和出点的情况。（　　）

4. 功能型产品的供应链设计策略是市场反应型供应链，定制产品采用物理效率型供应链的设计策略。（　　）

**（三）思考题**

1. 请思考牛奶供应链是如何构成的，并描述其不同阶段的特征。

2. 客户打电话向戴尔订购一台计算机，戴尔按照客户的要求组装一台计算机并直接运送给客户，这一切只是时间的问题。你认为戴尔的供应链是什么样的？戴尔的供应商和运输伙伴对其供应链的成功运作有多重要？

3. 企业制定决策时，为什么要考虑供应链的整体利益？

4. 总结归纳供应链的目标。

**（四）实训：理解供应链及供应链管理**

**1. 实训目标**

① 在掌握供应链及供应链管理相关知识的基础上，能够说明某企业、产品或行业构建的供应链。

② 通过以组为单位进行实地调查获取资料的方式，培养学生的团队合作精神，增强学生发现问题、分析问题与解决问题的能力，以及人际交往与沟通的能力。

**2. 实训内容**

① 收集资料或开展调查，说明某企业、产品或行业构建的供应链。

② 利用物流实训软件或网络资源，对所调查的或指定的某企业（产品、行业）的供应链进行上机设计操作。在通过实地调查获得相关资料后，以组为单位完成实训报告。实训报告题目为“××产品供应链调查报告”（或自定）。报告中应包含以下内容：供应链的结构模型、类型以及特点，并简要介绍供应链管理现状、存在的问题及对策。

**3. 实训准备、步骤及要求**

（1）实训准备

① 知识准备：教师通过课堂讲解使学生熟练掌握供应链及供应链管理等相关知识。

② 学生分组：每 6 名学生为一组，每组选出一位小组长。

③ 实训地点：各组成员自主选择的目标企业及实训室。

（2）实训步骤及要求

① 各组通过讨论确定所要熟悉的目标产品或目标企业及行业。

② 以组为单位到该产品生产、流通过程中涉及的某一节点企业进行实地调查，了解该产品从原材料到最终到达客户手中的全过程及所涉及的所有节点企业。

③ 各组了解供应链运行的情况。

④ 各组完成实训报告，要求资料翔实、准确、具体。

⑤ 各组分享实训报告，教师点评。

**4. 实训成绩评定**

实训成绩根据实训报告的完成情况进行评定，评定内容包含以下几项。

① 相关资料是否通过实地调查获得，调查资料是否翔实、准确、具体。

② 实训报告内容的完整性、合理性和全面性。

③ 实训报告是否按要求的规范格式完成。

# 供应链驱动要素

## 知识目标

1. 理解企业的竞争战略、供应链战略，以及竞争战略与供应链战略的匹配
2. 确定影响供应链绩效的驱动因素
3. 了解各驱动因素在供应链中的重要作用

## 技能目标

1. 能够分析企业的竞争战略、供应链战略，做出使竞争战略与供应链战略相匹配的决策
2. 能够在影响供应链绩效的驱动因素之间做出平衡选择
3. 能够明确各驱动因素的决策组成

## 素养目标

1. 培养诚实守信的良好品质
2. 形成知行合一的精神品质和职业素养

案例引入

## 宜家的竞争战略与供应链战略

宜家（IKEA）于 1943 年创建于瑞典，一直秉承“为尽可能多的顾客提供他们能够负担的设计精良、功能齐全、价格低廉的家居用品”的经营宗旨，致力于提供种类繁多、美观实用、老百姓买得起的家居用品。

从创建初期开始，宜家就决定与家居用品消费者中的“大多数人”站在一起。这意味着宜家要满足很多具有不同需要、品位、梦想、追求以及财力状况不同的，同时希望改善家居状况并创造更美好日常生活的人的需要。在欧美等发达地区，宜家把自己定位成面向大众的家居用品提供商。进入中国之后，宜家对其市场定位做了一定的调整，因为中国市场虽然广阔，但原有的低价家具生产厂家竞争激烈，市场接近饱和，市场上的高价家具却很少有人问津。于是宜家把目光投向了大城市中相对比较富裕的阶层。宜家在中国的市场定位是“想买高档货，而又付不起高价的白领”集中的区域。

为了降低成本，宜家与代工（生产）厂家在设计和生产上通力合作。在产品开发设计过程中，设计团队与供应商进行密切的合作。在代工（生产）厂家的协助下，宜家有可能找到更便宜的替代材料，采用更容易降低成本的形状、尺寸等。以邦格杯子为例，设计师在代工（生产）厂家的建议下，对其形状和尺寸进行了重新设计，以便在烧制过程中更好地利用空间，使生产更加合理化，并降低一定的成本。产品设计完成之后，为了说服代工（生产）厂家对必需的设备进行投资，宜家向其承诺了一定数量的订单。这样代工（生产）厂家就愿意为了生产宜家的产品而购置设备。对宜家而言，这样做节省了大量的投资。

宜家还持有所有款式的库存，以现货服务顾客。这样，宜家供应链所面临的所有不确定性就降低了。由于库存的存在，宜家向各制造商传递的不确定性微乎其微，而这些制造商通常都位于低成本国家。

我们通过对宜家案例的分析可以看出，宜家的供应链具有响应性，能降低大部分需求的不确定性，并能帮助供应商降低需求的不确定性和提高效率。

相关知识

## 一、竞争战略、供应链战略及二者的匹配

与企业的竞争战略保持一致，是所有企业进行供应链战略设计和选择的关键。企业在对供应链绩效的各个驱动因素进行权衡以做出正确决策的同时，必须保证企业的竞争战略与供应链战略相匹配。任何企业要想获得成功，其竞争战略和供应链战略一定要相互匹配，这就是战略匹配。在讨论供应链绩效的驱动因素之前，我们先分别讨论一下竞争战略、供应链战略，以及竞争战略与供应链战略的匹配。

### 1. 竞争战略

企业的竞争战略界定了该企业相对于其竞争对手而言，需要通过自身的产品和服务满足的客户需求组合。也就是说，各企业的竞争战略都要基于客户的偏好进行界定，各企业要针对一个或多个客户群体设定目标，目的在于提供能够满足客户需求的产品和服务。我们可以对比按订单生产的戴尔和通过零售商销售 eMachines 计算机的盖特韦的竞争战略。戴尔不通过分销商和零售商，而是通过互联网或直营店将产品直接卖给客户，它强调的是以合理价位提供更多的个性化配置和更高的多样性的产品，这样客户大约需要等待一周的时间。而客户也可以去盖特韦的计算机零售店，在销售人员的协助下，当场购买一台 eMachines 计算机，但这里的零售店所能够提供的产品的个性化配置和多样性有限。

通过对比我们可以看出，戴尔的客户在网上采购，更强调产品的多样性和个性化配置；而在零售店购买 eMachines 计算机的客户更关心的是价格、快速的响应，以及在选购时获得的帮助。

### 2．供应链战略

供应链战略关注原材料的获取、物料的运进运出、产品制造或提供服务的运作、产品的配送、后续的服务，以及这些流程是由企业自行解决的还是外包的。例如，思科的供应链战略要求外包大部分的零部件生产及组装，其供应链战略不仅要确定应该做好哪些工作，而且要确定承担供应链中外包任务的第三方的作用。除此之外，供应链战略还包括供应战略、运作战略和物流战略的内容，以及库存、运输、运作设施和信息流的供应链设计决策。

微课：竞争战略与供应链战略的匹配

### 3．竞争战略与供应链战略的匹配

竞争战略与供应链战略的匹配是指二者要有共同的目标，即竞争战略所满足的客户至上的理念和供应链战略旨在建立的供应链能力应保持一致。

**小链接**

战略不是一项容易的任务，很多学者对战略的确切意义有不同的看法。从预期战略、经济战略，到描述性战略、实施性战略，至少有 10 种战略思想流派。为了方便阐述，我们采用詹姆斯•布赖恩•奎因对战略的定义。他认为，战略是组织发展其主要目标的模式或计划，它把组织的主要目标、政策和行动序列，整合成一个整体。它是基于对内部相应能力和缺点、预期环境变化和竞争对手异常动向的准确把握而制定的高超策略，有助于把组织资源安排和配置得与众不同且合理可行。

要理解竞争战略与供应链战略的关系，我们要从理解企业的价值链开始，如图 2-1 所示。

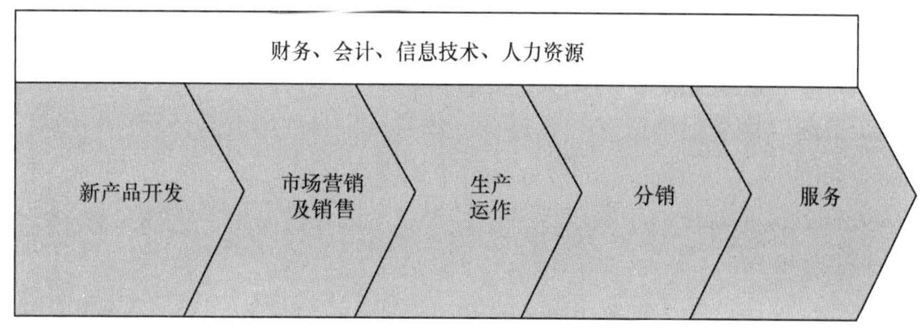


图 2-1　企业的价值链

价值链始于新产品开发。市场营销及销售将产品及劳务从生产者直接引向客户，以便满

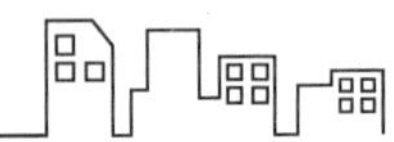

足客户的需求偏好，同时将客户的输入反馈到新产品开发部门。利用新产品开发阶段生成的新产品说明书，在生产运作阶段将输入转化为输出以制造产品。在分销阶段，企业或是把产品提供给客户，或是让客户选购产品。服务是对客户在售中或售后提出的要求进行处理，这些都是成功销售的核心流程或者功能。从这个过程中可看出，财务、会计、信息技术和人力资源支持并促进企业的价值链运行。

要执行企业的竞争战略，所有这些职能部门都要发挥其作用，并且每个职能部门都必须规划出本部门的战略。这里的战略是指每个流程或职能如何才能做得更好。

因为很少有企业是完全纵向一体化的，所以供应链战略不仅要界定哪些流程应在企业内部处理，还要界定每个供应链参与实体应起到的作用。

企业的价值链强调的是企业内各个职能战略间的紧密关系，它们中的各个流程和功能将决定企业成功与否，没有任何单独的流程和功能可以决定企业的成功。同样，如果任何一个流程和功能出现问题，都将导致整个价值链的失败。企业成功与否与以下因素密切相关。

（1）竞争战略要与所有部门的职能战略相匹配，以形成协调统一的总体战略。任何一个部门的职能战略在制定时都不是单独考虑的，它必须支持其他的职能战略，帮助企业实现最终的竞争战略目标。

（2）企业的各个部门必须合理设置本部门的流程，合理配置本部门的资源，以保证企业能够成功地执行这些战略。

（3）整体供应链战略的设计和各阶段的作用必须协调一致，以支持供应链战略。

一家企业可能因缺乏战略匹配而失败，也可能因其整体供应链的设计、流程和资源没有能力支持所期望的战略匹配而失败。一位企业的首席执行官最重要的任务是将供应链设计和其他所有核心职能战略与总体的竞争战略协调一致，进而实现战略匹配。如果不能达到这种一致，企业的不同职能部门间的目标与供应链的不同环节之间将会发生冲突。这种冲突会导致企业的不同职能部门之间以及供应链的不同环节之间对客户需求的优先顺序的定位不一致。

我们试想一下这种情况：当一家企业的营销部门正在宣传企业能够快速地供应很多不同产品的同时，分销部门正把采用最低成本的运输方式作为目标。分销部门为了节约运输成本，极有可能把多个订单合起来运输或者采用相对便宜但运输速度较慢的运输方式，这样就与营销部门宣称的快速提供不同货物的目标相冲突。造成这种结果的原因是各部门在制定职能战略时没有考虑其他部门的职能战略。

我们可以通过戴尔的例子更深一步地阐述战略匹配。戴尔的竞争战略是以合理价位提供多种定制化的产品，它的客户可以从数以千计的计算机配置中进行选择。关于供应链战略，计算机制造商有广泛的选择余地。一种做法是计算机制造商可以采用高效率的供应链，专注于生产低成本计算机，减少品种以达到规模经济效益；另一种做法是计算机制造商采用高柔性、高响应性的供应链，生产多品种的产品，但是其成本要比高效率的供应链高。相较之下，强调柔性和响应性的供应链战略与戴尔提供多品种、个性化产品的竞争战略能实现更好的战略匹配。

一项竞争战略会明示或暗示企业希望满足的一个或多个客户群。要实现战略匹配，企业必须保证其供应链能力能支持企业满足目标客户群。实现战略匹配有以下3个基本步骤。

（1）了解客户和供应链的不确定性。首先，一家企业必须了解每个目标客户群的需求，以及在满足这些需求的过程中，供应链所面临的不确定性。这些需求帮助企业决定需求的成本和服务要求。供应链的不确定性帮助企业确定供应链必须面对的需求量、中断和延迟的不可预知性。

**小链接**

企业为了赢利需要向目标市场提供产品或服务，但是其产品或服务能否得到目标市场的认可，首先取决于企业对目标市场需求特征的认识。目标市场需求特征主要是由顾客价值期望、顾客可用资源以及顾客对产品的功能、外观和附加服务的要求确定的。

① 顾客价值期望。顾客购买产品不仅为了获得产品本身，还为了获得其具有的价值。因此，顾客在购买产品之前要根据自身的行为习惯和需求偏好对要购买的产品能够带来的顾客价值产生期望，即希望购买具有什么样功能和外观、附带哪些服务的产品。

② 顾客可用资源。顾客在使用某种产品增加体验的过程中，自身必然需要具备某些条件和能力才能使产品创造顾客价值。例如，一位顾客为了设计创作需要购买一台高性能计算机，那他就需要具备某种设计创作能力和一定的购买能力以及拥有相应的设计创作软件和输出打印设备。

③ 顾客对产品的功能、外观和附加服务的要求。不同顾客对所购买的产品的价值期望不同以及所拥有的可用资源不同，因此，对所购买的产品的功能、外观和附加服务的要求也就不同。尽管这种因不同顾客需求差异而表现出的需求特征可用顾客每次需要购买的产品数量、愿意忍受的响应时间、需要购买的产品品种、需要的服务水平及期望的产品价格等指标表示，但是，为了使企业能够更深刻地认识目标市场需求特征，这些指标需要转化为它们的共性特征指标，即产品的目标市场需求不确定性这一衡量指标，而不是产品的整个市场需求不确定性。通常，某种产品的目标市场需求不确定性不同于整个市场需求不确定性。例如，提供紧急订单产品的供应链要比提供同款产品但交货周期更长的供应链所面临的需求不确定性更高。

整个市场需求不确定性可以用一定时间段内的单位平均需求量的需求波动幅度，即用需求量差与单位平均需求量之比来度量。可见，某款产品的目标市场需求不确定性一般要高于整个市场需求不确定性。

目标市场需求不确定性还受到产品自身特点的影响，如粮食、钢材等功能型产品因需求量大，需求波动幅度较小，其市场需求不确定性较低；而智能手机等创新型产品的市场需求波动幅度较大，其市场需求不确定性也较高；至于大型船舶、自动化生产线等工程型产品，其市场需求不确定性更高。不同类型产品特征对市场需求不确定性的影响如表 2-1 所示。

表 2-1　不同类型产品特征对市场需求不确定性的影响

| 产品特征 | 功能型产品 | 创新型产品 | 工程型产品 |
| --- | --- | --- | --- |
| 产品利润率 | 低 | 较高 | 高 |
| 平均预测误差 | 低 | 高 | 非常高 |
| 产品改型幅度 | 低 | 高 | 非常高 |
| 订单交付时间 | 短 | 较长 | 长 |
| 市场需求不确定性 | 低 | 较高 | 高 |

了解供应链带来的不确定性也是极其重要的。例如，当一种新型元器件被引进到计算机生产中时，生产工艺的优质率会很低并且经常停产，企业按预定计划交货会有困难，最终造成计算机制造商的隐含供应不确定性增加（隐含需求不确定性仅是供应链计划满足的那部分需求以及客户期望的那部分特性所产生的不确定性）。随着生产技术的成熟和产出率的改善，企业能够按预定计划交货，从而使供应链的不确定性降低。表 2-2 显示了供应能力的各种特征是如何影响供应不确定性的。

表 2–2　供应能力特征对供应不确定性的影响

| 供应能力特征 | 供应不确定性 |
|---|---|
| 频繁停产 | 增加 |
| 不可预测和低产出率 | 增加 |
| 质量差 | 增加 |
| 有限的供应能力 | 增加 |
| 不灵活的供应能力 | 增加 |
| 改进的生产工艺 | 增加 |

供应不确定性也受产品所处生命周期的影响。因为新产品的设计和生产工艺仍在不断改进，所以新产品的供应不确定性较高。相反，成熟产品的供应不确定性较低。

我们可以把需求和供应不确定性结合起来创建一个连续带。该隐含（供应和需求）不确定性连续带如图 2-2 所示。

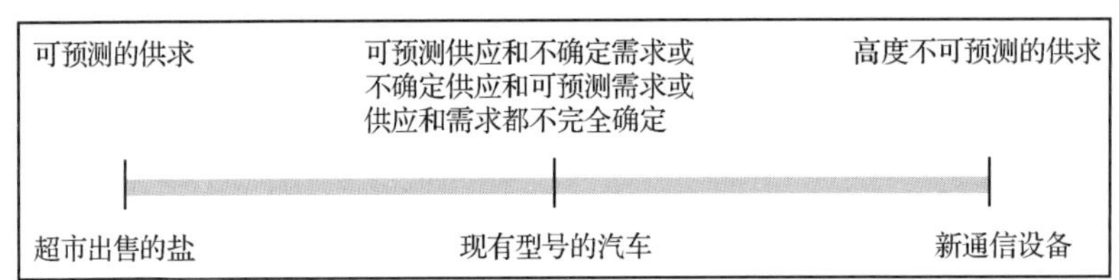


图 2–2　隐含（供应和需求）不确定性连续带

某公司推出基于全新元器件和技术生产的新款手机，该公司面对的是高隐含需求不确定性和高隐含供应不确定性，结果是供应链面临很高的隐含不确定性。相反，销售盐的超市面临低隐含需求不确定性，供应链的不确定性也很低，结果产生低隐含不确定性。许多农产品（如咖啡）是供应链面临低隐含需求不确定性的例子，但是其极高的供应不确定性来自天气，供应链因此必须面对中等水平的隐含不确定性。

多种因素能使供应链的不同部分增加风险，因此提高了其不确定性。

（2）了解供应链能力。供应链有很多种模式，每一种都根据不同的工作要求而设计。一家企业必须了解它的供应链在哪些方面表现卓越。

**小链接**

供应链的类别分布范围包括从仅强调响应性的各种供应链，到以尽可能低的成本进行生产和供货为中心的各种供应链。图 2-3 展示了响应性连续带和各种类别的供应链在连续带上的位置。

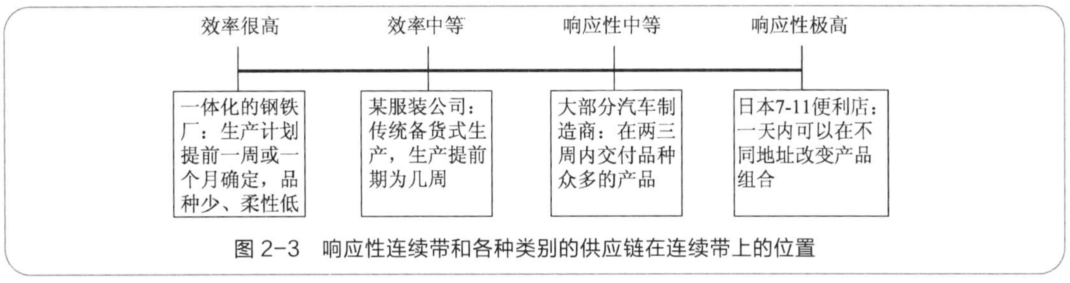

图 2-3 响应性连续带和各种类别的供应链在连续带上的位置

构成响应性的不同供应链能力种类越多，供应链的响应性就越强。例如，日本 7-11 便利店早晨补充早餐产品，中午补充午餐产品，晚上补充晚餐产品，结果是供应的产品品种在不到一天的时间内就产生变化。日本 7-11 便利店对订单的响应速度极快，门店经理发出的补货订单在 12 小时内就能收到供货，这种惯例使其供应链具有很高的响应性。戴尔的供应链允许客户在数千万种计算机配置中做出任意个性化的选择，然后戴尔在几天内将配置好的计算机交给客户，同样具有高响应性。

相反，高效率的供应链可以通过降低响应性降低成本。例如，大型超市销售大包装产品，品种有限，这样的供应链能够做到低成本，并将供应链的重点聚焦在高效率上。

（3）实现战略匹配。如果供应链运行出色的方面与客户需求仍然存在不匹配的地方，企业要么重新配置供应链以支持竞争战略，要么需要调整竞争战略以支持供应链战略。

当一个供应链根据其目标市场需求不确定性确定其效率或响应性之后，企业就要为供应链各环节匹配不同的角色，以保证适度的效率或响应性水平。例如，在某品牌家具的供应链中，其零售商通过持有该品牌各种款式家具的库存来满足市场需求变化，使整个供应链所面临的需求不确定性以库存方式被吸收。因此，该品牌家具零售商向制造商订货就更加稳定和具有可预知性，进而使家具制造商专注于提高生产效率，并可以将生产基地定位于低成本地区。相反，对于某品牌高性能计算机的供应链，其零售商可以持有较低的库存，而更专注于快速配送和优化客户服务。这时，该零售商对整个供应链的响应性贡献较小，需要制造商采用更加柔性的生产方式提高供应链的响应性。图 2-4 所示为供应链结构性能匹配区域，给出了目标市场不确定性下为供应链不同环节匹配不同的响应性。

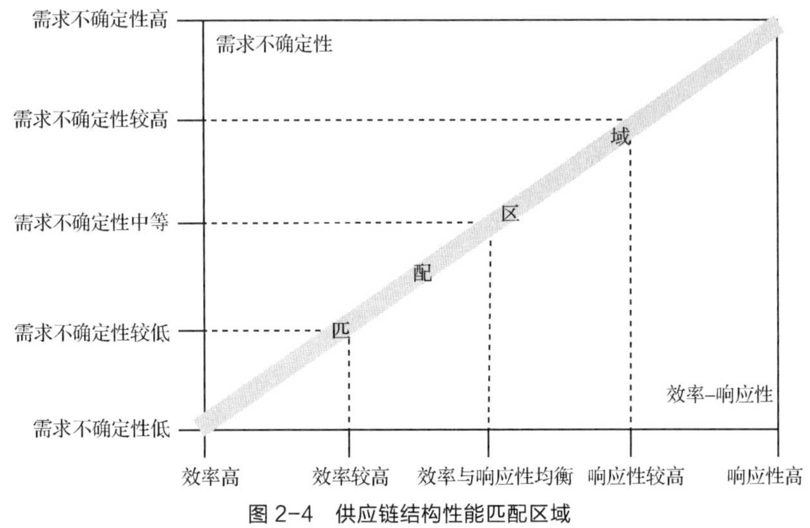

图 2-4 供应链结构性能匹配区域

## 二、供应链绩效的驱动因素

企业实现战略匹配需要在响应性和效率之间寻找适当的平衡，而供应链绩效的物流驱动因素（设施、库存与运输）和跨职能驱动因素（采购、定价与信息）中的每一种因素都有可能影响到这一平衡。这些因素互相作用，决定供应链的响应性和效率。

**小链接**

供应链的响应性包括供应链完成各项任务的能力，这些能力包括：对大幅度变动的需求量的响应，满足短期交货，经营品种繁多的产品，生产有高度创新性的产品，满足高质量的服务水平和处理供应不确定性等。一个供应链具备的这些能力越多，其响应性就越强。例如一家连锁便利商店可以通过及时补货，如上午补充午餐产品，下午补充晚餐产品，使所供应的产品种类在不到一天的时间之内就能产生多种变化。但是响应性的获得是要付出成本的。例如，想要对大幅度变动的需求量做出响应，企业就必须提高生产能力，但这样势必会增加成本。

成本的增加带来供应链效率的降低，因为供应链效率是成本的倒数。每个旨在增加响应性的战略选择都会产生额外的成本，降低效率。我们可以通过图 2-5 所示的成本-响应性效率边界曲线表示成本和响应性之间的关系。

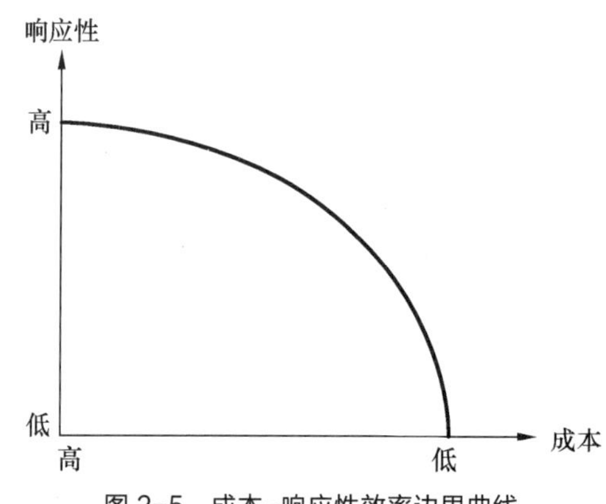


图 2-5 成本-响应性效率边界曲线

图 2-5 展示了在给定特定响应性时，最低成本的变化情况。最低成本的界定是以现有技术为基础的，并不是所有企业都能够在效率边界上经营。效率边界代表的是最理想的供应链的成本-响应性的运行。不在效率边界上的企业可以向效率边界移动，提高其响应性和改善其成本运营。同样，在效率边界上的企业只能通过增加成本或降低效率来提高响应性。通过分析我们可以看出，企业必须要在效率与响应性之间做出取舍，并通过调整供应链各个环节的作用，以获得指定水平的响应性。增加供应链某一环节的响应性，可以使其他环节关注于提高效率。

下面，我们定义每种驱动因素，并讨论其对供应链绩效的影响，如图 2-6 所示。

**1．设施**

设施是供应链的实际地理位置，即产品存储、组装或加工的场所。生产场地和仓储设施是两大主要设施，设施的作用、选址和柔性的决策对供应链的绩效有着重大的影响。例如，一个计算机零部件的分销商为了提高响应性将仓储设施建在靠近客户的地方，即使这种做法会降低供应链的效率；或者，此计算机零部件的分销商为了提高效率而减少仓库，即使这种做法会降低供应链的响应性。

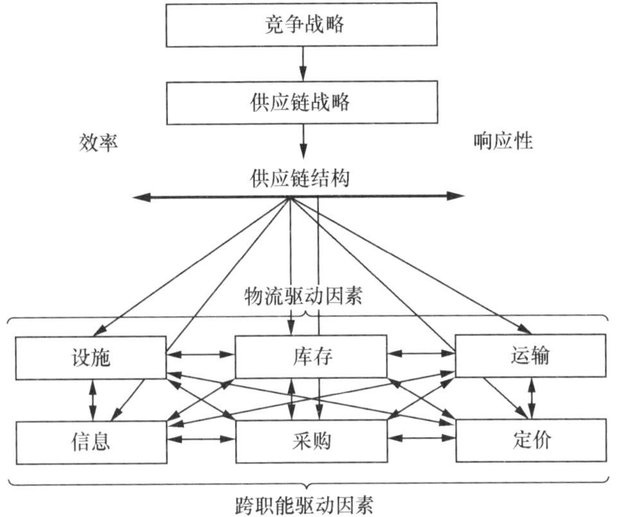


图 2-6　供应链决策框架

## 2. 库存

库存包括供应链上所有的原材料、在制品和产成品。改变库存策略能够极大地改变供应链的效率和响应性。例如，图书零售商可以存储大量存货以满足客户需求，且能够快速地响应客户需求。然而，大量的存货会增加图书零售商的成本，从而降低供应链的效率，虽然减少存货可以使零售商提高供应链的效率，却对供应链的响应性产生了不良的影响。

## 3. 运输

运输可以使原材料、在制品和产成品在供应链上实现点到点的移动。运输可以采取点线的多种组合，每种方式的绩效特点都不同。运输的选择对供应链的响应性和效率有着较大的影响。例如，供应商可以选择以较快的运输方式运送货物，如利用包裹承运商或者飞机运输等，提高供应链的响应性，但同时这些运输方式的高成本也会使供应链的效率降低。

## 4. 采购

采购是选择由谁从事特定的供应链活动，如生产、存储、运输或信息管理。它决定了哪些职能由企业自己履行，哪些职能寻求外包。如果企业将大量的生产外包给其他合作制造商，虽然供应链的效率提高了，但是由于距离远、管理结构不同，往往会使供应链的响应性有所下降。如果所有的生产都由企业自己进行，那么供应链的响应性提高了，效率却大大降低了。

微课：供应链驱动要素

## 5. 定价

定价决定着在供应链上的企业如何对产品和服务进行收费。定价直接影响买方的行为，从而影响供应链绩效。例如，企业可以根据客户的提前期改变价格，注重效率的客户会提早下订单，注重响应性的客户会在他们需要产品的时候才下订单。如果价格不随着提前期的变化而变化，那么提早的订单也将会很少出现。

## 6. 信息

信息包括整个供应链上的设备、库存、运输、成本、价格、客户的数据和分析资料。信

息是影响供应链绩效的重要因素，直接影响着其他各种因素。管理层可以通过有用的信息做出更加灵活、更有效率的决策。例如，一家生产企业掌握了客户需求模式的信息后，就可以预测客户需求，存储并生产原材料、产成品，这样客户在需要产品时就会及时找到它，从而使得供应链的响应非常迅速。

供应链管理包括运用上述6种驱动因素来增加供应链剩余利润。这些驱动因素并不是独立的，而是通过相互作用确定供应链整体绩效的。良好的供应链设计和运作能够利用这种相互作用，并适当进行取舍以获得预期的响应性。

为了实现响应性与效率之间的平衡，供应链管理者必须基于与其他因素的相互作用，在响应性与效率之间做出取舍。这些因素的综合影响决定着整个供应链的响应性和效率。在详细讨论这6种驱动因素之前，我们将它们放入一个很直观的供应链决策框架中，如图2-6所示。大部分企业在确定供应链战略前会先制定竞争战略。供应链战略则决定了供应链在效率和响应性方面如何运作。供应链必须运用3种物流驱动因素和3种跨职能驱动因素，从而达到供应链战略规定的绩效水平并使得供应链的效率最大化。

**小链接**

供应链剩余利润借用了经济学的概念，指供应链中所有的企业（包括核心企业和节点企业）形成供应链后的利润减去加入供应链前的利润所得差额的总和。

## 三、各驱动因素分析

案例链接

### 1．设施

（1）设施在供应链中的作用。供应链发展到一定阶段就要建设物流基础设施，它们是用来存放、装配或制造库存的设备或物品。如果我们把存货看作在供应链中被传递的物品，把传递方式看作运输，那么我们就可以把设施看作存货、运输发生与运作的地点。设施是存货被运输的起点或者终点，存货或者被转换为生产状态，或者被存放于仓库中。

（2）设施在竞争战略中的作用。设施所处的地理位置、容量大小、能力高低以及柔性程度都直接影响着供应链的响应性和效率。在设施比较集中时，企业可以从中获得规模经济效益，这种集中从成本控制的角度提高了供应链的效率。然而，这种成本的降低是以牺牲客户需求响应性为代价的，尤其是当这些设施远离企业的大多数客户的时候。同样，如果在靠近大多数客户的地方增加必要设施的数量，虽然这种做法可以提高供应链的响应性，可是因为需要投入资金，又降低了供应链的效率，但是如果有客户愿意为这种增加设施付费以便获得企业更高的响应性，那么企业管理者可以通过增加设施来帮助企业调整供应链，并与其竞争战略相匹配。

案例链接

（3）设施决策的组成。设施决策是供应链设计的一个重要部分。企业在做出设施决策时必须分析的因素有作用、选址布局和产能。

① 作用。对于生产设施，厂家必须决定它们是柔性的还是专用的，还是两者相结合的。柔性的生产设施可以用于多品种产品的生产，但是该生产设施的效率往往较低；而专用的生产设施虽然只可以用于生产少数产品，但是该生产设施的效率往往较高。

② 选址布局。设施的选址是企业决定在何处建造设施（如加工厂、车间、仓库等）的决策，设施的布局是企业需要在给定设施的范围内对活动单元（如工人、设备等）进行安排布置。供应链设计的大部分内容被企业的选址布局决策所占据，其中最基本的问题是，设施的选址布局决策是为了获得规模经济而集中布局，还是为了更靠近客户、提高响应性而分散布局。企业必须考虑与设施所在地的各种特征相关的一些问题，这些问题包括宏观经济因素、劳动力素质、劳动力成本、设备成本、基础设施情况、是否接近客户、税收等。

**案例链接**

1991 年，美国通信公司决定把拥有 4 000 名员工的系统工程总部从华盛顿总部搬到科罗拉多州的普林斯顿。其选址的理由是那里有低水平的房地产价格、廉价的劳动力、可滑雪的山峰、宜人的气候，并且已经有其他 4 家高科技公司搬迁到普林斯顿。但是，这个选址决策最后造成了大量的执行经理、工程师和雇员或者不去，或者去了普林斯顿之后很快就离开了那里，致使公司的搬迁成本居高不下，此次选址决策宣告失败。

通过上面的案例可以看出，美国通信公司选址失败的原因就在于没有分析搬迁地的各种综合因素，包括搬迁地偏离总部较远，遥远的距离使得公司的工程师与总部的同事彼此孤立，渐渐破坏了他们的合作精神；因为当地没有研究型大学、没有具有弹力的就业市场，所以在当地招聘专业人员的费用过高。

③ 产能。在确定了选址布局后，企业还必须确定设施的产能以完成预期的功能。大量的产能过剩虽然可以使设施非常灵活，并能应对需求的不断波动，但是会增加成本，也就降低了供应链的效率。相比大量的产能过剩，没有过剩产能的设施在单位产品的生产上虽然效率更高，但是高利用率的设施难以应付市场需求的波动。由此可见，企业必须要做出取舍，决定每个设施的适当产能。

（4）总体权衡：响应性与效率。管理者在进行设施决策时所面临的主要问题是设施的区域布局、数目及类型所决定的成本（效率）与设施提供给客户的快速响应之间的抉择。设施的柔性越高，设施成本越高，而库存成本如果越低，响应时间就会越短；设施的数量越多，设施与库存成本就会越高，而运输成本如果越低，响应时间就会越短。

**2. 库存**

（1）库存在供应链中的作用。整个供应链的库存是以原材料、在制品、产成品的形式存在的，这包括存储于整个供应链中的处于生产或闲置状态的物料。库存是供应链成本的主要来源，存在于供应链的各个角色中，遍布整个供应链的业务环节。

供应链中存在库存是因为供应与需求不匹配。这主要有两个原因：一是客户需求具有不确定性，为了防止货源不足，供应链中需要储备大量库存以保证客户在需要的时候能够得到想要数量的产品；二是客户需求的不确定性导致供应链内部生产、加工过程的困难，分散的、小规模的生产导致生产成本的增加和利润的减少，所以企业通过库存的形式来保证供应链系统生产的规模经济和低成本。

库存对供应链上的物料流程时间有着显著的影响。物料流程时间是指物料从进入到离开某供应链的时间。对于供应链，产销率表示销售发生的速度。我们可以通过利特尔法则表示库存（$I$）、物料流程时间（$T$）与产销率（$D$）之间的关系：

$$I = TD$$

例如，一台计算机的物料流程时间为 10 小时，产销率为每小时 50 个单位，这样，库存为 500 个单位。如果我们要将库存减少到 200 个单位，同时保持产销率不变，则一台计算机的物料流程时间应减少为 4 小时。

供应链中的库存与物料流程时间成正比，产销率往往取决于客户需求。管理者应该在不增加成本或不降低响应性的前提下，通过减少库存来减少物料流程时间，加快供应链的整体循环速度。

（2）库存在竞争战略中的作用。库存在企业竞争战略的能力方面发挥着重要的作用。库存对供应链的驱动可以表现为通过在客户身边集中大量的库存，来提高供应链对客户需求的响应性，但是这种做法降低了供应链的效率。同样，企业也可以通过集中存储、减少库存或者及时通过物流配送消除库存的做法来提高供应链的效率。这种做法适用于低成本的竞争战略，但会在一定程度上降低供应链对客户需求的响应性。因此，管理者要在选择较多库存所带来的高响应性和选择较少库存所带来的高效率之间进行权衡。

案例链接

（3）库存决策的组成。

① 周转库存。周转库存是指满足在供货商两次送货之间所发生的需求的平均库存量。周转库存的大小是大批量物料的生产、运输或采购的结果，其目的是在这些过程中利用规模经济的优势。随着批量的增大，持有库存的成本也将增加。

② 安全库存。安全库存是为了防止不确定因素（如大量突发性订货、交货期突然延迟等）而准备的缓冲库存，是为了应对一些潜在的不确定性。企业管理者在确定应持有多少安全库存时，面临着一个关键的决策。例如，销售月饼的零售商必须为中秋节采购旺季计算安全库存。如果安全库存太多，剩余的月饼就不得不在中秋节之后打折出售；如果安全库存太少，该零售商将失去销售机会，也就失去由销售而带来的利润。因此，选择安全库存就意味着要做出取舍，要在库存积压所带来的成本与库存短缺所损失的销量之间进行权衡。

③ 季节性库存。季节性库存是为了处理预测需求的波动而建立的库存（如暖水袋的库存可分为淡季库存和旺季库存），或是对季节性出产的原材料（如大米、棉花、水果等农产品）在出产的季节进行大量收购所建立的库存。管理者面临的一个关键性决策就是是否需要建立季节性库存。如果建立季节性库存，那么需要建立多少库存。如果一家企业能以较低成本迅速改变其生产系统的产量，则可能不需要季节性库存，因为生产系统能在不增加很大成本时调节到旺季需求状态。如果产量调整代价过大，企业采用较稳定的产量水平并在淡季时建立库存的做法是明智的。因此，企业管理者需要在保有额外的季节性库存的成本和产量调整所带来的成本之间进行权衡。

④ 产品可获性水平。产品可获性水平是指库存中能够准时满足需求的那部分产品的比例。较高的产品可获性水平可以提高供应链的响应性，但需要持有大量库存，这样便增加了成本。同样，较低的产品可获性水平可以降低库存持有成本，但会导致不能够按时满足需求、快速响应。

（4）总体权衡：响应性与效率。在响应性与效率之间做出选择，是企业管理者在进行库存决策时所面临的基本问题。增加库存可以提高供应链的响应性，库存水平越高，企业就越便于利用规模经济降低生产和运输成本，但这种做法会增加持有库存的成本。

### 3．运输

（1）运输在供应链中的作用。运输使产品在供应链的不同节点间移动，实现供应链库存的有效位移。运输对供应链的响应性和效率也有着很大的影响。高速快捷的运输可以提高供应链的响应性，但企业必须付出相对较高的成本，自然也就降低了供应链的效率。采用何种运输方式也影响着供应链中库存的位置。

（2）运输在竞争战略中的作用。运输在竞争战略中的作用突出表现在其对目标客户需求的考虑上，这就需要确认客户对供应链响应性的需求情况。如果企业的竞争战略侧重于满足客户对供应链响应性的需求，并且客户愿意为此付款，企业就可以通过高速快捷的运输增强供应链的响应性。如果企业的竞争战略致力于满足以价格为主要决策标准的客户需求时，企业可以利用运输降低产品的成本，通过牺牲响应性满足客户对低价产品的需求。

案例链接

（3）运输决策的组成。

① 运输方式的选择。运输方式是指产品在供应链中从一个节点移动到另一个节点的方式。运输方式主要包括铁路运输、水路运输、公路运输、航空运输、管道运输、网络传输（如信息产品）。企业根据各种运输方式的特点和适用性（包括速度、装运规模、运输成本、灵活性等）选择一种或几种运输方式的组合，以降低运输成本。

② 运输网络的设计。运输网络是产品运输的方式、地点及路线的选择。通过对运输网络的设计，企业可以决定运输路线是从供应地直接运往需求地（是从一个供应地运往一个需求地，还是从多个供应地运往多个需求地；或者是从一个供应地运往多个需求地，还是从多个供应地运往一个需求地），还是要经过中间集散地。

（4）总体权衡：响应性与效率。选择运输产品的成本（效率）还是选择运输产品的速度（响应性）是运输决策的基本问题。快速的运输方式可以提高供应链的响应性，降低库存持有成本，但会增加运输成本。

### 4．采购

（1）采购在供应链中的作用。采购是购买产品和服务所必需的一整套业务流程，是供应链上下游企业在生产方面的合作，也是生产需求和物料供给之间的联系。采购中各个环节的无缝连接是很重要的，它为供应链上企业之间的原材料、半成品和产成品的生产与交流架起了一座桥梁，是提高供应链上企业同步化运作效率的关键环节。在采购的整个过程中，首先，企业管理者必须决定哪些任务需要被外包出去，哪些任务由企业内部完成。对于每个外包的任务，企业管理者还必须决定是外包给一个供应商还是多个供应商。其次，企业管理者要确定一套选择供应商、评价供应商绩效的标准。最后，企业管理者要选择供应商并与其进行合同的磋商谈判。合同应该尽量结构化并详细地规定每一个供应商的作用，它在促进货物订购和交付的采购过程中发挥着重要的作用。

（2）采购在竞争战略中的作用。采购决策影响供应链可达到的响应性和效率的水平。企业如果认为自己提高供应链响应性的成本过高，就会将这部分采购业务外包给响应性较高的第三方来执行，通过这种做法提高本企业的供应链效率。有些情况下，为了维持控制，保留响应能力，且一些第三方可以达到规模经济或因为其他原因能够使其具有较低的成本时，企业也会考虑为获得供应链效率而将这部分采购业务外包给第三方。在进行采购业务外包决策的时候，企业应当考虑供应链赢利是否增加。

（3）采购决策的组成。

① 企业内部生产或外包给第三方。企业最重要的采购决策就是决定产品由企业内部生

产还是外包给第三方。这个决策在很大程度上受到它对整个供应链赢利的影响的驱动。如果能使供应链赢利大幅度增长并且没有额外的风险时，外包给第三方是一个很好的选择。

② 供应商的选择。企业管理者必须先决定某一项活动需要选择哪些供应商以及供应商的数量，然后确定评价供应商绩效和选择供应商的标准，并根据这些标准选择供应商。

案例链接

③ 供货。供货是供应商为客户订单发货的过程。管理者必须决定直接、间接物料供应的结构以及一般物料供应的结构。

（4）总体权衡：增加供应链赢利。增加供应链赢利是采购决策的目的。采购对销售、服务、生产成本、库存成本、运输成本、信息成本以及利润总额有着明显的影响。如果第三方能够比企业自身创造更多的供应链赢利，则将采购业务外包给第三方是有意义的。如果第三方不能增加供应链赢利或者外包风险较大，企业则要在内部保持供应链的采购功能。

**5．定价**

（1）定价在供应链中的作用。定价主要研究产品和服务的价格制定和变更的策略，它直接影响着购买此产品的客户群和客户期望，也直接决定着供应链成员企业的销售数量和销售收入，以及决定着企业市场份额的大小和盈利率的高低。这涉及生产企业、中间商和客户等各方的利益。供应链的响应性水平以及供应链满足的需求情况都受其影响。我们可以将定价看作一个调整供需的杠杆。企业经常通过短期折扣消除供给过剩或减少需求前移带来的季节性需求高峰。

（2）定价在竞争战略中的作用。对于大多数客户，价格是影响他们购买行为的一个主要因素，定价是企业执行竞争战略的重要因素。对于那些只注重价格是否足够低，即便是产品的实用性较低也愿意购买的客户群，稳定且低廉的价格是他们产生购买行为的原动力。相反，对于注重品质和响应性，即便产品价格较高，也愿意为此付费的客户群，高品质和较高的响应性是他们产生购买行为的原动力。下面以亚马逊为客户运送产品的运费清单为例进行说明。2005年11月，某人购买了价值30美元的两本书，可以选择使用标准化送货服务（3～5个工作日后送达），花费4.98美元；或使用两天送货服务（2个工作日后送达），花费11.47美元；或使用一天送货服务（1个工作日后送达），花费20.47美元；或使用免费送货服务（7～14个工作日后送达）。亚马逊利用定价吸引需要不同响应性水平的客户。

**案例链接**

开市客源自两家公司的合并。1976年，Sol和Robert Price两家公司在加利福尼亚州圣地亚哥的一家废弃的飞机库成立了价格会员店（Price Club），这是一家面对商业购买者的全新会员店。2003年，开市客年销售额达417亿美元，拥有407家仓储店，10.3万名员工，2 000万名忠实的会员和4 000万名持卡消费者，成为美国第六大零售商。开市客起初只向小型企业提供服务，但是后来发现如果选择性地向一些非企业的个人会员提供服务，会获得更大的收益。它的策略是保持价格稳定且低廉。价格的稳定也确保了需求的相对稳定。开市客服务于已明确界定的细分市场，因此总能够设计出一个合适的供应链。开市客供应链的目标是高效率而非高响应性。

（3）定价决策的组成。

① 定价与规模经济。大部分供应链活动都显示了规模经济的作用。供应链活动的提供

者必须决定如何适当定价以反映这种规模经济的作用。数量折扣是实现规模经济的常用方法，但是企业在使用这种策略的时候一定要慎重，必须确保数量折扣是符合规模经济的，否则会使由数量折扣拉动的客户订单产生风险。

② 每日低价与高-低定价。诸如开市客之类的企业在其仓储式商店实行每日低价，以维持价格长期稳定。开市客甚至不会为受损图书提供任何折扣，以确保每日低价策略。相比之下，大部分超市实行高-低定价，每周都会为某种产品提供大幅度折扣。开市客的定价策略使其需求相对稳定。实行高-低定价后，企业在折扣周会迎来购买高峰，随后几周的需求往往会大幅度减少。两种截然不同的定价策略导致不同的需求状况，而这些需求都必须由供应链满足。

③ 固定价格与价格菜单。对供应链活动收取固定价格还是按其他属性（如响应时间或交付地点）提供不同的价格菜单是企业必须做出的决定。如果供应链的边际成本或客户价值随某些属性变化很大，则提供价格菜单往往是有效的，如亚马逊为客户运送产品的运费清单就是一种价格菜单。

**小链接**

在经济学和金融学中，边际成本指的是每一单位新生产的产品（或者购买的产品）带来的总成本的增量。这个概念表明每一单位产品的成本与总产品量有关。例如，仅生产一辆汽车的成本是极其巨大的，而生产第 101 辆汽车的成本就低得多，而生产第 10 000 辆汽车的成本就更低了（这是因为存在规模经济）。考虑到机会成本，随着生产量的增加，边际成本可能会增加。例如，生产汽车时，所用的材料可能有更好的用处，所以要尽量用最少的材料生产出最多的汽车，这样才能提高边际收益。

（4）总体权衡：增加企业利润。增加企业利润是所有定价决策的目标。这就要求企业了解某供应链活动的成本结构及完成该供应链活动能够为供应链带来的价值。例如，实行每日低价可稳定需求，提高供应链的效率。一些定价策略可降低供应链成本，帮助企业维持市场份额，甚至赢得市场份额。实行差别定价可以吸引不同需求的客户。

### 6．信息

（1）信息在供应链中的作用。信息不仅是供应链的驱动因素，而且是设施、库存、运输、采购、定价的驱动因素，因为信息包含了整个供应链中关于这些驱动因素和客户的全部数据与分析。信息以多种方式影响供应链的每一个部分，但是它的影响经常被低估。供应链的节点企业可以通过信息的获取来制定能够使供应链赢利最大化的决策，实现双赢。

（2）信息在竞争战略中的作用。信息可被企业用来提高供应链的响应性和效率。飞速发展的信息技术证明了其对企业改进的巨大影响。企业必须弄清楚在信息技术上的投资是否能够降低供应链的成本、提高供应链的响应性，这些投资是否能够转换为更高的利润以及更长远的经济效益。

案例链接

（3）信息决策的组成。

① 协调与信息共享。协调与信息共享是供应链各节点企业间协调合作的关键。供应链各节点企业间需要协调合作，这种协调合作关系必须建立在供应链各节点企业间信息共享的基础上，这样才能够实现供应链赢利最大化的目标；如果供应链各节点企业间缺乏协调，将会导致供应链赢利的大幅减少。例如，一个生产制造企业需要供应商及时生产恰当的零部件，这时生产制造企业就必须与供应商共享需求以及生产信息。因此，信息共

享是供应链成功的关键要素之一。

② 预测与综合计划。供应链各节点企业通过信息共享，获取预测信息估计未来市场的销售收入和市场状况，根据这些预测信息计划生产、确定是否要建新工厂或者是否要进入一个新的市场。如何预测以及在多大程度上依靠预测做决策是供应链管理者必须考虑的。

预测完成之后，企业就需要一套综合计划来执行这项预测并使整个供应链配合这个综合计划。综合计划是整个供应链必须共享的重要信息，它影响供应商的需求量以及对客户的供给。

③ 支持技术。信息经过口头信息、文字单据信息、条码信息等发展过程，现在发展到物料、产品的多元信息技术。这些技术可用来共享和分析信息。供应链管理者必须确定使用哪些技术以及如何将这些技术融入供应链各个节点企业。这些决策直接影响供应链各节点企业是否能够方便快捷地共享信息并做出高效快速的决策。主要的技术如下。

a. 电子数据交换（Electronic Data Interchange，EDI）是指按照统一规定的一套通用标准格式，将标准的信息通过通信网络进行传输，在供应链各节点企业的电子计算机系统之间进行数据交换和自动处理。由于使用EDI能有效地减少直至最终消除贸易过程中的纸面单证而使交易变得更快、更准确，因此EDI也被称为“无纸交易”。

b. 互联网在信息共享方面的优势远远超过EDI，它能够传递更多的信息，可视性更强。因为标准基础设施和万维网已经存在，所以利用互联网促进供应链各环节之间的沟通也很容易。互联网使电子商务成为供应链的主力军。

c. 企业资源计划（Enterprise Resource Planning，ERP）系统通过提供交易追踪和来自企业以及供应链上的信息，把客户需要、企业内部的生产经营活动以及供应商的资源整合在一起，实现完全按客户需要进行经营管理，这是一种全新的管理方法。这种实时信息有助于提高供应链运作决策的质量。

d. 供应链管理（Supply Chain Management，SCM）软件利用ERP系统反映的信息，提供分析决策的支持。它能帮助企业做出决策。

e. 射频识别（Radio Frequency Identification，RFID）技术是一种非接触式的自动识别技术，它通过射频信号自动识别目标对象并获取相关数据，识别工作无须人工干预。

案例链接

④ 总体权衡：响应性与效率。准确的信息可以改善其他因素的绩效，信息的使用建立在其他因素所支持的战略基础上。准确的信息还可以帮助企业通过降低库存和运输成本提高效率，准确的信息也可以帮助供应链更好地调剂供需，提高响应性。

## 练习与实训

### （一）单项选择题

1. 下列选项中，（　　）不是供应链绩效的物流驱动因素。

　A. 设施　　B. 库存　　C. 运输　　D. 定价

2. 下列选项中，（　　）不是供应链绩效的跨职能驱动因素。

　A. 信息　　B. 采购　　C. 定价　　D. 运输

3. 增加企业利润是所有（　　）决策的目标。

A. 库存　　B. 定价　　C. 采购　　D. 信息

4.（　　）是各个环节无缝连接的重要因素，它为供应链上企业之间的原材料、半成品和产成品的生产与交流架起了一座桥梁，是提高供应链上企业同步化运作效率的关键环节。

A. 生产　　B. 运输　　C. 采购　　D. 库存

5. 下列选项中，（　　）不属于库存决策的组成。

A. 周转库存　　B. 安全库存　　C. 随机库存　　D. 产品可获性水平

**（二）判断题**

1. 在整个供应链业务环节中，能够对供应链管理和运作起到驱动作用的因素主要有设施、库存、运输、定价、采购、生产。（　　）

2. 信息可被企业用来提高供应链的响应性和效率。（　　）

3. 信息在企业竞争战略中的作用突出表现在其对目标客户需求的考虑，它要确认客户对供应链响应程度的需求情况。（　　）

4. 设施是供应链的实际地理位置，生产场地和仓储设施是两大主要设施。（　　）

5. 供应链中存在库存是因为供应与需求不匹配。（　　）

6. 增加供应链赢利是定价决策的目的。（　　）

**（三）思考题**

1. 企业竞争战略与供应链战略的区别是什么？

2. 什么是企业价值链？企业的成功与哪些因素紧密相关？

3. 怎样才能使竞争战略与供应链战略更好地匹配？

4. 供应链绩效有哪些驱动因素？各驱动因素在供应链中的作用、在竞争战略中的作用及其决策组成是什么？

**（四）实训：理解企业竞争战略与供应链战略匹配及供应链绩效驱动因素**

**1. 实训目标**

① 在掌握企业竞争战略与供应链战略匹配，以及供应链绩效驱动因素相关知识的基础上，能够说明某企业的竞争战略与供应链战略是否匹配，以及影响这个企业或行业的供应链驱动因素有哪些。

② 通过以组为单位进行实地调查获取资料的方式，培养学生的团队合作精神，增强学生发现问题、分析问题与解决问题的能力，以及人际交往与沟通的能力。

**2. 实训内容**

① 收集资料或开展调查，说明某企业的竞争战略以及供应链战略，分析它们是否相匹配。

② 分析企业供应链绩效的驱动因素对企业的竞争战略以及供应链战略造成的影响。

③ 在通过实地调查获得相关资料后，以组为单位完成实训报告。实训报告题目为“×××企业供应链驱动因素调查报告”（或自定）。报告中应包含以下内容：简要介绍企业竞争战略、企业供应链战略以及竞争战略与供应链战略是否匹配（若不匹配，请分析存在的问题及对策），影响企业供应链绩效的驱动因素有哪些，企业如何平衡这些因素与企业的竞争战略和供应链战略的关系。

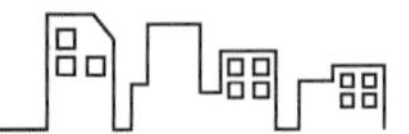

**3. 实训准备、步骤及要求**

（1）实训准备

① 知识准备：教师通过课堂讲解使学生熟练掌握企业竞争战略、供应链战略及供应链绩效驱动因素等相关知识。

② 学生分组：每6名学生为一组，每组选出一位小组长。

③ 实训地点：各组成员自主选择的目标企业。

（2）实训步骤及要求

① 各组通过讨论确定所要调查的目标企业。

② 以组为单位到该企业进行实地调查，了解该企业生产的产品从原材料到最终到达客户手中的全过程及所涉及的所有节点企业。

③ 各组了解该企业的竞争战略、供应链战略以及供应链绩效驱动因素等情况。

④ 各组完成实训报告，要求资料翔实、准确、具体。

⑤ 各组分享实训报告，教师点评。

**4. 实训成绩评定**

实训成绩根据实训报告的完成情况进行评定，评定内容包含以下几项。

① 相关资料是否通过实地调查获得，调查资料是否翔实、准确、具体。

② 实训报告内容的完整性、合理性和全面性。

③ 实训报告是否按要求的规范格式完成。

# 供应链运营管理

## 知识目标

1. 掌握基于产品、面向服务的供应链设计策略
2. 掌握基于产品生命周期、面向大规模定制的供应链设计策略
3. 掌握面向供应链管理的产品和过程设计策略
4. 理解快速反应、有效客户反应、价值链分析
5. 了解供应链失调及供应链协调中的障碍因素
6. 掌握供应链协调中的管理杠杆

## 技能目标

1. 能够找出供应链失调的原因，并采用合适的方法对供应链进行协调
2. 能够根据供应链设计策略优先选择设计方法

## 素养目标

1. 树立开放、共享、和谐、协调的理念
2. 培养精益求精的“工匠精神”

案例引入

## 宝洁公司和沃尔玛的产销联盟

20世纪80年代以前，宝洁公司作为大型生产商，拥有强大的经营实力和庞大的销售队伍，在销售政策上也一贯采取强硬的态度，常常利用自身在产业链中的垄断地位和权力，严格控制下游的经销商和零售商，并迫使后者在日常经营中贯彻自己制定的营销战略和各种规定。

然而到了20世纪80年代，美国的流通产业迎来了巨大的变革，随着大规模零售企业的发展，特别是连锁店规模和实力的增强，同时零售企业形成了完备的流通信息网络，相对于商品供给方逐渐拥有了信息上的优势。因此，整个流通产业链中的主导权已经从生产方转移到零售商。在20世纪80年代中期，生产商与零售商之间的冲突和矛盾日益加剧，特别是大型生产商与拥有强大销售力和商品调运系统的大规模连锁零售商之间形成了一种对峙关系，这无疑给整个供应链带来了动荡和不稳定。

在这种背景下，宝洁公司如果仍然采取压迫式的销售方式显然行不通了。

与此同时，美国市场面临来自国外企业的强大挑战，零售商仅凭自身的实力和规模，难以应对这种国际化的竞争。当时沃尔玛面临的一个最大问题是在香皂市场，沃尔玛既要从事商品的配送，又要进行商品的销售，成本高昂，使其在与国外企业的竞争中处于劣势地位，如果要把这部分成本转嫁给客户，就不利于企业的长远发展，因此沃尔玛急需改变自己的经营策略。

宝洁公司和沃尔玛通过对各自存在的问题进行分析后发现，它们只有合作，建立战略合作伙伴关系，形成产销联盟供应链，才能在增强供应链的竞争力的同时，保证各自的竞争地位。于是双方在高层领导会晤之后，开始了正式合作。在合作过程中，双方不断调整各自的经营方式，以保证合作的顺利进行。

双方决定通过联盟的形式，借助于计算机，开始实现信息共享。宝洁公司可以调用沃尔玛的销售和库存数据，并以此为依据制订有效率的生产和出货计划。这不是单纯的财务管理，而是通过利用新型的信息技术对整个业务活动实行全方位的管理，从而使双方关系进入一个新的层面。

由宝洁公司财务、流通、生产和其他职能部门组成的约70人的专门合作团队被派往沃尔玛实行协作管理。根据专门合作团队的策划，沃尔玛于1989年开始对宝洁公司的纸尿裤产品实行供应链管理，即构筑JIT型的自动订发货系统，其具体的形式是双方通过EDI和卫星通信实现联网。借助于这种信息系统，宝洁公司除了可以快速知道沃尔玛物流中心的纸尿裤库存情况外，还能及时了解纸尿裤在沃尔玛各店铺的销量、库存、价格等数据，这样不仅能使宝洁公司及时制订符合市场需求的生产和研发计划，同时能对沃尔玛的库存实行单品管理，做到连续补货，防止出现商品结构性的机会成本（即滞销品库存过多，与此同时畅销品断货）。而沃尔玛则从原来繁重的物流作业中解放出来，致力于经营活动，同时在通过EDI从宝洁公司获得信息的基础上，及时确定商品的上货货架和进货数量，并由制造商管理（Manufacture Manage Inventory，MMI）系统实行自动进货。沃尔玛不用从事具体的物流活动，由于双方不用就每笔交易的条件（如配送、价格问题等）进行谈判，大大缩短了商品的订货、进货、保管、分拣、补货、销售等整个业务流程。

具体作业流程是沃尔玛为各店铺都制定了一个安全库存水平，一旦某店铺的现有库存水平低于安全库存水平，设在沃尔玛的计算机就会通过卫星通信自动向宝洁公司的纸尿裤工厂订货，宝洁公司在接到订单后，将订购商品配送到相应店铺，并实施在库管理。

宝洁公司与沃尔玛之间的产销联盟彻底打破了当时在美国流通领域占统治地位的以双环节为主的流通体制，其流通过程不再经过批发商和零售商环节，减小了整个产业链的波动幅度，并降低了生产商的经营风险。这防止了因传统流程和物流管理方式造成的环节越多、波动越大的情况。宝洁公司与沃尔玛之间的产销联盟使产销双方能够紧密地联系在一起，同时借助以信息共享为特征的经营和物流管理系统，使产销双方都能对市场的变化及时做出响应，其结果是库存水平下降，有效地遏制了滞销品的产生。事实证明，宝洁公司与沃尔玛实行产销联盟以后，沃尔玛店铺中宝洁公司的纸尿裤的周转率提高了70%。与此相对应，宝洁公司的纸尿裤销售额也提高了50%，达到30亿美元。

## 相关知识

### 一、供应链设计策略

微课：供应链设计策略

#### 1．基于产品的供应链设计策略

设计和运行一个有效的供应链对于每一个制造企业都是至关重要的，因为它可以提高企业对客户的服务水平，达到成本和服务之间的有效平衡；使企业具有更高的柔性，以提高企业对客户需求的反应能力和速度，开拓并进入新的市场，增强企业竞争力；降低库存，提高企业的工作效率。但是，企业也可能因为供应链设计不当而导致浪费和失败。因此，正确设计供应链是实施供应链管理的基础。

基于产品的供应链设计策略就是设计出与产品特性一致的供应链。

供应链设计人员首先要明白客户对企业产品的需求是什么，产品生命周期、需求预测、产品多样性、提前期和服务的市场标准等都是影响供应链设计的重要因素。不同的产品类型对供应链设计有不同的要求，高边际利润、无稳定需求的创新型产品（Innovative Products）的供应链设计就不同于低边际利润、有稳定需求的功能型产品（Functional Products）的供应链设计。

（1）产品的类型与功能特征

一般来说，产品可分为两大类：功能型产品与创新型产品。

① 功能型产品是指满足基本功能需要的产品，有较为稳定且可预测的市场需求，生命周期较长，不经常更新换代，竞争激烈，边际利润较低，如一般的日用品等。

② 创新型产品是指增加了特殊功能的产品，或在技术与外观上具有创新性的产品。这类产品往往具有较高的边际利润，需求可能无法准确预测，生命周期较短，在市场上易被竞争者模仿，从而使竞争优势削弱，导致边际利润下滑，如时尚品等。

两者的差别如表 3-1 所示。

表 3-1　功能型产品与创新型产品的区别

| 比较指标 | 功能型产品 | 创新型产品 |
|---|---|---|
| 产品生命周期 | >2 年 | 1～3 年 |
| 边际贡献率 | 5%～20% | 20%～60% |
| 产品多样性 | 低 | 高 |
| 平均预测失误率 | 10% | 40%～100% |
| 平均缺货率 | 1%～2% | 10%～40% |
| 季末平均打折百分比 | 0% | 10%～25% |
| 按订单制造需要的提前期 | 6～12 个月 | 1～14 天 |

由表 3-1 可以看出，功能型产品一般用于满足客户的基本需求，变化很少，具有稳定的、可预测的需求和较长的生命周期，但边际利润较低。为了避免低边际利润，许多企业在形式或技术上进行创新以激发客户的购买欲望，从而获得高边际利润，这种创新型产品的需求一般不可预测，生命周期较短。正因为这两种产品的不同，才需要有不同类型的供应链满足不同的管理需要。

（2）基于产品的供应链设计策略分析

对于功能型产品，如果边际贡献率为 10%，平均缺货率为 1%，则边际利润损失仅为 0.1%。因此，为改善市场反应能力而投入巨资是得不偿失的。生产这类产品的企业的主要目标在于尽量降低成本。企业通常只要制订一个合理的最终产品的产出计划，并借助相应的管理信息系统协调客户订单、生产及采购，使得供应链上的库存最小化，提高生产效率，缩短提前期，从而增强竞争力。例如宝洁公司的许多产品都属于功能型产品，宝洁公司采取了供应商管理存货和每日低价的策略，使库存维持在较低水平，降低了成本，宝洁公司和客户都从中受益。

对于创新型产品，如果边际贡献率为 40%，平均缺货率为 25%，则边际利润损失为 10%。因此，此类产品需要有高度灵活的供应链，企业要能对多变的市场迅速做出反应，投资改善供应链的市场反应能力也就成为必要之举。例如，日本与欧美发达国家把基本的功能型产品放在本土生产，虽然这有可能增加劳动力成本，但通过对市场的快速反应而获得的利润足以抵消这种不利影响。

在确定了产品和供应链的类型之后，企业可利用供应链与产品类型矩阵选择理想的供应链设计策略，如表 3-2 所示。

表 3-2　供应链与产品类型矩阵

| 比较指标 | 功能型产品 | 创新型产品 |
|---|---|---|
| 物理效率型供应链 | 匹配 | 不匹配 |
| 市场反应型供应链 | 不匹配 | 匹配 |

策略矩阵的 4 个方格代表 4 种可能的产品和供应链的组合，可以看出产品和供应链的特性。管理者根据这些特性就可以判断企业的供应链流程设计是否与产品类型相一致，这就是基于产品的供应链设计策略。

利用表 3-2 所示的矩阵，企业就可以判断其供应链类型与产品类型是否很好地匹配。矩阵的 4 个方格代表了 4 种可能的产品与供应链的组合。用市场反应型供应链生产功能型产品，或用物理效率型供应链生产创新型产品，都是不合理的。

表 3-2 中右下方的方格代表采用市场反应型供应链生产创新型产品。生产创新型产品的企业，其在市场反应型供应链上的投资回报率要比在物理效率型供应链上的投资回报率高得多。通常，这类企业在提高其供应链的市场反应性上，每增加 1 元投资，就会取得大于 1 元的市场回报。若企业采用市场反应型供应链生产功能型产品（表 3-2 中左下方的方格），情况就截然不同了。若企业对其供应链增加投资，将得不偿失。

表 3-2 中右上方的方格代表的情况很常见（用物理效率型供应链生产创新型产品），由于创新型产品具有可观的边际利润，尽管竞争日益激烈，越来越多的企业仍不断从生产功能型产品转向生产创新型产品，但其供应链并未发生相应改变。例如一些个人计算机厂商，在提供新产品时，由于仍采用原来的物理效率型供应链，过于注重成本，追求库存最小化和较低的采购价格，忽视供货速度和灵活性，担心增加成本而不愿缩短提前期，从而造成交货速度太慢，不能及时响应日益变化的市场需求，缺货损失较大。甚至被竞争对手抢先占领了市场，给企业造成难以估量的损失。

如何改善表 3-2 右上方的方格代表的这种情况呢？一种方法是向左平移，不生产创新型产品而只生产功能型产品；另一种方法是向下垂直移动，实现从物理效率型供应链向市场反应型供应链的转变。而移动方向取决于创新型产品所产生的边际利润是否足以抵销采用市场反应型供应链所增加的成本。

对于用物理效率型供应链生产功能型产品的情况，企业可采取如下措施。

① 降低企业内部成本。

② 不断加强企业与供应商、分销商之间的协作，从而有效降低整个供应链上的成本。

③ 降低销售价格，这是建立在有效控制成本的基础之上的，但一般不轻易采用，需要根据市场竞争情况决定。

由于创新型产品具有需求不确定的特征，因此对于用市场反应型供应链生产创新型产品的情况，企业应采用以下措施。

① 通过不同产品拥有尽可能多的通用件提高某些模块的可预测性，从而降低需求的不确定性。

② 通过缩短提前期与提高供应链的柔性，企业就能按照订单生产，及时响应市场需求，在尽可能短的时间内提供客户所需的个性化产品。

③ 当需求的不确定性已被尽可能地降低或避免后，企业可以用安全库存或充足的生产能力规避其剩余的不确定性，这样当市场需求旺盛时，企业就能尽快地提供创新型产品，从而减少缺货损失。

总之，在为企业寻找理想的供应链之前，必须先确定企业产品的类型和企业供应链的类型，并使两者合理匹配，从而实现企业产品和供应链的有效组合。

**2．面向服务的供应链设计策略**

（1）服务供应链与产品供应链的区别

服务供应链与产品供应链在产生背景、主要管理内容、主要管理目标、主要集成内容等方面具有很大的相似性，产品供应链的相关理论可以为服务供应链借鉴。但是，服务供应链与产品供应链也有区别。产品供应链是指制造业的供应链，它是以制造业实体产品为核心的一种供应链；服务供应链是指服务业的供应链，它是以服务产品为核心的一种供应链。

两者的区别主要来源于服务产品与实体产品的本质区别。服务产品具有不同于实体产品的 6 个特征：客户影响（Customer Influence）、不可触知性（Intangibility）、不可分割性（Inseparability）、异质性（Heterogeneity）、易逝性（Perishability）、劳动密集性（Labor Intensity）等。两者的区别具体如表 3-3 所示。

表 3-3 产品供应链与服务供应链的区别

| 比较指标 | 产品供应链 | 服务供应链 |
| --- | --- | --- |
| 渠道 | 原材料供应商—制造商—批发商—销售商—客户 | 由于服务行业自身的特点（如客户参与性等），需要更多采取较短的供应链渠道，典型结构为功能型服务提供商—服务集成商—客户 |
| 上下游企业之间供需的内容 | 实体产品 | 服务产品 |
| 运营模式 | 拉动型和推动型两者结合，上游企业之间更多使用推动型，下游企业之间更多使用拉动型 | 更多使用市场拉动型，具有完全反应型供应链的特征 |
| 供应链“牛鞭”效应的影响因素 | 库存、需求信号、价格波动、短缺博弈 | 价格波动、短缺博弈 |
| “牛鞭”效应的体现 | 库存堆积等 | 订单堆积、能力利用率波动等 |
| 供应链协调的主要内容 | 生产计划协调、库存管理协调 | 服务能力协调、服务计划协调 |
| 体系结构 | 核心企业可能有多个 | 核心企业只有一个，通常是服务集成商 |
| 绩效评价 | 基于产品运作的绩效评价，易评价 | 基于服务的绩效评价，比较主观 |
| 稳定性 | 具有较高的系统稳定性，强调基于信任基础的全面合作 | 稳定性较低，首先，重视客户的稳定性；其次，异质化的客户服务需求使服务企业所选择的服务供应商会随需求有较大的变化 |

由于服务供应链与产品供应链的区别，在进行服务供应链设计的时候，企业要充分考虑服务供应链自身的特性，进行科学设计和分析。

（2）服务产品的类型分析

为了满足客户多样化服务的需要，服务集成商推出的服务产品可以分为 3 种，包括一般服务、模块式选择服务和定制化设计服务，如表 3-4 所示。

表 3-4 服务集成商推出的服务产品的类型划分

| 服务产品的类型 | 客户的参与程度 | 服务集成商的服务规模 | 服务特点 | 运营特点 | 举例 |
| --- | --- | --- | --- | --- | --- |
| 一般服务 | 被动接受 | 大规模 | 服务面向广泛的客户群 | 强调成本 | 某培训公司推出人力资源师认证培训服务，面向广大人力资源工作人员；某物流公司提供的铁路运输服务，面向广大工商企业 |
| 模块式选择服务 | 主动选择 | 中等规模 | 服务针对某一客户群 | 成本和柔性并重 | 某培训公司推出的模块化管理培训服务，可由客户自主选择，任意组合；某物流公司推出的铁路运输、仓储、搬运装卸和流通加工服务等，可由客户选择自己感兴趣的服务模块 |
| 定制化设计服务 | 主动提出 | 小规模、个性化 | 某些服务是特殊的增值服务，满足个别客户的特殊需求 | 强调柔性 | 培训公司根据客户的实际需要所提供的量身定制的培训，如应客户的邀请，前往该公司进行企业内训；某物流公司依据客户需要提供物流网络规划设计服务等增值服务 |

由于这 3 种服务产品类型可同时存在，服务集成商在设计服务供应链时，必须考虑到满足 3 种不同服务产品的要求。因此，服务供应链的设计不是单一的设计，而是采取组合战略的思想进行的集成化设计，它有多个基于不同产品的供应链。

（3）服务供应链设计过程

集成化设计服务供应链时，有以下几个主要过程。

① 服务供应链构建的需求分析。

客户需求研究：主要通过需求分析，挖掘客户的一般需求、特殊需求和隐含需求，分别对这些需求的特点进行归类，找出这些需求的特性和数量。

服务供应链目标的确定：明确服务供应链的服务水平和服务成本的目标。

运营特点分析：通过客户需求分析，找出所要建立的服务供应链的运营管理特点，如是否需要较高的柔性、服务的个性化程度如何、服务计划性特点如何，以及服务能力的安排有什么特点等。

② 服务产品的设计。服务产品的设计包括两个方面，一是服务产品整体方案的设计；二是在整体方案设计完成后，根据这些服务所包含的服务子模块进行分解，依据自身服务能力和外部服务资源的情况，进行服务产品的结构设计。服务产品的方案设计可以分为 3 种不同类型的服务：一般服务、模块式选择服务和定制化设计服务。

在服务产品的结构设计中，服务产品可以分为以下 3 类。

a. 自有服务产品：该服务产品是企业自身能够提供的服务产品，企业具有相应的服务能力。

b. 协作服务产品：由于某些服务产品的重要程度较高，因此企业需要与其他功能型服务提供商建立协作伙伴关系。服务集成商除了对协作方提出服务能力的数量、价格、时间和服务质量方面的要求外，一般还要求协作方根据自身的特殊要求，对其服务能力配置和服务过程做适当的调整，同时协作方也会在一定程度上介入自己的生产过程，使提供的服务产品达到最佳状态。

c. 采购服务产品：服务集成商与功能型服务提供商之间的关联程度较低，服务集成商只对功能型服务提供商提出采购服务能力的数量、价格、时间和服务质量方面的要求即可。

③ 服务供应链类型的确定。由于不同的服务产品所需要达到的服务目标不同，运营的特点也不同。因此，服务供应链通常采用多种供应链类型的组合方法。

一般服务由于具有大规模服务的特点，其服务供应链设计的核心在于降低成本，因此可以采用精益供应链类型，服务集成商通过与功能型服务提供商之间的密切协调与合作，降低服务成本，以确保服务供应链的竞争优势。

对于模块式选择服务和定制化设计服务，由于二者具有功能型创新服务的特点，因此可以采用精益敏捷型供应链。通过确定客户订单分离点的方式，实施延迟策略，在分离点上游的生产环节采用精益服务模式，在分离点下游的生产环节采用敏捷服务模式，这样能保证企业既具有成本优势，又具有服务水平优势。

④ 服务供应链成员的选择与确定。在服务产品的设计和服务供应链的类型确定后，企业要进行功能型服务提供商的选择，分别寻找协作型服务提供商和采购型服务提供商。对于协作型服务提供商，企业除了要对其服务能力的数量、价格、时间和质量进行考核外，还要着重识别其能够提供的服务能力类型是否与服务产品吻合，是否具有合理的服务能力配置，在服务过程中是否具有较大的调整弹性，是否愿意达成战略性协作等。对于采购型服务提供商，企业要注重考核其提供服务能力的数量的稳定性，是否具有成本优势，以及服务时间和

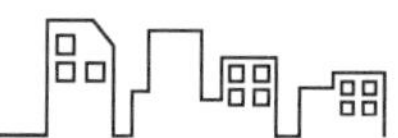

服务质量的稳定性等，以保证充分降低供应链的运作成本。

对于具有分销代理渠道的多级服务供应链，服务集成商不仅具有直销服务能力，同时还与很多分销商进行合作——分销商帮助服务集成商推销服务产品。例如，携程网不仅具有直销服务能力，客户可以在携程网上直接订购其相关的服务产品，如机票和酒店预订、旅游度假预订等；同时，它还与众多分销代理机构（如机票、酒店分销代理机构，旅游度假分销代理机构，网站品牌分销代理机构等）进行合作，以最大限度地将其服务产品销售给客户。因此，对于这类服务供应链，企业还需要进行分销商的选择和确定。

⑤ 服务供应链的形成与运行。首先，在选择和确定了功能型服务提供商之后，企业通过签订合作协议，确定服务供应链成员，完成服务能力的匹配（包括类型、数量、质量和时间等方面的匹配）与协调，从而形成服务供应链的基本结构。然后，企业设计相应的信息管理系统，集成服务供应链的信息，将服务供应链投入运行，并依据反馈结果进行调整。

**案例链接**

天津宝运物流股份有限公司（简称宝运物流公司）是一家专业的第三方物流企业。宝运物流公司作为一家物流服务集成商，能够为各类制造企业和商贸企业提供一体化物流服务，其提供的物流服务包括长途运输服务、短途运输服务、仓储管理服务、装卸搬运服务和流通加工服务等。为了满足客户多元化的物流服务需求，宝运物流公司通过资源整合，先后与32家大型仓储企业、1 000多家运输企业（车队）、30多家专业搬运企业建立了良好的合作关系。这些仓储企业、运输企业（车队）和专业搬运企业作为宝运物流公司的功能型服务提供商，在宝运物流公司的集成运作下，为客户提供专业的功能型物流服务。宝运物流公司采取集成化设计理论构建服务供应链，具体有以下几个步骤。

① 宝运物流公司在进行服务供应链设计时，首先进行客户需求的特点分析，分析其所在行业的特点以及客户的物流服务需求类别，然后确定物流服务运作目标。例如，宝运物流公司的客户宝洁公司是大型日化用品制造商，其日化用品辐射全国，宝运物流公司根据宝洁公司对运输车辆的特别需要，选择了符合要求的车辆、车型，提供了良好的运输服务；宝运物流公司根据宝洁公司对仓库管理的要求，制定了符合宝洁公司标准操作流程的仓储管理质量标准。

② 在确定服务类别之后，宝运物流公司进行服务产品结构设计，找出自身能够提供的服务、需要外部协助的服务和需要外部采购的服务。例如，宝运物流公司专门与天津瑞琴装卸队签订了装卸服务协议，以优质的服务质量专门为宝洁公司提供装卸服务。

③ 在上述服务产品设计完成之后，宝运物流公司需要确定服务供应链的类型。根据服务产品的需要，对于一般的运输仓储等服务，宝运物流公司努力降低运营成本，采用精益供应链类型，通过与功能型服务提供商（如运输企业、个体车辆和集体车队）之间的密切协调与合作，以成本领先确保服务竞争优势。对于模块式选择服务和定制化设计服务，宝运物流公司采用精益敏捷型供应链。宝运物流公司根据客户订单分离点的原理，在分离点前，其市场部做好服务设计的策划工作，充分满足客户对创新服务的要求；在分离点后，其运营部门对不同客户的服务内容进行整合，利用各种物流运作资源整合方法，形成规模优势，实施精益化生产。

④ 宝运物流公司专门成立了资源管理部，负责功能型物流服务提供商的选择和确定工作。目前，宝运物流公司在全国设立了20个分部，并与32家大型仓储企业、运输企业及货场建立了良好的合作关系，并拥有铁路专用线。宝运物流公司运营的各种车型的车辆

有 1 526 辆，可使用仓库的面积达 252 000 平方米，全年的运量达 110 万吨。通过科学地设计服务供应链，加上规范化的服务和网络化的运作，宝运物流公司备受国内外客户的信赖，已成功为宝洁、西门子和德尔福等 20 多家大型中外合资企业提供综合性的物流服务。宝运物流公司也先后被评为中国物流百强企业。

宝运物流公司的服务供应链构成如图 3-1 所示。

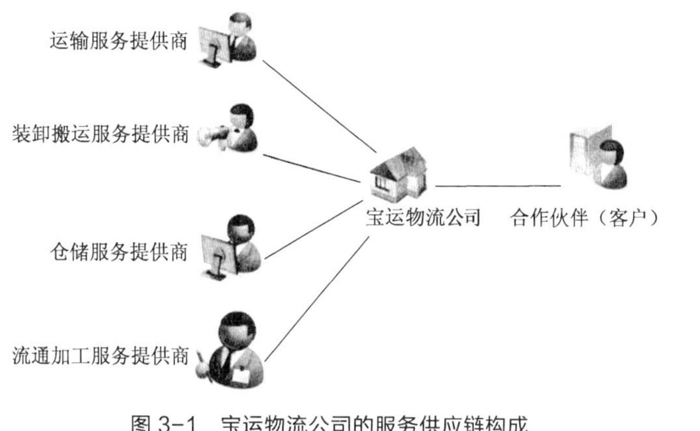


图 3-1 宝运物流公司的服务供应链构成

### 3．基于产品生命周期的供应链设计策略

（1）基于产品生命周期的营销策略

产品生命周期理论是市场营销学的一个重要理论。任何一家企业都希望自己的产品能长盛不衰，但产品的销售地位和获利能力就如同自然界的生物一样，会由弱到强，再由盛转衰。产品从开始构思、开发上市直到被市场淘汰所经历的全部时间，称为产品生命周期。随着客户需求的多样化发展，企业的产品开发能力也在不断增强。相应地，产品生命周期大大缩短，产品革新换代速度加快。

典型的产品生命周期可分为 5 个阶段：开发期、引入期、成长期、成熟期和衰退期。产品生命周期对许多产品都适用，不同的是各阶段持续时间的长短。一般专利产品有一个相当长的成熟期，而大多数产品的成熟期则短得多。

产品生命周期存在许多特殊模型：一种是“循环—再循环”式，即产品进入衰退期后，由于促销而形成第二次“生命”高峰；另一种是“扇形”式，它是基于发现了新的产品特征、用途和客户，从而延长了产品生命周期。

在产品生命周期的不同阶段，产品的销售额、利润、单位利润水平及总利润水平呈不同的变化趋势，具有不同的特点，使得产品生产企业在不同阶段必须采取不同的营销策略，如表 3-5 所示。

表 3-5 产品生命周期各个阶段的营销策略

| 阶段 | 销售量 | 重要的营销策略 |
|---|---|---|
| 开发期 | 潜在的销售量 | 广告策划设计，营销网络构建 |
| 引入期 | 以递增的速度增加 | 投入引入期广告，建立营销管理信息系统 |
| 成长期 | 以递减的速度增加 | 大量投入广告 |
| 成熟期 | 基本保持不变 | 突出产品变化，积极的价格政策 |
| 衰退期 | 下降 | 减小营销的力度 |

在产品生命周期各个阶段，利润会有明显起伏。为了保证企业的平稳运行，企业应在一个产品进入成长期后，就开始开发新产品。在现有产品进入成熟期后，将新产品投入市场。当老产品进入衰退期时，新产品已进入成长期。这样做可以保持利润的平稳增长，不会影响企业的长期效益。

（2）基于产品生命周期的供应链策略分析

在产品生命周期的各个阶段，产品有其明显区别于其他阶段的特征，对供应链的要求也各不相同。对于产品生命周期的不同阶段，企业要注意控制内容和侧重点，采取相应的供应链策略，如表3-6所示。

表3-6 产品生命周期各阶段的供应链策略

| 阶段 | 特点 | 供应链策略 |
| --- | --- | --- |
| 开发期 | 无法准确预测需求量，开展大量促销活动 | 供应商参与新产品的设计开发，在产品投入市场前制订完善的供应链支持计划 |
| 引入期 | 零售商可能在生产企业提供销售补贴的情况下才同意储备新产品，订货频率不稳定，缺货将大大抵消促销努力；新产品未被市场认同而“夭折”的比例较高 | 原材料、零部件的小批量采购；高频率、小批量发货；保证较高的产品可得性和物流灵活性；避免缺货发生；避免生产环节和供应链末端存在大量库存；使用安全追踪系统，及时消除安全隐患或追回问题产品；供应链各个环节实现信息共享 |
| 成长期 | 市场需求稳定增长，营销渠道简单明确，竞争性产品开始进入市场 | 批量生产，较大批量发货，保持较多库存，以降低供应链成本；做出战略性的客户服务承诺，以进一步吸引客户；确定主要客户并提供高水平服务；通过供应链各方的协作增强竞争力；服务与成本的合理化 |
| 成熟期 | 竞争加剧；销售增长放缓；一旦缺货，产品将被竞争性产品代替；市场需求相对稳定，市场预测较为准确 | 建立配送中心，建立网络式销售通路，利用第三方物流企业降低供应链成本并为客户增加价值，通过延期制造、消费点制造改善服务，减少成品库存 |
| 衰退期 | 市场需求急剧下降，价格下降 | 对是否提供配送支持及支持力度进行评价；对供应链进行调整以适应市场的变化，如供应商、分销商、零售商等数量的调整及关系的调整等 |

产品生命周期的供应链策略充分体现了供应链成员参与相关成员企业产品生命周期各个阶段工作的策略。

### 4．面向大规模定制的供应链设计策略

（1）面向大规模定制的供应链的概念

大规模定制结合了大规模生产和定制生产两种模式的优势，能使企业在不牺牲经济效益的前提下，以大规模生产的方式提供定制化的产品，满足客户个性化的需求。

面向大规模定制的供应链是指在高效率、大规模生产的前提下，通过产品结构和制造过程的重组，运用现代技术、柔性技术、供应链管理技术等一系列技术，以接近大规模生产的成本和速度，为单个客户和小批量、多品种市场定制任意数量的产品的一种生产模式。

（2）面向大规模定制的供应链的特点（与大规模生产供应链相比）

① 供应链结构不稳定，随客户需求的变动而变动，是虚拟供应链。在大规模生产中，企业产品品种单一且长期不变，供应链上下游企业可维持长期的关系。企业变更供应商的原因在于原有供应商成本较高、质量差或交货不及时等，而潜在的供应商存在绝对优势。企业变更供应商的决策依赖于转换成本和潜在收益之间的权衡。当供应商的绩效达到满意水平时，供应链结构趋于稳定。

在大规模定制中，市场需求呈现个性化、易变性的特点，企业为了抓住机遇，会根据自己的核心能力，选择与之在资源和能力方面互补的供应商结成联盟，共同满足客户需求。而当市场需求发生变化，原来的供应商无法满足时，企业会寻找新的供应商，结成新的联盟。供应商的稳定程度与市场的稳定程度有直接的关系。

② 面向大规模定制的供应链是以客户需求拉动为主的供应链。在大规模定制中，最终产品的生产与销售是完全根据最终客户的订单安排的，因此在面向大规模定制的供应链的下游环节，供应链是市场需求拉动型供应链，而非生产推动型供应链，从而减弱了供应链中由于需求预测而引起的“牛鞭”效应。

③ 面向大规模定制的供应链以提高对客户需求的反应速度为主要目标，是一种敏捷供应链。在大规模生产中，供应链以预测数据安排生产，生产在需求之前，供应链追求的目标是如何提高供应链的效率和降低成本。在大规模定制中，供应链以客户订单为依据安排定制产品的生产，与大规模生产相比，存在时间上的劣势。因此，如何快速且低成本地向客户提供定制化的产品，是面向大规模定制的供应链需要解决的问题。

④ 面向大规模定制的供应链是一种基于互联网的信息技术密集型供应链。大规模定制生产模式的实施需要依赖以互联网为代表的信息技术，以及依靠电子商务为客户提供一对一的对话。通过互联网，供应链中各节点相互连接，能加速信息传递和共享，使从客户订单的获取到定制生产的分配在瞬间完成。

（3）面向大规模定制的供应链驱动模式

大规模定制以低成本为客户提供定制化的产品，其供应链管理既追求供应链的精益，又追求供应链的敏捷，因此大规模定制的供应链驱动模式为推拉模式，示意图如图 3-2 所示。

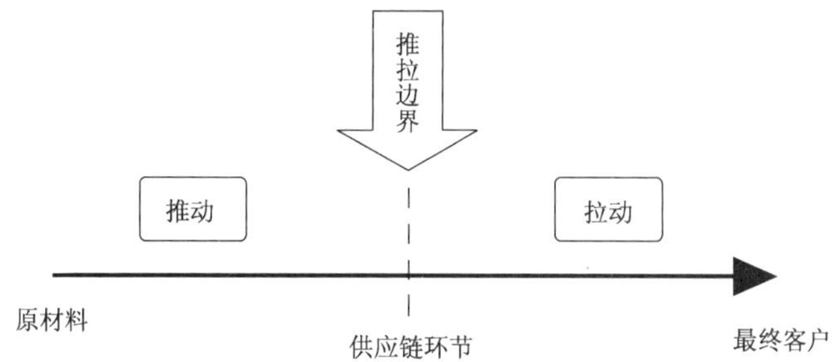


图 3-2　面向大规模定制的供应链的推拉模式示意图

在面向大规模定制的供应链中存在客户订单分离点。在该分离点之前，供应链的驱动模式为生产推动型；在该分离点之后，供应链的驱动模式变为订单拉动型。面向大规模定制的供应链中存在客户订单分离点的理论依据在于：虽然客户需求千差万别，但所有需求存在一些共性成分，通过对产品结构和制造过程进行重组，定制产品中的共性成分可通过大规模生产方式生产出来，而个性成分可通过定制方式生产出来。

对于不同行业、不同产品、不同程度的客户定制化要求，客户订单分离点在面向大规模定制的供应链中的位置各不相同。一般来说，客户订单分离点越接近供应链下游节点，面向大规模定制的供应链就能越充分地利用大规模生产的优势，同时可以对客户的个性化需求做出快速反应，从而降低大规模定制的成本和提高大规模定制的速度。

图 3-3 所示为以装配为分离点的供应链模型。在装配之前，原材料供应商与零部件制造商都是根据需求的历史数据采用按库存生产的大规模生产方式，而在装配中心，成品的装配完全是由客户订单驱动的。

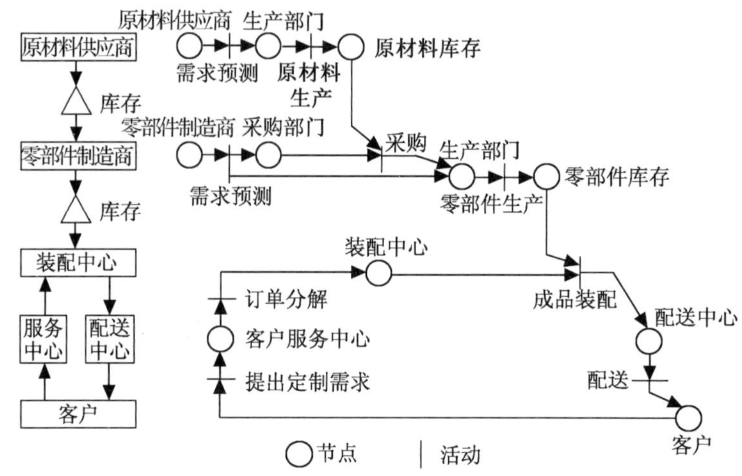


图 3-3 以装配为分离点的供应链模型

📖小链接

表 3-7 所示为生产推动型供应链和需求拉动型供应链在特点与供应链管理任务上的对比分析。

表 3-7 生产推动型供应链和需求拉动型供应链的比较

| 供应链类型 | 特点 | 供应链管理任务 |
| --- | --- | --- |
| 生产推动型供应链 | 供应链中的产品生产是根据市场预测和企业计划进行的，表现为按库存生产。这种驱动模式适用于大批量生产的功能型产品，产品的品种、规格比较单一，生命周期长 | 协调和加强供应链各成员之间的合作，使供应链能够成为一个有机整体统一运作，从而降低浪费（库存、等待时间、不增值环节等），提高效率，追求精益 |
| 需求拉动型供应链 | 供应链中的产品生产是根据客户订单进行的，表现为按订单生产。这种供应链驱动模式适用于价值昂贵的定制产品 | 缩短客户从提出定制需求到得到定制化产品之间的时间，加快供应链对定制化需求的反应速度，提高供应链的敏捷性 |

### 5．面向供应链管理的产品和过程设计策略

（1）便于包装和运输的产品设计

便于包装和运输的产品设计的目的是确定如何对产品进行设计，使其可以有效包装和储存。产品结构和产品包装设计会直接影响物流成本。产品包装紧凑、尺寸规范，有利于运输车辆的配载，提高运输车辆的装载利用率，提高存储空间的利用率，从而降低物流费用。

例如，传统的家具主要在百货店和小型私人店铺销售，通常是客户发出订单，商店在收到订单后，将家具运送到客户家中。宜家改变了这种模式，其在仓储式门店中陈列全部的产品，在仓库里存放所有产品，并采用模块化的家具设计思想，使这些家具可以紧凑包装，便于运输。客户购买产品后，自己将产品运回家，并在家里装配。宜家的产品设计提高了运输效率，降低了仓储空间，从而降低了供应链成本。

另外，在设计产品包装时，企业需要考虑包装与散装对运输费用的影响。为了节约运输费用和相应的装卸费用，在设计供应链时，企业还可以考虑把最终的包装工作放到靠近市场的物流中心或零售商处，从生产工厂到物流中心或零售商等环节采用散装运输。该设计方法

可以提高运输效率，降低运输费用。例如，面粉、谷物等产品适合采用这种设计方法，可在销售市场根据需要进行包装。

此外，随着多式联运的发展，为了提高各运输方式之间的装卸效率，在设计产品包装时，企业还要确保包装的尺寸与集装箱、托盘、运输车辆等的尺寸相匹配。

（2）串行和并行工程

① 串行和并行工程原理。无论活动间是串行关系还是并行关系，它们都反映活动发生的时间关系。串行关系表示活动先后发生，前一活动的输出是后一活动的输入，但后一活动的输出对前一活动并无影响。并行关系则意味着活动是独立发生的，必须等迟完成的活动结束后才能共同进行下一个活动，两者之间的输入、输出并不相互发生作用。

② 串行和并行工程在供应链中的应用。在供应链运营中，企业面临的许多问题主要是由生产提前期长导致的。例如，生产提前期长导致预测不准确、库存高、对市场需求的反应速度慢等问题。生产提前期长的原因之一是许多生产工艺是由一些按顺序进行的生产步骤组成的。并行工程通过充分利用现有的设备和技术，将原来串行的工作转变为并行工作，将一些按顺序执行的生产步骤安排在不同的地点同时进行，以缩短产品的生产周期。

实现生产工艺并行的关键是产品的分解。如果产品的许多部件在生产过程中可以被分解或在实体上可以被分开，那么并行制造这些部件是可行的。如果产品可分解的各个单独部件的生产制造要花很多时间，那么在并行设计后，由于生产制造步骤同步进行，可以大大缩短生产提前期。

**案例链接**

某欧洲制造商和亚洲制造商建立了战略联盟，面向欧洲市场生产网络打印机。该打印机的线路板在欧洲设计和装配，然后被运往亚洲，在亚洲与打印机机架通过工艺（此工艺包括围绕线路板装配打印机，包括电动机、打印头、机架等）合成一体，最后运往欧洲进行总装。由于整个供应链中的生产和运输的提前期非常长，为了维持必要的库存水平，欧洲制造商必须保持很高的安全库存。该打印机串行和并行工程对比如图 3-4 所示。

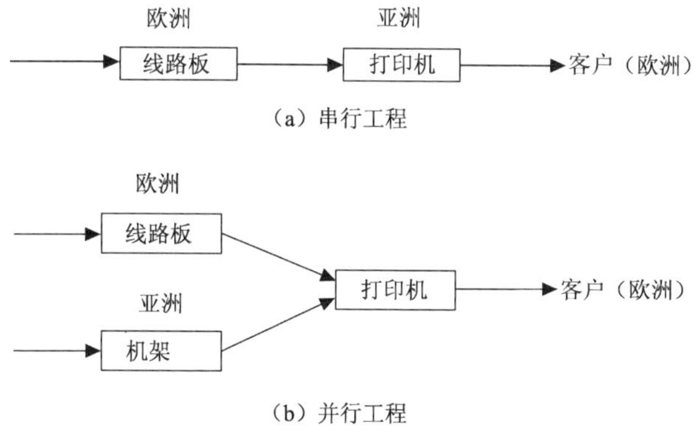


图 3-4 该打印机串行和并行工程对比

分析：在该案例中，供应链中的生产和运输的提前期长的主要原因是生产流程是串行的；因此，对打印机生产工序和产品进行重新设计，使线路板可以在生产工艺结束时与打印机的其他部分合成一体，使欧洲和亚洲地区可以平行生产，这样就缩短了提前期；同时，总装工艺移到欧洲可以进一步提高供应链的响应性。

（3）模块化生产和设计

① 模块和模块化产品。美国斯坦福大学经济系教授青木昌彦对模块进行了定义：模块是指可组成系统的、具有某种确定的独立功能的半自律性的子系统，可以通过标准化的界面（Interface）结构，与其他功能的半自律性子系统按照一定的规则相互联系并构成更加复杂的系统。

上述关于模块的定义看上去过于“工程化”：各模块系统通过不同的接口连成整体进行工作，但上述关于模块的定义实际上包含了丰富的外延哲学。例如，经济学鼻祖亚当·斯密认为，社会分工的本质是生产禀赋优势从而造成生产效率差异，也就是做自己擅长的工作。如果将整个世界比喻成一台机器，那么那些在各自领域中具有极强竞争力和优势（无论是生产力还是科技实力）的组织就是构成这台机器的模块，这些模块在各种规则（如交易规则、法律、道德等）的约束下确保机器正常运行。当其中的模块出现故障时，则需要修理或者用相同功能（当然质量更好）的模块替换以恢复正常。

对于工业界而言，模块应该具有集成的功能，也就是构成模块的零部件数量应该恰到好处。过少的零部件会导致模块数量急剧膨胀，不利于不同产品的设计、制造和装配；过多零部件的集成也会丧失模块原本的出发点。对于模块而言，企业需要了解模块化的原则：把性能不同而具有一定功能或用途的同类部件的联系尺寸标准化，且部件具有很强的互换性，便于组装。

现在许多的消费电子产品，如计算机、手机以及数码相机等均遵循着上述模块化原则。此外，大型且复杂的计算机软件设计也遵循着上述原则。如果思维再发散一些，可以将模块化的理念推广到经济、管理中的各个方面。

② 模块化生产。下面通过一个案例来看沙发的模块化生产。

沙发的生产大致要经历开料—钉框架—打底—粘绵—扪制—装脚等工序，沙发的框架结构会随着沙发造型的改变而改变。沙发框架主要为沙发提供整体的支撑，需保证框架具有足够的强度。目前的沙发框架分为整体式和拆装式两种，它们各有自己的优点。

模块化拆装式结构是将一个沙发整体拆分为扶手模块、靠背模块、坐框模块、坐垫模块、靠包模块、挡板模块、脚等不同的模块组件，然后再通过金属连接件将这些模块组件连接成一个完整的沙发。

以某一沙发为例说明沙发的模块化拆装式结构与连接方法。首先介绍模块化拆装式沙发的金属连接件。

模块化拆装式沙发的不同模块之间主要通过金属连接件连接成为一个稳固的整体。模块化拆装式沙发常见的金属连接件及使用方式如表 3-8 所示，工人需要根据沙发造型上的差异以及连接部位的不同选用不同的金属连接件。

表 3-8 模块化拆装式沙发常见的金属连接件及使用方式

| 名称 | 照片 | 使用方式 | 使用场景 |
|---|---|---|---|
| 山形插片 |  | 用于扶手和靠背或两个坐框之间的连接 |  |
| 锥形插扣 |  | 用于连接扶手和靠背 |  |

续表

| 名称 | 照片 | 使用方式 | 使用场景 |
| --- | --- | --- | --- |
| 床挂插片 |  | 用于连接坐前板和扶手 |  |
| 双头锥形插扣 |  | 用于连接扶手和靠背 |  |
| U 形插片 |  | 用于将坐框、靠背、左右扶手连接为一个稳固的整体 |  |

接下来介绍模块化拆装式沙发基本模块与组装，如图 3-5 所示。

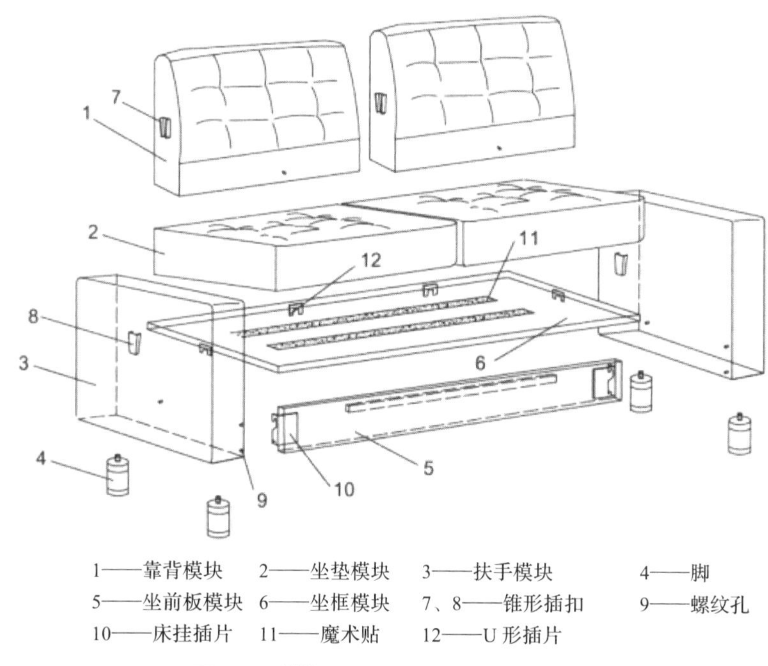


图 3-5　模块化拆装式沙发基本模块与组装

扶手模块，以左扶手为例。扶手内侧后端安装有锥形插扣外片，用于连接靠背处的锥形插扣内片，大口向上。扶手内侧中下端打有一个螺纹孔，扶手内侧前下端打有两个螺纹孔，每个螺纹孔处需要半拧一个圆头螺杆。

靠背模块的两侧分别安装一个锥形插扣内片，大口向上，用于与扶手的锥形插口外片连接。靠背前下端打有两个螺纹孔，分别半拧一个圆头螺杆。

坐前板模块两侧分别安装一个床挂插片，床挂插片插进两侧扶手上半拧的圆头螺杆，最后紧固圆头螺杆，坐前板模块安装成功。

坐框模块可以根据不同坐感，使用不同节数和拱高的弹簧打底，最后再用无纺布包裹。无纺布表面缝有魔术贴，用于粘贴坐垫上的魔术贴。坐框后侧安装两个 U 形插片，左右两侧各安装一个 U 形插片。U 形插片插进靠背和扶手上半拧的圆头螺杆，最后紧固圆头螺杆，坐框模块安装成功。

扶手、靠背、坐前板、坐框组装牢固后，再将包好的坐垫放置在坐框上，确认魔术贴粘贴牢固，最后装脚，放置靠包。至此，整个沙发安装完成。

模块化拆装式沙发具有以下优点。

a. 帮助企业提高生产效率。传统的沙发生产工艺以整个沙发为基本框架，再进行后期组装。加工方面，需要工人不停变动框架角度进行作业，这大大降低了工人的工作效率且增加了劳动强度。但是将沙发的框架划分为几个不同模块分开进行加工，则会大幅提高生产效率，如由某一个工人专门生产沙发的扶手模块，那么该工人的熟练程度和加工速度将会大大提高。同时，沙发的良品率也会得到较大的提升。

b. 帮助企业降低物流成本。家具企业的物流服务是提升客户体验的一个关键点。在现代化的物流体系中，如何高效、安全地将产品送到客户手中备受关注。在沙发运输和装载的过程中，由于沙发造型不规则，一体式包装不仅会降低装载空间的利用率，而且容易对沙发造成一定程度的损伤。对于模块化拆装式沙发，工人可以将一个沙发拆分成不同的模块，对不同模块分别进行包装，这种方式不仅方便运输，还增加了装载空间的利用率，降低了企业的物流成本。

c. 体现了绿色生产理念和人性化设计。在沙发生产和运输过程中，模块化设计可以节省大量的“人、财、物”资源，真正实现绿色可持续的生产模式。而且，模块化拆装式沙发能解决因楼道、电梯、门厅等的尺寸限制导致的不方便搬运问题。此外，在沙发的使用过程中，模块化拆装式沙发也方便进行零部件的更换与维护，极具人性化。

d. 利于大规模的定制生产。在网络经济发展浪潮和电商模式的驱动下，家居设计的系列化、模块化已经成为一种趋势，定制也成为个性化的代名词，沙发定制将会满足越来越多客户的需求。通过将沙发划分为不同的模块，客户可以根据户型和自己的喜好自由地选择沙发的样式、大小、面料、坐感以及功能等，这有利于企业进行大规模的定制生产。

③ 模块化产品设计。模块化产品设计的目的是以少变应多变，以尽可能少的投入生产出尽可能多的产品，以最为经济的方法满足各种要求。由于模块具有不同的组合，可以配置生成多样化的满足客户需求的产品，同时模块又具有标准的几何连接接口和一致的输入/输出接口，如果模块的划分和接口定义符合企业批量化生产中的采购、物流、生产和服务的实际情况，这就意味着按照模块化模式配置出来的产品是符合批量化生产的实际情况的，能解决定制化生产和批量化生产之间的矛盾。

约瑟夫•派恩提出了以下6种不同的模块化产品设计方法。

a. 共享构件模块化设计。这种模块化产品设计方法的主要内容是，同一构件被用于多个产品以实现范围经济，通过减少构件数量降低已经具有高度多样化的现有产品系列的成本。例如，宝洁公司所有洗发水的原浆的成分几乎是一致的，只需在原浆中添加个别模块即可形成不同的品牌，这里的洗发水原浆就是典型的共享构件模块。

b. 互换构件模块化设计。这种模块化产品设计方法的主要内容是，不同的构件与相同的基本产品进行组合，形成与互换构件一样多的产品。例如，在家具模块化设计中，根据定制化要求，与同一基本家具进行配对，形成与互换构件品种一样多的家具产品。此外，多功能电动钻头也是应用这类模块化产品设计方法的典型产品。

c. “量体裁衣”式模块化设计。这种模块化产品设计方法的主要内容是，一个或多个构件在预制或实际限制中不断变化。在这种模式下，客户对产品的估价很大程度上依赖于为适应个性化需求可以不断变化的构件。例如，杜邦原先只出售几种颜色的杜邦漆，现在客户可利用红、黄、蓝 3 种原色，调出自己喜欢的任何一种颜色交给杜邦，并在几天内就可以拿到这种颜色的杜邦漆。

d. 混合模块化设计。这种模块化产品设计方法的主要内容是，将上述 3 种模块中的任意几种类型的模块进行混合，以形成完全不同的产品。这种模式主要应用在食品生产、化学工业等流程企业。例如，化妆品可以通过美白、防晒、控油等多种原料的组合形成不同的产品系列，在米饭上加上不同的菜品就可以形成不同的盖浇饭。

e. 总线模块化设计。这种模块化产品设计方法的主要内容是，采用附加大量不同种类构件的标准结构，产品或服务除了有可变更的结构，还有可确定的标准体系。计算机的主板、中央处理器（Central Processing Unit，CPU）等就属于应用此类模块化产品设计方法的典型产品。

f. 可组合模块化设计。这种模块化产品设计方法的主要内容是，允许任何数量的不同类型的构件按任何方式进行配置（接口必须标准化），允许产品本身的结构或体系结构发生变化。例如，目前大多数汽车生产企业允许在相同汽车底盘上生产不同款型的汽车，汽车工业中的模块化产品设计是现代工业中一项非常典型和复杂的工程技术。

上述 6 种模块化产品设计方法的总结如表 3-9 所示。

表 3-9 6 种模块化产品设计方法

| 模块化设计方法 | 主要内容 |
| --- | --- |
| 共享构件模块化设计 | 同一构件被用于多个产品以实现范围经济 |
| 互换构件模块化设计 | 不同的构件与相同的基本产品进行组合，形成与互换构件一样多的产品 |
| “量体裁衣”式模块化设计 | 一个或多个构件在预制或实际限制中不断变化 |
| 混合模块化设计 | 将上述 3 种模块中的任意几种类型的模块进行混合，以形成完全不同的产品 |
| 总线模块化设计 | 采用附加大量不同种类构件的标准结构 |
| 可组合模块化设计 | 允许任何数量的不同类型的构件按任何方式进行配置（接口必须标准化） |

（4）延迟策略

① 延迟策略的概念。1950 年，奥尔德森针对营销管理最先提出了“延迟”这一概念。奥尔德森认为，产品可以在接近客户购买点时实现差异化，即实现差异化延迟。奥尔德森还认为，要降低风险成本和不确定成本，最好的办法是缩小产品差异化的空间，或推迟产品在结构上的改变。他将延迟定义为一种营销战略，即将形式和特征的变化尽可能向后推迟。

1965 年，巴克林从市场风险的角度对延迟的概念进行了拓展。他认为，生产和流通环节中存在大量的风险，但延迟可以缓解甚至消除这些风险。例如，产品以零部件形式存在的风险要远远低于产成品，因为市场风格的转变很有可能造成产成品滞销，而零部件仍然可以用于其他型号的产品组装。但之后很多年，延迟这一概念并没有得到太多人的关注，直到 20 世纪 90 年代，大量企业成功的实践让延迟策略受到重视并形成理论体系。

延迟策略的基本思想：首先在工厂制造通用形式的零部件，然后将其运送到靠近终点的配送中心，最后根据市场需求完成特定产品的组装。延迟策略极大地开拓了企业运营的效率边界，因为它在生产和运输方面都提供了更多的规模经济效益，同时提高了企业应对需求变化的灵活性。

② 延迟策略的内容。在产品种类激增的背景之下，作为推迟产品差异的延迟策略有 3 种形式，即时间延迟、地点延迟和形式延迟。

时间延迟是将产品差异化任务，包括制造、集成、定制、本地化和包装尽可能在时间上向后推迟。时间延迟使备货生产模式向订货生产模式转变成为可能。一般而言，差异化任务可在工厂、地区配送中心、经销渠道，甚至在客户处实施。极早延迟是指所有差异化任务都在工厂实施，而极晚延迟是指所有差异化任务都在客户处实施。例如，战斗机生产企业需要对发动机、电子设备、战斗机整装等进行绝对的定制化生产，这种生产方式就是极早延迟的例子。在接收到客户订单之后才将白色原浆进行染色以产生所需颜色的油漆则属于极晚延迟的例子。而大多数产品的延迟处于上述两者之间，如惠普打印机的组装。

地点延迟是推迟产品向供应链下游企业的位置移动，接到订单后再以供应链的操作中心为起点对产品进行进一步的位移和加工处理。宜家的尼克折叠椅原先由泰国生产，运往马来西亚后再转运至中国。其采购价为 34 元一把，但运抵中国后成本已达到 66 元一把，再加上商场的运营成本，最后定价为 99 元一把，其年销售量仅为 1 万多把。利用地点延迟，宜家根据成本决定将尼克折叠椅的生产放在中国。其采购价为 30 元一把，商场的零售价最后定为 59 元一把，价格比以前低了 40 元，年销售量增至 12 万多把。

形式延迟的目的在于尽可能在供应链上游阶段实施标准化。这一过程同时伴有零部件的标准化。形式延迟既可能是产品形式延迟，也可能是工艺形式延迟。此外，两种形式延迟可能同时存在，形成不同的组合。这样，产品的差异点就会被有效延迟。随着零部件标准化程度的不断提高，使得做出延迟差异点的设计更为可行。例如，国际知名的服装制造商贝纳通原先的羊毛衫生产模式为，先将毛线染成不同的颜色，然后把染好的毛线编织成成品衣服，再将成品衣服运送给不同的零售商。颜色各异的服装库存如果估计失误，就会导致代价较大的季末大减价。于是，贝纳通将编织和染色操作顺序进行了调换（见图 3-6）。这种顺序的改变，有效延迟了羊毛衫染色这个差异点，更好地满足了客户需求，并最终减少了库存。

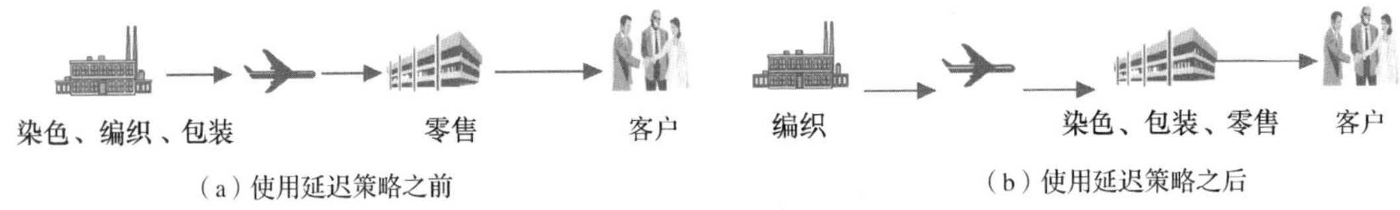


图 3-6 贝纳通对羊毛衫使用延迟策略前后的情况

③ 延迟策略的实施。实施延迟策略的关键是客户需求切入点的定位，客户需求切入点也被称为客户订单分离点（Customer Order Decoupling Point，CODP）。

例如，在生产过程中，在 CODP 之后，生产者可采用不同的生产工艺或添加不同的零部件或原材料，分化出若干种满足不同客户定制需要的产品，因此 CODP 是打造产品“共性”和“个性”的转折点：在 CODP 之前，生产者可以进行大规模的按库存生产（Make to Stock，MTS），在 CODP 之后，生产者可以根据客户需求进行定制化生产。

大规模定制的延迟可以依据 CODP 在产品流程中所处位置的不同分为销售延迟、装配延迟、制造延迟和设计延迟四大类，如图 3-7 所示。

a. 销售延迟又称按订单销售（Sales to Order，STO），是指根据客户订单的需求量进行出库销售。在这种延迟方式中，CODP 发生在配送或销售环节。销售延迟可以分为两种情况。一种是面向库存的最终产品销售，根据客户订单进行交货。这是一种大批量生产方式，在销售过程中，企业不会对产品进行任何实质性的改动，如销售家电、可口可乐、汉堡包等。另一种是根据客户订单对最终产品进行包装或简单加工后交货。产品虽然没有发生实质性变化，但企业可以在产品外包装和附件性能上稍做改变来满足客户个性化的需求。这是大规模定制最简单的形式，也是一些快速消费品中常见的延迟，如将散装食品进行分重包装后发货，服装制造商通常会预留足够长的裤脚以满足相同腰围但腿长不同的客户的需求。

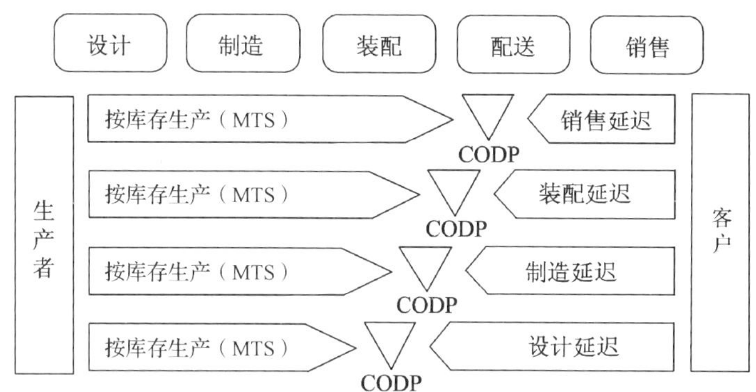


图 3-7 大规模定制中的 CODP

b. 装配延迟又称按订单装配（Assemble to Order，ATO），是指在接到客户订单之后，企业对现有标准化零部件或模块经过重新配置和组装后，向客户提供定制化的产品。在这类延迟中，CODP 发生在装配环节，装配活动及其下游的生产完全是由客户订单驱动的。模块化程度较高的产品，如汽车、计算机比较适合使用这种延迟策略。此外，一些快速日化产品也采用了这种延迟策略，如宝洁公司根据客户实际需要，将洗发水原浆和添加剂进行混合后灌装成为飘柔、海飞丝等不同产品。

c. 制造延迟又称按订单生产（Make to Order，MTO），是指企业在接到客户订单之后，在已有零部件和模块的基础上进行变形设计、制造和装配，最终将定制化的产品交付到客户手中。在这类延迟中，CODP 发生在制造环节，变形设计及其下游活动完全由客户订单驱动。许多大型设备或模块化程度不太高的产品（如飞机、部分机械产品、家具等）需要使用这种延迟策略。例如，随着自行车爱好者的增加，许多自行车制造工厂推出了定制化服务，针对客户的个性化需求制造自行车。

d. 设计延迟又称按订单设计（Engineer to Order，ETO），是指根据客户订单要求设计零部件或产品。这类延迟的 CODP 发生在设计环节，产品设计及其下游活动完全根据客户订单进行，是完全定制化的生产方式。一些超大型设备（如化工生产设备、汽车生产线、发电站等）或者特制的纪念品（如上海世博会吉祥物海宝等）均采取此类延迟策略。在追求个性化的时代，很多企业都通过设计延迟给客户提供了满足其不同需求的产品，为客户提供了充分的选择空间。

（5）约束理论

① 约束理论的概念。我们在认识核心企业的重要作用的同时，需要注意：一根链条的强度等于这根链条最薄弱环节的强度。这意味着，最弱的环节往往是最关键的，因为它有使整个链条脱节的巨大力量。经济学中也有一个非常著名的木桶原理。长短不一的木板箍成一个木桶后，该木桶的容量不是取决于桶壁中最长的那块木板，而是取决于最短的那块木板，因为不论其他木板有多长，只要水面高过最短的那块木板，水就会溢出来。同理，一个供应链是否强有力或有竞争优势，我们要对其进行全面考虑，生产管理中的约束理论（Theory of

Constraints，TOC）提供了很好的借鉴。

我们若将企业或机构视为一根链条，每一个部门就是这根链条中的一环。一根链条的强度是由它最薄弱的环节决定的，如果我们想达到预期的目标，就必须从最弱的环节，也就是从瓶颈环节（或约束）下手，才可使该链条的强度得到显著的改善。如果这个约束决定一个企业或组织达成目标的速率，我们就必须从克服该约束着手，才能以快速的步伐在短时间内显著地提高系统的产出。

我们在这个过程中会发现，如果强化了最弱的环节，另一个较弱的环节就会成为新的最弱的环节。以一家企业为例，它的约束会随着时间而转移，其供应链上的任何一环都可能成为下一个最弱的环节，成为“卡脖子”的地方。在工厂内部的约束称为“内部约束”，在市场或外在环境中的约束称为“外部约束”。因此，我们要不断地探讨：下一个约束在哪里？我们该如何改善这个新的约束？

② 约束理论对供应链的启迪。对于一家生产型企业来说，我们可以认为它的整个经营过程是由若干个相互联系的环节组成的链条。从市场营销、接收订单、采购原材料、生产加工、产品包装到产品发运，一环扣一环，一个环节的产出受其前面环节的制约。

传统的管理模式习惯于把链条断开，对系统中的每个环节进行局部优化。这种做法认为：对任何一个环节的改进就是对整个链条的改进，系统的整体改进等于各个环节的改进之和。这意味着整个链条的管理水平是以其“重量”衡量的，而不是以其“力量”衡量的。

应用这种管理模式的结果是，每个部门的管理者都在同时抢夺系统的资源。他们都想使自己所在环节的“重量”最大化，因为他们相信这就是使整个系统的有效性最大化的途径。下面以一家出版企业为例进行说明。

书籍出版的一个中间环节是印刷，印刷部门的改进小组向出版企业总经理提交了一份建议书，提议企业只要花 20 万元，就能采用一个新方法，使印刷部门的生产效率提高 25%，而且立竿见影。总经理感觉不错，就在即将签字时，有人提问：“印刷部门的产出会去向哪里？下一个生产环节的在制品多不多？”总经理决定调查一下，结果发现，下一个生产环节的在制品已经堆积起来了。也就是说，这家企业花 20 万元的结果将是延长下一个生产环节的在制品的排队等待时间达 25%以上，而且并不会给公司带来任何利润！

TOC 引导管理者找出链条中最薄弱的环节。假如管理者发现生产制造是最薄弱的环节，那么，即使市场营销可以吸引足够多的客户需求，企业的订单很充足，原材料可以准时到货，生产多少就可以包装多少，也能按时装运，但生产制造跟不上，一切都是空谈。这时，改进包装环节也许能节约一些成本，但长期来看，它并不能使企业按期完成比现在更多的订单。改进采购、营销等环节也是同样的结果。这也说明“如果你对什么都关注，那就是什么都没有关注”。该企业只有对生产制造环节进行改进才能真正增加利润。

这种思想可以归结为：对大多数环节进行的大多数改进对整个链条是无益的；系统的整体改进不等于各个环节的改进之和；企业的经营业绩应该以链条的“力量”（而不是“重量”）衡量，这就要通过加强最薄弱的环节来实现。

这种管理模式的应用可以避免企业内部各部门进行“资源大战”。因为它们知道，一旦识别出最薄弱的环节（即企业的“约束”），那么企业的资源就应该用在改善这个约束上。

上述分析是以企业的内部供应链为例的。其实，此类问题同样可延伸到包括供应商、制造商、分销商、零售商、客户在内的扩展供应链，以及包括其他相关参与者（如物流公司、信息系统提供商等）的供应链，只不过这些供应链的复杂性更高且协调衔接的难度更大，它们也更容易断裂。

📖小链接

TOC 的基本思想在 TOC 的管理原则上得到了具体体现。TOC 的管理原则如下。

① 不是以追求设备的生产能力的平衡为目标，而是追求物流的平衡。新企业自然会追求生产过程中各环节的生产能力的平衡，使企业的生产能力得到充分利用。但是对于一个已投产的企业，特别是生产多品种产品的企业，如果单纯追求生产能力的平衡，那么即使企业的生产能力得到了充分的利用，但是产品并非都能恰好符合当时市场的需求，必然有一部分要积压。

TOC 则主张在企业内部平衡物流，并认为平衡生产能力实际上是做不到的。因为市场每时每刻都在变化，而生产能力总是相对稳定的，所以企业必须接受市场波动及其引起的相关事件这个现实，并在这种前提下追求物流平衡。物流平衡就是使各个工序都与“瓶颈机床”同步，以追求生产周期最短、在制品最少。

② 非瓶颈资源的利用程度不是由其本身潜能决定的，而是由系统中的瓶颈资源决定的。系统的产出是由瓶颈资源的量决定的，即瓶颈资源限制了产销量。而非瓶颈资源的充分利用不仅不能提高产销量，而且会使库存和运营费用增加。

从图 3-8 所示的瓶颈资源与非瓶颈资源的 4 种基本关系中，我们可以看出，关系（a）（b）（c）中非瓶颈资源的利用程度是由瓶颈资源决定的。

图 3-8 瓶颈资源与非瓶颈资源的关系

图 3-8（a）：非瓶颈资源处于后续工序，只能加工由瓶颈资源加工出来的工件，其利用程度自然受瓶颈资源的制约。

图 3-8（b）：虽然非瓶颈资源处于前道工序，能够被充分利用，利用程度可达到 100%，但整个系统的产出是由后续工序，即瓶颈资源决定的，非瓶颈资源的充分使用只会造成在制品的连续增加，并不能改变产出。

图 3-8（c）：由于非瓶颈与瓶颈资源的后续工序为装配，此时非瓶颈资源也能被充分利用，但受装配配套性的限制，由非瓶颈资源加工出来的工件中能够进行装配的，必然受到由瓶颈资源加工出来的工件的制约，多余部分只能增加在制品的库存。

图 3-8（d）：非瓶颈资源的利用程度虽不受瓶颈资源的制约，但显然应由市场的需求决定。

从以上分析可以看出，非瓶颈资源的利用程度一般不应该达到 100%。

③ 瓶颈资源损失的时间无法弥补。一般来说，生产时间包括加工时间和调整准备时间，但针对瓶颈资源与非瓶颈资源的调整准备时间的意义是不同的。因为瓶颈资源控制了产出，瓶颈资源的加工中断一个小时，是没有附加的生产能力来补充的。

如果针对瓶颈资源的调整准备时间缩短了一个小时，则将增加一个小时的加工时间，相应地，整个系统将增加一个小时的产出时间。所以，企业应对瓶颈资源采取特别的保护措施，避免其因管理不善而中断或窝工，使其保持 100%的利用程度，以增加系统的产出。

④ 非瓶颈资源获得的时间是毫无意义的。因为非瓶颈资源的生产时间除了加工时间和调整准备时间之外，还有闲置时间，节约一个小时的调整准备时间并不能增加一个小时的加工时间，而只能增加一个小时的闲置时间。

⑤ 瓶颈资源控制产出和库存。企业的产出和库存受到企业的生产能力和市场的需求量这两方面的制约，而它们都是由瓶颈资源控制的。如果瓶颈资源存在于企业内部，表明企业的生产能力不足，由于受到瓶颈资源的限制，相应的产出也受到限制；如果企业的所有资源都能维持高于市场需求的水平，则市场需求就成为瓶颈。这时，即使企业能多生产，但由于市场承受能力不足，只会造成企业产品的积压，增加其库存成本。

同时，由于瓶颈资源控制了产出，所以企业的非瓶颈资源应与瓶颈资源同步，相应的库存水平只要能维持针对瓶颈资源的物流连续稳定即可，过多的库存则是浪费。这样，瓶颈资源也就相应地控制了库存。

## 二、供应链管理方法

### 1．快速反应

（1）快速反应产生的背景

快速反应（Quick Response，QR）是从美国的纺织与服装行业发展起来的一种供应链管理方法。20 世纪 60 年代至 70 年代，美国的杂货行业面临国外进口产品的激烈竞争。20 世纪 80 年代早期，美国国产的鞋、玩具以及家用电器在市场上的份额下降到 20%，而国外进口的服装则占据了美国服装市场 40%的份额。面对与国外进口产品的激烈竞争，美国的纺织与服装行业在 20 世纪 70 年代和 80 年代采取的主要对策是在寻找法律保护的同时，加大对现代化设备的投资。到了 20 世 80 年代中期，美国通过进口配额系统保护最重要的行业，即纺织与服装行业，因为它是美国制造业生产率增长最快的行业。尽管上述措施取得了巨大的成功，但美国纺织与服装行业中国外进口产品的渗透仍在继续加深。行业内的一些有识之士认识到，保护主义措施无法保护美国纺织与服装行业的领先地位，他们必须寻找别的方法。

1984 年，美国服装、纺织以及化纤行业成立一个委员会，该委员会的任务是为购买美国生产的纺织品和服装的客户提供更大的利益。1985 年，该委员会开始做广告，以提高美国客户对本国生产的纺织品和服装的信任度。该委员会也拿出一部分经费，研究如何长期保持美国的纺织与服装行业的竞争力。1985—1986 年，美国嘉思明咨询公司进行了供应链分析，结果发现，尽管供应链的各个环节具有高运作效率，但整个供应链的运作效率十分低。于是，化纤、纺织、服装以及零售业开始寻找那些在供应链上导致高成本的环节和活动。结果发现，供应链的长度是影响其高效运作的主要因素。

从原材料采购到客户购买，整个服装供应链的总时间为 66 周：11 周用于制造，40 周用于仓储或转运，15 周用于销售。这样长的供应链不仅各种花费大，更重要的是，基于不精确的需求预测，因生产数量过多或过少而造成的损失非常大。整个服装供应链的总损失每年可达 25 亿美元，其中 2/3 的损失来自零售商或制造商对服装的降价处理，以及零售时的缺货。进一步的调查发现，客户离开商店不购买的主要原因是找不到合适尺寸和颜色的产品。

这项研究促进了 QR 的应用和发展。QR 是零售商及供应商密切合作的供应链管理方法。

应用这种方法后，零售商和供应商可通过共享销售时点信息系统（Point of Sale，POS）信息、联合预测未来需求、发现新产品营销机会等对客户需求做出快速反应。从业务操作的角度来讲，贸易伙伴需要用EDI加快信息的流动，并共同重组它们的业务活动以缩短订货前置时间，实现成本最小化。在补货中应用QR可以将交货前置时间缩短75%。

（2）快速反应的内涵

QR是美国零售商、服装制造商以及纺织品供应商开发的整体业务概念。实行QR的目的是缩短从原材料采购到产品销售的时间；减少整个供应链上的库存，最大限度地提高供应链的运作效率，减少传统上按预期的客户需求过度储备存货的情况。快速反应要求供应链把作业的重点从对客户需求的预测和对存货储备的预期，转移到以从装运到装运的方式对客户需求做出反应上。图3-9所示为QR实施的6个步骤。

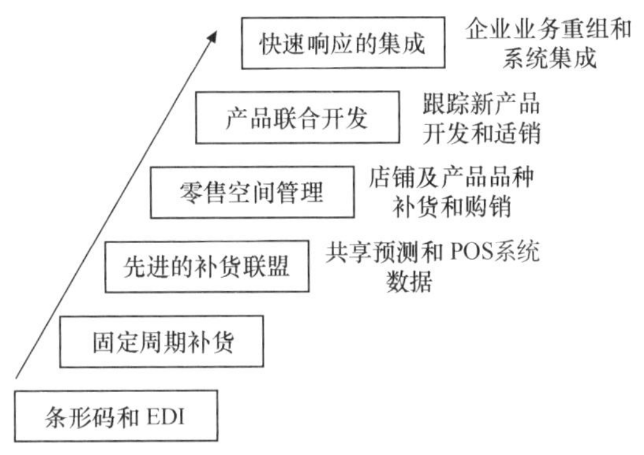


图3-9 QR实施的6个步骤

QR成功实施有以下5个条件。

① 必须改变企业的经营方式与革新企业的经营意识和组织。

② 必须开发和应用现代信息处理技术。

③ 必须与供应链各方建立（战略）伙伴关系。

④ 改变传统的对企业商业信息保密的做法，实现信息共享。

⑤ 供应商必须缩短生产周期，降低产品库存。

（3）快速反应的实施效果

从沃尔玛的实践来看，QR是生产商与销售商建立战略伙伴关系、利用各种信息技术，进行销售时点信息以及补货信息等信息的交换，采用高频次、小批量的配送方式，快速、连续地补充产品，以缩短交货周期，减少库存，提高客户服务水平和增强企业竞争力为目的的供应链管理方法。表3-10所示为某服装企业实施QR的效果。

表3-10 某服装企业实施QR的效果

| 产品 | 构成QR的供应链企业 | 从零售终端来看所产生的效果 |
|---|---|---|
| 休闲裤 | 零售商：沃尔玛<br>服装制造商：塞米诺尔<br>布料制造商：米尼肯 | 销售额：上升31%<br>库存周转率：上升30% |
| 衬衣 | 零售商：J.C.朋尼<br>服装制造商：牛津工业<br>布料制造商：伯灵顿 | 销售额：上升59%<br>库存周转率：上升90%<br>需求预测误差：下降50% |

### 2．有效客户反应

（1）产生的背景

有效客户反应（Efficient Consumer Response，ECR）是1993年由食品行业发起的一种供应链管理方法。一些制造商、经纪人、批发商和零售商组成有共同目标的联合业务小组，其目标是通过降低和消除供应链上的浪费来提高客户价值。

① 销售增长放慢。20世纪20年代至80年代，日杂百货行业的增长率放慢了，这迫使零售商为维持市场份额而展开激烈的竞争，竞争集中在增加产品的品种上。这种做法进一步降低了库存周转率和产品售价，从而减少了利润。

② 权力的转移。该变化是厂商和零售商之间的权力转移。过去，零售商是很分散的地区性组织，后来这种情况发生了很大的变化，零售商借助通信技术和信息技术组建了一些全国性的大公司。零售行业的这种整合导致了交易权力从供应商逐渐转向购买方。

③ 敌对关系的产生。由于交易权力的转移，再加上行业增长率的下降引起的激烈竞争，厂商和零售商之间的关系恶化了，甚至到了互不信任的地步。由于组织效率的低下以及绩效衡量系统的过时，这种情况进一步恶化。

④ 组织职能的紊乱。日杂百货行业的各个部门和其他部门都是隔绝的，它们只是努力提高自己的效率，由于各个部门的激励体系不同，这种隔绝状况就更严重了，有时各个部门的工作目标甚至是针锋相对的。

厂商和零售商之间的关系也是如此。例如，厂商衡量业绩的一个主要指标是送货的效率，而零售商衡量业绩的主要指标是利润。

⑤ 远期购买和转移购买。为了同时满足零售商和厂商的目标，双方增加了一些新的业务，最终增加了经营成本。厂商采用了促销策略，即报价很高，然后利用节假日或为了完成季节送货目标而对高价进行打折，采购者可以通过大量低价购进、在厂商促销期结束后高价卖出的办法获利。这给零售商带来了额外的库存、运输和其他成本，但零售商获得的额外收益远远大于这些成本。现在这些额外的收益要大打折扣，为保持竞争优势，所有的零售商和批发商都开展了远期购买和转移购买的业务。因此，传统的竞争优势没有了，但额外的成本仍然存在。

⑥ 附加折扣。为获得更大的竞争优势，大型零售商要求厂商提供附加折扣，如减免费用、返款、减价和给予特别的促销资金等，因此厂商只好通过提高价格来弥补提供附加折扣的成本。

⑦ 自有品牌产品。20世纪80年代以来，自有品牌产品大量涌现。由于日杂百货行业的厂商把价格提得很高，以弥补零售商的所有附加折扣，自有品牌产品对客户越来越有吸引力。直接从制造商那里进货可大大提高零售商的收益，同时这些产品是零售商的自有品牌。目前，美国的自有品牌产品占产品总量的22%，某些企业的自有品牌产品所占比重甚至超过30%。

⑧ 新的零售形式。20世纪80年代末，日杂百货行业又出现了一些新的零售形式，它们向传统的零售形式发出了挑战。这些新的零售形式包括批发俱乐部、大型综合超市和折扣商店，它们成功的原因是强调每日低价、以绝对低价进货及快速的存货流转。

在上述背景下，美国食品市场营销协会联合包括可口可乐、宝洁、西夫韦在内的16家企业与嘉思明咨询公司一起组成研究小组，对食品行业的供应链进行调查。调查报告中系统地提出了ECR的概念和体系。经过美国食品市场营销协会的大力宣传，ECR被零售商和制造商所接纳并被广泛用于实践。

（2）有效客户反应的内涵

ECR 是从美国食品行业发展起来的一种供应链管理方法。ECR 强调供应商和零售商的合作，二者应通过现代化的信息手段，协调彼此的生产、经营和物流管理活动，进而在最短的时间内应对客户的需求变化。

以超级市场产业为主，实行 ECR 的主要目的在于去掉在整个供应链运作流程中没有为客户增值的成本，将推式系统转变为高效率的以客户需求为核心的拉式系统。图 3-10 所示为 ECR 结构示意图。

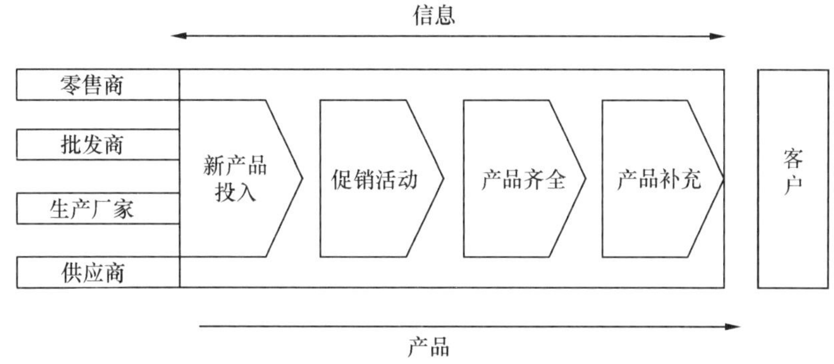


图 3-10 ECR 结构示意图

ECR 系统的目标是高效地满足客户不断增长的、多样化的需求。ECR 系统要求供应链上各个企业以业务伙伴的方式紧密合作，共享客户需求信息，建立一个以客户需求为基础的、具有快速反应能力的系统，以增加客户价值和提高整个供应链的运作效率，降低整个系统的成本。

ECR 系统多采用先进的信息技术，在供应链上下游企业之间使用基于计算机的自动订货系统，并与 POS 系统结合使用。POS 系统能把产品销售信息自动传给配送中心，由配送中心自动发货，使零售企业的库存水平降至最低，并缩短订货周期，降低产品破损率。

ECR 系统的四大要素如下。

① 有效产品引进（Efficient Product Introductions），即有效地开发新产品，制订产品生产计划。

② 有效产品组合（Efficient Store Assortment），即通过第二次包装等手段，提高产品的分销效率。

③ 有效促销（Efficient Promotion），即通过促销提高整个系统的效率。

④ 有效补充（Efficient Replenishment），即采用以需求为导向的自动连续补货系统和计算机辅助订货系统，使补货的时间和成本最优化。

（3）ECR 的实施效果

实施 ECR 可以减少多余的活动和节约相应的成本。

① 节约直接成本，即通过减少额外活动和相关费用直接节约成本。

② 节约间接成本，主要是指由于实现单位销售额的存货要求降低而节约的成本。

案例链接

具体来说，节约的成本包括产品的成本、营销费用、销售与采购费用、后勤费用、管理费用和店铺的经营费用等。表 3-11 展示了实施 ECR 带来的成本节约。

表 3-11　实施 ECR 带来的成本节约

| 成本类型 | 具体表现 |
|---|---|
| 产品成本 | 损耗降低，制造费用降低（如减少加班时间，更充分地利用生产力），包装成本降低（如促销包装更少，品种减少），更有效地进行原材料采购 |
| 营销费用 | 贸易促销和消费促销的管理费用降低，产品导入失败的可能性减小 |
| 销售与采购费用 | 现场和总部的资源费用降低（如合同减少、实现自动订货和降价幅度减小），简化管理 |
| 后勤费用 | 更有效地利用仓库和卡车，仓库的空间要求降低 |
| 管理费用 | 一般的办事人员和财务人员数量减少 |
| 店铺经营费用 | 自动订货，单位面积的销售额更高 |

**小链接**

ECR 主要应用于食品行业，其主要目标是降低供应链各环节的成本，提高效率。而 QR 主要应用于一般产品和纺织与服装行业，其主要目标是对客户需求做出快速反应，并快速补货。这是因为食品行业、纺织与服装行业经营的产品的特点不同：食品行业经营的产品多是一些功能型产品，产品的生命周期相对较长（生鲜食品除外），所以订购数量过多（或过少）的损失相对较小；纺织与服装行业经营的产品多是一些创新型产品，产品的生命周期相对较短，所以订购数量过多（或过少）造成的损失相对较大。

实施 QR 的最初目的是提高零售业中的一般产品和纺织品的设计、制造和流通效率。QR 早期的成功使它得到了广泛的应用。当前许多大型零售商和供应商都在其经营业务中采用了 QR 的思想和技术。QR 的成功引起了其他行业零售商的注意。1993 年 1 月，食品和超市行业的零售商也提出了类似的战略，即 ECR。因为很多供应商既为普通店铺服务又为超市服务，所以采用 ECR 要比 QR 好。

普通产品和干货食品之间最重要的差别在于产品的特性，这种差别不是产品表面的物理差异，而是产品在价值、周转率和品种上的本质差异。普通产品的单品数量非常多，生命周期短，季节性强，库存周转慢，存货削价幅度大，毛利高；而干货食品的单品数量少，产品单价低，库存周转快，超市可以低毛利有效地经营。

在这两种不同的零售业中，如果某种单品缺货，其带来的成本损失也不同。对普通产品来说，如果客户不能找到期望颜色和规格的产品，就可能换一家店铺。店铺就会损失这件产品的销售额，同时会损失潜在的其他购买和未来的购买。对干货食品来说，如果客户不能找到一种特定的产品，他会买另一种规格的食品或替代品，其购物行为也可能延期到下一次。除非这种情况频繁地发生，否则客户通常不会更换店铺。

由于所处的环境不同，不同产品的改革重点也会有所不同。对干货食品来说，改革的重点是效率和成本；对普通产品来说，改革的重点是补货和订货的速度，目的是最大限度地消除缺货，并且只在产品有需求时才采购。

ECR 与 QR 的具体差异如表 3-12 所示。

表 3-12 ECR 与 QR 的具体差异

| 差异点 | QR | ECR |
| --- | --- | --- |
| 产生的时间不同 | 1986 年，美国服装、纺织以及化纤行业成立的委员会提出 | 1993 年，美国食品市场营销协会等组成的研究小组提出 |
| 初始目的不同 | 提高以纺织品与服装行业为代表的零售业在设计、制造、流通方面的效率 | 提高以食品行业为代表的零售业在设计、制造、流通方面的效率 |
| 应用程度和范围不同 | QR 早于 ECR，且应用程度更高，范围更大 | ECR 的应用程度和范围会逐渐超过 QR |
| 适用的产品不同 | 适用于单品数量多，生命周期短，季节性强，库存周转慢，存货削价幅度大，毛利高的普通产品 | 适用于单品数量少，单价低，库存周转快的干货食品 |
| 面对的消费反应不同 | 同一颜色和规格的产品 | 特定的食品 |
| 改革重点不同 | 提高补货和订货的速度，最大限度地消除缺货 | 提高供应链的运行效率，降低供应链的成本 |

**3．基于活动的 ABC 成本控制法**

（1）基于活动的 ABC（Activity Based Costing）成本控制法由 3 个阶段组成。

① 间接成本累计后进入间接成本池，劳动力成本或设备成本合并后进入间接成本池；而直接成本累计后不经过任何中间步骤直接进入作业成本池。

② 把间接成本池的资源映射到供应链作业成本池。

③ 把作业成本映射到成本的目标值，表明各环节的作业活动对总成本的贡献。

基于活动的 ABC 成本控制法不仅能够提供相对精确的产品成本信息，而且能对所有作业活动进行追踪，并动态反映所有作业活动。

（2）实施基于活动的 ABC 成本控制法的步骤如下。

① 获得最高管理层的支持和同意。基于活动的 ABC 成本控制法要求由企业不同部门的代表组成跨部门小组，有最高管理层的支持才能有效地促使该小组成员相互合作。基于活动的 ABC 成本控制法会对企业的传统观念形成挑战，可能要求企业进行改革，如果得不到最高管理层的支持，基于活动的 ABC 成本控制法是无法开展的。

② 跨部门小组必须获得必要的信息以确定资源、活动成本指示器和成本对象。跨部门小组可以从企业的各种会计账目中获取必要的财务数据。这些资料提供了结构数据——资源的种类、活动的类型和生产/销售的产品或服务等，同时提供了定期数据——资源的成本、消费量和产量等。结构数据一般会保持稳定，而定期数据会随着评估时期的变化而改变。

案例链接

③ 跨部门小组利用财务数据为各个成本对象分配活动，为各项活动分配资源并改进活动方式。

**4．价值链分析**

价值链分析（Value Chain Analysis，VCA）是企业为一系列的输入、转换与输出的活动序列集合。每个活动都有可能相对于最终产品产生增值行为，从而增强企业的竞争力。信息技术和关键业务流程的优化是实现企业战略目标的关键。企业通过在价值链中灵活应用信息技术，发挥信息技术的杠杆作用和乘数效应，可以增强企业的竞争能力。

价值链分析主要基于以下 5 个方面。

（1）价值链分析的基础是价值，重点是价值活动分析。各种价值活动构成价值链。价值是客户愿意为企业提供给他们的产品所支付的价格，代表客户需求的实现。价值活动是企业所从事的物质上和技术上界限分明的各项活动。它们是企业制造对买方有价值的产品的基石。

（2）价值活动可分为基本活动和辅助活动两种。基本活动是涉及产品的物质创造及其销售、转移给买方和售后服务的各种活动。辅助活动是辅助基本活动并通过提供外购投入、技术、人力资源以及各种企业范围内的职能以相互支持的活动。

（3）价值链列示了总价值。价值链除包括价值活动外，还包括利润。利润是总价值与从事各种价值活动的总成本之差。

（4）价值链具有整体性。企业的价值链体现在更广泛的价值系统中；供应商拥有创造和交付企业价值链所使用的外购输入的价值链（上游价值），许多产品通过渠道价值链（渠道价值）到达买方手中，企业产品最终成为买方价值链的一部分，这些价值链都在影响企业的价值链。因此，企业要获取并保持竞争优势不仅要了解自身的价值链，而且要了解自身的价值链所处的价值系统。

（5）价值链具有异质性。不同产业具有不同的价值链；在同一产业，不同企业的价值链也不同，这反映了它们各自的历史、战略，以及实施战略的途径等方面的不同，同时代表企业竞争优势的一种潜在来源。

**小链接**

在进行价值链分析时，企业必须明确区分供应链过程中的“价值增值”时间与“非价值增值”时间。

“价值增值”时间指的是企业在某种能够创造客户利益的活动中所投入的时间，如产品递送、交易、制造等都属于“价值增值”活动。一切能够满足“将正确的产品在正确的时间与地点送给正确的客户”的活动都可以被归为“价值增值”活动。

“非价值增值”时间指的是用于那些即使取消，也不会引起客户利益减少的活动的时间。有些“非价值增值”活动是当前供应链流程中必需的，但是由于它们只会带来成本的增加，因此是要努力消除的，如产品存储等。

价值增值流程如图3-11所示。很多情况下，“价值增值”时间只占供应链端到端管道时间的很小比例。

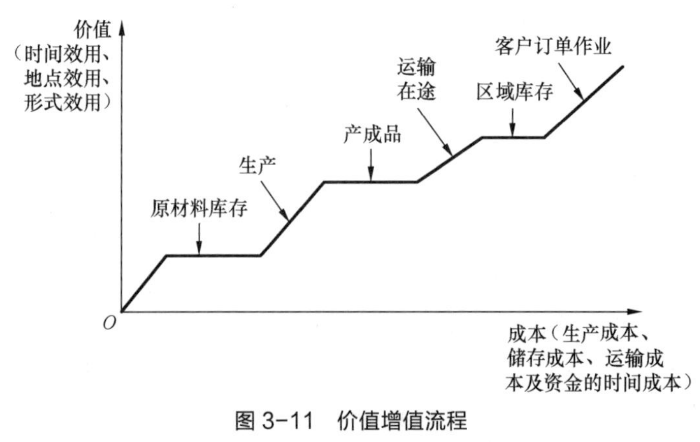


图3-11 价值增值流程

要想削减“非价值增值”时间，改善供应链的生产效率，企业可以借助供应链图示法（见图 3-12），以时间作为主要线索，对原材料或产品在整个供应链上的流动过程与活动进行描述。同时，该图也会反映出当这些原材料或产品在供应链中处于静止状态时所耗费的时间，如库存时间等。图 3-12 反映的就是服装生产与流通的过程，其纵横两个坐标反映的都是时间。横向时间表示在过程中耗用的时间，如运输时间、生产或组装时间、计划时间等，尽管这些时间的耗用不一定会直接创造客户价值，但表示某种活动在发生。纵向时间表示原材料或产品处于静止状态时作为库存所耗用的时间，此时没有任何价值的增加，增加的只有成本。

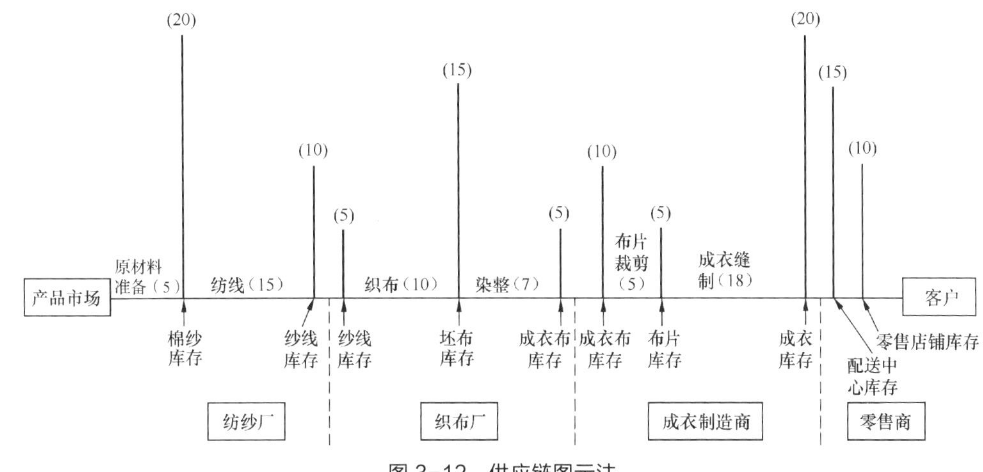


图 3-12　供应链图示法

从图 3-12 中我们可以看出，横向时间总长是 60 天，即原材料准备、纺线、织布、染整、布片裁剪、成衣缝制等总共花费了 60 天。而纵向时间总长是 115 天，即供应链上各企业的原材料或产品作为库存所耗用的总时间是 115 天。这些原材料或产品作为库存处于静止状态时是不创造任何价值的，它们只会造成各企业成本的增加，从而使整个供应链的成本增加，因此这部分时间必须削减。

## 三、供应链协调管理

### 1. 供应链失调和“牛鞭”效应

如果供应链的各个环节同时采取行动来保证供应链各个环节之间更加协调地运作，那么就能降低供应链总成本并增加供应链总利润。供应链协调要求供应链的各个环节都考虑自身的行为对其他环节的影响。

微课：牛鞭效应

但实际上，由于供应链不同环节的目标互相冲突或者由于不同环节之间的信息传递发生延迟和扭曲，因此会产生供应链失调。如果供应链的每个环节是不同的企业，那么不同环节的目标之间发生冲突的可能性就更大了。每个环节都试图让自身的利润最大化，从而导致出现了一些降低供应链总利润的行为。例如，福特汽车有成千上万个供应商，从固特异到摩托罗拉，而每个供应商又有着自己的许多供应商。由于各环节之间的完整信息没有被共享，信息在供应链中传递时就会发生扭曲，这种扭曲由于供应链产品的多样化而被放大。例如，福特汽车生产许多不同的车型，每种车型又有许多不同的配置，种类的多样化使得福特汽车很难协调与成千上万的供应商和经销商

之间的信息交换，其面临的最根本的挑战就是在存在多个所有者和产品多样化的情况下实现供应链的协调。

因此，许多企业都发现了“牛鞭”效应，是指由供应链下游需求量的极小变化而引起的供应链上游需求量的极大变化，即订单的波动沿着供应链从终端客户到经销商到制造商，再到供应商……不断加大，如图3-13所示。

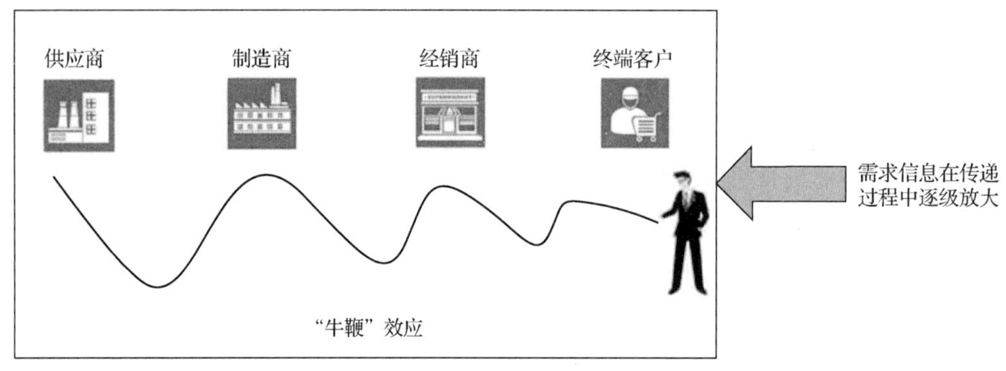


图3-13 “牛鞭”效应

**案例链接**

A公司是一家生产和销售MP3的企业，它将生产外包给一家生产企业代工，自己负责产品包装和销售。A公司的供应链结构如图3-14所示。

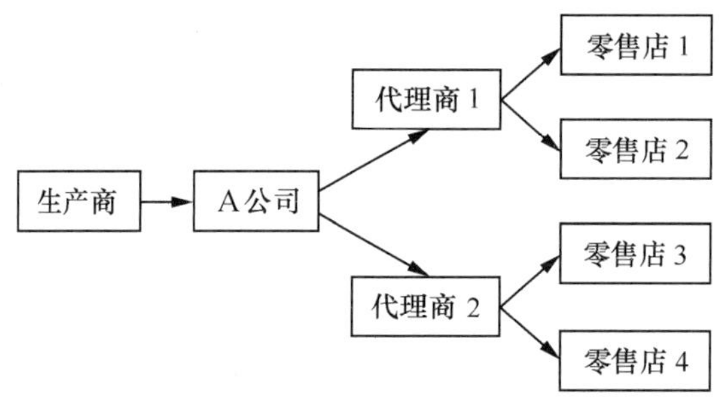


图3-14 A公司的供应链结构

A公司通过代理商（2个）、零售店（4个）的形式进行销售。在运作过程中，A公司的物流经理发现了一个问题。每个零售店预计下月的销售量为1 000台MP3，而且每个零售店都考虑了安全库存（销售量的10%），所以每个零售店给代理商的订单是1 100台MP3，每家代理商收到的订单是2 200台MP3。考虑到销售的波动，每家代理商都设置了10%的安全库存，所以每家代理商给A公司的订单是2 420台MP3。这样，A公司收到的订单是4 840台MP3，A公司本身也会设置10%的安全库存，A公司给生产商的订单是5 324台MP3。而生产商也考虑了10%的安全库存，所以生产商生产了5 856台MP3。但是市场的实际有效需求只有4 000台MP3，1 856台MP3是多生产的。这导致整个供应链中的库存成本增加很多，而且一旦产品更新换代，会产生大量积压。

为了减弱“牛鞭”效应，供应链上下游企业需要协同努力，设法减少订货量。例如，在上面的例子中，只要将安全库存比例减小一半，则订单规模将缩减到4 862台，尽管仍有一些富余，但是与以前相比已经有了很大的改善。

**2．供应链失调对绩效的影响**

如果供应链的每个环节仅优化各自的目标而不考虑各自的行为对整个供应链的影响，那么这个供应链就会失调，此时供应链的总利润就会低于供应链协调时的总利润。也就是说，供应链的每个环节为了优化各自的目标而采取的行为，最终会损害整个供应链的绩效。

而且，信息在供应链中的扭曲也会导致供应链失调，如“牛鞭”效应。总体来看，供应链失调会产生以下影响。

（1）增加生产成本。由于供应链失调会产生“牛鞭”效应，企业和它的上游供应商必须履行比终端客户需求波动更大的订单。为了应付这种增大的波动性，企业会扩大生产，增加生产成本。

（2）增加库存成本。为了满足增大的需求波动，企业不得不保持比不存在“牛鞭”效应时更高的库存水平。因此，供应链中的库存成本大幅增加。库存水平提高还会导致所需的仓储空间增加，因此产生了更多的仓储成本。

（3）延长补货提前期。供应链失调导致的需求波动增大使得企业生产计划比需求平稳时更难安排，有时会出现生产能力和库存不能满足订单的情况，从而导致下游企业不得不延长补货提前期。

（4）增加运输成本。运输需求随着时间剧烈波动，为了满足高峰期的运输需求，企业不得不保持过剩的运输能力，从而导致运输成本增加。

（5）增加发货和收货的劳动力成本。企业发货所需的劳动力随着订单的波动而波动，分销商和零售商收货所需的劳动力也会发生类似的波动。供应链的各环节要么保持过剩的劳动力，要么根据订单的波动不断调整劳动力，从而增加劳动力成本。

（6）降低产品可获性水平。过大的订单波动使得上游企业很难按时满足所有下游企业的订单，这增大了下游企业缺货的概率。

（7）对供应链中的各种关系产生负面影响。由于每个环节都认为自己尽力了，因此当发生问题时，各环节会将问题的责任归咎于其他环节，导致供应链不同环节之间彼此不信任，使得潜在的协调更难实现。

**3．供应链协调中的障碍因素**

简单地说，任何导致供应链出现信息延迟、信息扭曲和波动增大，以及不同环节局部优化的因素都是实现供应链协调的障碍因素。认清这些关键的障碍因素，是实现供应链协调的先决条件。供应链协调中主要的障碍因素有以下5类。

（1）激励障碍

激励障碍是指供应链中不同环节或参与者得到的激励导致需求波动性增大和供应链利润减少的情况。

若注重激励供应链中某一环节的某一行为的局部影响，则会导致该环节的管理者忽视供应链利润最大化的决策。若强调职能部门或供应链环节的局部优化，如强调运输管理者的薪酬与运输成本/绩效挂钩，就会导致其致力于降低运输成本，这些行为可能会增加库存成本、降低服务水平、影响供应链响应性等。某些企业也会为了单个企业利润最大化，而影响整体供应链收益。凯马特的零售商经理制定的所有采购和库存决策都是为了使凯马特的利润最大化，而不是使整个供应链的利润最大化。

针对销售人员的激励有时也会成为实现供应链协调的一个重大障碍因素。例如，销售人员业绩考核指标是一个销售期（月或季度）内的销售额，但这有时指的是销售给供应链下一

个环节的数量，而不是销售给最终客户的数量。另外，销售人员会利用各种手段影响购买者的购买行为（如价格折扣、数量折扣等），从而导致订单波动。

（2）信息处理障碍

信息处理障碍是指需求信息在供应链不同环节之间传递时发生扭曲，从而导致供应链中的订单波动增大。供应链各环节之间缺乏信息共享会放大“牛鞭”效应。

若供应链中的每个环节都认为自己的主要任务是完成下游伙伴的订单，每个环节都把接受的订单作为自己的需求，并以此信息进行预测，那么当客户需求以订单形式向供应链上游传递时，它的任何细微波动都会被放大。

供应链各环节之间缺乏信息共享会引发“牛鞭”效应。例如，沃尔玛因为促销计划增加了某种产品的订货量，如果制造商不知道此促销计划，它会认为此次订货量的增加是永久性的，从而向其供应商发出更大的订货量。当沃尔玛完成促销后，制造商及其供应商将持有大量库存。由于缺乏信息共享，订货量会产生巨大波动。

（3）运作障碍

运作障碍是指发出订单和完成订单过程中的行为导致订单波动加剧的情况。运作障碍包括大批量订货、补货提前期长、配给和短缺博弈等。

当企业发出订单的批量比需求的批量大得多时，订单波动就会随着供应链向上不断被放大。大批量订货的原因有订单的发出、接受或运输的固定成本较高，供应商实施促销方案（基于规模效应的考虑或可获得较大的供应商数量折扣），补货提前期长等。

如果各环节之间的补货提前期长，“牛鞭”效应的影响就会加大。以某零售商误认为某次随机需求增长是长期需求增长趋势为例，如果零售商的订货提前期为两周，那么它下订单时会考虑两周内的预期增长；如果零售商的订货提前期为两个月，那么它下订单时会考虑两个月内的预期增长，显然两个月内的预期增长比两周内的预期增长大得多。

配给方案是将有限的产品按零售商所下订单大小的比例进行分配，常会导致“牛鞭”效应的放大，这种情况通常发生在高需求产品的供应出现短缺时。例如惠普经常面对新产品需求超过供应的情况，制造商拿出许多不同方案将稀缺产品分配给不同的零售商，通常使用的配给方案是基于所下的订单数量对有限的产品供给进行分配的。如果制造商的供应量是其接收到的总订单的75%，那每个零售商只能得到其所下订单的75%的产品。

配给方案导致了博弈的出现，零售商为了增加供应给它们的产品数量，会尽量增大订货量。如需要75单位产品的零售商会下100单位产品的订单，从而期望得到75单位产品。这种配给方案的负面影响是人为放大了订货数量。而制造商会根据订单预测未来需求（它认为订单需求源于需求增长，即使客户需求没有波动），从而扩大产能以满足接收到的订单需求，一旦制造商拥有足够的产能，零售商所下的订单就又恢复到正常水平，从而出现繁荣—萧条周期循环，典型代表是在计算机行业出现的短缺—过剩循环。

（4）定价障碍

定价障碍是指产品的定价策略导致订货量波动加大的情况。

基于批量的数量折扣会增加供应链内的订货量，这种折扣导致的大批量订货会加剧供应链内的“牛鞭”效应。

制造商提供的商业促销或短期折扣会导致预先购买，预先购买会导致促销期内的大量订单和促销期后的少量订单，由于在波峰期进行了促销活动，其间制造商的发货量比零售商的销售量大得多，波峰发货期后是制造商的极少量发货期，此次促销活动导致了制造商发货量比零售商销售量大得多。

（5）行为障碍

行为障碍是指供应链的各环节之间的沟通方式导致波动加大的情况。这主要是因为供应链的每个环节只考虑自己行为的局部影响，而不考虑自己的行为对其他环节的影响；或不同环节只是对目前的局部情况做出反应，而不是努力找出问题的根源；或基于局部分析，不同环节出现彼此责备等情况。

**4．供应链协调中的管理杠杆**

在确定供应链协调中的障碍因素后，企业需要寻找克服这些障碍因素的方法，以实现供应链的协调。一般来说，克服障碍、增加供应链利润、促进供应链协调的方法有以下几种。

（1）使激励和目标一致

对于激励障碍，企业可以通过使激励和目标一致来实现供应链协调，促使供应链中的每个参与者共同努力，使供应链利润最大化。

在企业内实现供应链协调的关键是保证任何部门用来评估决策的目标与企业的总目标保持一致。对所有设施、运输和库存决策的评估应该基于它们对利润的影响，而不是对总成本甚至对局部成本的影响。这有助于避免类似运输经理制定降低运输成本却增加供应链总成本决策的情形的出现。

如果制造商的生产批量有着较高的固定成本，企业就可以使用基于批量的数量折扣为产品实现供应链协调。如果企业对某产品拥有市场权力，就可以用两段价目表和总量折扣实现供应链协调。由于需求的不确定性，制造商可以使用回购合同、收入分享合同及数量柔性合同来促使零售商提供使供应链利润最大化的产品可获性水平。

改变销售人员向零售商强推产品的激励机制会减弱“牛鞭”效应。如果销售人员的激励以滚动周期的销售量为依据，那么其强推产品的动机就会减少。这有助于减少预先购买，并减小订单波动。管理者还可以将销售人员的激励与零售商的售出量联系起来，这将消除销售人员鼓励预先购买的任何动机，而消除预先购买有助于减小订单波动。

（2）提高信息处理的准确度

对于信息处理障碍，企业可以通过提高供应链不同环节进行信息处理的准确度实现供应链协调，如采取共享销售点数据、实施协同预测和计划、设计补货的单环节控制等方式。

供应链各环节共享销售时点数据有助于减弱“牛鞭”效应。“牛鞭”效应产生的主要原因是供应链的每个环节都使用接收的订单数量来预测未来需求。实际上，供应链需要满足的唯一需求来自最终客户。如果零售商与其他供应链环节共享销售时点数据，供应链的每个环节就可以基于客户需求预测未来需求。共享销售时点数据有助于削弱“牛鞭”效应是因为目前供应链的每个环节只对相同的客户需求波动做出反应。

企业还可以使用互联网与供应商共享信息。对于类似戴尔的直销公司及使用电子商务的公司，其销售时点数据可以很方便实现共享。戴尔与许多供应商通过互联网共享需求信息及零部件库存状态信息，有助于避免供应量和订货量的不必要波动。宝洁公司已经说服许多零售商共享需求信息，然后与供应商共享这些信息，从而实现了供应链协调。

在共享销售时点数据之后，为了实现供应链完全协调，供应链各环节还必须协同预测和计划。没有协同计划，销售时点数据的共享不能保证供应链完全协调。例如，由于曾在1月做促销活动，因此零售商发现此月的需求急剧增加。如果在即将到来的1月没有促销计划，零售商的预测就会与制造商的预测不同，即使它们共享了过去的销售时点数据。制造商必须

知道零售商的促销计划以达到供应链完全协调。保证整个供应链协调的关键是依据共同的预测进行运作。为了实现供应链完全协调，供应链各环节应建立协作计划、预测和补货方案，为协作计划和预测确认最佳的实践方法与设计方案。

设计一个由单环节控制整个供应链补货决策的供应链有助于消除“牛鞭”效应。“牛鞭”效应产生的主要原因是供应链的每个环节把来自下一环节的订单当作它的历史需求。因此，每个环节都认为自己的作用是满足下一环节的订单。实际上，关键的补货发生在零售商处，因为那里是最终客户购买产品的地方。当采用单环节控制整个供应链的补货决策时，多头预测的问题就可以消除，即实现了供应链协调。对于类似戴尔这样进行直销的制造商来说，补货的单环节控制是自动实现的，因为制造商与客户之间没有中介，制造商自动成为补货决策的单个控制点。

（3）提高运作绩效

对于运作障碍，企业可以通过提高运作绩效和为短缺情况设计适当的产品分配方案加以克服，包括设法缩短补货提前期、减小单次订货批量、基于过去销量进行配给、共享信息、限制博弈等方法。

通过缩短补货提前期，管理者可以降低提前期内需求的不确定性。缩短补货提前期尤其对季节性产品有益，因为它允许在季节内下订单，此时预测的精确度会有极大提高。管理者可以在供应链的不同环节采取多种措施缩短补货提前期。依赖互联网的电子商务或其他类似 EDI 等方法都可以明显缩短下订单和信息传递的提前期。在制造工厂中，提高柔性和实行单元制造可以明显缩短补货提前期。“牛鞭”效应的削弱会进一步缩短补货提前期，因为它平稳了需求，改进了生产计划。这点对生产多样化产品尤为有益。提前发货通知可以用来缩短补货提前期，还可以减少收货工作。越库运输可以用来缩短在供应链不同环节之间运输产品的提前期。

管理者可以通过减小单次进货批量的运作削弱“牛鞭”效应。减小单次进货批量缩小了订单波动的幅度，从而削弱“牛鞭”效应。为了减小单次进货批量，管理者必须采取措施减少每批产品的订货成本、运输成本及接收成本，如采用不同产品和不同供应商的集中发货方式、简化多品种少批量的复杂订单发货、利用基于网络的订货或通过企业对企业（Business to Business，B2B）的电子商务模式订货、不使用采购订单简化订货过程、采用零担运输和使用巡回运输路线降低运输成本、通过简化接收过程降低接收成本等。例如，沃尔玛和日本 7-11 公司已经通过不同产品和不同供应商的集中发货方式成功地减小了单次进货批量。

计算机辅助订货（Computer Assisted Ordering，CAO）是指用技术替代零售订货人员准备订单，通过计算机整合有关产品销量、影响需求的市场因素、库存水平、产品接收和期望服务水平的信息。CAO 和 EDI 都能减少每次订货的固定成本。目前，许多企业开始使用基于网络的订货技术，这将有利于实现小批量的订购，因为它不仅降低了客户的订货成本，也降低了企业完成订单的成本。同时，B2B 电子商务模式的发展也降低了订货成本。例如，通用汽车公司和福特汽车公司要求许多供应商实现在网络上接收订单，以期望提高订货过程的效率。

减小单次进货批量的另一种简单方法是鼓励不同的客户采用使需求均匀分布的订货方法。每周订货一次的客户倾向于在周一或周五下订单，每月订购一次的客户倾向于在月初或月末下订单。在这种情况下，对于每周订货一次的客户，最好将他们的订单均匀分配给一周中的每一天；而对于每月订货一次的客户，最好将他们的订单均匀分配给一月中的每一天。

事实上，可以提前安排每个客户的常规订货日。这通常不会影响零售商，却能够使制造商的订单量相对平滑，从而削弱“牛鞭”效应。

为了削弱“牛鞭”效应，管理者还可以设计配给方案，以阻止零售商在供应短缺的情况下人为扩大订单量。一种称作“周转获利”的方法是根据零售商的过去销量分配供应。将配给与过去的销售联系起来，消除了零售商扩大订单的激励，从而削弱“牛鞭”效应。实际上，“周转获利”方法促使零售商在低需求时期尽可能售出更多产品，从而能在供应短缺时获得更多产品的配给。

还有一些企业努力实现供应链内信息共享以避免短缺情况的发生。例如某企业为它的大客户提供奖励，鼓励它们提前订购全年订购量的一部分。此信息可以让该企业提高自己预测的准确度，相应地分配产能。一旦产能被适当地分配给各类产品，短缺情况就不太可能发生，从而削弱了“牛鞭”效应。柔性产能也可以阻止短缺情况的发生，当某种产品的需求预测比另一种产品的需求预测低时，分配给它的产能可能很容易转向生产另一种产品。

（4）设计定价策略

对于定价障碍，企业可以通过设计鼓励零售商以小批量订购和减少预先购买的定价策略实现供应链协调，如将基于批量的数量折扣转变为基于总量的数量折扣、稳定产品价格等。

基于批量的数量折扣促使零售商为了获得折扣而增大批量。基于总量的数量折扣消除了增大一次批量的激励，因为基于总量的数量折扣考虑的是某一段时间（如一年）内的总购买量，而不是一次批量的大小。基于总量的数量折扣带来了小批量，从而减小了供应链中的订单波动。当基于总量的数量折扣的评估有一个固定的终止期时，接近终止期时会出现大批量订单。基于滚动周期的销售量的折扣有助于减弱这种影响。

管理者可以通过取消降价促销和实施每日低价策略削弱“牛鞭”效应。取消降价促销可以消除零售商的预先购买，促使零售商的订单与客户需求相匹配。宝洁公司、金宝汤公司和其他一些制造商已经通过实施每日低价策略来削弱“牛鞭”效应。

管理者可以在促销期内为采购数量设置上限，从而减少预先购买。这个限制应该针对具体的零售商，与该零售商的历史销量挂钩。此外，还可以将支付给零售商的促销奖励与零售商的售出量挂钩。因此，零售商不能从预先购买中获益，只有在能卖出更多的产品时才会采购更多。基于售出量的促销极大地削弱了“牛鞭”效应。

（5）构建信任和战略伙伴关系

对于行为障碍，企业一般需要构建信任和战略伙伴关系。共享各环节都信任的准确信息能更好地匹配整个供应链中的供应与需求，并降低成本。信任和融洽的关系也能降低供应链各环节之间的交易成本。例如，如果供应商信任来自零售商的订单和预测信息，它就不必再进行预测了。类似地，如果零售商信任供应商的产品质量，零售商就可以减少清点和验收工作。一般，当存在信任和融洽的关系时，供应链的各环节可以消除重复工作。精确的共享信息不仅降低了交易成本，还有助于削弱“牛鞭”效应。沃尔玛和宝洁公司一直在努力构建互惠互利的、有助于削弱“牛鞭”效应的战略伙伴关系。

有助于供应链实现更好协调的管理杠杆可以分为两类。一类是措施导向杠杆，包括共享信息、改变激励机制、提高运作绩效及稳定价格；另一类是关系导向杠杆，包括在供应链内构建信任与战略伙伴关系。

## 练习与实训

**（一）单项选择题**

1. 下列关于产品在成熟期的描述错误的是（　　）。

A. 竞争加剧　B. 销售增长缓慢　C. 价格上升　D. 市场需求相对稳定

2. 创新型产品与（　　）相匹配。

A. 有效型供应链　B. 反应型供应链

C. 盟主型供应链　D. 非盟主型供应链

3. 下列关于 QR 的叙述错误的是（　　）。

A. 制造商可以准确地安排生产计划　B. 降低了整个供应链系统的流通费用

C. 降低了单位产品的采购成本　D. 实施 QR 后，能够提高客户的满意度

4. 由于 ECR 能够大幅度地降低成本。食品行业的厂商、批发商和零售商采用多种战略达到这一目标，下列不属于此战略的是（　　）。

A. 快速反应的集成　B. 有效的店内布局　C. 有效的补货

D. 有效的促销　E. 有效的产品导入

5. 产品生命周期成熟期的供应链策略是（　　）。

A. 建立配送中心　B. 高频率、小批量的发货

C. 供应商参与新产品的设计开发　D. 较多存货，以降低供应链的成本

**（二）判断题**

1. 创新型产品具有较高的边际利润率，生命周期短。（　　）

2. 功能型产品采用反应型供应链，创新型产品采用有效型供应链。（　　）

3. 在产品的成长期，企业可以利用第三方物流公司降低供应链成本。（　　）

4. 在产品的成熟期，企业可以通过延期制造改善服务。（　　）

5. 在产品的引入期，应该避免生产环节和供应链末端的大量储存。（　　）

6. 在约束理论的基本思想中，非瓶颈资源的利用程度不是由其本身潜能决定的，而是由系统中的瓶颈资源决定的。（　　）

7. 供应链的效益成果，不等于各个环节效益成果之和，而是由供应链中最薄弱环节的效益成果决定的。（　　）

**（三）思考题**

1. 当企业实施 QR 与 ECR 时，主要的困难来源于哪里？

2. “牛鞭”效应对供应链绩效的影响表现在哪些方面？

3. 讨论有助于实现供应链协调的管理杠杆。

**（四）实训：理解供应链运营管理**

**1. 实训目标**

① 在掌握供应链运营管理相关知识的基础上，能够对某企业、产品或行业的供应链进行基本分析。

② 通过以组为单位进行实地和网上调查获取资料的方式，培养学生的团队合作精神，增强学生发现问题、分析问题与解决问题的能力，以及人际交往与沟通的能力。

**2．实训内容**

① 收集某企业、产品或行业的供应链资料。

② 对收集的供应链资料进行分析，然后以组为单位完成实训报告。实训报告题目为"××企业、产品或行业的供应链运营管理的分析调查报告"（或自定）。报告中应包含以下内容：采用的供应链运营方法，供应链是否协调，以及该供应链不协调的地方有哪些，并提出对策。

**3．实训准备、步骤及要求**

（1）实训准备

① 知识准备：教师通过课堂讲解使学生熟练掌握供应链运营管理的相关知识。

② 学生分组：每 6 名学生为一组，每组选出一位小组长。

③ 实训地点：各组成员自主选择的目标企业及实训室。

（2）实训步骤及要求

① 各组通过讨论确定所要调查的目标企业、产品或行业的供应链。

② 以组为单位采取实地调查和网上调查的方式收集该供应链的运营状态信息。

③ 各组对该供应链的运营状态信息进行分析。

④ 各组完成实训报告，要求资料翔实、准确、具体。

⑤ 各组分享实训报告，教师点评。

**4．实训成绩评定**

实训成绩根据实训报告的完成情况进行评定，评定内容包含以下几项。

① 相关资料是否通过实地调查或网上调查获得，调查资料是否翔实、准确、具体。

② 实训报告内容的完整性、合理性和全面性。

③ 实训报告是否按要求的规范格式完成。

# 任务四 供应链需求预测

## 知识目标

1. 了解需求的分类及其特性
2. 了解影响需求的因素
3. 明晰提高需求预测准确性的各种方法

## 技能目标

1. 掌握提高预测准确性的各种方法
2. 能运用基本的预测方法

## 素养目标

1. 强化风险防范意识
2. 培养精益求精的“工匠”精神

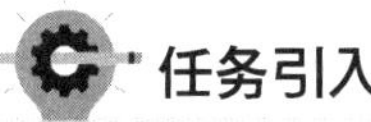

## 任务引入

【任务 1】某家本地零售商为足球比赛提供啤酒。按照以往的经验，啤酒的销量依赖于观众人数以及天气。由于大部分比赛场次的门票已售完，因此观众人数对于销量预测影响不大。一般情况下，天气越热，啤酒销量就越好。散点图（见图 4-1[1]）以及啤酒销量与预测气温的数据表（见表 4-1）很好地说明了啤酒销量与当天预测气温之间的关系。

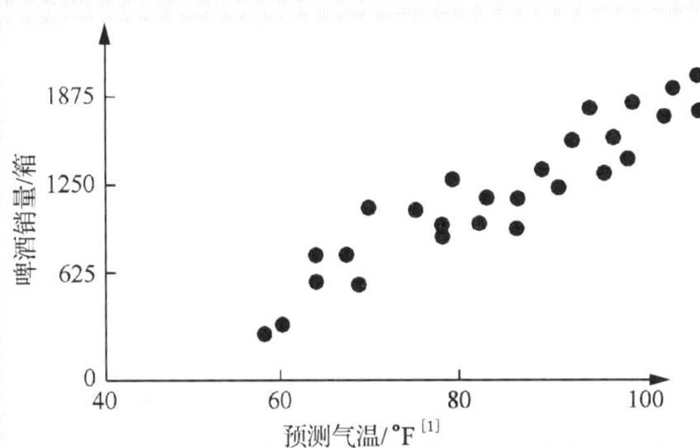


图 4-1　啤酒销量与预测气温的散点图

表 4-1　啤酒销量与预测气温的数据表

| 预测气温/℉ | 啤酒销量/箱 | 预测气温/℉ | 啤酒销量/箱 |
|---|---|---|---|
| 62 | 400 | 63 | 615 |
| 85 | 1 300 | 88 | 1 480 |
| 80 | 900 | 90 | 1 850 |
| 58 | 250 | 92 | 1 710 |
| 68 | 700 | 86 | 1 300 |
| 72 | 740 | 89 | 1 380 |
| 82 | 1 160 | 94 | 1 910 |
| 86 | 1 290 | 91 | 1 845 |
| 93 | 1 800 | 87 | 1 670 |
| 91 | 1 820 | 82 | 1 510 |
| 79 | 910 | 71 | 835 |
| 84 | 1 020 | 77 | 890 |
| 85 | 1 100 | | |

根据以上数据，在预测气温为 80℉的某一天，啤酒销量可能是多少呢？

【任务 2】某城市汽车配件销售公司于某年 1—12 月的化油器销售量及移动平均预测值表如表 4-2 所示。如用简单移动平均法，使用几个月的移动平均预测值作为下年 1 月的预测销售量较为合适？

[1] 摄氏温度与华氏温度换算公式：℃=（℉−32）×5/9。

表 4-2 化油器销售量及移动平均预测值表

| 月份 | 1 | 2 | 3 | 4 | 5 | 6 | 7 | 8 | 9 | 10 | 11 | 12 | |
|---|---|---|---|---|---|---|---|---|---|---|---|---|---|
| 实际销售量/台 | 4 230 | 3 580 | 4 340 | 4 450 | 5 270 | 4 290 | 4 260 | 5 020 | 4 800 | 3 840 | 4 270 | 4 460 | |
| 3 个月的移动平均预测值/台 | | | | 4 050 | 4 123 | 4 687 | 4 670 | 4 607 | 4 523 | 4 693 | 4 553 | 4 303 | 4 190 |
| 5 个月的移动平均预测值/台 | | | | | | 4 374 | 4 386 | 4 522 | 4 658 | 4 728 | 4 442 | 4 438 | 4 478 |

## 相关知识

### 一、需求管理

供应链上的企业之间是供应和需求的关系，所以供应链也可以叫作需求链。供应链的重点是供应和需求之间的协调，包括产能、速度、信息、库存缓冲、批量等。通过需求与供应管理，把这些内容组合在一起，使其协调发展是供应链管理的重点。

**1．需求分类**

需求包括市场需求和企业需求，这两种需求对企业运营具有重大意义，但其影响因素各不相同。例如，2005 年，美国对轻型卡车的需求预测在 10 000 万辆左右。汽车制造商要根据这些数字确定希望获取的整个市场需求份额的百分比是多少。但是市场对新卡车的需求不仅包括汽车制造商所要满足的需求，还包括其他来源的需求，如保修、零部件更换等需求，这些需求加在一起构成总需求，在进行精确的预测之后，汽车制造商就可以开始计划相关的业务活动。

根据需求的重复程度，需求可分为单周期需求和多周期需求。单周期需求对应的是一次订货活动，这种需求的特征是偶发性的，产品生命周期短，很少重复订货，如订报纸、订蛋糕均属于单周期需求。多周期需求是在长时间内反复发生的需求，如企业的生产活动中所需的零部件等。多周期需求又分为独立需求和相关需求。独立需求是指需求变化独立于人们的主观控制之外的需求，其出现的数量和概率是随机的、不确定的、模糊的，如某种产品的市场需求。相关需求是指需求数量和时间与其他变量存在一定的关系，可以通过一定的规律进行推算，如零部件和计划生产成品的数量。可见，一个企业生产的产品是根据市场需求预测或客户订单得到的，其需求属于独立需求。而生产过程中的在制品以及需要的原材料，是可以通过其在产品中的结构关系和生产比例确定的，其需求属于相关需求。

**2．供应链需求的特性**

需求具有不确定性。供应链管理思想使企业从关注自身生产转变到关注市场需求。在这种环境下，要管理一个需求拉动的供应链，管理者就要了解和把握市场需求信号，并及时做出准确的预测。而多样化的产品、竞争激烈的环境、产品生命周期的缩短等都注定了需求的多样化和不确定性。

（1）需求的时间特性和空间特性。需求的时间特性表现为需求是随时间而变化的，这种变化归因于市场销售量的增长或下降、需求模式的季节性变化以及多种因素导致的需求波动。需求的空间特性表现为管理者在规划设施位置、平衡物流网络中库存水平、按地理位置分配运输资源时，需要知道需求发生的空间位置。

（2）需求的不规则性与规则性。不同产品的市场需求随时间而变化的模式是不同的。需求的变动可能是规则性的，也可能是不规则性的。导致需求模式规则性变动的因素有长期趋势、季节性因素和随机性因素等。如果随机波动在时间序列中变化部分的占比很小，利用规则性预测方法就可以得到较好的预测结果。

（3）需求的独立性与派生性。需求的独立性是指需求来自一些独立的客户，这些客户多数是独立采购，其采购量只占企业分拨总量的很小一部分。需求的派生性是指需求由某一特定的生产计划要求派生而来，是一种从属性的需求。例如，从某供应商处购买新轮胎的数量是汽车厂要生产的新汽车的数量的倍数。

（4）需求的不确定性与可预测性。在瞬息万变的动态市场中，需求不仅包括一般的产品和服务需求，还包括个性化的产品和特殊的服务需求。需求受季节性因素、宏观经济形势、气候等环境因素以及本企业与竞争对手的产品价格、促销、新产品或替代产品等企业行为因素的影响。需求预测通常是比较困难的，但是企业做出一些有用的预测也是可能的。客户的需求是受一系列因素影响的，如果企业能够确定这些因素是如何影响未来需求的，那么在一定程度上这些需求是可以预测的。

### 3. 需求处理

在整个供应链的环节中，“销售”是放在整个核心活动中的第一位的，如图 4-2 所示。很多业务依赖于对不断发生的市场变化的充分认识，并被这种认识所驱动和引导。而销售在供应链中的实际表现主要体现为订单处理。

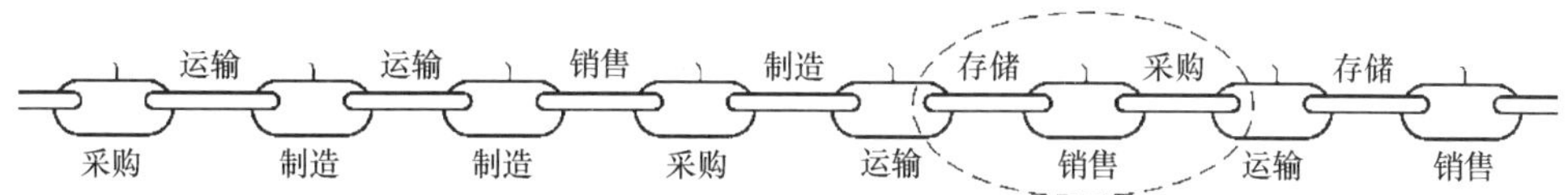


图 4-2 供应链核心活动列表

订单处理涵盖从订单预定到订单发货的全部流程。其具体的活动涉及各种不同的行业甚至同一行业中的不同企业，属于订单处理范畴的行为包括客户验证、数据录入、信用度检查、定价、设计变更、可用性检查、送货时间估计、发货通知和延误通知等。

订单处理的意义在于以下 3 个方面。

（1）订单处理功能会对客户的看法产生巨大的影响，及时准确的订单处理过程和结果可以令客户的满意度和忠诚度上升，产生各种综合效益，所以对这项功能进行良好的管理是非常重要的。

（2）由于目前信息技术迅猛发展，加大对信息技术的投资以改善订单处理功能可以得到较好的回报。订单处理系统可以非常容易地在一段时间后对某些问题做出特定的修改（例如，几年前，一个额外的信贷审批步骤被添加进订单处理系统以回报一个具有很高价值的非付费客户），这样做的结果是，有时一个错综复杂的处理过程可以变得很简单。

（3）不断改进的技术可以增加与客户互动的机会（例如，从一个标准的价格或提前期转向根据目前的供应情况和近期内客户需求来有选择地制定价格或提前期）。

由此可见，订单处理在供应链中是十分重要的，这是因为客户的满意度和忠诚度至关重要，并且订单处理依赖于信息技术。

📖**案例链接**

作为凯马特的供应商，君安被要求签订一份合同。合同条款很简单：如果君安第一次犯了订单处理的错误，它要赔偿凯马特1万美元；第二次犯错，赔偿5万美元；如果这样的错误发生第三次，那么君安将失去凯马特的供应商资格。

在签订合同时，一般情况下，君安的20笔订单在处理中会有1笔被错误处理（如错误的定价、错误的产品或者错误的地址等）。为了保住凯马特这一重要客户，君安开始将注意力集中到订单处理的优化。君安聘请了一家咨询公司帮助设计与安装更加精简和准确的订单处理信息化系统。值得庆幸的是，凯马特在合同的条款正式生效前提供了一段时间的宽限期。为什么凯马特要坚持签订一份这样的合同呢？主要原因是它想要在较低的库存下进行运作，这意味着供应商的可靠性必须提高。

📖**小链接**

需求预测要转变为准确的需求计划必须纳入偶发事件。大多数情况下，企业将这些事件看作要加入预测计划的外部因素，使预测更准确地反映现实。然而许多因果事件可以用于管理需求，这能使企业更好地预测需求，改变或消除导致需求不确定的外部因素。需求越平滑，预测越准确。因果事件或外部因素包括以下几个方面。

（1）贸易条款。通过把贸易条款从基于支付条款的日期变为购买后的固定时期，企业能消除客户为获得更长支付期而提早或推后购买的刺激因素。这将使全月的需求变得稳定，而不会造成一个月中特定时间的需求起伏。

（2）销售人员激励。销售人员在预定时间内达到特定的销售水平时，通常会获得奖励，如按月设定销售目标，这会造成每个月月末的需求起伏。在激励计划中加入消除需求起伏的成分，能使需求更稳定。

（3）促销。对于促销没有规律或促销方式不断变化的产品，其需求是难以预测的。进行有规律和一致性的促销，或取消促销，实行每日低价，能使需求更稳定。

## 二、影响需求的因素

一些客户相比其他客户更加有利可图，这就是在市场中常常被提到的“20/80法则”。它在有些时候会被人们忽略，部分原因在于要准确评估单个客户或客户群体的消费潜力是十分困难的。不过，不断发展的信息技术和能够获得客户及其与某企业互动的全面数据的能力可以降低这方面的困难。一些企业正在仔细地跟踪客户的特点、支出和收入，并分析这些数据以决定为客户提供的服务，最终增加利润。了解客户的消费潜力有很多作用，如帮助企业确定客户需求。一些客户获得的关注比较少，而额外的资源就被用于其他一些客户，以阻止他们转向别处消费。

移动通信业对分析客户消费潜力有着非常迫切的需求。在美国移动通信市场，一个城市的月业务流失率为2%～3%是正常的；2%～3%的月业务流失率意味着每月有2%～3%的某企业客户停止使用该企业的业务。换句话说，为了抵销流失客户的损失，一家移动通信企业每个月需要增加2%～3%的客户。特别是一些客户习惯于频繁更换供应商，以在合同期满后争取一个更好的收费套餐，而另一些客户则倾向于定期更新他们的收费套餐。将这些情况结合起来进行分析，每增加一个客户需花费 200～400 美元，所以分析客户的消费潜力并引导客户签订新的合同，对于移动通信企业来说显得十分迫切且重要。

美国一家移动通信企业安排一名员工负责制定方法和分析数据来预测每位客户可能的流失率，这是一个巨大的工程。每天分析详细的电话记录就会累计产生几千兆字节的数据。在预测过程中，一个重要的分析因素就是为每个客户进行流失评分，即其转向该企业的竞争对手消费的可能性有多大。这个分析因素可用于以下几个方面。首先，流失评分较低的客户是企业积极保留的一部分。这些客户将会在他们的合同期满前得到电话联系，在某些情况下，如果他们续约就会得到特别的奖励。其次，流失评分影响公司为了挽留某个客户所付出的努力程度。例如，某个客户在合同将要到期时致电给相关的移动通信企业，向其描述他正在考虑的供应商可以提供给他的条款，并询问如果他续约，那么他的新合同上的条款会是怎样的。这时，客户服务代表在解决客户的续约合同的问题上有一定的决定权，客户的流失评分越低，他就越有可能获得更好的合同；而流失评分很高的客户，甚至可能不会收到续约的邀请。

除了流失评分外，移动通信企业还要评估每个客户的终身价值。终身价值是对每个客户在他一生的时间里能够为企业做多少贡献的一个评估。这个评估可以被视为以下两个基本部分的组合：①该客户成为企业客户的时间；②由该企业的消费所产生的利润。该企业利用这些评估，结合流失评分，可确定是否对该客户进行挽留。

另一个与客户消费潜力相关的例子是企业对客户进行筛选，这种筛选会对需求产生影响。一家电子产品制造商在我国浙江省建立了一个服务中心，这个服务中心负责企业产品的销售并管理代工订单。一般情况下，这个服务中心不会在合同到期后与那些在合同期间由于各种因素而需要很多服务的代工客户续约，这样可以降低企业成本，提高毛利率。

还有一个例子，一家企业发现让小商家担任销售代理商的回报非常小。小商家往往很少受到该企业的访问和关注，该企业的业务人员也经常忽视这些小商家的诉求。经过对较小的销售代理商回馈情况的成本和影响的进一步分析，该企业过滤了所有个人代理商的电话。作为替代，该企业为小商家建立了一个专门的呼叫中心。起初这些小商家并不高兴，但是由于它们在打电话过去的时候总是有人能够及时为它们提供帮助，其诉求也能得到及时回应，这提升了它们的满意度。而在建立呼叫中心之前，小商家总是要在能与服务代表沟通之前等待很长的一段时间。

从上面的例子可以看出，一些客户相对于其他客户可以给企业带来更多的利益，了解客户消费潜力是十分有价值的。如今信息技术的迅猛发展让企业评估客户或客户群体的支出和收入的想法变得更加实际，且成本更低。在这方面做得好的企业可以更有效地通过分配资源影响需求和增加利润。

**小链接**

20 世纪 80 年代出现的准时制（Just-In-Time，JIT）和快速响应（QR）理论使许多企业认为已没有必要再投入时间和金钱建立准确的需求计划了。JIT 哲学是否能达到这个效果还处在争论中。从事后的认识来看，人们鞭挞 JIT 理论的重要原因是对 JIT 理论有误解，而非 JIT 理论本身是错误的。尽管 21 世纪将会出现很多支持实时业务的复杂技术，我们仍不能回避“大多数企业需要准确而有效的需求计划”这个事实。以下原因支持我们正视这个事实。

（1）提前期的不平衡。客户服务的提前期，即客户在订货和收到产品之间准备等待的时间，经常短于企业生产和分销产品所需的提前期。原因很简单，企业生产和运送产品的

时间总是比客户准备等待的时间要长。企业已花费了大量金钱来缩短这两个时间之间的差距，其采取的行动包括通过改变制造流程缩短生产提前期，以及使运作地点更靠近客户以缩短分销提前期。尽管这些行动总能取得成功，但不能将提前期缩短为零。所以，企业仍然需要一个需求计划来保证产品在客户的服务提前期内送达。

（2）营销管理。今天许多行业的成熟意味着企业实现利润增长的唯一途径是增加市场份额。企业主要通过促销活动和其他营销行为做到这一点。尽管营销行为可能会很有效，但通常很昂贵。而且如果计划不周，它们对利润增长的影响就很有限。索尼公司为PlayStation 2所做的营销活动使客户需求远远超过了供应。一个准确的需求计划有助于企业做出正确的决策，即在合适的时间、向合适的地点提供合适数量的合适产品。

（3）中期运作计划。许多运作资金的集中性质和在全球供应链中运输产品的长提前期，意味着企业在前期就要做出购买决策以满足客户的中期需要。准确的需求计划对企业做出正确的决策很重要。

（4）财务计划和预算。任何企业都需要定期做财务计划和预算。缺乏准确的需求计划，会使财务计划和预算与实际运作情况相去甚远。

## 三、需求预测的动机

企业在供应链中的采购、库存等环节均希望采用“拉式”模型，即接到客户订单再进行采购、库存等生产组织，其需求就可以明确，从而能减少供应链中的库存和削弱“牛鞭”效应，但是这对大多数企业来说是不可实现的。为了尽力实现向“拉式”模型发展，无法接到订单再生产的企业只能寄希望于需求预测。

**案例链接**

美国太阳微系统公司改变了公司月度需求预测的研究方法。这个改变的关键在于将根据前200位客户预测出来的数据也包括在内。这样，加上其他一些因素的共同作用，美国太阳微系统公司提高了预测的准确性，使库存方面的投资减少了45%。

面临技术改进步伐的加快和计算机组件价格的快速下降，对个人计算机行业进行准确的需求预测是极其困难的。苹果公司在需求预测方面一直存在问题，其未履行订单在1995年第二季度达到10亿美元，其不良的需求预测在随后的假日季节导致第一季度亏损6 900万美元。

**小链接**

拙劣的需求计划会对组织绩效产生反作用。美国耐克公司将2000—2001年度预计收入中33%的亏空归因于拙劣的需求计划。拙劣的需求计划产生的一些主要影响包括：较差的客户服务、过多的生产变化和高昂的分销成本。

（1）较差的客户服务。如果缺乏正确的需求计划，企业就很难了解客户的未来需求。另外，缺乏这种了解，企业就可能没有充足的存货来履行客户的订单。如果需求计划很拙劣，客户服务水平相应地也会很差。

（2）过多的生产变化。企业可对产品进度做最后的改变来迅速响应客户需求。敏捷工厂是一个值得追求的目标，但经理们需要平衡低效率生产的成本和客户订单带来的利润之间的关系，低效率生产的成本是由不可预见的客户需求变化引起的。准确的需求计划能使企业保持更稳定和有效的生产计划，同时仍能满足客户需求。

（3）高昂的分销成本。为响应客户需求，企业可能需要执行正常分销流程之外的快递业务，这会导致高昂的分销成本。在许多例子中，分销成本还会消除企业可能从客户订单中获得的利润。准确的需求计划能使企业尽量少用快递业务，而拙劣的需求计划则给企业带来高昂的分销成本。

## 四、需求预测的特点

### 1．需求预测通常是不准确的

即使在最佳的预测条件下，也没有任何一种预测方法能准确预测出未来的需求，许多因素会对需求预测产生根本性的影响。企业应当使用恰当的需求预测方法得出接近未来实际需求的预测值。

微课：需求预测

### 2．对近期的需求预测更准确

影响需求预测的因素在短期内不可能有较大的改变。例如，沃尔玛在每天晚上将当天销售的宝洁公司产品的数据以电子方式传送给宝洁公司。宝洁公司利用这些信息调整需求预测。在采用这种新的经营方式以前，宝洁公司可能在每个月的基础上更新一次需求预测，它使用的信息至少是一周以前的。需求预测的准确性是通过更多及时更新的信息来提高的。

### 3．对产品组合和服务组合的需求预测更容易和准确

对产品组合和服务组合的需求预测要比对某一特殊产品或服务的需求预测更容易和准确。以深绿色汽车与所有汽车的需求为例，流行色和个人喜好对深绿色汽车的需求会产生明显的影响，但是流行色和个人喜好对汽车的总需求并没有太大的影响。

### 4．合作预测更准确

通过与供应链上下游企业共同合作、共享信息而做出的需求预测通常准确率更高。由于在组成供应链的企业之间，甚至在同一企业内部的不同部门之间，其利益诉求经常是不一致的，因此建立合作预测的体系需要大量的时间成本和资金成本。一般情况下，合作给供应链带来的利益通常大大超过初期的投入。

## 五、提高需求预测准确性的方法

需求预测始终存在误差，这几乎是不可避免的。苹果公司在 1995 年的遭遇充分说明了准确的需求预测的重要性，怎样才能提高需求预测的准确性呢？企业一般采取组建专门团队、获得精确有效的资料、用不同的分析方法、使用各种有效的计算机软件等方法。常见的提高需求预测准确性的方法有以下 4 种。

### 1．引入预警机制

预警机制鼓励客户为他们未来的需求进行提前预订。这种影响需求的策略在某种程度上提高了需求预测的准确性。有很多方式可以达到这样的结果，我们可以看下面 3 个例子。

**【例 4-1】**数年前，一家家具公司开始为那些可以提前 60 天下订单的客户提供比较优惠的购买价格。这种方式在建筑市场中尤其具有吸引力，因为在执行大型住宅项目时，建筑商提前很长一段时间就会知道精装修的各单元的家具应该在什么时候准备好，所以建筑商很愿意在家具公司规定的两个月的提前期之前就下订单。

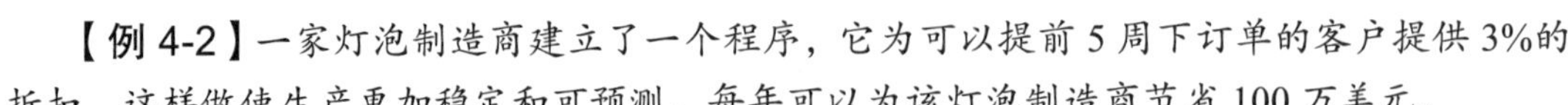

【例4-2】一家灯泡制造商建立了一个程序，它为可以提前5周下订单的客户提供3%的折扣。这样做使生产更加稳定和可预测，每年可以为该灯泡制造商节省100万美元。

【例4-3】某钢铁分销商的客户期望提前期尽可能缩短，他们经常在需要钢铁的前一天才下订单。这样做的结果是，钢铁分销商面临需求的高度不确定性，钢铁分销商必须投入很多资金在快速反应系统方面以应对这种不确定性。通过对供应链的分析，该钢铁分销商可以发现，如果其可以为那些提前下订单的客户提供一个折扣，那么无论是自己还是客户都可以省钱。

### 2．利用大数定律

大数定律是一个统计学现象：随着数量的增加，相对的波动性会降低。这是统计学中一个特别有用的定律，可以被企业用在很多方面以获得实际的利益，特别是在预测领域。

**小链接**

大数定律是指随着数量的增加，相对的波动性会降低，即当事件发生的次数足够多时，事件发生的频率无穷接近于该事件发生的概率。因此，企业应寻找改变运作的方法，以便计划可以在更大的范围内实现。假如在重复投掷一枚硬币的随机试验中，我们需要观测投掷$n$次硬币中出现正面的次数。对于不同的$n$次试验，出现正面的概率（出现正面次数与$n$之比）可能不同，但当试验的次数$n$越来越大时，出现正面的概率将大体上逐渐接近于1/2。又如，称量某一物体的重量（所用的称不存在系统偏差），由于称的精度等各种因素的影响，对同一物体重复称量多次，可能得到多个不同的重量数值，但它们的算术平均值将随称量次数的增加而逐渐接近于物体的真实重量。

以惠普为例，过去惠普常常在工厂里为外国市场定制自定义打印机，它们的价格比这个领域中其他公司都要低，但是在需求和供应的匹配上，存在严重的差异。例如，没有足够的打印机配置给英国市场，但同时配置给法国市场的打印机过多了。其后，惠普改变了运作方式，它将打印机套件先运到欧洲的一个仓库，然后根据客户需求进行装配。这种改变虽然增加了生产成本，但是有效地提高了供给和需求的匹配度，从供应链的整体角度来看，此举每个月为惠普节约了300多万美元。

那么，大数定律是如何提高需求预测的准确性呢？实际上，它是靠改变供应链运作的方式来提高企业在单元预测方面的聚合程度。例如，戴尔的运作就是建立在面向订单生产的基础上的，客户可以登录它的网站，选择喜欢的计算机并且提交订单，然后客户的计算机就可以组装出货了。戴尔没有必要为成千上万的可能获得订单的计算机型号一一做需求预测。相反，对于那些需求量相对较小的计算机品类，戴尔和它的供应商可以根据客户喜好以很多不同方式结合的基本组件提供需求预测（例如，4种芯片的12种组件、5个光盘驱动器、3个紧凑型光盘只读存储器可以有60多种不同的组合方式）。

### 3．减少信息延迟并且设置提前期

“小号厄运”定律描述了这样一种现象：离预测事件发生的时间越长，预测的准确性越低。我们通过这个定律可以发现，如果能够找到一些方法，并能通过采用这些方法改变企业运作的方式，就不需要对未来的需求进行预测，或者如果能够在制订计划的过程中快速获取更新的信息，那么预测也会更加准确。

📖小链接

“小号厄运”定律是指距离预测事件的时间越长，预测的准确性越低，如图4-3所示。这个定律是从类似乐器“小号”得名的。企业在预测时，如果想提高准确率，一方面要保证预测和决策的资料是最新的；另一方面要减少生产和配送系统中流动的时间，以降低预测的前置时间。

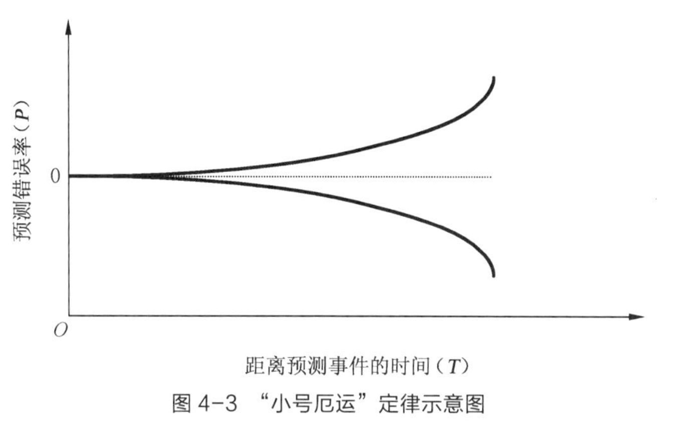


图4-3 “小号厄运”定律示意图

戴尔就利用了“小号厄运”定律，不断压缩运作过程中的时间。首先，戴尔根据订单制造计算机并直接运送给最终的客户。在该供应链中，没有经销商，没有零售商，甚至没有一个属于戴尔的成品仓库。而对于那些传统的计算机生产商来说，它们组装好的计算机，在运送到经销商或者零售商那里之前，先要在自己的仓库中放几周，并在将它卖给客户之前，还要在经销商或者零售商那里存放可能更长的时间。为了计划某一特定型号的计算机需要生产多少，计算机生产商需要对未来至少两个月的需求进行预测。但是计算机行业的变化是相当快的，组件的价格一般是以每天将近1%的速度降低的。对于戴尔来说，在收到订单的两个小时内，客户的计算机就可以按照规格进行组装，装上所要求的软件并且在接收到订单的两个小时内准备发货——比一些企业从仓库中取出成品进行销售还快。

其次，戴尔也缩短了让供应商了解它的组件需求所需要的时间。例如，英特尔公司可以通过网络了解戴尔计算机销售的即时状况，这样就可以利用这个信息对戴尔使用英特尔芯片的需求更快地做出反应。

蓝特是一家为客户（如宝洁公司）提供复杂的压缩包装机械的公司。在20世纪90年代初，它要花大概5周的时间制造这种机床，而现在只需要大概10小时的时间。蓝特根据客户的订单生产产品而不是依赖于不准确的需求预测生产产品。结果，蓝特不再需要建立需求预测系统了。

**4. 减小需求波动**

企业的行为和政策有时会对市场的需求直接或间接地产生影响，换句话说，提高需求预测准确性的一种方法就是通过改变企业行为和政策影响需求的波动性。这种改变有时可以加大需求波动，有时可以减小需求波动。

在企业的行为中，加大需求波动是在一个被称为冰球棒效应的自然定律中得以展现的。冰球棒效应是指数量和活动性会在一个报告周期接近尾声的时候增加。例如，医疗器械供应商平均将它们每个月订单的21%放在每个月的最后一批交给客户，每个月大概有22个工作

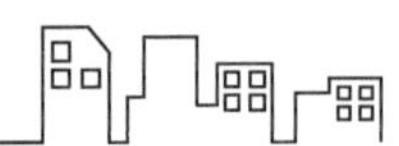

日。这意味着平时每天大约只有月需求量的3.8%被运送出去，而到每个月的最后一个工作日，需求攀升至原来的5倍。

企业应检查冰球棒效应是否对其供应链有显著的影响，如果是，企业就要寻找方法降低这种影响。这样做的原因主要有以下两个。

（1）那些会增强冰球棒效应的行为往往会加剧需求的波动并且导致需求预测准确性的降低。

（2）冰球棒效应往往会导致供应链效率低下。冰球棒效应中，企业常把业务集中在一个业务周期的最后阶段，但是由于这个阶段中各种活动都十分繁忙，企业这样做将会导致业务效率低下。例如，吉列公司曾使用过一种被称为渠道填充或贸易加载的方式，这导致了冰球棒效应的增强。为了达到他们的销售额，吉列公司的销售人员可以做出任何事，包括在报告期的尾声削减利润以完成交易。这种做法在各个行业中较常见，但是在很多情况下并不会产生好的商业效果。

**小链接**

需求计划往往不符合现实情况。随机变化和扩展供应链中固有的低效率使需求计划准确性的提高不可能超过某个特定水平。但是，企业仍必须尽最大可能了解和减少错误产生的原因，以提高需求计划的准确性。一方面，企业要提高需求计划能力；另一方面，企业应实施战略来降低对需求计划的依赖性，或影响需求计划中固有的变异性。这类战略包括以下内容。

① 缩短提前期。通过缩短提前期，实际用于执行的需求计划就不必将期限定得太长，它比预测更长时间的需求计划更准确。例如，贝纳通公司使用的延迟战略如图4-4所示，服装制造商原来采用的流程是在装运衣服前染色，这意味着每件衣服都有对每种式样、每种颜色的需求计划，衣服生产要根据这个需求计划进行。

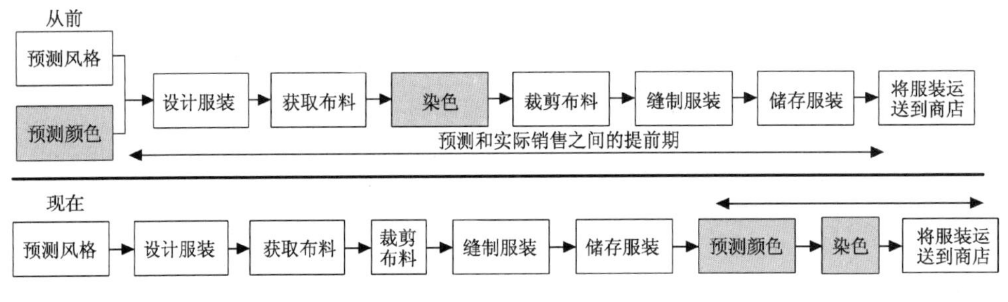


图4-4 贝纳通公司使用的延迟策略

由于服装需求的季节性很强，贝纳通公司需要很早就开始生产，以便在旺季到来时有充足的存货。这意味着贝纳通公司在数月前就必须做出每种颜色和式样的准确需求计划。然而，现在贝纳通公司改变了这种流程，衣服入库前无须染色，只在装运前染色。这样，贝纳通公司制订生产什么颜色的新需求计划只需提前数天或数周，远远优于提前数月。不仅这种短期需求计划将更准确，而且维持服务水平的存货将大大减少。

② 需求合并。通过把独立需求合并成更高水平的需求能提高需求计划的准确性。例如，百货商店以及大型家庭用具制造商使用的向客户直接运送的模式。百货商店中大型家庭用具的存货仅用于展示，用来满足客户需求的实际存货则放在制造商或分销商的仓库中。客户在百货商店订货后，制造商或分销商直接向客户发送，这意味着百货商店

提供的大型家庭用具的需求计划被合并到分销中心。百货商店中独立的需求偏差会在分销中心水平上得到相互平衡，分销中心产生一个预测性更强的需求。在这种情况下，维持相同服务水平所需的安全库存比置于百货商店的存货少，库存的节省超过了额外增加的运输成本。

## 六、基本的预测方法

微课：需求预测方法介绍

按预测的时间跨度划分，市场预测可以分为短期预测、中期预测和长期预测。短期预测是根据市场上需求变化的现实情况，以旬、周为时间单位，预计一个季度内的需求量（销售量）。中期预测是指 3～5 年的预测，一般是对经济、技术、政治、社会等影响市场长期发展的因素，经过深入调查分析后，所做出的未来市场发展趋势的预测，为编制 3～5 年计划提供科学依据。长期预测一般是 5 年以上的预测，是为制定经济发展的长期规划预测市场发展趋势，能为企业综合平衡、统筹安排长期的产供销比例提供依据。

微课：需求预测方法应用

长期预测、中期预测及短期预测所适用的预测方法是有较大差异的，主要归纳为 3 类：定性法、历史映射法和因果法。常见的预测方法如表 4-3 所示。

表 4-3　常见的预测方法

| 方法名称 | 方法说明 | 预测期 |
| --- | --- | --- |
| 德尔菲法（Delphi） | 以一定顺序的问卷询问一组专家，上一个问卷的回答将用来制作下一个问卷。这样，仅由某些专家掌握的任何信息都会传递给其他专家，使得所有专家都掌握所有的预测信息。该方法消除了跟随多数意见的跟风效应 | 中期到长期 |
| 市场调查法（Market Research） | 系统地、正式地、有意识地对真正的市场展开调查，并检验假设条件 | 中期到长期 |
| 小组意见法（Panel Consensus） | 该方法的基础是假设几个专家能够比一个专家预测得更好。预测时，各个专家没有秘密，且鼓励沟通。有时候，预测会受社会因素的影响，不能反映真正的一致意见。征求经理意见法就属于此类方法 | 中期到长期 |
| 销售人员估计法（Sales Force Estimate） | 这是指预测时征求销售人员的意见。因为销售人员最接近客户，所以他们能很好地估计客户需求 | 短期到中期 |
| 臆想预测法（Visionary Forecast） | 这是指利用个人的见解、判断，在可能的情况下利用未来不同情景下的事实做出预测。其特点是主观性较强，一般情况下，该方法是非科学的 | 中期到长期 |
| 历史类比法（Historical Analogy） | 这是一种对类似新产品的导入期和成长期做对比性分析的方法，企业可据此对相似模式做出预测 | 中期到长期 |
| 移动平均法（Moving Average） | 移动平均线上的每一点都是一系列连续点的算术平均数或加权平均数。企业需要选择若干数据点以消除季节性、不规律性或前两者的共同影响 | 短期 |
| 指数平滑法（Exponential Smoothing） | 本方法类似于移动平均法，只会对时间更近的点给予更大的权数。在描述上，新的预测值等于旧的预测值加上过去预测误差的一定比重。两重或三重指数平滑法是基本模型的更复杂版本，解决了时间序列的趋势和季节性变化的问题 | 短期 |

续表

| 方法名称 | 方法说明 | 预测期 |
| --- | --- | --- |
| 博克斯-詹金斯法（Box-Jenkins） | 复杂的计算机迭代过程，建成自回归的、综合的移动平均模型；对季节性和趋势性因素进行调整；估计相应的权数参数；检验模型；相应地重复上述过程 | 短期到中期 |
| 时间序列分解法（Time-series Decomposition） | 它是将时间序列分解成季节性、趋势性和规律性因素的方法。它在判断转折点时非常有用，是中期（3～12个月）预测的好方法 | 短期到中期 |
| 趋势映射法（Trend Projection） | 本方法用数学方程拟合趋势曲线，然后利用方程将其映射到未来。它有几个类似的方法：斜率特征法、多项式法和对数法等 | 短期到中期 |
| 集中预测法（Focus Forecasting） | 这是指在未来的3个月内，测试几个简单的决策方法，看哪一个更精确，然后利用计算机模拟检验以历史数据为基础的不同战略 | 中期 |
| 谱分析法（Spectral Analysis） | 将时间序列分解为几个基本成分，这些基本成分被称为谱。这些基本成分可以用正弦—余弦曲线表示。重新组合这些基本成分，写出数学表达式，即可进行预测 | 短期到中期 |
| 回归模型（Regression Model） | 它将需求与其他变量或解释变量联系在一起。变量选择根据是其统计意义。因为人们一般都可以得到效果好的回归分析软件，所以回归模型成为常用的预测技术 | 短期到中期 |
| 计量经济模型（Econometric Model） | 它是一组相互依赖的回归方程组，用来描述销售活动的一些经济内容。企业通常需要同时估计回归方程组的参数。一般来说，这种模型开发起来价格高昂。但是这类模型方程组具有内在特性，能够比普通的回归方程更好地解释所包含的因果关系，可以更好地预测转折点 | 短期到中期 |
| 购买意向和预期调查法（Intention-to-Buy and Anticipation Surveys） | 对普通客户的调查：对某些产品的购买意向，或得到指数来衡量对现在和未来的普遍想法，估计这些想法将如何影响客户的消费习惯。企业用这一预测方法进行跟踪和预警比需求预测更有用。使用该方法的主要问题是可能错误地发出转折点到来的信号 | 中期 |
| 投入—产出模型（Input-output Model） | 这是一种分析市场上产品和服务在产业间或部门间流动的模型。此模型反映为得到特定的产出需要什么样的投入。如果是用于特定行业，企业要恰当使用这个模型需要付出大量努力，并且需要一般难以获取的额外细节信息 | 中期 |
| 经济投入—产出模型（Economic Input-output Model） | 这是一种企业将计量经济模型和投入—产出模型合并在一起用于需求预测的模型。该模型可用来为计量经济模型提供长期趋势，也可用来稳定计量经济模型 | 中期 |
| 先导性指标法（Leading Indicators） | 利用一个或多个先行变量做预测，这些先行变量都与需要估计的变量系统相关 | 短期到中期 |
| 生命周期分析（Life-cycle Analysis） | 根据S曲线分析，预测新产品的增长。在不同阶段，产品可分别被创新者、早期采用者、早期大众、晚期大众和落后者接受，这一划分是该分析的核心内容 | 中期到长期 |
| 适应性过滤法（Adaptive Filtering） | 实际产出和估计产出加权之和的导数，通过系统的变化反映数据模式的变化 | 短期到中期 |
| 动态模拟法（Dynamic Simulation） | 利用计算机模拟不同时间最终产品销售情况对分拨渠道和供给渠道不同需求的影响。需求由库存政策、生产计划和采购政策表示 | 中期到长期 |

续表

| 方法名称 | 方法说明 | 预测期 |
|---|---|---|
| 精确反应法（Accurate Response） | 这是指重新设计规划过程以尽量减少不准确预测的影响，同时进行改进预测的工作。精确反应法可以推断出哪些预测者能够/不能够进行准确预测，使得供应链能够快速、灵活地被管理。管理者可以推迟那些针对最难预测产品的决策，直到接到市场信号（如早期的销售结果）后再做决策，这有助于更准确地协调供求 | 短期 |
| 神经网络法（Neural Networks） | 受生物神经功能的启发而形成的数学预测模型。此模型的特点是新数据到来后，模型可以进行学习。对于不连续的时间序列，该方法似乎比其他时间序列模型预测得更准 | 短期 |

由于预测总存在各种误差，且这些误差对企业的供应链有时是致命的，因此企业在不断地探寻正确的预测方法。如今多数大型企业均通过庞大的信息系统和软件完成预测工作，如各类 ERP 系统和 SPSS 统计软件等，但这些信息系统和软件的基础仍是一些基本的预测方法。

**1．因果预测法**

因果预测法为预测者提供了利用外部数据进行预测的机会。在进行因果预测的情况下，预测者通常已经意识到需求与其他一些变量之间的紧密关系。例如，国家财政改革的资金需求与利率紧密相关，利率下降通常导致对资金需求的增加；许多产品的销售与国内建筑业紧密相关，计划建筑规模的一个预测因子是准许使用的建筑数量。

因果预测通常采用简单线性回归的方法。在简单线性回归中，需求（因变量）与预测需求的变量（自变量）之间存在线性关系。一旦线性关系确定，自变量就可以用来预测因变量。预测者必须清楚，在什么情况下利用因果预测法是合适的。有时，外在变量和需求之间的关系可能不是相关的。

因果预测中线性关系的方程如下：

$$Y=a+bX$$

其中，$X$ 为自变量，$Y$ 为因变量，$a$ 为截距，$b$ 为斜率。

在需求预测时，因变量 $Y$ 是需求，自变量 $X$ 是用来预测需求的变量，斜率 $b$ 的计算公式如下：

$$b=\frac{\sum XY-n\overline{X}\,\overline{Y}}{\sum X^2-n\overline{X}^2}$$

其中，$X$ 为自变量，$Y$ 为因变量，$\overline{X}$ 为 $X$ 的均值，$\overline{Y}$ 为 $Y$ 的均值，$n$ 为数据点的个数。

截距 $a$ 的计算公式如下：

$$a=\overline{Y}-b\overline{X}$$

其中，$\overline{X}$ 为 $X$ 的均值，$\overline{Y}$ 为 $Y$ 的均值，$b$ 为斜率。

**2．时间序列预测法**

当未来需求与历史需求、增长模式和季节性变化相关时，最适合使用时间序列预测法。无论采用哪一种预测方法，都存在一些不能用过去的需求模式解释的随机因素，因此，任何观测到的需求都可以分解成系统成分和随机成分。

观测到的需求=系统成分+随机成分

系统成分是指需求的期望值，它由以下几方面组成：需求水平，是剔除季节性因素影响后的当前需求；需求趋势，是需求在下一期增长或下降的比率；季节系数，是可预测需求的季节性波动。

随机成分就是在预测中偏离系统成分的那一部分，企业无法预测随机成分的偏离方向，但能够预测随机成分的大小和变化，并以此估计预测误差的大小。预测的目的就在于剔除随机成分，并对系统成分进行估计。

预测误差是指预测需求与实际需求之间的差异。一般来说，一种好的预测方法的预测误差大致等同于需求的随机成分。

任何预测方法的目标都是对需求的系统成分进行预测，并对随机成分进行估计。就其一般的形式而言，计算系统成分的公式如下。

乘法型：系统成分=需求水平×需求趋势×季节系数

加法型：系统成分=需求水平+需求趋势+季节系数

混合型：系统成分=（需求水平+需求趋势）×季节系数

某一特定预测的系统成分的具体表示形式取决于需求的特性。

（1）简单移动平均法

当没有观测到需求有明显的趋势或季节性时，企业可以采用简单移动平均法进行需求预测。在这种情况下，需求的系统成分=需求水平。

设时间序列为 $X_1, X_2, \cdots, X_t, \cdots$，简单移动平均公式如下：

$$M_t=\frac{X_t+X_{t-1}+\cdots+X_{t-N+1}}{N}$$

其中，$M_t$ 为 $t$ 期移动平均数，$N$ 为移动平均的项数。该公式表明，每当 $t$ 向前移动一个时期，就增加一个新数据，去掉一个远期数据，得到一个新的平均数。因为它不断地“吐故纳新”，逐期向前移动，所以称为简单移动平均法。

由上式可知：

$$M_{t-1}=\frac{X_{t-1}+X_{t-2}+\cdots+X_{t-N}}{N}$$

$$M_t=\frac{X_t}{N}+\frac{X_{t-1}+\cdots+X_{t-N+1}+X_{t-N}}{N}-\frac{X_{t-N}}{N}$$

$$M_t=M_{t-1}+\frac{X_t-X_{t-N}}{N}$$

这是它的递推公式。当 $N$ 较大时，利用递推公式可以减少计算量。

由于移动平均可以使数据变得平滑，消除周期变动和不规则变动的影响，使长期趋势显示出来，因此可以用于预测需求。预测公式如下：

$$\hat{X}_{t+1}=M_t$$

即以第 $t$ 期移动平均数作为第 $t+1$ 期的预测值。

值得注意的是，简单移动平均法只适合做近期预测，而且适用于预测目标的发展趋势变化不大的情况。如果目标的发展趋势存在其他变化，采用简单移动平均法就会产生较大的预测偏差和滞后。在简单移动平均法的基础上还发展出加权移动平均法、趋势移动平均法等预测方法。

（2）简单指数平滑法

在需求没有可观测到的趋势和季节性时，企业可采用简单指数平滑法，在这种情况下，需求的系统成分=需求水平。

设时间序列为 $D_1, D_2, \cdots, D_t, \cdots$，简单指数平滑公式如下：

$$F_{t+1}=\alpha D_t+(1-\alpha)F_t$$

其中，$F_{t+1}$=第 $t$+1 期的预测值，$F_t$=第 $t$ 期的预测值，$D_t$=第 $t$ 期的实际值，$\alpha$=用于给 $D_t$ 和 $F_t$ 分配权重的平滑系数（$0\leqslant \alpha \leqslant 1$）。

简单指数平滑法对实际序列具有平滑作用。平滑系数 $\alpha$ 越小，平滑作用越强，稳定性越好，但预测对实际需求数据的响应性越差；反之，平滑系数 $\alpha$ 越大，预测对实际需求数据的响应性越好。在实际序列的线性变动部分，指数平滑值序列出现一定的滞后偏差的程度随着平滑系数 $\alpha$ 的增大而降低，但当时间序列的变动出现直线趋势时，用一次指数平滑法进行预测仍将存在明显的滞后偏差。因此，此预测方法需要进行修正。修正的方法是在一次指数平滑的基础上进行二次指数平滑，利用滞后偏差的规律找出曲线的发展方向和发展趋势，然后建立直线趋势预测模型，故称为二次指数平滑法。

（3）趋势调整的二次指数平滑法

在需求的系统成分中仅包含需求水平和需求趋势而不存在季节系数的情况下，使用趋势调整的二次指数平滑法比较合适。在这种情况下，需求的系统成本=需求水平+需求趋势。

设时间序列为 $D_1, D_2, \cdots, D_t, \cdots$，在一次指数平滑的基础上的趋势调整的二次指数平滑公式如下：

$$AF_{t+1}=F_{t+1}+T_{t+1}$$

其中，$F_{t+1}=\alpha D_t+(1-\alpha)F_t$，$T_{t+1}=\beta(F_{t+1}-F_t)+(1-\beta)T_t$，$T_{t+1}$=第 $t$+1 期的趋势因子，$T_t$=第 $t$ 期的趋势因子，$\alpha$=用于给 $D_t$ 和 $F_t$ 分配权重的平滑系数（$0\leqslant \alpha \leqslant 1$），$\beta$=趋势修正因子的平滑系数。

二次指数平滑法是在一次指数平滑的基础上再进行一次指数平滑的方法。它不能单独进行预测，必须与一次指数平滑法配合，建立预测的数学模型，然后运用数学模型确定预测值。

## 任务实施

**【任务 1】**因果预测法的应用。借助回归分析构建出销量与预测气温关系的模型，就可以进行啤酒的需求预测。根据图 4-1 所示的散点图，我们很容易看出线性模型是较为匹配的。据此，啤酒销量的线性回归分析结果如表 4-4 所示。

表 4-4 啤酒销量的线性回归分析结果

| 系数 | 值 |
| --- | --- |
| $a$ | −2 353. 5 |
| $b$ | 43.843 97 |

按照 Excel 回归分析数据以及因果预测中线性关系的方程，即变量 $X$ 为预测气温，变量 $Y$ 为需求，计算如下：

$Y=a+bX=-2\ 353.5+43.843\ 97X$

当预测气温为 80° F 时，预测的啤酒需求量为

$Y$=−2 353.5+43.843 97×80≈1 154（箱）

**【任务 2】** 由数据可以看出，实际销售量的随机波动较大，经过简单移动平均后，随机波动显著减少，即消除了随机干扰，而且求取平均值所用的月数越多，即 $N$ 越大，平滑程度就越大，因此，波动也越小。在这种情况下，对实际销售量真实的变化趋势的反应也越迟钝。反之，如果 $N$ 越小，对实际销售量真实的变化趋势的反应越灵敏，但平滑性越差，容易把随机干扰作为趋势反映出来。因此，$N$ 的选择甚为重要，$N$ 取多大，应该根据具体情况而定。当 $N$ 足够大时，则可消除随机干扰的影响。

在实际应用中，一个有效的方法是取几个 $N$ 值进行试算，比较它们的预测误差，从中选择最优值。

在本任务中，对化油器销售量进行预测，可通过计算以下两个预测公式的均方误差 $S$，选均方误差 $S$ 较小时的 $N$ 值。

当 $N=3$ 时，$S=\frac{1}{9}\sum_{t=4}^{12}\left(\widehat{X_t}-X_t\right)^2=\frac{2\ 880\ 678}{9}\approx 320\ 075.3$

当 $N=5$ 时，$S=\frac{1}{7}\sum_{t=6}^{12}\left(\widehat{X_t}-X_t\right)^2=\frac{1109\ 712}{7}\approx 158\ 530.3$

计算结果表明：$N=5$ 时，$S$ 较小，所以选取 $N=5$。预测下一年 1 月的化油器销售量为 4 478 只。

## 练习与实训

### （一）思考题

1. 需求预测在供应链中的作用以及对供应链其他环节的影响有哪些？
2. 长期预测和短期预测各适用于什么情况？

### （二）实训

1. 某五金公司历年的销售总额与供应地区的工业产值资料如表 4-5 所示。试用因果预测法预测 2023 年该公司的销售总额。

表 4-5 某五金公司历年的销售总额与供应地区的工业产值资料

| 年份 | 销售总额/百万元 | 工业产值/亿元 |
|---|---|---|
| 2015 | 8.5 | 27 |
| 2016 | 10.6 | 31 |
| 2017 | 13 | 34.5 |
| 2018 | 15 | 38 |
| 2019 | 17.5 | 42 |
| 2020 | 19.7 | 45.5 |
| 2021 | 22 | 49.6 |
| 2022 | 24.6 | 54.2 |

2. 表 4-6 所示为 2013—2022 年我国的原煤产量数据。试计算移动项数 $k=3$、$k=4$ 时的反映趋势变动的新数列。

表 4-6 2013—2022 年我国的原煤产量数据

| 年份 | 2013 | 2014 | 2015 | 2016 | 2017 |
| --- | --- | --- | --- | --- | --- |
| 产量/亿吨 | 30.2 | 31.5 | 33.7 | 34.1 | 35.2 |
| 年份 | 2018 | 2019 | 2020 | 2021 | 2022 |
| 产量/亿吨 | 36.8 | 38.5 | 39 | 41.3 | 42.4 |

# 供应链综合计划

## 知识目标

1. 了解供给管理
2. 了解综合计划在供应链中的作用
3. 了解制订综合计划所需信息
4. 能够熟练解释综合计划制订者在制订综合计划时要权衡的方面
5. 熟悉线性规划模型

## 技能目标

使用 Excel 构建并解决基本的综合计划问题

## 素养目标

1. 强化质量、效益理念，增强服务意识
2. 培养坚韧不拔、一丝不苟、精益求精、追求卓越的“工匠精神”

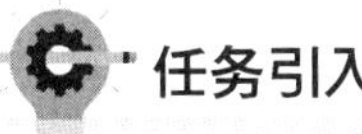

## 任务引入

Skycell是欧洲的一家手机生产商，需要制订年度生产计划，该公司与它的客户一起合作进行每月的需求预测（手机数量以万部为单位）。手机月需求预测情况如表5-1所示。

表5-1 手机月需求预测情况

| 月份 | 需求量/万部 | 月份 | 需求量/万部 |
|---|---|---|---|
| 1 | 100 | 7 | 160 |
| 2 | 110 | 8 | 90 |
| 3 | 100 | 9 | 110 |
| 4 | 120 | 10 | 80 |
| 5 | 150 | 11 | 140 |
| 6 | 160 | 12 | 170 |

该公司的生产活动主要是进行手机装配。产能由生产线上工人的数量决定。工人每月工作20天，每天工作8小时。一个工人装配一部手机需要10分钟，工人每小时工资为20欧元，加班时每小时有时薪50%的奖金，工厂现雇用1 250个工人，手机的每个零部件的成本为20欧元。假定零部件迅速降价，每部手机从这个月到下个月的库存持有成本为3欧元，该公司现在没有解雇政策，加班时间约束为每月每个工人不超过20小时，假定该公司最初有5万单位的库存，并希望维持到年底。假定没有延期交货，没有转包，不雇用新工人，那么最优的生产计划是什么？这项计划的年成本为多少？

## 相关知识

### 一、供给管理

企业一般通过产能和库存两种因素的组合改变产品的供给情况。企业的目标是实现利润最大化，利润是指销售收入减去原材料、产能以及库存等相关成本的差值。企业在进行供给管理时，通常采取改变产能和库存组合的方法。下面举例说明企业为实现利润最大化而进行产能管理和库存管理的方法。

微课：供应链综合计划

**1．产能管理**

企业控制产能以满足预计的可变性时，通常采用下列几种方法的组合。

（1）使用柔性的劳动时间。在多数情况下，生产线并不是连续运转的，在一天或一周的某些时段，生产线是闲置的。当生产线闲置时，过剩的产能是以工作小时数的形式存在的。例如，很多工厂并没有执行三班制，所以在需求旺季，现有的工人可以利用加班时间生产更多的产品以满足需求。加班时间根据需求的变化而变化。这样的系统使得生产线上的生产更加与客户需求相匹配。如果需求在一周里的几天波动或一月内的几周波动，同时工人也愿意采取柔性的劳动时间，企业就可以制订灵活的生产计划，使得可获得的劳动力能够在更好地满足需求的情况下进行生产活动。在这种制度下，使用兼职工人可以进一步提高产能，使得企业在旺季安置更多生产员工。例如，商品贸易中心和银行广泛地使用兼职员工，使得需求与供给相匹配。

（2）使用季节性劳动力。在这种方法中，企业在旺季雇用临时工增加产能。例如，旅游业经常在旺季雇用季节性工作人员，丰田公司经常使用季节性劳动力。然而这种方法在劳动力紧缺时难以实现。

（3）使用转包合同。这是指企业在旺季时把部分生产转包出去，使得内部生产保持一定水平并使成本相对低廉。旺季时有转包商参与产品生产，企业就可以建立相对有柔性且低成本的生产设施，使得产品生产能够保持相对稳定。使用这种方法的关键在于转包商的产能相对柔性的大小，转包商可以通过将需求的波动转给若干生产者，以较低的成本获得生产的柔性。因而，富有柔性的转包产能要同时具有总量柔性（以满足来自一个制造商的需求变化）和种类柔性（以满足来自若干制造商的需求变化）。例如，大多数电力公司并不能在需求高峰期满足所有的电力需求，而是从拥有过剩电力的供应商和转包商那里购买。这使得电力公司可保持稳定的供给水平和相对低廉的成本。

（4）使用双重设施——专用设施和柔性设施。专用设施能以高效率的方式提供相对稳定的产出，柔性设施能以较高的单位成本和柔性的产能生产出多种产品。例如，一家个人计算机零部件生产商可以用专用设施生产指定类型的电路板，也可以用柔性设施生产各种型号的电路板。使用专用设施可以保持相对稳定的生产率，而使用柔性设施则可以应付需求波动。

（5）在生产过程的设计中融入产品柔性。这是指企业拥有可以随意改变生产率的生产线，从而使生产可以随需求的变动而变动。例如，日本的日野卡车制造公司拥有多条生产线，可生产不同的产品。其生产线是这样设计的：通过改变生产线上工人的数量调节生产率。只要不同的生产线的需求是互补的（如其中一条生产线的需求减少，另一条生产线的需求就会增加），每条生产线上的劳动力就可以根据需求情况进行调配。这要求劳动力必须掌握多种技能，同时适应在各条生产线之间变换工作内容。企业也可以灵活地使用生产机器，使它可以比较容易地从一种产品的生产转到另一种产品的生产上，由此获得生产的灵活性。这种方法只适用于所有生产线总体需求不变的情况。当然，几家生产季节性需求产品的企业，通过构建一个在不同季节有不同需求的产品组合，也可以运用这种方法。一个典型的例子就是生产草坪割草机的企业与生产滑雪板的企业共同构建相应的产品组合。许多战略咨询公司也运用这种方法，在经济繁荣时期主要采用增长型战略，在经济萧条时期主要采用缩减成本型战略。

**2．库存管理**

企业控制库存以满足预计的可变性时，通常采用以下几种方法的组合。

（1）在多样产品中使用通用零部件。这是指企业为许多不同的产品设计共同的零部件，使每种产品都有可预测的需求变动，但总体需求保持稳定。这些产品中共同的零部件会形成一个比较稳定的需求。例如，在草坪割草机和滑雪板中使用同样一个发动机，那么这种发动机的需求在全年是比较稳定的，尽管草坪割草机和滑雪板的需求由于季节因素而波动很大。生产零部件的供应链可以很好地将需求和供给协调起来，这样零部件的库存量就可以减少。相似的情况也发生在战略咨询公司，相同的咨询师在需要时既可以提供增长型战略，也可以提供成本缩减型战略。

（2）为高需求产品或可预测需求产品建立库存。当企业大多数的产品有相同的需求高峰时，首要的对策就不再是灵活生产。在这种环境下，企业必须决定在淡季为哪种产品建立更多的库存，答案是在淡季为可预测需求产品建立库存，这是因为当客户等待的时候，企业对他们的需求信息的了解会更少。一些不确定的产品项目可在接近销售季节时再进行生产，因为那时需求量更容易预测。例如，一家生产冬季夹克的企业既生产零售用的夹克，又生产警察局和消防部门用的夹克。警察局和消防部门的需求更容易进行预测，这些夹克可以在淡季时进行生产，存入仓库至冬季出售。然而零售用的夹克的需求只有在接近销售季节时才能较准确地预测，因为潮流的变化非常迅速，所以该企业会在接近旺季要销售它们时才生产这些产品。这种策略使得供应链能更好地使需求与供给相匹配。

**小链接**

供给管理是供应链管理的重要内容和功能，是供应链上的各种需求得到满足的前提。它有效地整合和利用企业或供应链上的各种资源协调和控制供给，并与已知的需求进行匹配，实现供需平衡，进而实现最大限度地满足需求的业务活动。它是沟通市场需求与资源供应之间的纽带。为了保证供应链运作真正实现供需平衡，能够快速反应和高效运作，企业必须加强供给管理。供给管理的主要工作包括制订供应计划和执行供给调度。

供给管理的目的是根据供应链上的需求确定供给什么，以及何时供给，如何最有效地分配供给量，将现有的供应资源与在需求管理过程中确定的、已划分优先次序的需求进行匹配，确定生产多少产品，以及何时在何处生产等。它可以跨越供应链中的多个工厂，或多个货物储运中心、配送中心，确定将通过哪些工厂、货物储运中心或配送中心满足哪些需求，以及确定在哪里存储和特定的库存数量。它还会对制造和运输资源的分配及粗略的生产能力做出计划，将短缺的资源分配给优先级高的需求，从而对分配过程进行优化。

## 二、综合计划在供应链中的作用

小链接

让我们想象这样一个世界，在那里，制造、运输、仓储、信息的能力都是无限的，而且不产生成本；提前期为零，产品生产和交付能够立即到位；无须提前预测需求，客户不论何时有需求，都能立即得到满足。在这样的世界里，综合计划没有任何意义。

然而在现实的世界里，产能需要成本，提前期也很长，企业必须在掌握需求之前，很好地制定关于产能水平、生产水平、外包和促销的决策。企业必须在需求产生之前预测需求，并决定如何满足需求。企业是否应该投资建设一个有巨大产能的工厂，使它在需求旺季能生产出足够的产品以满足客户需求呢？或者企业是否应该建设一个小一些的工厂，在已经预测到接下来几个月为需求淡季时建立库存并支付库存成本呢？这些都是综合计划能够帮助企业解决的问题。

综合计划就是这样一个过程：企业通过它决定在一定时期内理想的产能、生产、转包、库存水平、缺货，甚至定价等问题。综合计划的目标就是满足需求并使利润最大化。综合计划，就是关于全局的、综合性的决策，而不是关于局部的、单一级的决策。例如，综合计划决定一个工厂在给定月份的总产量水平，但并不给出将要生产出的每种最小库存单位的数量。因此，综合计划适用于解决3~18个月的决策问题，在这段时间，以最小库存单位决定

生产水平有些过早，但建立一套新的生产设施又太晚。所以，综合计划回答了这样一个问题："怎样才能最好地利用现有设施？"

传统上，很多综合计划都聚焦于企业内部，很少被看成供应链管理的一部分，然而综合计划是供应链管理的一个重要内容。为了使供应链更有效率，综合计划会考虑整个供应链的各部分信息，它的结果会对供应链的绩效产生重大影响。就像我们了解到的，合作预测由多个供应链企业共同参与，是综合计划的主要输入。好的预测需要与供应链下游企业一起进行，而且很多综合计划的约束因素都来自企业外部的供应链企业。没有这些来自上下游的供应链企业，综合计划就不能发挥它的最大潜力并创造价值。综合计划的输出对供应链的上下游也是有价值的。企业的生产计划决定了其对供应商的需求，导致了客户的供应约束。本任务旨在建立综合计划的基础，可以全部在企业内使用，也可以贯穿整个供应链。

以一个优质的纸业制造商怎样通过综合计划实现利润最大化为例，很多类型的纸业制造商都面临季节性需求，需求从客户到印刷厂，到分销商，再到制造商不断波动。对于纸业制造商来说，春季是需求高峰，因为要印刷年报；秋季也是需求高峰，因为要印刷新车广告。因为造纸的成本较高，所以建设一个能满足春秋旺季需求的工厂的成本过高。在供应链的另一端，优质纸通常需要特殊的添加剂和涂料，而这些材料经常供应不足。纸业制造商必须解决这些问题，使利润最大化。为了解决这些问题，纸业制造商需要利用综合计划决定它们在淡季的生产和库存水平：在淡季建立库存以满足旺季超过产能的需求。这样，综合计划就使得纸业制造商和供应链都能实现利润最大化。

综合计划制订者的主要目标是识别特定时期的以下运作参数。

- 生产速率：单位时间（如每月或每周）内完成的产品数量。
- 劳动力：生产所需的员工数量或产能数量。
- 加班量：计划加班的时间。
- 机器产能水平：生产需要的机器产能的单位数量。
- 转包：在计划期内转包生产的能力。
- 延期交货需求：当期没有满足而转移至未来交付的需求。
- 现有库存：计划期内各个时期的库存持有情况。

综合计划为生产运营提供蓝图，提供制定短期生产和分销决策的参数，使供应链能够改变资源分配和供应合同。整个供应链必须与计划流程相协调。如果制造商计划在一个给定时间内增加生产量，那么供应商、运输商、仓储商都必须了解到这一改变并做出相应调整。在理想情况下，供应链各部分能够协作，产生最佳的绩效。如果各部分独立执行自己的计划，就很容易造成计划之间的相互冲突，缺乏协调将使供应链的供给短缺或过剩。所以，在尽可能大的范围内实行综合计划是十分重要的。

## 三、综合计划的有关问题

综合计划的目标是满足需求并实现利润最大化，综合计划要解决的问题如下。

在计划期内每个时期的给定需求预测下，决定每期的生产水平、库存水平和产能（内部的和外包的）水平，使企业利润最大化。

为了制订综合计划，企业必须确定计划期。计划期指综合计划要产生一种结果的时间范围，通常为 3～18 个月。企业还必须确定计划期内每个时期的持续时间（如周、月或季），通常采用月或季。

**1．制订综合计划所需信息**

制订综合计划需要如下信息。

（1）计划 $T$ 个时期中每个时期 $t$ 的需求预测 $F_t$。

（2）生产成本。

（3）正常工作时间的劳动力成本（元/时）和加班时间的劳动力成本（元/时）。

（4）转包生产成本（元/时或元/单位）。

（5）产能变更成本，即雇用或解雇工人的成本（元/工人）和增加或减少机器产能的成本（元/机器）。

（6）生产单位产品需要的劳动力（工时/机器台时）。

（7）库存持有成本[元/（单位・周期）]。

（8）缺货或延期交货的成本[元/（单位・周期）]。

（9）约束。

① 加班的限制。

② 解雇的限制。

③ 可用资本的限制。

④ 缺货和延期交货的限制。

⑤ 从供应商到企业的约束。

**2．通过综合计划制定决策**

使用上述信息，企业可以通过综合计划制定以下决策。

（1）正常工作时间、加班时间和转包时间的生产量：用来确定员工数量和供应商购买水平。

（2）持有库存：确定仓库容量和运营资本的需要量。

（3）缺货或延期交付的数量：用来确定客户服务水平。

（4）雇用或解雇劳动力数量：用来处理可能遇到的劳资纠纷。

（5）机器产能的增加、减少：确定是否需要购买新的生产设备或闲置设备。

综合计划的质量对企业的利润会产生很大影响，如果综合计划没有使可用库存和产能满足需求，就会使销售量减少、利润降低。综合计划也可能使库存大大超过需求，使成本增加。所以，综合计划是帮助供应链实现利润最大化非常重要的工具。

## 四、综合计划策略

综合计划必须在产能、库存和延期交货成本之间进行权衡。增加其中一项成本的综合计划，一般会使得其他两项成本减少。从这个意义上来讲，成本决策就代表一种权衡：要降低库存成本，就必须增加产能和延期交货的成本。所以，综合计划制订者要在产能、库存和延期交货成本之间进行权衡。取得最大利润是综合计划的目标。因为需求随着时间不断改变，所以 3 种成本的相对水平导致其中一项成本成为关键杠杆，计划制订者对其进行调整就能使利润最大化。如果改变产能的成本较低，企业就不需要建立仓库或延期交货；如果改变产能的成本较高，则企业可以建立库存，或者将旺季的订单延期到淡季履行。

微课：供应链综合计划策略

总体来说，企业试图综合利用这3项成本以更好地满足需求，所以综合计划制订者要进行的基本权衡有以下几个方面。

- 产能（正常工作时间、加班时间和转包时间）。
- 库存。
- 延期交货导致的晚交货/失售损失。

综合计划制订者在这3项成本之间进行权衡，通常可以得到3种不同的综合计划策略，这些策略体现为在资本投资、员工数量、工作时间、库存以及延期交货/失售损失之间的权衡。综合计划制订者实际使用的策略大多是这三者的结合，即剪裁式策略。这3种策略的具体说明如下。

**1．追逐策略**

追逐策略将产能成本作为杠杆。使用这种策略时，企业通过调整机器产能、雇用或解雇员工，生产速率就能够与需求保持同步。在实践中，因为短时间内改变产能和劳动力是有难度的，所以实现这种同步很难。当改变机器和劳动力的代价比较高时，执行这种策略的成本会比较高，而且会对工作人员的士气产生不良影响。这种追逐策略会导致供应链库存水平降低，产能和员工数量变动增大。它适用于库存成本较高、改变机器和劳动力的成本较低的情况。

**2．劳动力或产能的时间柔性策略**

劳动力或产能的时间柔性策略将利用率作为杠杆。这种策略用于存在过剩机器产能的情况（如机器没有每天24小时使用，没有每周7天工作）。在这种情况下，员工数量固定不变，而工作时间会发生变化，以使生产与需求保持一致。综合计划制订者可以通过设置不同的加班量和灵活调整工作时间来达到这种一致，这种策略并不需要员工数量具有弹性，而且避免了追逐策略中的一些相关问题（特别是改变员工数量）。这种策略虽然降低了库存水平，但同时使得生产设备的平均利用率比追逐策略低。它适用于库存成本高、改变产能的成本较低的情况。

**3．平稳策略**

平稳策略将库存成本作为杠杆。在这种策略中，机器和劳动力的产能都保持不变，而产品短缺和过剩导致库存水平随时间改变。在这种情况下，生产不再与需求一致，企业将根据需求预测建立库存，或将旺季需求延期至淡季满足，被雇用者享受稳定的工作环境。这种策略的缺点在于可能会积累大量的库存。使用这种策略时，产能保持相对较低的水平并且改变产能的成本相对较高，所以这种策略适用于库存和延期交货成本相对较低的情况。

## 五、利用线性规划制订综合计划

综合计划的目标是满足需求并实现利润最大化。每家企业在努力满足客户需求的过程中，都会受到一定的约束，如设备产能或劳动力的约束。当面临各种约束时，帮助企业在一系列约束条件下实现利润最大化的一个高效工具就是线性规划。线性规划能够帮助企业找到既满足约束条件又创造高利润的方法。

微课：综合计划（1）

在生产和经营活动中，企业经常会遇到以下两个问题：一个是如何合理地使用有限的人力、物力、财力等资源，以得到最好的经济效果；另一个是一项任务确定后，如何统筹安排，尽量做到用最少的人力、物力、财力等资源完成任务。这两个问题其实是一个问题的两个方面，即寻找整个问题的某个最优指标的问题。对于这类最优化问题，从数学模型上讲，它们具有以下共同特征。

（1）每个问题都有一组未知变量（$x_1$，$x_2$，…，$x_n$），这些未知变量的一组定值表示一个具体方案，通常要求这些未知变量的取值是非负的。我们将这些未知变量称为决策变量。

（2）存在一定的限制条件（称为约束条件），这些限制条件都可以用一组线性等式或线性不等式表示。

（3）有一个目标要求，并且这个目标要求可以表示为一组未知变量的线性函数（称为目标函数）。按研究的实际问题，目标函数应得出最大值或最小值。

具有以上 3 个特征的最优化问题称为线性规划问题。解决线性规划问题要把有待解决的实际问题的意义弄明白，即明确该问题的经济背景，包括内部的经济结构和外部的各种条件。为了使线性规划模型不至于太复杂，往往仅考虑主要因素，而忽视次要因素，具体步骤如下。

（1）确定要求解的决策变量。决策变量选取得当，可使线性规划模型简洁，求解过程比较简单。我们尽可能采用直接法设置决策变量，即要解决什么问题，就确定什么问题为决策变量。

（2）明确实际问题的目标函数，并把它表示成决策变量的函数，确定是求该函数的最大值还是最小值。

（3）明确问题中的所有限制条件，即约束条件，并用决策变量的方程组或不等式表示。

线性规划问题可用数学语言描述如下：

$$Z_{max} \text{或} Z_{min}=c_1x_1+c_2x_2+\cdots+c_nx_n \tag{5-1}$$

$$\text{s.t}\begin{cases} a_{11}x_1+a_{12}x_2+\cdots+a_{1n}x_n \leqslant (=,\geqslant)\ b_1 \\ a_{21}x_1+a_{22}x_2+\cdots+a_{2n}x_n \leqslant (=,\geqslant)\ b_2 \\ \cdots \\ a_{m1}x_1+a_{m2}x_2+\cdots+a_{mn}x_n \leqslant (=,\geqslant)\ b_m & (5\text{-}2) \\ x_1,x_2,\cdots,x_n \geqslant 0 & (5\text{-}3) \end{cases}$$

这就是线性规划模型，方程（5-1）为目标函数，方程（5-2）为约束条件，方程（5-3）为非负条件。

**案例链接**

红番茄工具公司是墨西哥的一个制造园艺设施的小工厂，它的产品通过零售商在美国出售。红番茄工具公司主要是把购买的原材料装配成多功能的园艺工具，因为生产所需的设备和空间有限，所以红番茄工具公司的产能主要由员工数量决定。

红番茄工具公司的产品需求季节性很强，需求旺季是在春天人们在自家花园里进行种植时。红番茄工具公司决定使用综合计划克服需求季节性变动的障碍，同时实现利润最大化。红番茄工具公司应对季节性需求的方法有：在旺季增加员工数量，签订转包合同；在淡季建立库存，将延期交货订单登记入册，在旺季再将产品送给客户。为了通过综合计划挑选出最好的方法，红番茄工具公司的供应链副总裁把建立需求预测作为第一项任务，尽管红番茄工具公司可以独立预测需求，但与其供应商合作能够得到更准确的预测结果。红番茄工具公司的预测需求如表 5-2 所示。

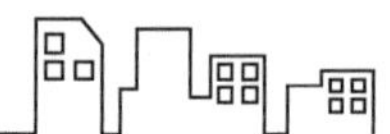

表 5-2　红番茄工具公司的预测需求

| 月份 | 预测需求/件 |
|---|---|
| 1 | 1 600 |
| 2 | 3 000 |
| 3 | 3 200 |
| 4 | 3 800 |
| 5 | 2 200 |
| 6 | 2 200 |

红番茄工具公司以每件 40 美元的价格将工具出售给零售商，在 1 月建立的工具库存为 1 000 件，有 80 名员工，计划员工每月工作 20 天，每名员工在正常工作时间每小时赚 4 美元，每天工作 8 小时，其他为加班时间。红番茄工具公司的产能主要是由员工总的劳动时间决定的，机器产能不约束生产。根据相关规定，被雇用者每月不允许加班 10 个小时以上。红番茄工具公司的成本如表 5-3 所示。

表 5-3　红番茄工具公司的成本

| 成本项目 | 成本 |
|---|---|
| 原材料成本 | 10 美元/单位 |
| 持有库存的成本 | 2 美元/（单位·月） |
| 缺货或延期交货的成本 | 5 美元/（单位·月） |
| 雇用员工的成本 | 300 美元/人 |
| 解雇员工的成本 | 500 美元/人 |
| 需要的劳动时间 | 4 时/单位 |
| 正常工作成本 | 4 美元/时 |
| 加班成本 | 6 美元/时 |
| 转包成本 | 30 美元/单位 |

现在红番茄工具公司没有转包、库存和延期交货方面的约束，所有缺货都被积累起来，由下一个月生产出来的产品来满足。其供应链管理目标就是制订一个最理想的综合计划，使 6 月底不存在缺货或延期交货并至少有 500 单位的库存。

最佳的综合计划使红番茄工具公司在 6 个月的计划范围内能够取得最大利润，现在假定红番茄工具公司要求高水准的客户服务，并且满足所有需求，即使可能导致延期。所以计划期内收入是固定的，成本最小化也就等同于利润最大化。在很多情况下，企业可能会选择不满足某些需求，或在综合计划的基础上确定不同的价格，此时的成本最小化不等同于利润最大化。

**1．确定决策变量**

建立线性规则模型的第一步就是确定决策变量，变量值的确定属于综合计划的一部分，下面是建立红番茄工具公司的线性规则模型所需确定的决策变量。

$W_t$=$t$ 月的员工数量，$t$=1,…,6

$H_t$=$t$ 月初雇用的员工数量，$t$=1,…,6

$L_t$=$t$ 月初解雇的员工数量，$t$=1,…,6

$P_t$=$t$ 月生产的产品数量，$t$=1,…,6

$I_t$=$t$ 月结束时的库存量，$t$=1,…,6

$S_t$=$t$ 月结束时的缺货或延期交货量，$t$=1,…,6

$C_t$=$t$ 月转包生产的产品数量，$t$=1,…,6

$O_t$=$t$ 月的加班工时，$t$=1,…,6

**2. 定义目标函数**

构建线性规则模型的下一步是定义目标函数。

$D_t$ 表示 $t$ 月的需求量，$D_t$ 的值由表 5-2 中的预测需求决定，目标函数是使计划期内的总成本最低化（等同于需求都被满足而实现利润最大化）。成本由下面几个部分组成。

- 正常工作成本。
- 加班成本。
- 雇用和解雇员工的成本。
- 持有库存的成本。
- 缺货或延期交货的成本。
- 原材料成本。
- 转包成本。

这些成本的计算如下。

（1）正常工作成本。员工正常工作时间的劳动工资是每月 640 美元（4 美元/时×8 时/天×20 天/月），因为 $W_t$ 是 $t$ 月的员工数量，所以计划期的正常工作成本的计算公式为：正常工作成本=$\sum 640W_t$。

（2）加班成本。加班成本是每小时 6 美元（见表 5-3），$O_t$ 代表 $t$ 月的加班工时，计划期的加班成本的计算公式为：加班成本=$\sum 6O_t$。

（3）雇用和解雇员工的成本。雇用一个员工的成本是 300 美元，而解雇一个员工的成本是 500 美元（见表 5-3），$H_t$ 和 $L_t$ 分别代表 $t$ 月初雇用和解雇的员工数量，因此雇用和解雇员工的成本的计算公式为：雇用和解雇员工的成本=$\sum 300H_t+\sum 500L_t$。

（4）持有库存和缺货或延期交货的成本。持有库存的成本是每月每单位 2 美元，而缺货或延期交货成本是每月每单位 5 美元（见表 5-3），$I_t$ 代表 $t$ 月结束时的库存量，$S_t$ 代表 $t$ 月结束时的缺货或延期交货量，于是持有库存和缺货或延期交货的成本的计算公式为：持有库存和缺货或延期交货的成本=$\sum 2I_t+\sum 5S_t$。

（5）原材料和转包成本。原材料成本是每单位 10 美元，转包成本是每单位 30 美元（见表 5-3），$P_t$ 代表 $t$ 月生产的产品数量，$C_t$ 代表 $t$ 月转包生产的产品数量，于是原材料和转包成本的计算公式为：原材料和转包成本=$\sum 10P_t+\sum 30C_t$。

计划期内发生的总成本是前面提到的所有成本之和，计算公式为：

计划期总成本=$\sum 640W_t+\sum 6O_t+\sum 300H_t+\sum 500L_t+\sum 2I_t+\sum 5S_t+\sum 10P_t+\sum 30C_t$

红番茄工具公司的目标是找出一个综合计划使计划期的总成本最低化。

目标函数中决策变量的取值不能任意设定，它们受制于很多约束因素，建立线性规则模型的下一步就是清楚地定义出决策变量的约束条件。

**3. 定义约束条件**

红番茄工具公司的副总裁对决策变量的约束条件说明如下。

（1）员工数量、雇用和解雇员工数量的约束条件。$t$ 月员工数量 $W_t$ 由 $t$−1 月的员工数

量 $W_{t-1}$ 加 $t$ 月初雇用的员工数量 $H_t$，再减去 $t$ 月初解雇的员工数量 $L_t$ 而得到。

第七月的员工数量：$W_t=W_{t-1}+H_t-L_t \quad t=1,\cdots,6$

初始的员工数量：$W_0=80$

（2）产能约束。每个月生产的产品数量都不能超过现有的产能，这样公司内部总的可获得的产能就约束了总产量，而产能取决于正常工作时间和加班时间。转包生产的产品数量不在这一约束范围内，因为其非公司内部的生产。如果每名员工在每月的正常工作时间内可以生产 40 单位（4 时/单位，见表 5-3），在加班时间每 4 小时生产 1 单位，我们可以得到如下公式：

$$P_t \leqslant 40W_t+O_t/4 \qquad t=1,\cdots,6$$

（3）库存平衡约束。第三个约束因素是每月月末的库存平衡，$t$ 月的净需求由当月的需求 $D_t$ 加上月的缺货或延期交货量 $S_{t-1}$ 得来，这一需求可能包括当前生产的产品数量（内部产能 $P_t$ 或转包生产的产品数量 $C_t$）或上月的库存量 $I_{t-1}$（有时候库存可能留到下月），或本月的缺货或延期交货量 $S_t$ 的一部分。这个关系可用下面的等式表达：

$$I_{t-1}+P_t+C_t=D_t+S_{t-1}+I_t-S_t \qquad t=1,\cdots,6$$

初始的库存量为 $I_0$=1 000，至少要有 500 单位的库存量（即 $I_6 \geqslant 500$），最初没有缺货或延期交货量（即 $S_0=0$）。

（4）加班约束。第四个约束因素为不允许员工每月加班 10 小时以上，即加班时间必须小于等于 10 小时，这一要求约束了总的加班时间，如下所示：

$$O_t \leqslant 10W_t, \quad t=1,\cdots,6$$

除此之外，每个变量必须是非负的，且在第 6 月月末不存在缺货或延期交货（即 $S_6=0$）。

当在 Excel 中执行线性规则模型的时候（执行过程在后面会讨论），为了处理起来更容易，我们把每个约束条件的公式右边都变为 0，如加班约束的公式可以写成：

$$10W_t - O_t \geqslant 0 \quad t=1,\cdots,6$$

我们发现可以通过增加约束条件约束每月的转包生产的产品量，或约束雇用和解雇的员工的最大数量，其他限制缺货或延期交货量、库存数量的约束也都可以被调节。理想状况下，雇员的数量应该是一个变化的整数，但我们允许员工数量可以取小数，以估计大约的数值，这一转变极大地减少了解决问题需要的时间，这一类的线性计算都可以用 Excel 进行。

如果我们假定 $t$ 月的平均库存量为初始库存量和最终库存量的平均数，即（$I_{t-1}+I_t$）/2，那么计划期的平均库存量可由下式得出：

$$\text{平均库存量}=\frac{(I_0+I_T)/2+(\sum_{t=1}^{T-1} I_t)}{T}$$

计划期的单位产品平均周转时间可以用利特尔定律得到（平均流程时间=平均库存/产销率），平均流程时间的计算公式为：

$$\text{平均流程时间}=\left[\frac{(I_0+I_t)/2+\sum_{t=1}^{T-1} I_t}{T}\right] / \frac{\sum_{t=1}^{T} D_t}{T}$$

根据约束条件对目标函数进行最优化处理，得到的综合计划如表 5-4 所示。

表 5-4　红番茄工具公司的综合计划

| 月份 $t$ | 雇用员工数量 $H_t$/人 | 解雇员工数量 $L_t$/人 | 员工数量 $W_t$/人 | 加班时间 $O_t$/时 | 库存量 $I_t$/件 | 缺货或延期交货量 $S_t$/件 | 转包生产的产品数量 $C_t$/件 | 生产的产品数量 $P_t$/件 |
|---|---|---|---|---|---|---|---|---|
| 0 | 0 | 0 | 80 | 0 | 1 000 | 0 | 0 | 2 583 |
| 1 | 0 | 15 | 65 | 0 | 1 983 | 0 | 0 | 2 583 |
| 2 | 0 | 0 | 65 | 0 | 1 567 | 0 | 0 | 2 583 |
| 3 | 0 | 0 | 65 | 0 | 950 | 0 | 0 | 2 583 |
| 4 | 0 | 0 | 65 | 0 | 0 | 267 | 0 | 2 583 |
| 5 | 0 | 0 | 65 | 0 | 117 | 0 | 0 | 2 583 |
| 6 | 0 | 0 | 65 | 0 | 500 | 0 | 0 | 2 583 |

由综合计划我们得到计划期总成本如下：

计划期总成本=422 275（美元）

红番茄工具公司在 1 月份解雇了 15 个人，接下来一直保持这样的生产水平和员工总数，在整个计划期内，没有转包，仅在 4—5 月允许延期交货。在其他的月份中，红番茄工具公司都没有缺货，实际上，该公司在所有其他月份都要维持库存，我们把这样的库存描述为季节性库存，因为这些库存是根据对未来需求增长的预测而持有的。假设单位产品销售价格为 40 美元，销售总量为 16 000 单位，计划期的收入为：

计划期的收入=40×16 000=640 000（美元）

计划期内的平均季节性库存为：

$$平均季节性库存=\frac{(I_0+I_6)/2+\left(\sum_{t=1}^{5} I_t\right)}{T}=5\,367/6\approx 895（单位）$$

这个综合计划的平均流程时间为：

平均流程时间=895/2 667≈0.34（月）

如果需求的季节性波动很大，使供给与需求一致就更加困难，增加库存或者增加产品延期交货量，从而也就增加了供应链的总成本。

## 六、利用 Excel 制订综合计划

综合计划问题可以在 Excel 中解决。建立目标函数和约束条件，再使用规划求解工具就可以得到解决方法。下面仍以红番茄工具公司为例，介绍利用 Excel 进行规划求解的方法。

打开 Excel 的线性规划功能，使用“求解”，开始时我们先构建一个工作表，包括如下信息。

$W_t$=$t$ 月的员工数量，$t$=1,⋯,6

$H_t$=$t$ 月初雇用的员工数量，$t$=1,⋯,6

$L_t$=$t$ 月初解雇的员工数量，$t$=1,⋯,6

$P_t$=$t$ 月生产的产品数量，$t$=1,⋯,6

$I_t$=$t$ 月结束时的库存量，$t$=1,⋯,6

$S_t$=$t$ 月结束时的缺货或延期交货量，$t$=1,⋯,6

$C_t$=$t$ 月转包生产的产品数量，$t$=1,⋯,6

$O_t$=$t$ 月的加班工时，$t$=1,⋯,6

微课：综合计划（2）

（1）建立一个包含所有决策变量的工作表，如图 5-1 所示，决策变量从 B5 单元格到 I10 单元格，每个单元格对应一个决策变量，如 D7 单元格对应第 3 月的员工数量。在图 5-1 中，将计划期所有的决策变量都设为 0，第 0 月无数据的变量设为 0。

| | A | B | C | D | E | F | G | H | I | J |
|---|---|---|---|---|---|---|---|---|---|---|
| 1 | 综合计划决策变量 | | | | | | | | | |
| 2–3 | 月份 $t$ | 雇用员工数量 $H_t$ | 解雇员工数量 $L_t$ | 员工数量 $W_t$ | 加班时间 $O_t$ | 库存量 $I_t$ | 缺货或延期交货量 $S_t$ | 转包生产的产品数量 $C_t$ | 生产的产品数量 $P_t$ | 需求 |
| 4 | 0 | 0 | 0 | 80 | 0 | 1000 | 0 | 0 | 0 | |
| 5 | 1 | 0 | 0 | 0 | 0 | 0 | 0 | 0 | 0 | 1600 |
| 6 | 2 | 0 | 0 | 0 | 0 | 0 | 0 | 0 | 0 | 3000 |
| 7 | 3 | 0 | 0 | 0 | 0 | 0 | 0 | 0 | 0 | 3200 |
| 8 | 4 | 0 | 0 | 0 | 0 | 0 | 0 | 0 | 0 | 3800 |
| 9 | 5 | 0 | 0 | 0 | 0 | 0 | 0 | 0 | 0 | 2200 |
| 10 | 6 | 0 | 0 | 0 | 0 | 0 | 0 | 0 | 0 | 2200 |

图 5-1　综合计划决策变量工作表

注意 J 列表示实际的需求量，并不是决策变量。因为需要得出综合计划，所以要加入需求信息。

（2）构建一个包含公式的所有约束条件的工作表。约束条件对应的公式如表 5-5 所示，约束条件的工作表如表 5-6 所示，输入公式的约束条件如图 5-2 所示。

表 5-5　约束条件对应的公式

| 约束条件 | 公式 |
|---|---|
| 员工数量、雇用和解雇员工数量的约束条件 | $W_t - W_{t-1} - H_t + L_t = 0$ |
| 产能约束 | $40W_t + O_t/4 - P_t \geqslant 0$ |
| 库存平衡约束 | $I_{t-1} + P_t + C_t - D_t - S_{t-1} - I_t + S_t = 0$ |
| 加班约束 | $10W_t - O_t \geqslant 0$ |

表 5-6　约束条件的工作表

| 单元格 | 单元格公式 | 复制到 |
|---|---|---|
| M5 | =D5−D4−B5+C5 | M6:M10 |
| N5 | =40×D5+E5/4−I5 | N6:N10 |
| O5 | =F4+I5+H5−J5−G4−F5+G5 | O6:O10 |
| P5 | =10×D5−E5 | P6:P10 |

O5　　fx　=F4+I5+H5-J5-G4-F5+G5

| | M | N | O | P | Q | R |
|---|---|---|---|---|---|---|
| 1 | 约束条件 | | | | | |
| 2 | | | | | | |
| 3 | 员工数量 | 生产量 | 库存量 | 加班时间 | | |
| 4 | | | | | | |
| 5 | 80 | 0 | -1600 | 0 | | |
| 6 | 0 | 0 | -3000 | 0 | | |
| 7 | 0 | 0 | -3200 | 0 | | |
| 8 | 0 | 0 | -3800 | 0 | | |
| 9 | 0 | 0 | -2200 | 0 | | |
| 10 | 0 | 0 | -2200 | 0 | | |

图 5-2　输入公式的约束条件

M 列表示员工数量雇用和解雇员工数量的约束条件，N 列表示产能的约束条件，O 列表示库存平衡的约束条件，P 列表示加班时间的约束条件，这些约束条件应用于所有 6 个月中。

每一项约束条件最终都写成如下形式：

单元格式（cell value）{ ≥，=，或≤ } 0

在上述例子中，约束条件为：

$$M5=0，N5\geq 0，O5=0，P5\geq 0$$

（3）构建一个包含目标函数的单元格，用来评价每一个解决方案，这个单元格不用包含完整的公式，而用间接成本计算公式进行计算。红番茄工具公司所有的计算公式都在图 5-3 中，如单元格 B15 是第 1 月发生的所有雇用劳动力的成本，单元格 B15 是单元格 B5 与雇用每名员工的成本的乘积，其他单元格也一样。单元格 B22 代表从 B15 到 I20 的总和，即代表计划期总成本，如图 5-4 所示。

B15 =300*B5

| | A | B | C | D | E | F | G | H | I | J |
|---|---|---|---|---|---|---|---|---|---|---|
| 1 | 综合计划决策变量 | | | | | | | | | |
| 2–3 | 月份 $t$ | 雇用员工数量 $H_t$ | 解雇员工数量 $L_t$ | 员工数量 $W_t$ | 加班时间 $O_t$ | 库存量 $I_t$ | 缺货或延期交货量 $S_t$ | 转包生产的产品数量 $C_t$ | 生产的产品数量 $P_t$ | 需求 |
| 4 | 0 | 0 | 0 | 80 | 0 | 1000 | 0 | 0 | 0 | |
| 5 | 1 | 0 | 0 | 0 | 0 | 0 | 0 | 0 | 0 | 1600 |
| 6 | 2 | 0 | 0 | 0 | 0 | 0 | 0 | 0 | 0 | 3000 |
| 7 | 3 | 0 | 0 | 0 | 0 | 0 | 0 | 0 | 0 | 3200 |
| 8 | 4 | 0 | 0 | 0 | 0 | 0 | 0 | 0 | 0 | 3800 |
| 9 | 5 | 0 | 0 | 0 | 0 | 0 | 0 | 0 | 0 | 2200 |
| 10 | 6 | 0 | 0 | 0 | 0 | 0 | 0 | 0 | 0 | 2200 |
| 11 | | | | | | | | | | |
| 12 | 综合计划成本 | | | | | | | | | |
| 13–14 | 月份 $t$ | 雇用员工的成本 | 解雇员工的成本 | 正常工作时间的劳动力成本 | 加班时间的劳动力成本 | 持有库存的成本 | 缺货的成本 | 转包生产的成本 | 生产成本 | |
| 15 | 1 | 0 | 0 | 0 | 0 | 0 | 0 | 0 | 0 | |
| 16 | 2 | 0 | 0 | 0 | 0 | 0 | 0 | 0 | 0 | |
| 17 | 3 | 0 | 0 | 0 | 0 | 0 | 0 | 0 | 0 | |
| 18 | 4 | 0 | 0 | 0 | 0 | 0 | 0 | 0 | 0 | |
| 19 | 5 | 0 | 0 | 0 | 0 | 0 | 0 | 0 | 0 | |
| 20 | 6 | 0 | 0 | 0 | 0 | 0 | 0 | 0 | 0 | |
| 21 | | | | | | | | | | |
| 22 | 总成本= | 0 | | | | | | | | |

图 5-3　计算各项成本

B22 =SUM(B15:I20)

| | A | B | C | D | E | F | G | H | I |
|---|---|---|---|---|---|---|---|---|---|
| 12 | 综合计划成本 | | | | | | | | |
| 13–14 | 月份t | 雇用员工的成本 | 解雇员工的成本 | 正常工作时间的劳动力成本 | 加班时间的劳动力成本 | 持有库存的成本 | 缺货的成本 | 转包生产的成本 | 生产成本 |
| 15 | 1 | 0 | 0 | 0 | 0 | 0 | 0 | 0 | 0 |
| 16 | 2 | 0 | 0 | 0 | 0 | 0 | 0 | 0 | 0 |
| 17 | 3 | 0 | 0 | 0 | 0 | 0 | 0 | 0 | 0 |
| 18 | 4 | 0 | 0 | 0 | 0 | 0 | 0 | 0 | 0 |
| 19 | 5 | 0 | 0 | 0 | 0 | 0 | 0 | 0 | 0 |
| 20 | 6 | 0 | 0 | 0 | 0 | 0 | 0 | 0 | 0 |
| 21 | | | | | | | | | |
| 22 | 总成本= | 0 | | | | | | | |

图 5-4　计算计划期总成本

（4）使用规划求解工具求解参数，在“规划求解”参数对话框中输入下面的信息以代表线性规划模型。

设置目标单元格：C22。

等于：选择“最小值”。

可变单元格：B5:I10。

约束：

B5:I10≥0 { 所有决策变量为非负数 }

F10≥500 { 第 6 月月末的库存至少为 500 }

G10=0 { 第 6 月月末的缺货等于 0 }

M5:M10=0 { $W_t-W_{t-1}-H_t+L_t=0，t=1,\cdots,6$ }

N5:N10≥0 { $40W_t+O_t/4-P_t\geq 0，t=1,\cdots,6$ }

O5:O10=0 { $I_{t-1}+P_t+C_t-D_t-S_{t-1}-I_t+S_t=0，t=1,\cdots,6$ }

P5:P10≥0｛$10W_t-O_t \geq 0$，$t=1,\cdots,6$｝。

“规划求解参数”对话框如图5-5所示。在该对话框中单击“选项”按钮，选择线性模型（这会极大地加快求解的速度），使得规划求解可以识别线性规划问题，并选择更快的算法，但是它不适用于计算非线性问题。返回“规划求解参数”对话框，单击“求解”按钮，得到最优解。

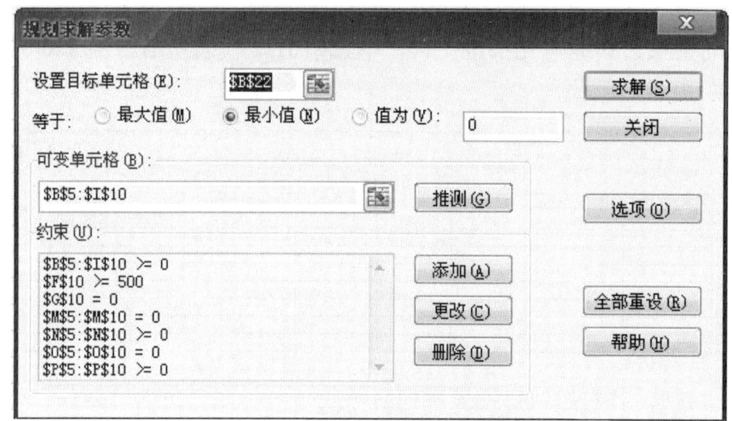


图5-5 “规划求解参数”对话框

## 任务实施

利用Excel进行规划求解。

（1）构建一个包含所有决策变量的工作表。工作表中包括以下信息。

$P_t$=$t$月的生产量，单位为万部，$t=1,2,\cdots,12$

$T_t$=$t$月的正常工作时间，单位为小时，$t=1,2,\cdots,12$

$O_t$=$t$月的加班时间，单位为小时，$t=1,2,\cdots,12$

$I_t$=$t$月结束时的库存量，单位为万部，$t=1,2,\cdots,12$

初期将所有的决策变量设定为0。F列是需求量$D_t$，非决策变量。综合计划决策变量工作表如图5-6所示。

|  | A | B | C | D | E | F |
|---|---|---|---|---|---|---|
| 1 | 综合计划决策变量 | | | | | |
| 2 | 月份t | 生产数量 $P_t$/万部 | 正常工作时间 $T_t$/小时 | 加班时间 $O_t$/小时 | 库存 $I_t$/万部 | 需求/万部 |
| 3 | 0 | 0 | 0 | 0 | 5 | |
| 4 | 1 | 100 | 133 | 0 | 5 | 100 |
| 5 | 2 | 125 | 160 | 7 | 20 | 110 |
| 6 | 3 | 135 | 160 | 20 | 55 | 100 |
| 7 | 4 | 135 | 160 | 20 | 70 | 120 |
| 8 | 5 | 135 | 160 | 20 | 55 | 150 |
| 9 | 6 | 135 | 160 | 20 | 30 | 160 |
| 10 | 7 | 135 | 160 | 20 | 5 | 160 |
| 11 | 8 | 90 | 120 | 0 | 5 | 90 |
| 12 | 9 | 110 | 147 | 0 | 5 | 110 |
| 13 | 10 | 120 | 160 | 0 | 45 | 80 |
| 14 | 11 | 135 | 160 | 20 | 40 | 140 |
| 15 | 12 | 135 | 160 | 20 | 5 | 170 |

图5-6 综合计划决策变量工作表

（2）构建包含公式的约束条件的工作表，如图 5-7 所示。约束条件说明如下。

正常工作时间约束。工人每月工作 20 天，每天工作 8 小时。因此，工人每月的正常工作时间不超过 160 小时。可知：$20\times8\geqslant T_t$。

库存平衡约束。每月月末的库存平衡等于月初库存加上本月生产量，再减去本月需求量。假定没有延期交货。可知：$I_t=I_{t-1}+P_t-D_t$

产量平衡约束。每个月生产的产品数量都不能超过现有的产能，包括正常工作时间和加班时间生产的产品数量。另外，一个工人装配一部手机需要 10 分钟，工厂现雇用 1 250 个工人。假定没有转包，不雇用新工人。可知：$P_t$=1 250×（$T_t+O_t$）×6/10000。

加班时间约束。加班时间约束为每月每个工人不超过 20 小时。可知：$O_t\leqslant20$。

库存约束。该公司最初有 5 万单位库存，并希望维持到年底。可知：$I_t\geqslant5$。

I4 =20*8-C4

| | H | I | J | K | L | M |
|---|---|---|---|---|---|---|
| 1 | 约束条件 | | | | | |
| 2 | 月份 | 正常工作时间约束 | 库存平衡约束 | 产量平衡约束 | 加班时间约束 | 库存约束 |
| 3 | | | | | | |
| 4 | 1 | 160 | -95 | 0 | 20 | -5 |
| 5 | 2 | 160 | -110 | 0 | 20 | -5 |
| 6 | 3 | 160 | -100 | 0 | 20 | -5 |
| 7 | 4 | 160 | -120 | 0 | 20 | -5 |
| 8 | 5 | 160 | -150 | 0 | 20 | -5 |
| 9 | 6 | 160 | -160 | 0 | 20 | -5 |
| 10 | 7 | 160 | -160 | 0 | 20 | -5 |
| 11 | 8 | 160 | -90 | 0 | 20 | -5 |
| 12 | 9 | 160 | -110 | 0 | 20 | -5 |
| 13 | 10 | 160 | -80 | 0 | 20 | -5 |
| 14 | 11 | 160 | -140 | 0 | 20 | -5 |
| 15 | 12 | 160 | -170 | 0 | 20 | -5 |

图 5-7　约束条件工作表

图 5-8 中 I 列表示正常工作时间的约束条件，J 列表示库存平衡的约束条件，K 列表示产量平衡的约束条件，L 列表示加班时间的约束条件，M 列表示库存的约束条件，这些约束条件应用于所有月份。

每一项约束条件最终都写成表 5-7 所示的形式。

表 5-7　约束条件的表示形式

| 单元格 | 约束条件公式 | 单元格公式 | 复制到 |
|---|---|---|---|
| I4 | =20×8−$T_t$ | =20×8−C4 | I5:I15 |
| J4 | =$I_{t-1}+P_t-D_t-I_t$ | =E3+B4−F4−E4 | J5:J15 |
| K4 | =1 250×（$T_t+O_t$）×6/10 000−$P_t$ | =1 250×（C4+D4）×6/10 000−B4 | K5:K15 |
| L4 | =20−$O_t$ | =20−D4 | L5:L15 |
| M4 | =$I_t$−5 | =E4−5 | M5:M15 |

单元格式（cell value）{ ≥，=，或≤ } 0

约束条件为：

I4≥0，J4 = 0，K4≥0，L4≥0，M4=0

具体约束（正常工作时间约束见图 5-7）如图 5-8、图 5-9、图 5-10 和图 5-11 所示。

J4 =E3+B4-F4-E4

| | H | I | J | K | L | M |
|---|---|---|---|---|---|---|
| 1 | 约束条件 | | | | | |
| 2 | 月份 | 正常工作时间约束 | 库存平衡约束 | 产量平衡约束 | 加班时间约束 | 库存约束 |
| 3 | | | | | | |
| 4 | 1 | 160 | -95 | 0 | 20 | -5 |
| 5 | 2 | 160 | -110 | 0 | 20 | -5 |
| 6 | 3 | 160 | -100 | 0 | 20 | -5 |
| 7 | 4 | 160 | -120 | 0 | 20 | -5 |
| 8 | 5 | 160 | -150 | 0 | 20 | -5 |
| 9 | 6 | 160 | -160 | 0 | 20 | -5 |
| 10 | 7 | 160 | -160 | 0 | 20 | -5 |
| 11 | 8 | 160 | -90 | 0 | 20 | -5 |
| 12 | 9 | 160 | -110 | 0 | 20 | -5 |
| 13 | 10 | 160 | -80 | 0 | 20 | -5 |
| 14 | 11 | 160 | -140 | 0 | 20 | -5 |
| 15 | 12 | 160 | -170 | 0 | 20 | -5 |

图 5-8　库存平衡约束

K4 =1250*(C4+D4)*6/1000-B4

| | H | I | J | K | L | M |
|---|---|---|---|---|---|---|
| 1 | 约束条件 | | | | | |
| 2 | 月份 | 正常工作时间约束 | 库存平衡约束 | 产量平衡约束 | 加班时间约束 | 库存约束 |
| 3 | | | | | | |
| 4 | 1 | 160 | -95 | 0 | 20 | -5 |
| 5 | 2 | 160 | -110 | 0 | 20 | -5 |
| 6 | 3 | 160 | -100 | 0 | 20 | -5 |
| 7 | 4 | 160 | -120 | 0 | 20 | -5 |
| 8 | 5 | 160 | -150 | 0 | 20 | -5 |
| 9 | 6 | 160 | -160 | 0 | 20 | -5 |
| 10 | 7 | 160 | -160 | 0 | 20 | -5 |
| 11 | 8 | 160 | -90 | 0 | 20 | -5 |
| 12 | 9 | 160 | -110 | 0 | 20 | -5 |
| 13 | 10 | 160 | -80 | 0 | 20 | -5 |
| 14 | 11 | 160 | -140 | 0 | 20 | -5 |
| 15 | 12 | 160 | -170 | 0 | 20 | -5 |

图 5-9　产量平衡约束

L4 $f_x$ =20-D4

| | H | I | J | K | L | M |
|---|---|---|---|---|---|---|
| 1 | 约束条件 | | | | | |
| 2<br>3 | 月份 | 正常工作时间约束 | 库存平衡约束 | 产量平衡约束 | 加班时间约束 | 库存约束 |
| 4 | 1 | 160 | -95 | 0 | 20 | -5 |
| 5 | 2 | 160 | -110 | 0 | 20 | -5 |
| 6 | 3 | 160 | -100 | 0 | 20 | -5 |
| 7 | 4 | 160 | -120 | 0 | 20 | -5 |
| 8 | 5 | 160 | -150 | 0 | 20 | -5 |
| 9 | 6 | 160 | -160 | 0 | 20 | -5 |
| 10 | 7 | 160 | -160 | 0 | 20 | -5 |
| 11 | 8 | 160 | -90 | 0 | 20 | -5 |
| 12 | 9 | 160 | -110 | 0 | 20 | -5 |
| 13 | 10 | 160 | -80 | 0 | 20 | -5 |
| 14 | 11 | 160 | -140 | 0 | 20 | -5 |
| 15 | 12 | 160 | -170 | 0 | 20 | -5 |

图 5-10　加班时间约束

M4 $f_x$ =E4-50

| | H | I | J | K | L | M |
|---|---|---|---|---|---|---|
| 1 | 约束条件 | | | | | |
| 2<br>3 | 月份 | 正常工作时间约束 | 库存平衡约束 | 产量平衡约束 | 加班时间约束 | 库存约束 |
| 4 | 1 | 160 | -95 | 0 | 20 | -5 |
| 5 | 2 | 160 | -110 | 0 | 20 | -5 |
| 6 | 3 | 160 | -100 | 0 | 20 | -5 |
| 7 | 4 | 160 | -120 | 0 | 20 | -5 |
| 8 | 5 | 160 | -150 | 0 | 20 | -5 |
| 9 | 6 | 160 | -160 | 0 | 20 | -5 |
| 10 | 7 | 160 | -160 | 0 | 20 | -5 |
| 11 | 8 | 160 | -90 | 0 | 20 | -5 |
| 12 | 9 | 160 | -110 | 0 | 20 | -5 |
| 13 | 10 | 160 | -80 | 0 | 20 | -5 |
| 14 | 11 | 160 | -140 | 0 | 20 | -5 |
| 15 | 12 | 160 | -170 | 0 | 20 | -5 |

图 5-11　库存约束

（3）构建一个包含目标函数的单元格。各项成本公式如表 5-8 所示，总成本计算的工作表如图 5-12 所示。

表 5-8　各项成本公式

| 成本项目 | 公式 | 备注 |
|---|---|---|
| 正常工作时间成本 | $=20\times1\ 250\times T_t$ | • $t$=1,2,⋯,12<br>• 决策变量中数量单位为“万部”，因此，零部件成本要乘 10 000<br>• 加班成本为 30 欧元/时 |
| 零部件成本 | $=20\times P_t\times10\ 000$ | |
| 加班时间成本 | $=30\times1\ 250\times O_t$ | |
| 库存成本 | $=3\times I_t\times10\ 000$ | |

B31 $f_x$ =SUM(B19:E30)

| | A | B | C | D | E |
|---|---|---|---|---|---|
| 17 | 综合计划成本 | | | | |
| 18 | 月份 | 正常工作时间成本 | 零部件成本 | 加班时间成本 | 库存成本 |
| 19 | 1 | 0 | 0 | 0 | 0 |
| 20 | 2 | 0 | 0 | 0 | 0 |
| 21 | 3 | 0 | 0 | 0 | 0 |
| 22 | 4 | 0 | 0 | 0 | 0 |
| 23 | 5 | 0 | 0 | 0 | 0 |
| 24 | 6 | 0 | 0 | 0 | 0 |
| 25 | 7 | 0 | 0 | 0 | 0 |
| 26 | 8 | 0 | 0 | 0 | 0 |
| 27 | 9 | 0 | 0 | 0 | 0 |
| 28 | 10 | 0 | 0 | 0 | 0 |
| 29 | 11 | 0 | 0 | 0 | 0 |
| 30 | 12 | 0 | 0 | 0 | 0 |
| 31 | 总成本= | 0 | | | |

图 5-12　总成本计算的工作表

（4）使用规划求解工具求解参数，在“规划求解”参数对话框中输入下列信息以代表线性规划模型。

设置目标单元格：B31。

等于：选择“最小值”。

可变单元格：B4:E15。

约束：

B4:E15≥0｛所有决策变量为非负数｝

I4:I15≥0｛$20\times8-T_t\geq0$，$t$=1,2,⋯,12｝

J4:J15=0｛$I_{t-1}+P_t-D_t-I_t=0$，$t$=1,2,⋯,12｝

K4:K15=0｛$1\ 250\times(T_t+O_t)\times6/10\ 000-P_t=0$，$t$=1,2,⋯,12｝

L4:L15≥0｛$20-O_t\geq0$，$t$=1,2,⋯,12｝

M5：M15≥0｛5 万单位库存维持到年底｝

“规划求解参数”对话框如图 5-13 所示。

图 5-13 “规划求解参数”对话框

该公司的综合计划如图 5-14 所示，总成本为 359 700 058 欧元。

| | A | B | C | D | E | F |
|---|---|---|---|---|---|---|
| 1 | 综合计划决策变量 | | | | | |
| 2 | 月份 | 生产数量 $P_t$/万部 | 正常工作时间 $T_t$/小时 | 加班时间 $O_t$/小时 | 库存 $I_t$/万部 | 需求/万部 |
| 3 | 0 | 0 | 0 | 0 | 5 | |
| 4 | 1 | 100 | 133 | 0 | 5 | 100 |
| 5 | 2 | 125 | 160 | 7 | 20 | 110 |
| 6 | 3 | 135 | 160 | 20 | 55 | 100 |
| 7 | 4 | 135 | 160 | 20 | 70 | 120 |
| 8 | 5 | 135 | 160 | 20 | 55 | 150 |
| 9 | 6 | 135 | 160 | 20 | 30 | 160 |
| 10 | 7 | 135 | 160 | 20 | 5 | 160 |
| 11 | 8 | 90 | 120 | 0 | 5 | 90 |
| 12 | 9 | 110 | 147 | 0 | 5 | 110 |
| 13 | 10 | 120 | 160 | 0 | 45 | 80 |
| 14 | 11 | 135 | 160 | 20 | 40 | 140 |
| 15 | 12 | 135 | 160 | 20 | 5 | 170 |

图 5-14 综合计划

## 练习与实训

### （一）思考题

1. 综合计划在供应链中有哪些作用？
2. 描述建立综合计划需要的信息。
3. 解释建立综合计划所要做的基本权衡。

### （二）实训

1. 除了需求预测外，所有的数据都和先前讨论的红番茄工具公司的数据相同，假定同样的总需求量（16 000 单位）在 6 个月中进行分配，并使得季节性需求波动比较大，如表 5-9 所示。在此情况下，求解最优综合计划，并说明现象。

表 5-9 红番茄公司的较高季节性波动的需求预测

| 月份 | 需求预测/件 |
| --- | --- |
| 1 | 1 000 |
| 2 | 3 000 |
| 3 | 3 800 |
| 4 | 4 800 |
| 5 | 2 000 |
| 6 | 1 400 |

2. 假定红番茄工具公司的需求不变，其他费用也不变，只是维持每单位库存的成本从每月 2 美元涨至每月 6 美元，针对新的成本结构提出一个最优综合计划方案，并与原方案（见表 5-4）进行对比，说明你的观点。

# 任务六 供应链采购管理

## 知识目标

1. 了解采购在供应链中的作用
2. 掌握自制和外购的优劣势
3. 了解采购管理的发展趋势

## 技能目标

1. 能进行自制和外购总成本分析和计算
2. 能应用多标准决策模型寻找货源

## 素养目标

1. 增强纪律和规矩意识，养成廉洁自律的好作风
2. 培养诚实守信、懂法守法的职业素养

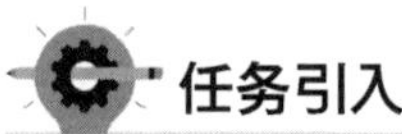


【任务1】某制造商经过初选确定了3家原材料供应商作为未来可能的战略合作伙伴，现在想通过综合评价的方法最终确定一家供应商并与其进行合作。在选择供应商时，该制造商主要考虑的因素及其权重为质量（0.3）、价格（0.2）、交货准时性（0.1）、品种柔性（0.1）、可靠性（0.2）和售后服务（0.1）。各供应商的各项指标得分如表6-1所示，请问该制造商最终应选择哪家供应商？

表6-1　供应商各项指标得分

| 考虑因素 | 供应商A | 供应商B | 供应商C |
| --- | --- | --- | --- |
| 质量 | 9 | 8 | 8 |
| 价格 | 8 | 7 | 9 |
| 交货准时性 | 7 | 8 | 6 |
| 品种柔性 | 8 | 6 | 9 |
| 可靠性 | 9 | 8 | 6 |
| 售后服务 | 8 | 6 | 7 |

【任务2】ABC公司想选择一家潜在供应商生产塑料模型部件。该供应商给出的价格为每件0.08美元，但是每件产品需要支付0.015美元的运输和搬运费用，以及额外的存货处理费用（每件0.007美元）。最后，36个月的合同期内，每月的采购成本估计为25美元。假设3年内的订购量预期为1 000 000件。

尽管ABC公司有能力生产这种部件，但该公司需要对另一项价值10 000美元的模型设备进行投资，而该设备在产品生命周期内会发生折旧。直接材料费用约为每件0.05美元，直接人工费用估计为每件0.03美元再加上50%的附加救济金，间接人工费用估计为每件0.011美元再加上50%的附加救济金。前期工程费用和设计成本总计为30 000美元。最后，ABC公司的管理者认为一般管理费用（一项间接成本）应当把全部的直接人工成本分摊到各部件中。

计算ABC公司生产这种部件的总成本，并思考ABC公司应该自己生产该部件还是将该部件外包给潜在供应商（哪一种方式的总成本更低）？

## 相关知识

### 一、采购在供应链中的作用

采购，也称为购买，是企业从供应商处获取原材料、零部件、产品、服务或其他资源进行运作的过程。采购是一整套用来购买产品和服务的商业流程。对于任何供应链功能，最主要的决策是外包或自制。外包就是让第三方执行该供应链功能。外包是企业做出的最重要决策之一，不同行业采取的措施通常不同。例如，美国固安捷公司一直拥有并管理自己的分销中心，而从分销中心到客户的包裹的外向运输一直外包给第三方。对于零担外向运输，固安捷公司不再全部外包给第三方，而采用同时拥有一些自己的卡车的混合模式。怎样解释固安捷公司的这种决策呢？戴尔公司被公认为通过自营零售功能并向客户直销产品来提高利润。相反，宝洁公司从未想过向客户直销清洁产品，也没有人建议它自己执行零售功能。为什么零售功能的垂直整合对戴尔公司是个好主意，而对宝洁公司却不是？摩托罗拉公司在南美洲大部分区域使用分销商销售手机，而在美国的大部分区域则没有使用分销商。为什么外包分销在南美洲对摩托罗拉公司有利，在美国并非如此？

我们需要讨论外包与境外建厂的区别。境外建厂是指企业在境外执行某供应链功能，将生产设施移到境外且拥有该生产设施的所有权。而外包是指企业雇用第三方执行某供应链功能，而不是由自己执行。本任务的重点是介绍外包，我们将基于下面两个问题展开对供应链功能外包的讨论。

第一，外包能比自制带来更多的供应链盈余吗？

第二，外包会带来多大的风险？

供应链盈余是指产品对客户的价值与将产品提供给客户的过程中所有供应链活动的总成本之差。供应链盈余是所有供应链参与者（包括客户）分享的利润。只有当外包增加供应链盈余而不产生较大风险时，它才有意义。进一步来说，只有当供应链参与者能够提高供应链盈余时，外包才能长期存在。供应链中各方的利润与外包提高供应链盈余的程度相关。

当企业决定外包后，关键采购流程包括供应商评分和评估、供应商选择和合同谈判、设计协作、采购、采购计划和分析，如图 6-1 所示。

图 6-1　关键采购流程

供应商评分和评估是对供应商绩效等级进行评定的过程，应该基于供应商对供应链盈余和总成本的影响，对各供应商进行比较。糟糕的是，采购决策通常只由供应商所要求的价格决定。供应商的其他特点，如提前期、可靠性、质量和设计能力等，也会影响企业与该供应商进行交易的成本，好的供应商评分和评估过程应该确认并跟踪所有影响选择该供应商的总成本的因素。在供应商选择过程中，使用供应商评分和评估的输出结果确定合适的供应商，然后与供应商谈判供应合同。好的合同应该考虑所有影响供应链绩效的因素，它的设计应该提高供应链利润并使供应商和企业都受益。

由于产品成本的 80%是在设计中确定的，因此供应商在设计协作阶段的积极参与非常关键。设计协作可以让供应商和企业共同为最终产品设计零部件。设计协作还可以保证所有参与产品设计和生产的各方有效地交流任何设计建议。当产品设计好后，采购就是供应商根据购买方所下订单发货的过程。采购的目标是以最低的总成本按时下订单并交付产品。采购计划和分析是分析不同供应商和与零部件相关的花费，以确定降低总成本的机会。

对于许多企业，其销货成本占销售额的 50%以上。在销货成本中，零部件成本所占比例比以前高得多。这种变化的产生是因为企业减少了纵向整合，将许多零部件的生产外包。由于企业降低成本的压力很大，采购在销货成本中所占比重越来越大，因此好的采购决策对企业实现成本领先和拥有竞争优势有较大影响。

有效的采购过程能够从不同方面提高企业的利润和供应链盈余。企业在制定采购决策时，清晰地确认提高利润的驱动因素非常重要。有效的采购决策会带来以下优势。

- 如果企业内的订单增加，可以达到更好的规模经济效应。
- 更有效率的采购可以极大地降低采购总成本，这对那些大量低价值产品的采购尤其重要。
- 设计协作可以带来更容易生产和分销的产品，从而降低总成本。这个因素对提供占产品成本和价值比例很大的供应商产品尤其重要。
- 好的采购过程可以协调与供应商的交易，改进预测和计划。好的协调可以降低库存，提高供应和需求的匹配度。
- 恰当的供应商合同可以分担风险，提高供应商和企业的利润。
- 企业可以通过拍卖竞争，从而降低购买价格。

设计采购战略时，企业清楚地确认对绩效有重大影响的因素并着重改进那些因素非常重要。如果企业的大部分花费用在少量高价值产品的采购上，提高采购的效率就不会对企业有太大益处，而改进设计协作和与供应商的协调会带来巨大的益处。相反，当采购大量低价值的产品时，企业提高采购的效率将会对企业非常有益。

**📖案例链接**

美国劳氏公司是一家家庭装饰用品零售领域的服务公司。表6-2所示为该公司某年1月底前的部分财务数据。

表6-2 美国劳氏公司的部分财务数据

单位：百万美元

| 收入与支出（截至该年1月底的财务年度） | |
|---|---|
| 销售额 | 26 491 |
| 产品销售成本 | 18 465 |
| 税前利润 | 2 359 |
| **资产负债表中的部分项目（截至该年1月底）** | |
| 产品存货 | 3 968 |
| 总资产 | 16 109 |

产品销售成本是从外部供应商处采购产品的成本。产品销售成本使我们了解到美国劳氏公司为已经出售给客户的产品支付了多少钱。而产品存货使我们了解到美国劳氏公司为报告期当期多持有的存货支付了多少钱。

根据上述财务数据，我们可以计算出美国劳氏公司的一些基本财务绩效指标。税前利润率的定义是某一特定时期内企业的税前利润与销售额的比率。美国劳氏公司的税前利润率为：

$$税前利润率=（税前利润/销售额）\times100\%=（2\ 359/26\ 491）\times100\%\approx8.9\%$$

这意味着每1美元的销售额可以获得8.9美分的税前利润。

还有一个常用的财务绩效指标是资产回报率，一般定义为利润与总资产的比率。资产回报率越高越好，这说明在相同的资产条件下企业有较强的获利能力。对于美国劳氏公司来说，该财务年度的税前资产回报率为：

税前资产回报率=（税前利润/总资产）×100%=（2 359/16 109）×100%≈14.6%

美国劳氏公司该怎么改善这些指标？美国劳氏公司需要注意以下两方面的问题。

第一，采购中每节省 1 美元会使产品销售成本减少 1 美元，并使税前利润增加 1 美元。要保持当前的税前利润率，美国劳氏公司就得从新的销售中获取 11.24 美元(1 美元/8.9%)。这就是所谓的利润杠杆作用。利润杠杆作用表明产品销售成本每节省 1 美元，会使税前利润增加 1 美元；而销售额每增加 1 美元，只会使税前利润增加边际税前利润。这种作用对利润较低的行业，尤其是零售业特别重要。

第二，采购中每节省 1 美元会使产品存货减少 1 美元，总资产也会减少 1 美元，结果是相同销售水平下，资产回报率值变大。

为了说明这一点，我们看一下美国劳氏公司把产品销售成本和产品存货减少 3%时产生的结果。如果产品销售成本和产品存货减少 3%：

新的产品销售成本=原来的产品销售成本×（100%–3%）=18 465×0.97≈17 911（百万美元）

减少的产品销售成本=原来的产品销售成本–新的产品销售成本 = 18 465–17 911=554（百万美元）

新的产品存货金额=原来的产品存货×（100%–3%）=3 968×0.97≈3 849（百万美元）

减少的产品存货金额=原来的产品存货–新的产品存货=3 968–3 849=119（百万美元）

新的总资产=原来的总资产–减少的产品存货金额=16 109–119=15 990（百万美元）

结果是税前利润从 2 359 百万美元增加到 2 913 百万美元，增加了约 23.5%。在原税前利润率下，销售额要增长（2 913–2 359）/8.9%≈6 225（百万美元），才能达到同样的效果，如表 6-3 所示。

表 6-3　美国劳氏公司新的部分财务数据

单位：百万美元

| **收入与支出（截至该年 1 月底的财务年度）** | |
|---|---|
| 销售额 | 26 491 |
| 产品销售成本 | 17 911 |
| 原税前利润 | 2 359 |
| 产品销售成本减少 3%的节省额 | 554 |
| 新税前利润 | 2 913 |
| **资产负债表中的部分项目（截至该年 1 月底）** | |
| 新的产品存货 | 3 849 |
| 新的总资产 | 15 990 |

新的税前利润率和税前资产回报率为：

新的税前利润率=（2 913/26 491）×100%≈11%

新的税前资产回报率=（2 913/15 990）×100%≈18.2%

## 二、采购流程

采购流程是当企业需要产品、原材料、服务时，完成采购活动需要的各项步骤。采购是一个流程，由确定需求、描述需求、确定与评估供应商、选择供应商、相关交易条款的谈判以及与保证供应商工作绩效有关的后续工作等活动构成。图6-2详细介绍了采购流程。

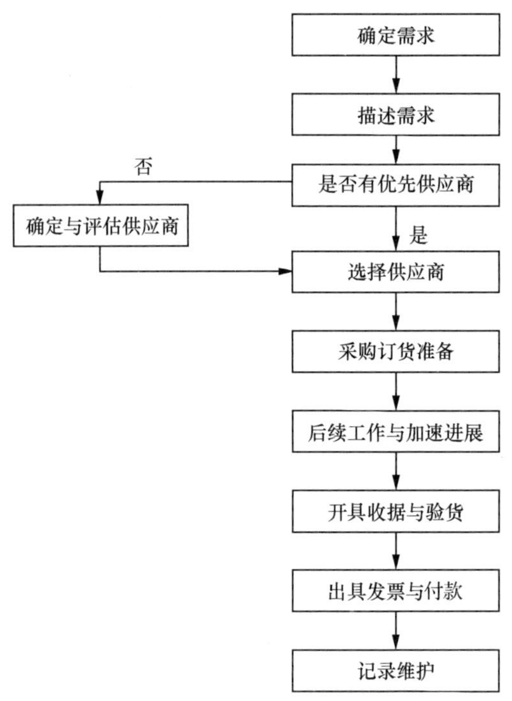


图6-2 采购流程

在介绍采购流程前，必须牢记两点。第一，企业在这些活动中需要付出多大的努力才会使状况发生显著改变。同样是花费300亿美元，用于采购紧急救灾用品和用于采购政府常规储备物资的采购流程是截然不同的。第二，只有在采购流程的各个步骤中比竞争对手做得更好，企业才会赢得竞争优势。例如，许多企业利用信息系统使常规采购中的订货安排自动化（这种采购信息系统常被称为电子化采购工具），而其他一些企业则利用交叉管理团队改进供应商评估和选择工作的成果。采购流程中的9个步骤分别是确定需求、描述需求、确定与评估供应商、选择供应商、采购订货准备、后续工作与加速进展、开具收据与验货、出具发票与付款，以及记录维护。

**1．确定需求**

采购循环开始于需求识别（如企业生产所需的原材料）。这种需求可能是零部件、原材料、组件，甚至是某种产成品。在其他情况下，需求也可能是服务，如咨询或厂房维修等。由于采购使企业获得产品或服务，采购职能与企业其他职能之间会发生大量的信息流动。

使用者通过不同方式向采购部门传递他们的需求。对于日常用品和服务，使用者通常使用采购申请单或再订货点系统向采购部门传递他们的需求。采购申请单是一种由使用者填写的用于告知采购部门其特定需求的内部文件。尽管采购申请单的形式各不相同，但是一张采购申请单应该包括原材料或服务、所需数量、所需日期、估计成本以及委托书等内容。

再订货点系统是用于进行常规物品采购的另一种方法。在典型的再订货点系统中，每一种产品都有一个预先确定的订货点及订货数量。当存货降低至既定水平时，再订货点系统会提醒原材料控制部门（或企业中的采购人员）向供应商发出供货要求。传统的采购申请单和再订货点系统主要依靠纸张介质发挥作用；目前这一情况正在发生改变，更多的企业转向依靠计算机程序实施产品和服务的采购。

**2．描述需求**

企业采购产品或服务时要尽可能以最高效和最准确的方式向潜在的供应商传递使用者的需求，这一过程被称为描述。这一采购步骤的实施会因情况的不同而存在显著差异。使用者需求的传递有多种方法，以市场等级或产业标准进行描述对于标准品来说可能是最好的选择。在这种情况下，该描述可以明确具体需求并使供应链成员就产品标准达成一致。品牌描述适用于产品或服务具有私有权，或者使用某一特定供应商的产品或服务有可感知优势的情况。例如，一家住宅区的建筑商会要求采购人员采购 R21 型绝缘材料、符合行业标准的墙板和成品木材，以及符合市场等级的装饰品和壁炉架。此外，他还可能会为所有的住宅指定材料的品牌。由此可以看出，在使用者向潜在供应商传递需求的过程中，为品牌名称、市场级别和产业标准的使用搭建了一条高效且准确的采购“捷径”。

当没有“标准”可循，或者当使用者需求难以表达时，产品或服务的采购会更加复杂，这时就需要更为详细和成本更高的描述方法。3 种常见的描述方法为规格描述、性能特征描述和模型或实例描述。

在某些情况下，企业可能需要对产品或服务的特征进行更为详细的说明，我们把这种描述称为规格描述。规格包括使用的原材料、需要的制造或服务步骤，甚至产品的物理面积等。例如，美国国家航空航天局（简称美国宇航局）的航天飞机的专用隔热板，航天飞机上的每一块隔热板都有独特的形状和位置，而且每一块隔热板都必须能够隔离航天飞机重返地球经过大气层时所产生的热量。美国宇航局在对这些隔热板的描述中，必然会包括关于隔热板的精确面积和用于生产隔热板的合成材料等方面的详细说明。这些信息会以详尽的设计图和支持文件的形式传递给企业。此外，美国宇航局很可能会详细说明隔热板精确的生产步骤并采取质量监督的方式以确保产品品质。

相反，性能特征描述更为关注客户需要，而不是产品或服务的精确构造。使用性能特征描述方法的前提是假设供应商知道满足客户需求的最佳方法。一家企业向戴尔公司购买了数百台计算机，该企业可能具有以下需求：24 小时的计算机或电话支持，48 小时内修理好发生故障的部件。戴尔公司需要对如何满足这些性能特征做出选择。

企业通常向其供应商提供模型或实例。模型可以提供关于产品或服务观察或感知方面的关键信息。这些信息往往很难通过画图或书面说明的方式进行传递。需要注意的是，模型或实例并不限于实物产品。例如模型信息系统，企业会与其软件供应商共享模型信息系统，此时模型可能包括样本产出审查报告。企业可以利用模型，更加清楚地向其软件供应商提供关于使用者与系统如何相互作用的想法。

**3．确定与评估供应商**

当企业决定采用外购产品或服务的方式之后，就必须确定供应商并经常对其进行评估。企业应当认识到在下列情况下这一步骤的复杂性会随之增加。

- 产品或服务复杂程度提高。
- 拟定的费用增加。
- 供应环节增加。

完善的评估过程始于列出潜在供应商的名单。供应商信息来源于企业的市场代表、信息数据库和行业刊物等多种渠道。企业可能会采用以下不同的标准评估供应商，但并不局限于这些标准。

- 供应商的生产与设计能力。
- 供应商的管理能力。
- 供应商的财务状况与成本结构。
- 供应商的计划与控制系统。
- 供应商对环境法规的遵守情况。
- 供应商与企业发展长期关系的潜力。

这些标准都值得进行进一步的讨论。尽管企业不可能获取供应商的所有相关信息，但已有的信息可以帮助采购企业评估潜在的供应商，从而成功选择合适的供应商。

（1）生产与设计能力。因为不同的生产与服务流程有不同的优势和劣势，采购企业必须预先了解这些优势和劣势。当采购企业希望供应商进行部件设计和生产时，还应当评估供应商的设计能力。选择合格的并且能够进行产品设计的供应商，可以缩短新产品开发所需要的时间。

（2）管理能力。评估潜在供应商的管理能力是一项复杂但很重要的步骤。采购企业可以根据供应商的管理层所做出的关于流程和质量的持续改进、全面的专业能力和经验、与员工维持良好关系、与采购方进行密切合作的能力等方面的承诺，对其做出评估。下面是企业需要考虑的问题。

- 什么是专业的管理经验？
- 经理层是否有较大幅度的人员调整？
- 管理层是否承诺进行全面质量管理和持续改进？
- 管理层是否已经为应对今后20年的竞争挑战做好准备？

（3）财务状况与成本结构。企业在评估供应商的过程中通常涉及对潜在供应商财务状况的评估。选择财务状况不佳的供应商会带来一定的风险。首先，供应商存在的停产歇业风险会导致供应链中商品流和信息流的中断；其次，财务状况不佳的供应商可能缺乏资源进行必要的人力、设备和产品改进等方面的投资。

如果供应商是一家公开交易企业，企业可以从相关报告中获取其详细的财务信息。采购企业也可以根据损益表和资产负债表计算出一些相关的关键财务数据。在技术密集型行业中，采购企业还需要调查供应商的研发支出占销售额的比例。此外，采购企业还需对这些比率可能发出的“危险信号”进行追踪，因为这些危险信号意味着供应商可能处于财务困境。

了解供应商的成本结构也可以帮助企业确定潜在合作伙伴的运营效果和效率。成本结构包括劳动力成本、原材料成本、制造或生产运营成本以及管理成本。

在评估过程的最初阶段，收集这些信息可能是一大挑战。潜在的供应商对其自身成本的了解可能还达不到企业所需的详细程度。此外，许多供应商认为财务信息是其专有财产而不愿披露。即使只有少量可用信息或缺乏可用的信息，了解潜在供应商的成本结构，依然是评估供应商的一个关键部分。

（4）计划与控制系统。供应商中发布、安排和控制任务流程的系统被称为计划与控制系统。这些系统的融合会对供应链绩效产生很大影响。采购企业需了解以下问题。

- 供应商是否拥有完善的原材料、劳动力和产能需求计划系统？如果没有，原因是什么？

- 供应商是否对生产效率、质量水平、成本等关键的绩效指标进行追踪？这些绩效指标值是否会与绩效目标和标准进行比较？
- 客户与供应商的计划与控制系统之间相互交流的难易程度如何？

对致力于有效进行供应链管理的企业来说，最后一个问题是极其重要的。如果企业与供应商的计划与控制系统之间相互交流的容易程度较高，有关企业需求的信息会很容易地传递到供应商处；相反，企业也可以从供应商那里获得重要信息。参考沃尔玛与宝洁公司之间的关系，当沃尔玛售出某种宝洁公司产品后，相关信息会直接流向宝洁公司的计划与控制系统，宝洁公司会相应地制订生产计划与运输时间表。此外，沃尔玛能够很容易知道宝洁公司的运输车在什么时间到达自己的哪个仓库，从而可以使驶往该仓库的其他企业的运输车与之相协调。

（5）对环境法规的遵守情况。20 世纪 90 年代，人们对工业发展带来的环境影响有了新的认识，环境问题也日益受到关注。1990 年，美国的《清洁空气法案》对那些生产会导致臭氧层破坏和会散发异味气体的物质的企业征收高额的税金，政府也颁布了关于工业金属回收的法律条例。因此，供应商遵守环境法规的能力成为评估供应商的一项重要标准，其中包括对危险废弃物的正确处理。

（6）与企业发展长期关系的潜力。在某些情况下，企业可能会寻求与潜在供应商发展长期关系，原因可能是供应商拥有专有技术或采购企业希望进入境外市场并占有一席之地。

综上所述，企业要想与供应商建立长期关系，对供应商的评估标准不应局限于上述几个方面，还需要了解以下问题。

- 供应商是否表示愿意接受伙伴关系型的协商方式，并履行自己的义务？
- 在发生问题时，供应商是否会立即采取协商的态度？
- 供应商对于解决共同问题和协调双赢的方式是否真正感兴趣？
- 企业与供应商能否就所需信息进行自由开放的交流？
- 供应商愿意在多大程度上与企业共享其未来计划？
- 供应商是否重视对信息进行必要的机密处理？

**4．选择供应商**

当企业完成了供应商评估过程的各项活动后，就可以选择最终的供应商了。对于某些产品来说，企业可能会持有一份优先供应商的名单，这些优先供应商获得新订单的机会最大。优先供应商已经通过以前的采购合同证明了自己的生产能力，因此在企业选择供应商的过程中会被优先考虑。采购人员参考这份优先供应商名单，根据各供应商生产能力的检验结果很快就可以确定最终供应商。当企业没有优先供应商时，竞争招标和谈判是普遍使用的选择最终供应商的两种方法。

（1）竞争招标。企业进行竞争招标时，会向有意向的供应商发出招标邀请书。一般情况下，竞争招标过程的第一步是采购经理向合格的供应商发出报价邀请书。报价邀请书是企业向供应商发出的要求根据采购企业制定的相关条款和条件准备投标的正式邀请。采购人员通常会依据价格进行评标。如果出价最低的投标者拒绝接受采购合同，采购企业有义务询问供应商拒绝合同的原因。在下列情况下，竞争招标最有效。

- 采购企业能够根据对所采购产品或服务的清晰说明，确定合格的供应商。
- 采购数额较大，能够得到合理的成本和绩效。
- 企业没有优先供应商。

当价格是主要评价标准且所需产品或服务可以被详细说明时，采购企业会进行竞争招标。此外，政府机构通常也会进行竞争招标。如果存在非价格的主要评价标准，买卖双方通常会直接进行谈判。竞争招标也可以被用来筛选供应商，完成筛选之后，企业会与筛选出的供应商进行详细的采购合同谈判。

（2）谈判。谈判是一种用于选择最终供应商的、成本较高的、面对面交流的方法。在以下情况下，谈判效果最好。

- 采购的产品可能是新产品，或是只有模糊说明的、技术复杂的产品。
- 采购企业和供应商要求对产品性能因素的变动范围达成一致。
- 采购企业要求供应商参与产品的完善工作。
- 如果没有采购企业的额外投入，供应商无法确定风险和成本。

有一点是确定的——企业选择供应商的过程以及企业与供应商之间的关系可能会呈现各种变化，这取决于企业所采购的产品。对于某些产品，采购企业可能不需要对供应商进行评估就能确定选择哪一家供应商。而对于标准品，如采购比较简单的必需品时，竞争招标是一种常用的有效方法。在采购企业开始耗时长、成本高的谈判之前，进行竞争招标也可以使企业对潜在的供应商进行筛选。

**5．采购订货准备**

签订订货合同之后，采购企业必须定期通知供应商交付所需产品或服务。常用的方法是开具订货单。订货单是授权供应商提供产品或服务的一种文件，一般包括价格、交货、质量等方面的关键条款和条件。订货单越来越多地采用 EDI 的形式。EDI 是使供应链成员在其信息系统之间以电子手段进行数据交换的一种信息技术。EDI 可以缩短供应链成员之间进行纸质文件传递的时间，从而缩短供应商对企业需求的响应时间，进而缩短订货前置期，最终可以降低存货水平，使供应链成员之间进行更好的协调。在过去的几年里，EDI 的使用显著增加。

**6．后续工作与加速进展**

工作人员（一般是采购或物料人员）需要对开放式订货单的状态进行监督。有些时候，采购企业可能需要加快订购或让供应商加快生产以避免运输延迟。企业会通过选择最优供应商以及在企业内部开发可靠的预测和订购系统使订货的后续工作量最小化。

**7．开具收据与验货**

当订购的产品到达采购企业时，采购企业在接收货物的同时还要进行验货，以确保所运货物数量正确以及在运输途中没有被损毁。假设产品按时交付，这一信息就会被输入采购企业的存货数据库，成为企业运转存货的一部分。交货延迟也会被记录，用于说明供应商的绩效或不足。

在进行服务采购时，采购企业必须确保该服务是根据订购单中说明的相关条款和条件提供的。这些条款和条件通常被称为工作描述。这意味着首先要与企业中需要该服务的实际使用者进行协调，并确保一切按计划进行。企业要记录与工作描述不一致的行为，并将这一信息传递给供应商。

**8．出具发票与付款**

在产品或服务交付之后，采购企业要给供应商开具发票，然后通过企业的财务支付部门支付货款。目前，这些活动正逐渐转变为借助电子手段完成。企业更多地采用电子转账的形式支付货款，电子转账可以将货款从采购企业的银行账户自动划转到供应商的银行账户。越来越多的企业开始使用电子化的综合系统对全部的订单、收据和支付活动进行电子化处理。

**9．记录维护**

在供应商交付产品或服务、采购企业付款后，企业要把与采购有关的重要事件记录下来并输入供应商绩效数据库。供应商绩效数据库积累了长期以来关于供应商的重要绩效数据，有助于采购部门识别供应商绩效的发展趋势或模式。企业在将来与供应商进行谈判和处理相关问题时会经常使用这些数据。

## 三、自制和外购决策

自制和外购决策也称为货源决策，主要是讨论关于哪些产品或服务由企业内部生产（称为自制或内购），哪些产品或服务由外部供应链成员提供（称为外购）的高水平战略决策。很明显，货源决策过程对于企业的运营与供应链经理至关重要，因为该过程明确了他的职责。例如，某公司决定采用自制方式来获得所需的产品或服务。在这种情况下，运营与供应链经理必须确定他所需要的能力和资源，采用最合适的制造或服务过程，并妥善使用协作运营的信息系统。但是如果企业决定采用外购方式来获得所需的产品或服务，运营与供应链经理的职责重点则转移到与识别最优供应商相关的采购活动以及管理企业和供应商之间的关系等方面。

**1．自制的优缺点**

自制可以提高企业对运营的控制力度。如果企业拥有较高的设计水平和过程控制能力，自制更为有效。如果企业能够达到规模经济所必需的业务量，自制还可以降低制造成本。此外，自制还有助于企业形成核心竞争力——企业的优势和能力，这是客户认为有价值的、而竞争者难以甚至不可能模仿的。企业会对那些能够形成核心竞争力的产品或生产过程优先使用自制方式。

从另一个角度来看，自制也可能存在风险，因为它降低了企业的战略柔性。半导体行业可以很好地说明自制的风险。1995 年，美国至少有十几家新的半导体工厂处于兴建之中，其中包括英特尔公司的 3 家工厂和摩托罗拉公司的 2 家工厂。当时，建造一个芯片组装厂的平均成本是 15 亿美元，预期几年内会上升到 30 亿美元。糟糕的是，一些相关制造技术的生命周期只有短短的 6 个月。之后，这些技术就会被新的技术所替代。当更先进的技术出现时，半导体制造商就会面临投资落后制造技术的潜在风险。在这种情况下，为了证明扩建工厂的可行性，经理们不得不对建造新工厂的投资是否能迅速收回做出相关的说明。

如果供应商可以更为有效地提供产品或服务，经理们必须决定是把稀缺资源用于生产过程的升级还是采用外购方式来获取所需的产品或服务。企业试图提高科学技术水平从而达到外购方式下供应商科技水平，此种做法不仅会使企业产生较高的成本，而且会限制企业对其他项目的投资能力，甚至威胁到企业的财务可行性。

**2．外购的优缺点**

一般来说，外购不仅可以提高企业的柔性，而且能使企业易于接受现代化的产品和生产流程。当市场或技术发生变化时，许多企业会发现更换供应链成员要比改变内部流程更

容易。采用外购方式时，企业只需预先对生产产品或服务所需资源进行很少的投资，就可以获得显著的收益。例如，通过使用合同供应商，戴尔公司用 6 亿美元的固定资产获得了 30 亿美元的收入。

当然，外购也存在风险。供应商有可能虚报生产能力：它们的生产工艺可能已经过时，或者它们的产品与采购企业的预期不符。以苹果公司的经历为例，20 世纪 90 年代，新产品麦金托什计算机的需求显著增加，苹果公司获得了 10 亿美元的订单。但因为许多部件只由一家专门的供应商定制设计和生产，苹果公司没能及时获得包括调制解调器和定制芯片在内的关键部件。结果苹果公司无法按时交付这些高价值的产品，这使得许多不愿等待的客户放弃购买。

控制和协作也是外购方式存在的问题。采购企业可能需要使用成本安全机制来控制外购产品或服务的质量、实用性、机密性或效能。协调独立组织之间的物资流动是企业外购面临的重大挑战，尤其是在有时区差异、语言壁垒，甚至信息系统差异的情况下。

采用外购方式的企业很可能会丧失其核心竞争力中的一部分关键技能和技术。为了消除这一威胁，许多企业会对重要的设计、运营与供应链活动进行监督，并且时刻关注客户的需求动态以及如何使企业产品满足客户的需求。表 6-4 总结了自制与外购的优缺点。

表 6-4　自制和外购的优缺点

| | 优点 | 缺点 |
|---|---|---|
| 自制 | 强控制力<br>有能力监督整个采购流程<br>规模经济/范围经济 | 降低了战略柔性<br>需要高额投资<br>不能得到潜在供应商提供的优质产品和服务 |
| 外购 | 高战略柔性<br>低投资风险<br>改善现金流<br>能得到供应商提供的优质产品和服务 | 存在无法选择到优秀供应商的可能性<br>缺乏对整个流程和核心技术的控制<br>面临沟通/协作的挑战<br>“架空”企业 |

表 6-5 分析了自制和外购决策的影响因素。在环境不确定性低（会降低产能投资的风险），供应商市场的竞争程度低，企业监控供应商绩效的能力弱，产品或服务与采购企业的核心竞争力强相关的情况下，企业往往会倾向于选择自制策略。相反，在供应商市场竞争加剧，产品或服务在战略上不甚重要，环境不确定性使预期的内部投资存在风险，以及企业能有效监控供应商绩效的情况下，外购策略更具吸引力。基于此，与相对稳定行业中的企业相比，那些面临较短的产品生命周期以及不确定的市场条件下的大量高科技企业更多采用外购策略。

表 6-5　自制和外购决策的影响因素

| 因素 | 对自制的支持 | 对外购的支持 |
|---|---|---|
| 环境不确定性 | 低 | 高 |
| 供应商市场的竞争程度 | 低 | 高 |
| 监控供应商绩效的能力 | 弱 | 强 |
| 产品/服务与采购企业核心竞争力的关系 | 强 | 弱 |

### 3. 总成本分析

小链接

企业进行自制和外购决策要了解相关的成本，确定一种产品或服务的实际成本是一项复杂的工作，这需要企业具有较好的判断力并且要使用可靠的定量技术。下面介绍企业进行自制和外购决策时需要考虑的各种成本。

总成本分析是企业针对与货源选择相关的主要成本进行定量化的过程。表 6-6 列出了一些具有代表性的自制和外购的成本。表 6-6 中的这些成本被划分为直接成本和间接成本。直接成本是与运营或供应链活动直接相关的成本，如制造产品、提供服务或运输的成本。例如，如果生产一件产品需要 1.3 平方米的金属片，而金属片的成本是每平方米 0.9 美元，则生产一件产品所需的金属片的直接成本为：0.9×1.3=1.17（美元）。

表 6-6　自制和外购的成本

| 成本 | 自制 | 外购 |
|---|---|---|
| 直接成本 | 直接材料费用 | 价格（来自发货单）<br>运输成本 |
| | 直接人工费用 | |
| | 运输成本 | |
| | 变动预算 | |
| 间接成本 | 监督费用 | 采购费用<br>入库费用<br>质量控制费用 |
| | 管理支持费用 | |
| | 供应费用 | |
| | 维护成本 | |
| | 设备折旧费用 | |
| | 水电费 | |
| | 厂房租赁费用 | |
| | 固定预算 | |

间接成本，顾名思义，是与运营或供应链活动间接相关的成本。厂房租赁费用是典型的间接成本，事实上这些都是生产成本。为了了解自制和外购的实际总成本，经理们必须将间接成本分摊到每一单位的产品上，这项工作并不轻松。假设经理们要决定是采取自制还是外购的方式来生产某种产品。他们评估后得出结论，新产品的设计需要花费 60 万美元。如果计划生产 20 万件，那么他们可按以下方式分摊设计成本：600 000÷200 000=3（美元/件）。

如果设计成果能够应用到未来的产品中会发生什么情况呢？部分设计成本是否可以分摊到未来的产品中呢？如果可以，该如何分摊？基于这些问题，外购的成本通常要比自制的成本更容易确定。如果采用外购的方式，供应商发货单上的直接采购价格会包含间接成本。一般来说，采用外购的方式时，经理们需要考虑的附加成本仅指进货费用（直接成本）以及管理采购企业-供应商关系的管理成本（如采购费用和质量控制费用）。相反，大部分的自制成本会归入间接成本，这使得实际总成本的评估工作更难以进行。

为了确定总成本，经理们还需要考虑采购决策的时间及背景。例如，如果企业生产的产品生命周期较短，则自制活动预期持续时间较短，可能只有直接成本和一部分的间接成本会在总成本中得到反映。从短期来看，企业支付直接成本和部分间接成本，要比业务明显下滑

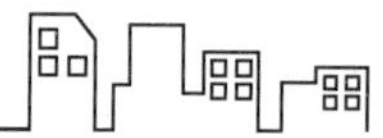

造成的风险损失更小。然而，如果经理们要选择自制的方式，他们应当考虑长期内可能会发生的所有相关成本（包括所有的间接成本）。

## 四、货源寻找与采购中的多标准决策模型

在选择供应商阶段，企业通常需要采用结构化的方式对可供选择的供应商进行评估。如果评估标准不仅包括定量的因素（如成本和按时交货率），还包括其他一些偏向于定性的因素（如管理稳定性和可信赖性），评估就变得相当困难。

然而，评估并没有随着决策的制定而结束。在建立起采购企业-供应商关系之后，采购企业还需要对供应商的运营进行持续追踪。根据多重决策标准对供应商进行分类分析，有助于企业确定哪一家供应商可以提供较好的产品，哪一家供应商需要改进。

下面将介绍两种多标准决策模型（层次分析法和加权指数评估法），并说明企业如何在货源寻找和采购阶段应用这两种模型。顾名思义，多标准决策模型是使决策者可以综合多重决策标准对各种选择进行评估的模型。当存在一组定量和定性的决策标准，需要考虑大量的可选决策，以及没有明显的最优选择时，多标准决策模型可以起到很大的作用。当多标准决策模型得到最优使用时，它可以帮助采购企业制定复杂的非结构化决策。

### 1．层次分析法

第一种多标准决策模型是层次分析法，它是一种结合定性与定量的决策标准的多标准决策分析方法。下面结合具体例子说明层次分析法在供应商选择和评估问题上的应用。

假设某企业采用4个指标（质量、价格、交货和服务）来评估供应商，候选供应商有4个（S1、S2、S3、S4），应用层次分析法求解问题的层次结构如图6-3所示。

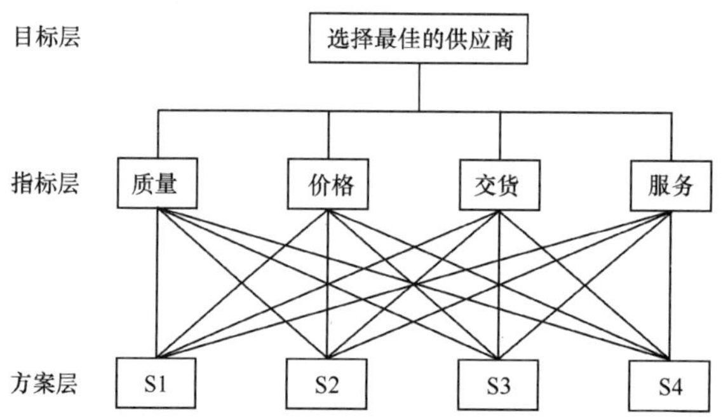


图6-3 应用层次分析法求解问题的层次结构

在层次分析法中，决策者必须进行一系列的两两比较才能确定指标的相对重要性，并采取1～9的评分标度。1～9的评分标度的含义如表6-7所示。

表6-7 1～9的评分标度的含义

| 评分标度 | 含义 |
|---|---|
| 1 | 表示两个指标同等重要 |
| 3 | 表示一个指标比另一个指标重要 |
| 5 | 表示一个指标比另一个指标明显重要 |
| 7 | 表示一个指标比另一个指标重要得多 |
| 9 | 表示一个指标比另一个指标极其重要 |
| 注：2、4、6、8为中间值 | |

层次分析法的应用步骤如下。

（1）构造指标相对重要性判断矩阵。根据 1～9 的评分标度对指标的相对重要性进行比较，如表 6-8 所示。

表 6-8 指标相对重要性判断矩阵

| 指标 | 质量 | 价格 | 交货 | 服务 |
|---|---|---|---|---|
| 质量 | 1 | 2 | 1/4 | 5 |
| 价格 | 1/2 | 1 | 1/3 | 4 |
| 交货 | 4 | 3 | 1 | 5 |
| 服务 | 1/5 | 1/4 | 1/5 | 1 |
| $\sum$ | 5.70 | 6.25 | 1.78 | 15 |

（2）计算指标权重。将矩阵中的每个值除以相应列之和得到调整后的矩阵，计算调整后的矩阵中每行的平均值，即可得到各指标的权重，如表 6-9 所示。

表 6-9 指标权重的计算

| 指标 | 质量 | 价格 | 交货 | 服务 | 权重 |
|---|---|---|---|---|---|
| 质量 | 0.175 | 0.320 | 0.140 | 0.333 | 0.242 |
| 价格 | 0.088 | 0.160 | 0.187 | 0.267 | 0.175 |
| 交货 | 0.702 | 0.480 | 0.561 | 0.333 | 0.519 |
| 服务 | 0.035 | 0.040 | 0.112 | 0.067 | 0.063 |
| $\sum$ | | | | | 1.000 |

（3）进行供应商单指标排序。该步骤类似于前两个步骤，如表 6-10 所示。

表 6-10 供应商单指标排序

| 质量指标排序 | | | | | |
|---|---|---|---|---|---|
| 供应商 | S1 | S2 | S3 | S4 | 权重 |
| S1 | 1 | 6 | 4 | 1/2 | 0.325 |
| S2 | 1/6 | 1 | 1/2 | 1/8 | 0.056 |
| S3 | 1/4 | 2 | 1 | 1/5 | 0.099 |
| S4 | 2 | 8 | 5 | 1 | 0.520 |
| $\sum$ | | | | | 1.000 |
| 价格指标排序 | | | | | |
| 供应商 | S1 | S2 | S3 | S4 | 权重 |
| S1 | 1 | 2 | 1/4 | 1/3 | 0.126 |
| S2 | 1/2 | 1 | 1/5 | 1/4 | 0.079 |
| S3 | 4 | 5 | 1 | 2 | 0.490 |
| S4 | 3 | 4 | 1/2 | 1 | 0.305 |
| $\sum$ | | | | | 1.000 |

续表

| 交货指标排序 | | | | | |
|---|---|---|---|---|---|
| 供应商 | S1 | S2 | S3 | S4 | 权重 |
| S1 | 1 | 3 | 3 | 2 | 0.455 |
| S2 | 1/3 | 1 | 1 | 1/2 | 0.141 |
| S3 | 1/3 | 1 | 1 | 1/2 | 0.141 |
| S4 | 1/2 | 2 | 2 | 1 | 0.263 |
| Σ | | | | | 1.000 |
| 服务指标排序 | | | | | |
| 供应商 | S1 | S2 | S3 | S4 | 权重 |
| S1 | 1 | 1 | 1/2 | 1 | 0.200 |
| S2 | 1 | 1 | 1/2 | 1 | 0.200 |
| S3 | 2 | 2 | 1 | 2 | 0.400 |
| S4 | 1 | 1 | 1/2 | 1 | 0.200 |
| Σ | | | | | 1.000 |

（4）进行供应商总排序。供应商在各指标下的排序权重与各指标权重之积累加后即可得到供应商的排序评分，如表6-11所示。

表6-11 供应商总排序

| 供应商 | 质量（0.242） | 价格（0.175） | 交货（0.519） | 服务（0.063） | 总权重 |
|---|---|---|---|---|---|
| S1 | 0.325 | 0.126 | 0.455 | 0.200 | 0.350 |
| S2 | 0.056 | 0.079 | 0.141 | 0.200 | 0.113 |
| S3 | 0.099 | 0.490 | 0.141 | 0.400 | 0.208 |
| S4 | 0.520 | 0.305 | 0.263 | 0.200 | 0.329 |

本例中最佳供应商为S1。层次分析法最重要的特点是简单明了，适用于存在不确定性和主观信息的情况，可以使管理者以合乎逻辑的方式运用其经验、洞察力和直觉。层次分析法的缺点是存在一定的主观性。

### 2. 加权指数评估法

供应商的选择是一个多因素选优问题。应用加权指数评估法，管理者首先需要根据所采购物品的需求特点，确定选择供应商时需要评估的一系列因素。在确定评估因素后，管理者还必须确定每个因素对企业的重要性。例如，如果产品可靠性是对企业而言最重要的属性，那么管理者应该赋予其最高的重要性等级；如果价格没有产品可靠性重要，那么管理者应该赋予价格较低的重要性等级。

一旦确定了评估因素和各因素的重要性，管理者就可以按照这些评估因素（如产品可靠性、价格、订货的方便性等）来衡量各个候选供应商的绩效。加权指数评估法一般采用5分制的评分标准，1分代表最差，5分代表最好，管理者在实际应用时也可根据需要采用其他的分数制。

对各候选供应商的各因素进行评估后，管理者就可以确定各候选供应商的加权指数评估值。加权指数评估值是各候选供应商在各因素上的得分（评估绩效）乘以相应的权重所得到的数值之和。加权指数评估值越高，供应商就越符合采购方的需求和条件。

$$加权指数评估值=\sum评估绩效\times权重$$

### 案例链接

伊莱特公司决定对3家供应商生产的集成电路板的性能进行重新评估。以前，该公司将订单平均分配给这3家供应商，对于它们以往的绩效也积累了较多的信息。现在该公司需要就明年所需的集成电路板签订新的合同。表6-12列出了这3家供应商在价格、质量和交货可靠性方面的数据。

表6-12　3家供应商的简要数据

| 评判标准 | A电子公司 | B公司 | C电工公司 |
|---|---|---|---|
| 价格 | 4美元/件 | 5美元/件 | 2美元/件 |
| 质量 | 不合格率为5% | 不合格率为1% | 不合格率为10% |
| 交货可靠性 | 按时交货率为95% | 按时交货率为80% | 按时交货率为60% |

伊莱特公司首先要做的工作是为各项评判标准分配权重，权重之和应等于1。伊莱特公司为了对这3家供应商进行评估，设立了一个采购小组，该小组认为质量是最重要的评判标准，紧接着是价格和交货可靠性，最后，权重分配情况为：*W*（价格）=0.3，*W*（质量）=0.4，*W*（交货可靠性）=0.3，总计为1。

下一步是采购小组根据每个评判标准对每家供应商的绩效进行评估，分值尺度如表6-13所示。

表6-13　加权指数评估法的分值尺度表

| 分值 | 尺度说明 |
|---|---|
| 5 | 很好 |
| 4 | 较好 |
| 3 | 一般 |
| 2 | 较差 |
| 1 | 很差 |

根据产品设计小组的详细说明书，采购小组根据每项评判标准对各家供应商的绩效进行评分，如表6-14所示。

表6-14　3家供应商的绩效评分

| 评判标准 | A电子公司 | B公司 | C电工公司 |
|---|---|---|---|
| 价格 | 4 | 3 | 5 |
| 质量 | 3 | 5 | 1 |
| 交货可靠性 | 4 | 2 | 1 |

然后采购小组用每一项评判标准的绩效分值乘以该评判标准的权重，得出该供应商的所有评判标准得分，并把所有评判标准得分相加，计算出每家供应商的总得分。对于A电子公司来说：

总得分=价格绩效×*W*（价格）+质量绩效×*W*（质量）+交货可靠性绩效×*W*（交货可靠性）=4×0.3+3×0.4+4×0.3=3.6

同理可得，B公司和C电工公司的总得分分别是3.5和2.2。根据这一结果，采购小组可以决定该选择哪一家供应商。很明显，C电工公司被选中的机会渺茫。到目前为止，尽管C电工公司的产品价格最低，但其在交货可靠性和质量方面的得分非常不理想。对比A

电子公司和B公司。A电子公司的产品价格较低，但需要对其产品质量进行改进；B公司的产品质量好，但其在交货可靠性方面存在问题，而且要设法降低产品的价格。因为这两家公司的总得分很接近，所以最终决策结果有以下可能。

（1）与A电子公司进行进一步谈判，要求其给出改进产品质量的详细说明，然后与其签订合同。

（2）与B公司进行进一步谈判，要求其降低产品价格并就如何提高交货可靠性做出说明，然后与其签订合同。

（3）把采购订单分配给这两家公司，与它们签订双重货源合同，该合同必须声明以最快的速度改进其绩效的公司以后会得到更多的订单。

## 五、采购管理的发展趋势

### 1．长期合同和采购联合

20世纪90年代以来，采用长期合同（2年或以上）的交易稳定增长，长期合同在全部合同中所占的比重由1990年的24%上升到1999年的40%。此外，长期合同的采购金额在全部采购金额中所占的比重也由34%上升到45%。

降低成本的压力是长期合同不断增长的主要影响因素。采用长期合同可以显著降低维护采购企业与供应商之间关系的相关成本。在企业与现有供应商签订长期合同之前，供应商要先实施降低成本的举措。这样一来，企业就可以与少数高绩效的供应商建立长期关系，而长期合同也是采购企业与供应商之间相互作用与密切合作的先决条件。采购企业追求发展长期合作关系，而早期的供应商参与以及如今的EDI系统都为长期合作与发展奠定了基础。

企业采用长期合同需要相应地加大采购联合的力度。采购联合是指企业多个部门甚至多家企业对采购需求进行汇总并实施联合采购。通过将多家采购企业的需求汇总在一起，整个交易可以获得较大的总采购数量，并且平衡各方之间的采购行为。采购联合节省了大量的采购成本。实际上即使存在采购联合的机会，大多数企业的采购联合也只能达到中等水平。

### 2．减少供应商数量

1990年，某企业的采购人员要负责126家供应商的交易事项。但到2000年年初，该企业的采购人员只需要与46家供应商进行定期交易，供应商的数量下降了约63%。需要注意的是，企业保持的供应商数量的减少通常只是优先供应商总数的减少。例如，制造业的自动化趋势已经开始依赖于较大的供应商来设计和建立整个子系统，如汽车电力系统。采购企业放弃了由数十家较小规模的供应商为其子系统提供零部件的传统做法，转变为只与一家主要的供应商建立长期供应关系，然后由其安排数家小规模的供应商建立子系统。

### 3．全球采购

在美国，从国外供应商处进行采购在全部采购中所占的比重由1990年的9%增加到20世纪90年代末的14%。降低成本的压力，以及在全球范围内获取产品和生产技术的需要，继续推动这一趋势的发展。这些因素将有助于使总采购中国际采购逐渐增长的趋势继续保持。

### 4．供应商绩效策略

20世纪90年代末，在所有被调查的企业中，一半以上的企业明确了关于供应商绩效的最低接受标准，这与1990年的1/3相比有所增长。这些标准通常以绩效不断超越实际过程来确定，目的是反映最高级的或世界级的绩效标准。可接受的供应商绩效标准的提高与越来越多的企业使用正规的供应商绩效评估系统这一趋势相适应。采用正规系统评估供应商绩效的企业占所有企业的比重显著增加，由 1990 年的 47%增加到 20 世纪 90 年代末的 80%。如果没有这些系统，企业将很难制定供应商选择决策，也难以追踪供应商的改进工作。

**5．供应商技术**

根据预测，依靠供应商提供产品和生产技术的企业的数量的平均增长幅度为 20%～30%。造成这种趋势的主要影响因素有 4 个。第一，更多的企业开始关注自身核心竞争力，并将非核心活动外包给供应商。第二，世界范围内的竞争更加激烈，成本和质量压力也在加大。与最佳供应商合作有助于企业满足成本和质量方面的需要。第三，几乎所有企业都感受到在核心领域加快创新和持续提高绩效的压力。供应商的设计和技术专长有助于企业满足这一需要。第四，许多企业现在把时间掌控能力作为其成功的决定因素之一。例如，在某些行业，用最短的时间把观念转化为客户可得的新产品的能力和最高的产品感知质量与最低的产品成本同样重要。被调查的企业预期在今后几年里可以减少 40%～45%的产品开发时间。采购活动必须有助于缩短产品开发时间，以实现这一目标。例如，早期的一些供应商掌握了计算机接口的设计能力，缩短了计算机制造商的产品开发时间。

**6．信息技术**

在今后几年里，企业预期会与超过 60%的供应商建立电子信息联系，而现在企业只能与 20%～25%的供应商通过电子设备进行沟通。此外，65%的采购文件（如采购申请单、修改单、运输通知单和时间进度表等）会通过 EDI 系统直接传递到供应商处。

还有一个更为重要的趋势，就是以计算机为基础的企业对企业的交易（B2Bs）将增多。B2Bs 是一种将潜在的需求方和供应方连接起来并使交易双方的信息流动实现自动化的在线交易活动。与 EDI 相比，B2Bs 最大的一项优势是它可以利用标准的网络协议，比以往任何时候都更容易进行信息交换。这使得较小规模的企业也能够参与其中。公开的 B2Bs 面向所有满足特定标准并愿意加入这一系统的，或与他人交易需要支付必要费用的客户开放。相反，私人的 B2Bs 的交易对象只限于经过挑选的一组企业。

**7．采购专业化**

在将来，采购人员将会进行较少的日常采购活动，而在供应商评估和选择、新产品开发、自制和外购决策等战略活动上花费更多的时间。例如，现在许多信用卡公司向经过挑选的使用者发行信用卡，使用者借助这些信用卡从确定的供应商处直接采购他们所需的产品，信用卡公司向使用者发送报告、绩效账单，并承担与以前的采购过程相关的大量任务。

信息技术所带来的采购专业化会进一步减轻采购人员的工作负担。使用者依靠信息系统可以通过自己的计算机终端直接订购所需产品。生产计划和控制系统也会根据生产需要自动进行订货。这些系统会利用 EDI 及时向供应商发出订货需求，从而降低管理人员仔细审查的必要性。

让供应商控制生产厂家的存货也可以减轻采购人员的工作负担。典型的例子就是把以前由企业的采购经理或物料经理实施的采购活动外包给供应商。

这些变化都与采购专业化有关。对于一个多年来主要从事日常采购订货的人员来说，如果职位要求发生变化甚至企业不再需要这一职位了，他该如何应对？例如，美国中西部大型化学厂的采购小组目前的工作任务正在由“实施采购”转变为进行更多的战略活动。

表 6-15 所示为采购管理的趋势。

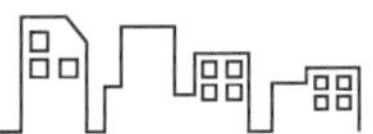

表 6-15 采购管理的趋势

| 采购描述 | 传统状况 | 新状况 |
| --- | --- | --- |
| 合同期长短 | 竞争招标，每年和每半年更新一次 | 附有绩效改进条款的长期合同（两年以上） |
| 所采购商品之间的联系 | 以产品或服务为单位进行采购 | 以业务为单位进行采购联合，目的是利用采购数量和采购工作的杠杆作用 |
| 供应商数量 | 频繁变换供应商，每一种需要采购的产品或服务都有多家供应商 | 企业更可能采用单一货源或双重货源的方式订购产品或服务，以改进绩效、降低成本 |
| 供应商地址 | 主要从国内甚至当地的供应商处采购 | 为了在世界范围内获得最佳供应商而进行全球采购 |
| 高层对采购的重视程度 | 采购被看作“麻烦事”而非增值活动 | 采购被看作一种利用供应商能力的方式 |
| 时间的重要性 | 可以容忍较长的周期，很少让供应商参与新产品的开发过程 | 缩短采购周期是制胜法宝；与供应商合作开发新产品，从而缩减产品开发的时间 |
| 供应商能力的改进 | 期望供应商增强能力，但事实上很难实现 | 通过供应商发展规划，采购企业可以提高供应商的绩效 |
| 供应商绩效测量 | 对供应商不同时期的质量、交货可靠性和价格不进行监控或者进行随机监控 | 采用详细、正规的绩效评估系统对价格、交货可靠性、质量及其他方面进行监督 |
| 供应商绩效标准 | 没有标准或者标准较低 | 期望的绩效标准将不断提高 |
| 对供应商产品和生产技术的依靠程度 | 很少或不依靠；只希望供应商严格按要求交货，没有其他要求 | 供应商在新产品/工艺开发中发挥作用 |
| 连接采购企业与供应商的电子信息系统 | 很少或没有 | 更多地利用 EDI、B2Bs 建立供应链成员之间的联系 |
| 采购职责 | 办公室工作——处理采购订单 | 更多地利用技术手段处理日常事务，花费更多的时间处理与关键供应商的关系 |

## 任务实施

案例链接

【任务 1】加权指数评估法在供应商选择中的应用。各供应商评估得分如表 6-16 所示。

表 6-16 各供应商评估得分

| 评估项目 | 评估权重 | 评估数值 | | |
| --- | --- | --- | --- | --- |
| | | 供应商 A | 供应商 B | 供应商 C |
| 质量 | 0.3 | 9 | 8 | 8 |
| 价格 | 0.2 | 8 | 7 | 9 |
| 交货准时性 | 0.1 | 7 | 8 | 6 |
| 品种柔性 | 0.1 | 8 | 6 | 9 |
| 可靠性 | 0.2 | 9 | 8 | 6 |
| 售后服务 | 0.1 | 8 | 6 | 7 |
| 综合得分 | | 8.4 | 7.4 | 7.6 |

显而易见，制造商将选择供应商 A。

【任务 2】ABC 公司采购决策的总成本分析如表 6-17 所示，可见选择外购给企业节约了大量的成本。

表 6-17 ABC 公司采购决策的总成本分析

| 选择自制 | |
|---|---|
| 运营支出 | |
| 直接人工费用 | 0.030 0 美元 |
| 救济金（50%） | 0.015 0 美元 |
| 直接材料费用 | 0.050 0 美元 |
| 间接人工费用 | 0.011 0 美元 |
| 救济金（50%） | 0.005 5 美元 |
| 设备折旧 | 0.010 0 美元（100 万件为 10 000 美元） |
| 一般管理费用 | 0.030 0 美元 |
| 工程/设计成本 | 0.030 0 美元（100 万件为 30 000 美元） |
| 单位总成本 | 0.181 5 美元 |
| **选择外购** | |
| 采购价格 | 0.080 0 美元 |
| 运输和搬运费用 | 0.015 0 美元 |
| 存货处理费用 | 0.007 0 美元 |
| 管理成本 | 0.000 9 美元（每月 25 美元×36 个月/100 万件） |
| 单位总成本 | 0.102 9 美元 |
| 每单位节约 | 0.078 6 美元 |
| 总成本节约（100 万件） | 78 600.00 美元 |

## 练习与实训

### （一）思考题

1. 采购在供应链中有哪些作用？
2. 自制和外购的利与弊分别是什么？

### （二）实训

1. 某照明公司正在考虑从 3 家软件公司中选择一家为其建立电子数据交换系统，管理者决定从 3 个方面——信誉、技术水平、价格，对这些软件公司进行评估。每个方面的权重和软件公司的绩效分值（1——差，5——优）如表 6-18 所示。

表 6-18 3 家软件公司绩效分值表

| 考核内容 | 权重 | 软件商 | | |
|---|---|---|---|---|
| | | 软件商 1 | 软件商 2 | 软件商 3 |
| 信誉 | 0.2 | 3 | 4 | 5 |
| 技术水平 | 0.4 | 5 | 4 | 4 |
| 价格 | 0.4 | 5 | 3 | 2 |

请用加权指数评估法计算每一家软件公司的加权绩效得分。

2. MWE 是达拉斯一家为航空工业生产定制化仪器的工程公司，其正在考虑将某零部件的生产外包给沃斯堡一家制造商。该制造商基于 32 000 件的年供应量，给出的生产价格为每件 25 美元。然而，MWE 在与这家制造商维持关系方面还需要花费额外的成本。MWE 的管理层列出的成本数据如表 6-19 所示。

表 6-19 MWE 管理层列出的成本数据

| MWE 目前的生产经营状况 | 沃斯堡制造商的状况 |
|---|---|
| 固定成本 | 每单位零部件的价格 |
| 设备与日常开支，每年 800 000 美元 | 25 美元 |
| 变动成本 | 其他成本 |
| 劳动力成本，每件 8.50 美元 | 管理费用，每年 50 000 美元 |
| 原材料成本，每件 5.00 美元 | 检查费用，每年 65 000 美元 |
| | 运输费用，每件 1.50 美元 |

除了成本以外，MWE 的管理者还确定了其他两项需要考虑的标准：质量和按时交货能力。MWE 的管理者为成本、质量、按时交货能力设置的权重分别为 0.2、0.5 和 0.3。采购专家对 MWE 目前装配生产的绩效和外包给沃斯堡制造商进行生产的绩效进行了评价。两者的分数如表 6-20 所示（1——差，5——优）。

表 6-20 绩效评价分值

| 考核内容 | 绩效分值 | |
|---|---|---|
| | MWE 目前的生产经营状况 | 沃斯堡制造商的状况 |
| 成本 | 3 | 5 |
| 质量 | 5 | 4 |
| 按时交货能力 | 3 | 3 |

计算这两种选择的总成本和加权绩效得分，并确定 MWE 是决定继续采用目前自己生产的方式还是与沃斯堡制造商签订订单。

# 供应链库存管理

## 知识目标

1. 了解库存的作用与类型
2. 了解供应链库存管理策略
3. 理解周转库存与安全库存在供应链中的作用

## 技能目标

1. 掌握确定性库存决策的相关计算
2. 掌握不确定状态下安全库存的相关计算

## 素养目标

1. 学会用辩证的眼光看待事物
2. 培养系统化的思维和集成化的理念

1. 相关背景

国际市场调研机构 Counterpoint Research 公布了一份 2022 年第一季度的全球智能手表数据报告。报告指出，尽管受到经济放缓和通货膨胀等问题的影响，但是与上年同期相比，全球智能手表市场 2022 年第一季度的出货量仍然增加了 13%。其中，排名前八的智能手表品牌分别为苹果、三星、华为、小米、佳明、Amazfit、Imoo、Fitbit。苹果的市场份额为 36.1%，排名第一，其智能手表出货量相比上年同期增长了 14%。三星以 10.1%的市场份额排名第二，其智能手表出货量同比增长了 46%。华为的市场份额为 7.2%，排名第三，其市场份额稍有下降。

具体来看，苹果稳居市场第一，2022 年第一季度出货量同比增长了 14%。Apple Watch 7 发布的推迟导致有一些出货量延续到下一季度，这在一定程度上延续该品牌的竞争力。三星稳固地占据了第二名的位置，随着 Galaxy Watch 4 系列的大受欢迎，三星智能手表在亚太地区市场的销量明显提高。华为的智能手表出货量与上年同期持平。另外，小米智能手表出货量同比增长了 69%，排名第四，但小米的销售额很大部分来自 100 美元以下的产品。佳明智能手表的出货量在市场中排名第五，但由于其较高的平均销售价格而使其在收入方面排名第三。

此前，Counterpoint Research 公布了一张全球智能手表出货量市场份额阶段性变化的统计图，该图延续了对四大品牌厂商（苹果、三星、Amazfit、Imoo）的市场份额的统计，苹果、三星、Amazfit 不断巩固市场份额，但 Imoo 的市场份额在逐步缩小。Counterpoint Research 的分析师认为，中国儿童手表市场持续低迷和华为、小米正在不断扩大在儿童手表领域的影响力是 Imoo 市场份额下降的两大原因。

从区域看，智能手表的出货量在大多数主要地区都实现了增长，只有欧洲市场的出货量与上年同期持平。苹果和三星在欧洲市场的出货量保持同比增长，但佳明和 Fitbit 等其他品牌的表现却不尽如人意。

目前，越来越多的科技企业将目光投向智能手表市场，苹果、三星和华为等公司将迎来更多新对手。A 公司作为全球手机生产大户，2021 年已经累计生产销售了 1 亿部各种类型的手机，但是在智能手表市场一直进展不大。根据 A 公司计划，2022 年公司的重点工作是进行智能手表的研发和生产，进入智能手表这一高增长市场。

按照 A 公司的市场预测，到 2026 年全球智能手表的市场规模将接近 600 亿美元。A 公司计划在 2023 年生产销售 20 万部智能手表。生产智能手表需要用到一种特殊的编解码 DSP（Digital Signal Processing，数字信号处理）芯片，这种芯片是高度集成的电子芯片，生产技术要求非常高，是智能手表中一个必备的元器件，目前国内还没有厂家能够设计制造这种芯片，A 公司必须从唯一生产该芯片的美国厂商处进口。如果要生产 20 万部智能手表，至少需要 20 万个这种芯片。实际上如果算上这些芯片中含有的部分不良品，A 公司实际需要的芯片数量比 20 万个多一些。由于 A 公司与生产该芯片的美国厂商建立了战略协作关系，每年要从生产该芯片的美国厂商处进口多种生产智能手表必需的各类型芯片，因此双方签订了长期供货协议。每个 DSP 芯片的采购价格为长期优惠批发价格，每个 DSP 芯片的价格折合人民币 5 元，不会随着单次购买数量的多少而变化，但是生产该芯片的美国厂商要求 A 公司每次采购都用现款结算，并且不提供退货保证。

按照A公司的生产销售计划，这批手表可以每月平均进行生产，因此对于购买的芯片数量，每个月有1 700万个以上的DSP芯片就可以保证生产。

按照A公司的采购流程，首先要由A公司生产部门提出采购要求和采购物品清单，报出采购计划，然后交给A公司采购主管进行审批，审批后列入待采购物品清单，发给物流部门进行采购。物流部门根据采购物品清单，匹配相应采购物品的供应商，与供应商进行联系，然后传真确认采购物品的具体型号、规格，以及交货期、采购具体数量、运输要求等。当采购物品运输到A公司的生产基地后，库房管理部门接收采购物品并将其纳入库房存储，然后在生产时，生产人员根据生产计划单到库房领取相应的生产元器件。

2. 要解决的问题和相关的数据资料

每次采购、储存、保管元器件都需要花费一定的费用，A公司为了最大限度地降低费用，有两种可选方案：一种是大批量订货，目的是使订货费用最低；另一种是小批量订货，目的是使库存保管费用最低。实践证明，这两种极端方案都不能达到总费用最低的目的。最佳方法是综合考虑上述两个方案，得出一个折中方案——经济库存模型。

由于在采购和储存元器件的过程中，每一环节都需要消耗A公司一定的资源，折算成费用的话，A公司每次在通信联络和国际传真确认等方面的费用为200元；而对于从发起采购计划到审批、确认、入库、记账等方面的人工消耗进行费用分摊，每次需要500元；对于从生产该芯片的美国厂商处将芯片运输到A公司的费用，每次摊销为1 500元；对于进口物品的海关报关处理等费用，每次折合摊销为1 000元。每次订货采购的成本如表7-1所示。

表7-1 每次订货采购的成本

| 项目 | 费用/元 | 备注 |
|---|---|---|
| 通信费用（国际长途） | 200 | 每次需要传真和电话联系等 |
| 订货人员工资（订购、记账、入库等人工开支合计） | 500 | 采购人员、会计、库管等人工开支摊销 |
| 物流运输费用 | 1 500 | 发货费用 |
| 每次报关费用 | 1 000 | 境外订货的入关费用 |
| 订货费用合计 | 3 200 | 每次采购费用的合计 |

此外，储存元器件也要花费费用，主要费用如下：由于A公司的流动资金基于从银行等融资渠道获得的贷款，库存物品对资金的占用将产生一定的费用，从A公司获取资金的成本来计算，贷款年利率为9%；DSP芯片还将占用A公司的库存空间，经过综合计算后，在库房租金的摊销上，存储DSP芯片的年摊销费用为1 200元；存储过程中因为搬运和自然静电损害等因素还将造成一定的损耗，按照历史统计数据来看，年损耗率大约为0.3%；库房管理和保险等综合费用需要摊销，合计摊销到DSP芯片上，每年大约为400元。

DSP芯片的库存费用如表7-2所示。

表7-2 DSP芯片的库存费用

| 项目 | 费用/元 | 备注 |
|---|---|---|
| 库存物品资金占用利息 | 5×200 000×9%=90 000 | 每个DSP单价5元，贷款年利率为9% |
| 库房和金分摊 | 1 200 | |

续表

| 项目 | 费用/元 | 备注 |
|---|---|---|
| 库存损耗 | 200 000×5×0.3%=3 000 | 静电、搬运等导致的年损耗率为0.3% |
| 库管费用分摊 | 400 | 对库房管理和保险等综合费用进行分摊 |
| 合计 | 94 600 | 库存费用合计 |
| 库存保管费用比率（I） | 94 600/（5×200 000）×100%=9.46% | 库存保管费用比率为库存保管费用占总库存费用的百分比 |

## 相关知识

### 一、库存的作用与类型

库存是物流体系的重要组成部分。在供应链中，库存有许多不同的表现形式。库存管理水平的高低将直接影响整个供应链是否可以达到预期目标，因此库存的计划、管理和控制是非常重要的。

**1．库存的作用**

在实际运作中，库存具有以下几方面的作用。

（1）维护生产的稳定性。生产和劳动力的稳定性与资本设备的有效使用紧密相关。近年来，虽然生产制造技术突飞猛进，对产品需求反应很快，但是还有许多需要库存的情况。例如，由于儿童玩具的需求在“六一”儿童节时会大幅提高，因此，玩具厂可以提前生产儿童玩具并将其储存起来。

（2）缓冲供给与需求的缺口。库存管理最根本的目的是保证供给和需求的平衡。在某些情况下，企业不需要缓冲，能够从供应商处订货并及时地将产品运送到客户手中，如客户将确切的需求数量告诉企业，客户能够给企业提供从供应商处订货的时间或生产产品的时间，供应商随时能按时、按量交付等。不过，大多数时候企业还是需要库存做缓冲的，如一些企业出售的是季节性产品，但与之相关的需求是全年持续的；还有一些企业的供应是连续的，而需求是不稳定的。这可能导致出现由于订购时间太短而不能及时生产或采购所需要的产品的问题。因此，为了满足客户需要，企业就产生了缓冲库存。

（3）建立预期库存。预期库存的建立是为了满足计划或期望的需求，常见的例子是企业将新产品投入市场，由于新产品进入市场需要相当多的费用，因此大多数企业不得不建立库存来满足市场对新产品的迅猛需求。如果客户需求得不到满足，新产品就会给客户留下不好的印象。

（4）建立投资库存。有些情况下，为了有效地开发市场，企业会限制产品的供应以提高产品的市场价格，这样可以通过延长产品生产和投入市场的周期来实现。另外，为了适应市场条件，企业可以建立一定的库存，例如，茅台酒近几年价格持续上涨，且上涨幅度很大，有些商人就会在仓库里囤积一些茅台酒，等待其价格上涨后再拿出来售卖。

对于企业来说，它们希望能在客户服务水平和相关的投资成本间找到平衡点，也就是在达到客户期望的服务水平的前提下，尽量将投资成本降低到可以接受的水平。对于一家企业而言，这两个目标往往是相互冲突的，为了能给客户提供高水平的服务，企业就需要保持相当多的库存以降低需求的不确定性，这就会增加企业的支出。

**案例链接**

安科公司是一家专门经营进口医疗用品的公司。2001 年，该公司经营的产品有 26 个品种，共有 69 个客户购买其产品，年营业额为 5 800 万元。对于安科公司这样的贸易公司而言，其进口产品交货期较长、库存占用资金多，库存管理就显得尤为重要。

**1. ABC 分类法的理论依据**

ABC 分类法是意大利经济学家帕累托首创的。1879 年，帕累托在研究个人收入的分布状态时，发现少数人的收入占全部人口收入的大部分，而多数人的收入仅占全部人口收入的小部分。ABC 分类法的核心思想是在决定一个事物的众多因素中要分清主次，识别出少数的但对事物起决定作用的关键因素和多数的但对事物影响较小的次要因素。“20/80”法则是 ABC 分类法的指导思想。所谓“20/80”法则，就是 20%的因素带来 80%的结果。但是“20/80”法则也不是绝对的，可能是 25%和 75%或者 16%和 84%等。总之，“20/80”法则作为一个统计规律，是指少数的因素起着关键作用。在这个法则的指导下，企业试图用 ABC 分类法对物料进行分类，以找出占用大量资金的少量物料，并加强对它们的控制与管理；对那些占用少量资金的大多数物料，则施以较松的控制和管理。通常，人们将占用 65%～80%资金的 15%～20%的物料划分为 A 类，将占用 15%～20%资金的 30%～40%的物料划分为 B 类，将占用 5%～15%资金的 40%～55%的物料划分为 C 类。这种划分也不是绝对的，企业要根据实际情况加以调整。除了 ABC 分类法，企业还应采用数理统计、运筹学、系统工程等方面的知识，并结合库存的实际情况采用定性和定量相结合的分析方法进行库存管理。

**2. ABC 分类法在安科公司的应用**

安科公司按销售额的大小，对其经营的 26 种产品进行排序，并将其划分为 A、B、C 类。排在前 3 位的产品的销售额占总销售额的 97%，把它们归为 A 类产品；排在第 4、第 5、第 6、第 7 位的产品的销售额总销售额的 2%，把它们归为 B 类产品；其余的 19 种产品（其销售额共占总销售额的 1%）归为 C 类产品。其库存产品统计如表 7-3 所示。

表 7-3 安科公司库存产品统计表

| 类别 | 库存产品 | 销售额/万元 | 占总销售额的比例 | 占总库存比例 |
| --- | --- | --- | --- | --- |
| A | 3 种 | 5 626 | 97% | 11.5% |
| B | 4 种 | 116 | 2% | 15.4% |
| C | 19 种 | 58 | 1% | 73.1% |

A 类产品只占总库存的 11.5%，而其销售额占总销售额的 97%，B 类产品占总库存的 15.4%，其销售额占总销售额的 2%，C 类产品占总库存的 73.1%，其销售额占总销售额的 1%。

在此基础上，安科公司对 3 种 A 类产品实行连续性检查策略，即每天检查其库存情况。因为安科公司每月的销售量不稳定，所以其每次订货的数量不相同。另外，为了防止预测的不准确及工厂交货不及时，安科公司还设定了一个安全库存。相关资料显示，

A类产品的订货提前期为2个月，即如果预测在6月销售的产品，安科公司应该在4月1日下订单给供应商，才能保证产品在6月1日出库。安科公司对A类产品的库存管理方案如下。

安全库存=下个月预测销售量的1/3

订货时间：当实际的库存数量加上在途产品数量等于接下来2个月的预测销售量加上安全库存时，就下订单。

订货数量=第3个月的预测数量

安科公司对B类产品实行周期性检查策略，即每个月检查库存并订货1次，目标是每月检查时能保证仓库里有以后2个月的预测销售量（其中1个月的预测销售量视为安全库存），另外在途还有1个月的预测销售量。每月订货时，安科公司根据当时剩余的实际库存数量，决定需订货的数量，这样就会使B类产品的库存周转率低于A类产品的库存周转率。

对于C类产品，安科公司则采用了定量订货的方法。根据历史销售数据，得到产品的半年销售量，将其视为C类产品的最高库存量，并将其中2个月的销售量作为最低库存量。一旦库存水平达到最低库存量时，安科公司就向供应商订货，将其补充到最高库存量。这种方法比前两种方法更省时间，但是库存周转率更低。

安科公司在使用ABC分类法对产品进行分类以后，又对其客户按照购买量进行了分类。安科公司发现在69个客户中，排在前5位的客户的购买量占全部购买量的75%，将这5个客户归为A类客户；第6位到第25位客户的购买量已达到95%，把第6～25位客户归为B类客户；第26～69位客户归为C类客户。对于A类客户，安科公司实行供应商管理库存，即一直与供应商保持密切的联系，随时掌握供应商的库存状况；对于B类客户，安科公司根据历史购买记录，以需求预测作为订货的依据；而对于C类客户，有的一年只购买一次，因此，C类客户只在每次订货的基础上多增加一些数量确保不缺货，或者用安全库存进行调节。

**3. 使用ABC分类法后，安科公司库存管理的效果**

对于安科公司这类经营进口产品且产品种类繁多、各产品的需求量变化幅度较大的企业来说，库存管理显得尤为重要，甚至关系到企业的生死存亡，所以，安科公司必须采取适当的措施对库存实施控制与管理。安科公司对库存进行ABC分类管理，是符合其特点的。首先，安科公司经营的产品种类繁多且各产品的需求量变化幅度较大，对其产品进行ABC分类管理，有利于库存管理、销售量统计、需求预测、订货计划编制、成本控制及成本会计核算等环节的开展，并能使安科公司对其产品进行重点控制。这样大大降低了由上述原因造成的库存管理成本，提高了此类产品的库存周转率。其次，在ABC分类管理的前提下，安科公司对A类产品采取连续性检查策略，这样防止了由A类产品缺货造成的缺货损失，同时避免了由盲目进货造成的不必要的存储成本。由于A类产品的订货周期为2个月且其销售额占总销售额的97%，因此对A类产品实施重点控制和管理是有必要的，这样做也可以尽可能地把库存成本降至最低。再次，安科公司对客户也进行了ABC分类管理，这一方案的实施不仅有利于其掌握重要客户的市场信息，而且可以提供客户的满意程度。除此之外，还有利于安科公司对未来市场进行需求预测，从而避免了由信息不对称造成盲目预测销售量而使公司蒙受损失的情况。最后，有什么样的企业管理体制，就有什么样的企业形象。安科公司对其产品和客户进行ABC分类管理后，其内外经营环境得到了很大的改善，树立了一个良好的企业形象，提升了市场竞争力。综上所述，进行 ABC 分类管理以后，安科公司的库存管理效果主要体现在以下几个方面。

（1）降低了库存管理成本，减少了库存占用资金，提高了主要产品的库存周转率。

（2）避免了缺货损失、过度仓储等情况。

（3）提高了服务水平和客户的满意程度。

（4）树立了良好的企业形象，增强了企业的竞争力。

4. 小结

在如今的企业环境中，零库存只是一种理想状态，对于大量、大批生产的企业来说，这几乎是不可能做到的。因此，企业必须对库存实施控制与管理，应用定量和定性相结合的分析方法，采用适当的库存管理方法，使库存管理成本降至最低。这样做的目的只有一个，那就是使企业的利益最大化。

**2．库存的类型**

- 循环库存：是来自订货政策的库存，由数量和频率共同决定。
- 安全库存：又叫缓冲库存，它是为了防止供需关系中的不确定性而出现的库存，是用于满足客户需求进而决定企业服务水平的基本存货源。
- 预期库存：指预先已经知道需求的库存。例如，预定的计划需求，产品投放市场、产品促销、季节性产品等的需求，开拓市场时的需求，它实质上是以“需求”为导向的。
- 移动库存：指在供应商和客户之间运输的、可以分别识别的库存。
- 投机库存：指为了投资而购买的库存。例如，为以后的生产需要购买的原材料，它实质上是以“供应”为导向的。

## 二、供应链库存管理策略

长期以来，供应链中的库存是相对独立的。供应链中的每个环节都有自己的库存控制策略，都各自管理自己的库存。由于供应链中各环节的库存控制策略不同，因此供应链中不可避免地产生了需求扭曲的现象，即需求放大现象，形成了供应链中的“牛鞭”效应，加大了供应商的供应和库存风险。近年来出现了一些新的供应链库存管理方法，如供应商管理库存、联合库存管理等，这些库存管理策略打破了传统的、各自为政的库存管理模式，有效地控制了供应链中的库存风险，体现了供应链的集成化管理思想，适应了市场变化的要求，是新的、有代表性的库存管理思想。

**1．供应商管理库存**

（1）供应商管理库存的基本思想

供应商管理库存（Vendor Managed Inventory，VMI）是一种供应链集成化运作的决策代理模式，以双方都获得最低成本为目标，在一个共同的框架协议下，把客户的库存决策权代理给供应商，由供应商代理分销商或批发商行使库存决策的权力，并通过对该框架协议进行经常性的监督和修正，使库存管理得到持续的改进。国外学者认为：“VMI 是一种在客户和供应商之间的合作性策略，对双方来说都是以最低成本提高产品的可获性水平，在一个相互同意的目标框架下由供应商管理库存，这样的目标框架被进行经常性的监督和修正，以形成一种连续改进的环境。”

VMI 的主要思想是供应商在客户允许的情况下设立库存，确定库存水平和补给，并拥有库存的控制权。VMI体现了供应链的集成化管理思想，有助于打破传统企业各自为政的库存管理模式，使得整个供应链的库存管理最优化目标得以实现。VMI系统不仅可以降低供应链的库存水平，降低成本，而且可以使零售商获得高水平服务，改进资金流，与供应商共享需求变化的透明性和获得更好的客户服务。VMI的管理模式如图7-1所示。

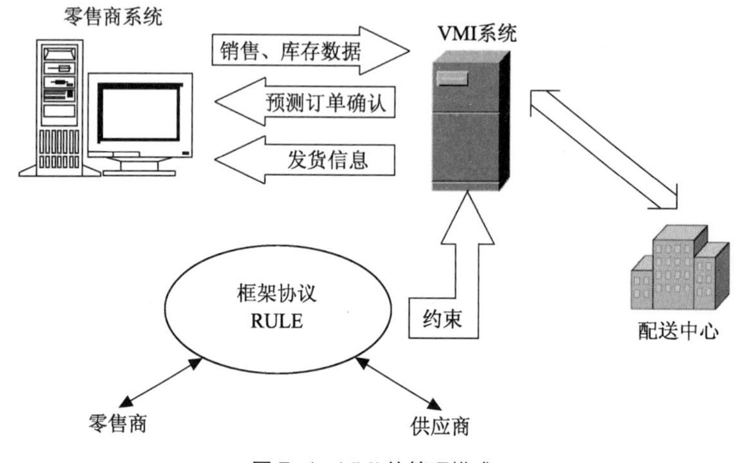


图7-1 VMI的管理模式

（2）供应商管理库存的实施步骤

VMI的实施步骤包含以下4个方面。

① 洽谈并达成合作协议。供应商与零售商一起协商，确定契约性条款，包括所有权和转移时间、信用条件、订货责任、信息传递方式、绩效评估指标（如服务水平和库存水平）等。

② 建立一体化的信息系统。要有效地管理客户的库存，供应商必须能够及时获得最终客户的需求信息。为此，供应商必须通过接口，将零售商的POS系统与供应商的信息系统相连接，用系统集成技术实现信息的实时共享。当零售商销售商品，并通过手持扫描终端将条码所代表的商品信息输入信息管理系统时，供应商就可以同时得到相关的信息。

③ 确定订单处理流程和库存控制的有关参数。双方一起确定供应商在订单处理过程中所需要的信息和库存参数（订货点、最低库存水平等），建立订单处理标准模式（如EDI标准报文等），将订货、交货、票据处理等业务功能集成在供应商处。

④ 持续改进。在VMI的实施过程中，双方合作，共同寻求可以改进的地方，不断对目标框架进行修正，以达到持续改进的效果。

**2．联合库存管理**

（1）联合库存管理的基本思想

联合库存管理（Jointly Managed Inventory，JMI）是一种在VMI的基础上发展起来的上游企业和下游企业权利责任平衡和风险共担的库存管理模式。JMI体现了战略供应商联盟的新型企业合作关系，强调了供应链各节点企业之间的互利合作关系。

联合库存管理是解决供应链系统中由各节点企业相互独立的库存运作模式导致的需求放大现象，是提高供应链的同步化程度的一种有效方法。联合库存管理强调供应链中各个节点企业同时参与，共同制订库存计划，使供应链过程中的每个库存管理者都考虑相互之间的协调性，并对需求的预期保持一致，从而消除需求放大现象。任何相邻节点企业需求的确定都是供需双方协调的结果，库存管理不再是各自为政的独立运作过程，而是供需连接的纽带和协调中心。JMI 的管理模式如图 7-2 所示。

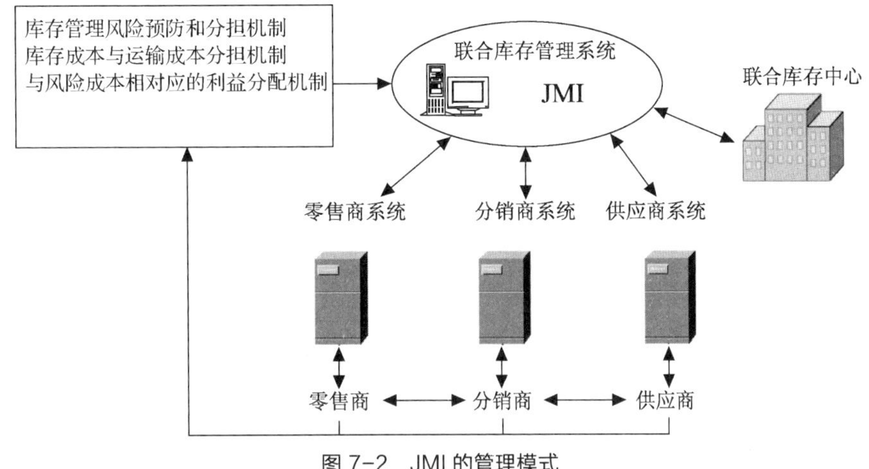

图 7-2 JMI 的管理模式

JMI 把供应链系统管理进一步集成为上游和下游两个协调管理中心，库存连接的供需双方从供应链整体的观念出发，同时参与，共同制订库存计划，实现供应链的同步化运作，从而部分消除由供应链环节之间的不确定性和需求信息扭曲现象导致的供应链库存波动。JMI 在供应链中实施合理的风险、成本与效益平衡机制，建立合理的库存管理风险预防和分担机制、合理的库存成本与运输成本分担机制以及与风险成本相对应的利益分配机制，在进行有效激励的同时，避免供需双方的短视行为及供应链局部最优现象的出现。通过协调管理中心，供需双方共享需求信息，因而起到了提高供应链运作稳定性的作用。

（2）联合库存管理的实施策略

① 建立供应链协调管理机制。为了发挥联合库存管理的作用，供应链各方应从合作的角度出发，建立供应链协调管理机制，建立合作沟通的渠道，明确各自的目标和责任，为联合库存管理提供有效的机制。没有供应链协调管理机制，就不可能进行有效的联合库存管理。要建立供应链协调管理机制，可以从以下几个方面着手。

a. 建立供应链共同愿景。采取联合库存管理模式，供应链各方必须本着互惠互利的原则，建立共同的合作目标。为此，供需双方要理解各自在目标市场中的共同点和冲突点，通过协商形成共同的、共赢的愿景。

b. 建立联合库存的协调控制方法。联合库存协调管理中心担负着协调供应链各方利益的职责，起着协调整个供应链的作用。联合库存协调管理中心需要对库存优化的方法进行确定，包括库存如何在多个需求方之间调节与分配，库存的最高水平和最低水平、安全库存的确定、需求的预测等。

c. 建立利益的分配、激励机制。要有效运行基于协调中心的库存管理，必须建立一种公平的利益分配制度，并对参与协调管理中心的各个企业、各级供应部门进行有效的激励，防止机会主义行为，提高协作性和协调性。

② 建立信息沟通渠道。为了提高整个供应链的需求信息的一致性和稳定性，减少由于多重预测导致的需求信息扭曲，应提高供应链各方获得需求信息的及时性和透明性水平。为此，应建立一种信息沟通的渠道或系统，以保证需求信息在供应链中的畅通和准确性。不仅要将条码技术、扫描技术、POS 系统和 EDI 集成起来，而且要充分利用互联网的优势，在供

应链中建立畅通的信息沟通桥梁和联系纽带。

③ 发挥第三方物流系统的作用。联合库存管理可借助第三方物流（Third Party Logistics，TPL）具体实施。TPL 也称物流服务提供商，这是由供方和需方以外的物流企业提供物流服务的业务模式，该模式把库存管理部分功能代理给第三方物流企业，使企业更加集中于自己的核心业务，可以提高供应链的敏捷性和协调性，并提高各企业的服务水平和运作效率。第三方物流系统起到连接供应商和客户的桥梁作用，能为企业带来诸多好处。

④ 选择合适的联合库存管理模式。供应链联合库存管理模式有以下两种。

a. 各个供应商的零部件都直接存入核心企业的原材料库中，即变各个供应商的分散库存为核心企业的集中库存。集中库存要求供应商采取以下运作方式：按核心企业的订单或订货看板组织生产，产品生产完成后，立即实行小批量、多频次的配送，直接将产品送到核心企业的仓库中补充库存。在这种模式下，库存管理的重点在于核心企业根据生产的需要，保持合理的库存量：既能满足需要，又能使库存总成本最低。

b. 无库存模式。供应商和核心企业都不设立库存，核心企业实行无库存的生产方式。此时供应商直接向核心企业的生产线上进行连续小批量、多频次的补货，并与之实行同步生产、同步供货，从而实现“在需要的时候把所需要品种和数量的原材料送到需要的地点”。这种准时化供货模式取消了库存，所以效率最高、成本最低，但是对供应商和核心企业的运作标准化、配合程度、协作精神要求较高，对操作过程的要求也较严格，而且二者的空间距离不能太远。

## 三、确定性库存决策

周转库存是由于供应链中企业生产或采购的批量大于客户需求量而产生的平均库存量。周转库存产生的原因在于，大批量生产和采购原材料有利于供应链的某个环节实现规模经济，从而降低成本。与订货和运输相关的固定成本、产品定价中的数量折扣和短期折扣及商业促销活动，都促使供应链的各个环节利用规模经济大量订货。

### 1. 周转库存在供应链中的作用

批量是指供应链某一环节在既定时间内所要生产或采购的产品数量。例如，一家计算机商店平均一天要销售 4 台计算机，而商店经理每次从制造商处订购 80 台计算机，这种情况下批量就为 80 台。假设每天销售 4 台计算机，则在采购下一批量前，商店卖出该批产品平均需要 20 天。由于计算机的采购批量大于日销售量，因此计算机商店持有一定的库存。

下面以某品牌专卖店的运动服周转库存为例进行分析。运动服的需求相对稳定，每天能销售 10 件，专卖店的订货批量为 200 件，因此整批运动服售完需要 20 天。在这 20 天里，运动服的库存量从 200 件平稳地降到 0 件。货物到达、需求消耗库存、另一批货物到达依次发生，并以 20 天为周期循环重复。

当需求稳定时，周转库存与批量的关系如下：

$$\text{周转库存}=\frac{\text{批量}}{2}$$

因为批量为 200 件，则周转库存=$\frac{200}{2}$=100（件）。由此可以看出，周转库存与批量是成比例的。在供应链的不同环节，大批量生产和采购的环节比小批量生产和采购的环节持有更大的周转库存。

批量和周转库存还影响供应链中物料的平均流程时间。

$$平均流程时间=\frac{平均库存}{平均流转速度}$$

对于任何一个供应链来说，平均流转速度等于需求量，则：

$$周转库存的平均流程时间=\frac{周转库存}{需求量}$$

对于上面这家专卖店来说，运动服批量为 200 件，日需求量为 10 件，则周转库存的平均流程时间=$\frac{200}{2\times10}$=10（天）。

因此，这家专卖店的周转库存使得每件运动服在供应链中花费的时间增加为 10 天。周转库存越大，产品生产与销售之间的滞后时间越长。企业通常期望更小的周转库存，因为较长的滞后时间使企业更易受市场波动的影响。更小的周转库存还能减少企业所需的流动资金。例如，丰田公司仅在工厂和供应商之间保持数小时生产所需的周转库存，从不存放多余的零部件，因此其流动资金的需求量通常比竞争对手低。丰田公司也只在工厂里分配少量的空间存放库存。

在供应链中持有周转库存是为了利用规模经济以降低成本。成本包括固定订货成本和变动成本。单位订购量的平均支付价格是确定批量大小的关键成本因素。如果增加订货批量能降低单位订购量的平均支付价格，采购者将实施该行为。

固定订货成本是不随订货批量大小变化、在每次下订单时都发生的所有成本的总和，如发出一张订单时可能发生的固定管理费用、运输产品时的货车运输成本、接收订单时的人工成本等。如果每批货物的运输成本是固定的，则通过增大批量便能降低单位产品的运输成本。固定订货成本同样可显示规模经济性，增大批量可以降低每次采购的单位固定订货成本。

库存持有成本是指一定时期（通常为 1 年）内持有一个单位产品的库存所支付的成本。它包括资金成本、实际仓储成本和产品陈旧老化带来的成本。当批量和周转库存增加时，总库存持有成本将会上升。

周转库存的主要作用在于让供应链各环节批量购买产品，从而使原材料成本、固定订货成本、库存持有成本的总和最小。如果管理者只考虑库存持有成本，那么他将减小订货批量和周转库存。然而，采购和订货的规模经济促使管理者增加批量和周转库存。管理者必须在确定订货批量时进行权衡，以使总成本最低。

**2．单一产品的订货批量**

当某公司销售现有库存中的服装时，采购主管会发出一个补货订单以获得批量为 $Q$ 件的新服装。包括运输成本在内，该公司每次订货花费的固定成本为 $S$ 美元。采购主管要决定每次订购服装的数量。现假设如下：

$D$=产品的年需求量

$S$=每次订货的固定成本

$C$=产品的单位成本

$h$=年库存持有成本比率

假设该公司的供应商不提供价格折扣，无论订单数额多大，每件服装的成本价都为 $C$ 美元，库存持有成本为 $H$，则 $H=hC$。

采购主管要确定订购批量的大小，就必须考虑年原材料成本、年订货成本、年库存持有成本 3 个方面。

由于采购价格与批量大小无关，于是：

$$年原材料成本=CD$$

订货次数必须满足产品的年需求量 $D$。假设订货批量为 $Q$，可得：

$$年订货次数=\frac{D}{Q}$$

由于每次发出订单时都会发生订货成本 $S$，可得：

$$年订货成本=\left(\frac{D}{Q}\right)S$$

假设订货批量为 $Q$，平均库存为 $Q/2$。因此，年库存持有成本为持有 $Q/2$ 单位库存一年的成本，其表达式为：

$$年库存持有成本=\left(\frac{Q}{2}\right)H=\left(\frac{Q}{2}\right)hC$$

年总成本 $TC$ 为上述 3 项成本之和，可得：

$$TC=CD+\left(\frac{D}{Q}\right)S+\left(\frac{Q}{2}\right)hC$$

由此可以看出，年库存持有成本随着订货批量的增大而提高，年订货成本随着订货批量的增大而降低。假定产品的价格固定不变，年原材料成本与订货批量无关。因此，年总成本随着订货批量的增大会呈现先下降再上升的趋势。

要使年总成本最低，我们需要将年总成本函数对 $Q$ 求一阶导数，并设一阶导数为 0，可得最优订货批量，又称经济订货批量（Economic Order Quantity，EOQ），用 $Q^*$表示，则有：

$$Q^*=\sqrt{\frac{2DS}{hC}}$$

需要注意的是，年库存持有成本比率 $h$ 和产品的年需求量 $D$ 要有相同的时间单位。最优订货批量为 $Q^*$，则周转库存为 $Q^*/2$，单位产品花费的流程时间为 $Q^*/(2D)$。当最优订货批量增大时，周转库存和平均流程时间增加。最优订货次数用 $N^*$表示，则有：

$$N^*=\frac{D}{Q^*}=\sqrt{\frac{DhC}{2S}}$$

下面用一个例子来说明。

**【例 7-1】**物美超市对中兴手机的月需求量为 1 000 部。每次订货的固定订购、运输和接收成本为 4 000 元。每部手机的进价为 500 元，零售商的年库存持有成本比率为 20%。估算超市负责人每次补货时应当订购手机的数量、年订货成本和库存持有成本，并计算手机周转库存的平均流程时间。

**解：**产品的年需求量 $D=1\ 000\times12=12\ 000$（部）

每批固定订货成本 $S=4\ 000$ 元

每部手机单位成本 $C$=500 元

年库存持有成本比率 $h$=20%

最优订货批量为：

$$Q^*=\sqrt{\frac{2\times 12\,000\times 4\,000}{20\%\times 500}}\approx 980\text{（部）}$$

为使物美超市订购中兴手机的年总成本最低，超市负责人每次应发出补货订单的订货批量为 980 部。周转库存为对应的平均库存，即

$$\text{周转库存}=\frac{Q^*}{2}=\frac{980}{2}=490\text{（部）}$$

根据最优订货批量为 980 部手机，超市负责人可以估计：

$$\text{年订货次数}=\frac{D}{Q^*}=\frac{12\,000}{980}\approx 12.24\text{（次）}$$

$$\text{年订货成本和年库存持有成本}=\frac{D}{Q^*}S+\frac{Q^*}{2}hC=\frac{12\,000}{980}\times 4\,000+\frac{980}{2}\times 20\%\times 500\approx 97\,980\text{（元）}$$

$$\text{平均流程时间}=\frac{Q^*}{2D}=\frac{980}{2\times 12\,000}\approx 0.041\text{（年）}\approx 0.49\text{（月）}$$

因此，当最优订货批量为 980 部时，物美超市每部手机售出前平均花费 0.49 个月。

### 3．多产品的订货批量

一般来说，一个订单的订货、运输、接收成本会随着产品数量或装载点数目的增加而增加。例如，物美超市接收一辆只装载一种产品的卡车的成本要比接收一辆装载多种产品的卡车的成本低很多，这是因为单一产品的库存更新和再存放事务要简单得多。订单的固定成本一部分与运输有关（这部分成本仅与重量有关而与产品种类多少无关），另一部分与装载和接收有关（这部分成本随着装载产品种类的增加而增加）。

要找到使年总成本最低的订货批量和订货策略，我们可以先假定以下已知条件。

$D_{\mathrm{I}}$：产品 I 的年需求量。

$S$：每次订货时的订购成本，与订单中产品的种类无关。

$s$：当订单中包括产品 I 时，产品 I 的附加订货成本。

在物美超市订购多种手机型号的情况下，超市负责人可以通过以下 3 种途径确定订货批量。

第一，各个产品主管分别订购自己的机型。

第二，各个产品主管联合发出订单，每一批都订购各种型号的产品。

第三，各个产品主管联合发出订单，但并非每一批订单都要包含全部类型的产品，或者每批货物只包括可供选择的所有产品的一部分。

下面比较以上 3 种方法。第一种方法不使用任何集中手段，成本最高。第二种方法在每次订购中都集中了所有产品，其缺点是低需求量产品和高需求量产品集中在同一次订购中。采用这种完全集中的策略，如果低需求量产品的特定订货成本很高，则将导致较高的年总成本。第三种方法采取低需求量产品的订货频率低于高需求量产品的订货频率的策略，可以降低与低需求量产品相关的特定订货成本。因此，第三种方法的成本可能最低。

下面，我们先来看分别订购和运输每种产品的情况，即每种产品的订购相互独立。在这种情形下计算订货批量时，每种产品都可采用 EOQ 公式。

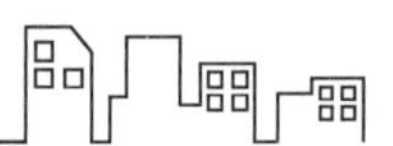

【例 7-2】物美超市销售 3 个品牌的手机，即华为、三星和苹果。这 3 种产品的年需求量分别为 $D_H$=12 000 部，$D_S$=1 200 部，$D_A$=120 部。每部手机的成本均为 500 元，每次订货的固定运输成本为 4 000 元。若每种机型共同订购和运输，接收和存储的附加固定成本为 1 000 元。物美超市的库存持有成本比率为 20%。如果分别订购和运输每种产品，请计算超市负责人应当选择的订货批量，同时计算上述订货策略的年总成本。

**解：**

3 种手机的年需求量分别为：$D_H$=12 000 部，$D_S$=1 200 部，$D_A$=120 部

固定运输成本：$S$=4 000 元

特定订货成本：$S_H=S_S=S_A$=1 000 元

库存持有成本比率：$h$=20%

单位产品成本：$C_H=C_S=C_A$=500 元

由于每种机型分别订购和运输，不同的卡车分别运送不同的机型。因此，对于每种产品的运输，固定订货成本为 5 000 元（4 000 元+1 000 元）。最优订货策略和 3 种产品的成本（当分别订购 3 种产品时）可用 EOQ 公式求出。

一年中，华为订货 11 次，三星订货 3.5 次，苹果订货 1.1 次。如果 3 种机型分别订货，物美超市年总成本为 14 451 429 元。物美超市独立订购的批量和成本如表 7-4 所示。

表 7-4　物美超市独立订购的批量和成本

| | 华为 | 三星 | 苹果 |
|---|---|---|---|
| 年需求量/部 | 12 000 | 1 200 | 120 |
| 固定成本/元 | 5 000 | 5 000 | 5 000 |
| 最优订货批量/部 | 1 095 | 346 | 110 |
| 周转库存/部 | 548 | 173 | 55 |
| 年库存持有成本/元 | 54 545 | 17 143 | 5 455 |
| 订货频率/年 | 11 | 3.5 | 1.1 |
| 年订货成本/元 | 5 454 545 | 1 714 286 | 545 455 |
| 平均流程时间/周 | 2.4 | 7.5 | 23.8 |
| 年总成本/元 | 11 509 090 | 2 331 429 | 610 910 |

3 种产品联合订购和运输的情况如下。

若每次订货都包括 3 种机型，则联合订货的固定订货成本为：

$$S^*=S+S_H+S_S+S_A$$

设 $n$ 为年订货次数，则：

$$\text{年订货成本}=S^*n$$

$$\text{年库存持有成本}=\frac{D_H hC_H}{2n}+\frac{D_S hC_S}{2n}+\frac{D_A hC_A}{2n}$$

$$\text{年总成本}=\frac{D_H hC_H}{2n}+\frac{D_S hC_S}{2n}+\frac{D_A hC_A}{2n}+S^*n+D_H C_H+D_S C_S+D_A C_A$$

将年总成本函数对 $n$ 求一阶导数，并令导数为 0，可得最优订货次数，通过它可以使年总成本最小化。最优订货次数用 $n^*$ 表示，则：

$$n^*=\sqrt{\frac{D_HhC_H+D_ShC_S+D_AhC_A}{2S^*}}$$

该公式可以推广至当一个订单中包含 $k$ 种产品的情形：

$$n^*=\sqrt{\frac{\sum_{I=1}^{k}D_IhC_I}{2S^*}}$$

在这种情形下，通过比较最优订货次数 $n^*$下的总负荷与卡车运载能力，物美超市还能对卡车的运载能力加以考虑。

【例 7-3】参照例 7-2 中的数据，若 3 个产品主管决定在每次订货时集中订购全部 3 种产品，计算每种产品的最优订货批量。

**解：**由于一批订货中包含全部 3 种产品，则一批订货中联合订货成本为

$$S^*=S+S_H+S_S+S_A=7\ 000（元）$$

最优订货次数用 $n^*$表示，则：

$$n^*=\sqrt{\frac{12\ 000\times20\%\times500+1\ 200\times20\%\times500+120\times20\%\times500}{2\times7\ 000}}\approx9.75（次）$$

因此，如果每次订购和运输都包括 3 种机型，物美超市的产品主管每年应订货 9.75 次。物美超市联合订购的批量和成本如表 7-5 所示。

表 7-5 物美超市联合订购的批量和成本

| | 华为 | 三星 | 苹果 |
|---|---|---|---|
| 年需求量/部 | 12 000 | 1 200 | 120 |
| 订货频率/年 | 9.75 | 9.75 | 9.75 |
| 最优订货批量/部 | 1 231 | 123 | 12.3 |
| 周转库存/部 | 615 | 61.5 | 6.15 |
| 年库存持有成本/元 | 61 538 | 6 154 | 615 |
| 平均流程时间/周 | 2.67 | 2.67 | 2.67 |

由于每年订货 9.75 次，每次订货总成本为 7 000 元，因此：

年订货成本=9.75×7 000=68 250（元）

3 种机型采用此策略的年订货成本和年库存持有成本=61 538+6 154+615+68 250=136 557（元）

## 四、不确定性库存分析

### 1. 安全库存在供应链中的作用

安全库存是指在给定期间内，为满足客户需求而持有的超过预测数量的库存量。持有安全库存的原因是降低需求的不确定性以及防止实际需求量超过预测值而导致产品短缺。例如，杭州楼外楼酒店生意很好，平均每周要销售茅台酒 100 瓶，茅台酒从代理商处运来的成本较高，楼外楼酒店的采购经理每次订货批量为 600 瓶，茅台酒代理商需要 3 周的时间来响应订单并将货物送达楼外楼酒店。如果楼外楼酒店的茅台酒销量稳定，每周正好售出 100 瓶茅台酒，那么在楼外楼酒店茅台酒的库存量还剩下 300 瓶时，采购经理就可以发出采购订单。在市场需求确定的情况下，这种订货策略可以确保楼外楼酒店新一批货物恰好在上一批货物

售完时到达。

如果需求是波动的并且存在预测误差，那么3周的实际需求可能比预测值300瓶多一些或者少一些。如果实际需求量高于300瓶，那么一部分客户就无法购买到茅台酒，导致楼外楼酒店存在潜在利润损失。于是，楼外楼酒店的采购经理决定当酒店还剩400瓶茅台酒时，就向茅台酒代理商发出采购订单。该策略能够改善产品的可获性，因为此时只有当茅台酒3周的需求量超过400瓶时，才会出现缺货。在假定茅台酒每周的需求量为100瓶的前提下，楼外楼酒店在下一批补货到达时茅台酒的平均库存为100瓶。安全库存是指当补货到达时剩余产品的平均库存量。因此，楼外楼酒店茅台酒的安全库存为100瓶。

假定茅台酒的订货批量 $Q$ 为600瓶，则周转库存就为 $Q/2$，即300瓶。在考虑安全库存的情况下，楼外楼酒店的茅台酒库存状态如图7-3所示。

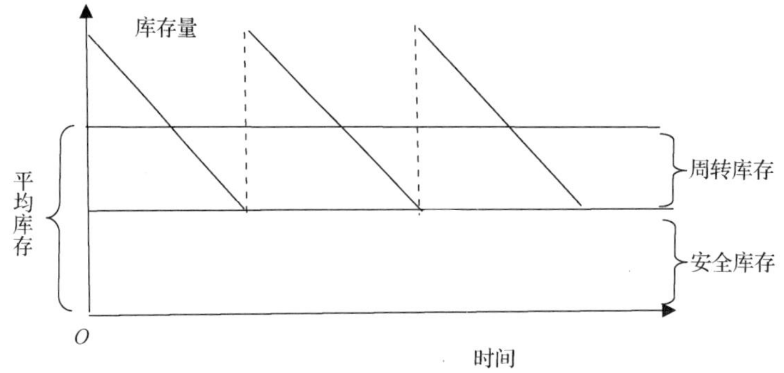


图 7-3　茅台酒库存状态图

楼外楼酒店茅台酒的平均库存量是其周转库存量与安全库存量之和。可以看出，供应链管理者在设置安全库存时必须权衡利弊。一方面，增加安全库存量能够提高产品的可获性，使企业从客户购买中获利。另一方面，增加安全库存量会增加供应链的库存成本。库存过多可以帮助企业应对需求波动，但如果新产品上市，旧产品的市场就会萎缩，企业的利益就会受到损害。在这种情况下，现有的库存就毫无价值了。

随着网络经济的发展，对客户而言，查找产品的信息越来越容易。例如在淘宝网上，同一种产品会有很多卖家提供。而同一类产品有很多替代品，这就使得企业在提高产品可获性方面面临巨大的压力。与此同时，客户的消费个性化特征日趋明显，产品种类日益增多，这促使市场日趋多样化，个性化产品的市场需求会更不稳定和难以预测。产品种类增多，对企业产品可获性的要求更高，促使企业持有更多的安全库存。对于计算机、手机之类的高科技产品的供应链，由于产品多样，且市场需求波动很大，安全库存占库存产品的比例很大。

然而，随着产品多样性的提高，产品生命周期在不断缩短。因此，可能目前还很畅销的产品不久就会过时，这对库存过多的企业是很不利的，会大大增加其成本。因此，供应链成功的关键就在于，在不降低产品可获性水平的前提下，找到降低安全库存水平的有效途径。

对于任何一个供应链来说，在制订安全库存计划时，管理者需要考虑两个重要问题。第一，合理的安全库存水平应为多少？第二，在降低安全库存水平的同时，可以采取什么措施来提高产品可获性水平？

**2．安全库存成本**

一家企业对客户的服务水平，取决于在特定水平上满足超过平均需求的那部分需求。需求的变化范围越大，标准偏差就越大，就会导致满足一定服务水平的库存水平越高。统计学显示，如果客户的需求变动符合正态分布，则大部分需求界限在 3 个标准偏差内。

有大约 68%的需求落在平均值 ± 1 个标准偏差之间；有大约 95%的需求落在平均值 ± 2 个标准偏差之间；有大约 99.9%的需求落在平均值 ± 3 个标准偏差之间。在库存管理中，我们只关注平均水平之上的需求。更精确的需求水平如表 7-6 所示。

表 7-6 需求水平

| A 列 | B 列 | C 列 |
|---|---|---|
| 0.00 | 0.50 | 50.0 |
| 0.52 | 0.30 | 70.0 |
| 0.67 | 0.25 | 75.0 |
| 0.84 | 0.20 | 80.0 |
| 1.04 | 0.15 | 85.0 |
| 1.28 | 0.10 | 90.0 |
| 1.64 | 0.05 | 95.0 |
| 1.75 | 0.04 | 96.0 |
| 1.88 | 0.03 | 97.0 |
| 2.05 | 0.02 | 98.0 |
| 2.33 | 0.01 | 99.0 |
| 2.57 | 0.005 | 99.5 |
| 2.88 | 0.002 | 99.8 |
| 3.09 | 0.001 | 99.9 |

在建立需要的服务水平时，虽然它基于客户指定的需求，但随着服务水平的提高，库存服务覆盖范围不成比例地增长，因此库存成本增长也不成比例。

例如，平均每期需求=120，需求的标准偏差=25，货物单位成本=15，则相关数据如表 7-7 所示。

表 7-7 相关数据

| 服务水平 | 要求的标准偏差 | 要求的安全库存 | 安全库存成本 |
|---|---|---|---|
| 90% | 1.28 | 1.28×25=32 | 480 |
| 95% | 1.64 | 1.64×25=41 | 615 |
| 98% | 2.05 | 2.05×25≈51 | 765 |
| 99% | 2.33 | 2.33×25≈58 | 870 |

把服务水平由 95%提高到 98%需要增加成本 150，这相当于安全库存成本约增加了 24%。

管理者的目标是，在不影响产品可获性水平的情况下降低安全库存水平。这主要从以下两方面着手。

① 缩短供应商的提前期。如果提前期缩短 $K$ 倍，则安全库存将下降 $\sqrt{K}$ 倍。需要说明的是，缩短提前期需要供应商付出巨大努力，但安全库存水平的降低发生在零售商那里。因此，零售商应将一部分由此产生的利润与供应商分享。沃尔玛、家乐福、国美等零售巨头，都对它们的供应商施加了极大的压力，以促使它们缩短提前期。一些制造商，如海尔、美的

等，也要求它们的供应商缩短提前期。在许多案例中，企业都是通过降低安全库存水平的形式保证其获利的。

② 降低潜在需求的不确定性。如果潜在需求的不确定性下降 $K$ 倍，则需要的安全库存水平也将下降 $K$ 倍。运用更准确的市场情报和更精确的预测方法，能够降低潜在需求的不确定性。例如，日本7-11公司为其店铺经理提供了详细的预期需求信息及可能影响需求的环境和其他因素。这些市场信息可以帮助店铺经理更好地预测需求，从而降低潜在需求的不确定性。然而，在大多数供应链中，降低潜在需求的不确定性的关键是，每一层级的需求预测都以供应链最终客户的需求数据为参照。潜在需求的不确定性较高的原因是，供应链的每一环节都独立制订生产计划和进行需求预测。戴尔和日本7-11公司都与它们的供应商共享需求信息，从而降低了潜在需求的不确定性，进而降低了整个供应链的安全库存水平。

### 3．确定合理的安全库存水平

合理的安全库存水平由两个因素决定：需求和供应的不确定性，期望的产品可获性水平。下面先介绍几个相关的概念。

- 提前期——货物从订购到交付之间的时间间隔。
- 波动系数——标准差与均值的比，用于度量不确定性因素相对市场需求的大小。
- 产品满足率（Product Fill Rate）——在市场的总需求中，以库存满足的那部分需求所占的比率。产品满足率的计算对象应该是具体的需求量，而非时间。因此，度量产品满足率时应该以每百万单位的需求为考察对象。
- 订单满足率（Order Fill Rate）——库存满足订单需求的比率。在多产品的情况下，只有当库存能够提供订单的所有产品时，库存才能满足该订单的需求。
- 周期服务水平（Cycle Service Level，CSL）——在所有的补货周期中，能满足需求方所有需求的补货周期所占的比重。补货周期是指连续两次补货交付的时间间隔。
- 连续盘点（Continuous Review）——对库存进行不间断盘点，当库存下降至再订货点（Re-Order Point，ROP）时，就在此时订购批量为 $Q$ 的货物。
- 周期盘点（Periodic Review）——定期对库存进行盘点，并在库存水平下降时，将库存水平补充到指定的初始水平。

（1）计算给定库存策略下的安全库存

**【例7-4】**假设A公司掌上产品每周的需求量呈正态分布，且均值为2 500台，标准差为500。制造商满足A公司的订单需要2周时间。目前，每当掌上产品持有库存下降至6 000台时，A公司经理就进行批量为10 000台的订货。计算A公司持有的安全库存和平均库存，以及每台掌上产品在A公司的平均停留时间。

**解：**

周平均需求量 $D$=2 500 台

周需求量的标准差 $\delta_D$=500

平均的补货提前期 $L$=2 周

再订货点 $ROP$=6 000 台

平均订货批量 $Q$=10 000 台

则安全库存 $SS=ROP-DL$=6 000−2500×2=1 000（台）

因此，A公司持有掌上产品的安全库存为1 000台。于是：

周转库存=$Q$/2=10 000/2=5 000（台）

平均库存=周转库存+安全库存=5 000+1 000=6 000（台）

平均流程时间=平均库存/产销率=6 000/2 500=2.4（周）

因此，每台掌上产品在 A 公司的停留时间平均为 2.4 周。

（2）计算给定补货策略下的周期服务水平

**【例 7-5】** A 公司掌上产品的周需求量呈正态分布，且均值为 2 500 台，标准差为 500。补货提前期为 2 周。假设每周的需求相互独立，当掌上产品的库存还剩下 6 000 台时，A 公司经理进行批量为 10 000 台的订购，求该策略下的周期服务水平。

**解：**

平均订货批量 $Q$=10 000 台

再订货点 $ROP$=6 000 台

平均的补货提前期 $L$=2 周

周平均需求量 $D$=2 500 台

周需求量的标准差 $\delta_D$=500

从订单发出到补货交付的这 2 周内，A 公司存在缺货风险，是否发生缺货取决于这 2 周的补货提前期内的需求量。

由于需求相互独立，可知补货提前期内的需求函数是均值为 $D_L$、标准差为 $\delta_L$ 的正态分布，且：

$$D_L=DL=2\,500\times 2=5\,000\text{（台）}\qquad \delta_L=\sqrt{L}\ \delta_D=\sqrt{2}\times 500\approx 707$$

可得：

周期内不缺货的可能性 $CSL=F(ROP,\ D_L,\ \delta_L)=F(6\,000,\ 5\,000,\ 707)$

由 Excel 中的 NORMDIST 函数可得：

$$\begin{aligned}CSL&=F(ROP,\ D_L,\ \delta_L)\\&=\text{NORMDIST}(ROP,\ D_L,\ \delta_L,\ 1)\\&=\text{NORMDIST}(6\,000,\ 5\,000,\ 707,\ 1)\\&=0.92\end{aligned}$$

$CSL$ 为 0.92，意味着在 92%的补货周期内，A 公司的库存能够满足所有的市场需求。而在余下的 8%的补货周期内，A 公司有缺货现象发生，一些需求会由于库存不足而得不到满足。

### 4．计算给定补货策略下的产品满足率

从零售商的角度来看，产品满足率是一种比 $CSL$ 更为适宜的方法，它能使零售商计算出转化成销售量的那部分需求所占的比率。对一家公司而言，$CSL$ 上升时，产品满足率也将提高。计算产品满足率的关键是要弄清楚在补货周期内缺货发生的过程，若补货提前期内需求量超过 $ROP$，则发生缺货。

补货周期平均预期缺货量（Expected Shortage Per Replenishment Cycle，ESC）表示每个补货周期无法由现有库存满足的那部分市场需求的平均值。假设订货批量为 $Q$，那么需求丢失率则为 $ESC/Q$。相应地，产品满足率 $fr$ 就可表示为：

$$fr=1-ESC/Q=(Q-ESC)/Q$$

在补货周期中，只有当补货提前期内的需求超过 $ROP$ 时才会发生缺货。设 $f(x)$为补货提前期内需求分布的密度函数，则 $ESC$ 表示为：

$$ESC=\int_{x=ROP}^{\infty}(x-ROP)\ f(x)\ d(x)$$

在提前期的需求呈正态分布、均值为 $D_L$、标准差为 $\delta_L$ 的情况下，假设安全库存为 $SS$，

则上式可简化为：

$$ESC=-SS\left[1-F_S\left(\frac{SS}{\delta_L}\right)\right]+\delta_L f_S\left(\frac{SS}{\delta_L}\right)$$

其中，$F_S$为标准正态累计分布函数，$f_s$为标准正态分布的密度函数。利用 Excel 中的工具，可得 *ESC* 的计算公式如下：

$ESC=-SS$［1−NORMDIST（$SS/\delta_L$，0，1，1）］$+\delta_L$ NORMDIST（$SS/\delta_L$，0，1，0）

**【例 7-6】**A 公司掌上产品的周需求量呈正态分布，且均值为 2 500 台，标准差为 500。补货提前期为 2 周。假设每周的需求相互独立，A 公司经理在掌上产品的库存量减少为 6 000 台时进行订货，订货批量为 10 000 台，计算这种策略下的产品满足率。

**解：**订货批量 $Q$=10 000 台

提前期内的平均需求量 $D_L$=5 000 台

提前期内需求量的标准差 $\delta_L$=707

安全库存 $SS=ROP-D_L$=6 000−5 000=1 000（台）

$ESC$=−1 000［1−NORMDIST（1 000/707，0，1，1）］+707NORMDIST（1 000/707，0，1，0）=25（台）

因此，平均每个补货周期有 25 台掌上产品由于缺货无法向需求方提供。因此，产品满足率为：$fr$=（$Q-ESC$）/$Q$=（10 000−25）/10 000=0.997 5

由上可知，现在的库存可以满足 99.75%的市场需求，这比相同补货策略下得出的 92%的 *CSL* 值要高出不少。

用 Excel 完成的核算过程如表 7-8 所示。

表 7-8　核算过程

| | A | B | C | D | E |
|---|---|---|---|---|---|
| 1 | 输入 | | | | |
| 2 | $Q$ | $D$ | $\delta_D$ | $L$ | $SS$ |
| 3 | 10 000 | 2 500 | 500 | 2 | 1 000 |
| 4 | 提前期期间的需求分布 | | | | |
| 5 | $D_L$ | $\delta_L$ | | | |
| 6 | 5 000 | 707 | | | |
| 7 | 周期服务水平和产品满足率 | | | | |
| 8 | CSL | ESC | fr | | |
| 9 | 0.92 | 25.13 | 0.997 5 | | |
| 单元格 | 单元格方程 | | | | |
| A6 | =B3*D3 | | | | |
| B6 | =SQRT（D3）*C3 | | | | |
| A9 | =NORMDIST（A6+E3，A6，B6，1） | | | | |
| B9 | =−E3*［1−NORMDIST（E3/B6，0，1，1）］+B6*NORMDIST（E3/B6，0，1，0） | | | | |
| C9 | =（A3−B9）/A3 | | | | |

### 5．计算给定周期服务水平下需要的安全库存

现在目标是在给定 *CSL* 期望值的情况下，求出合理的安全库存。假设企业采用连续盘点

补货策略，物美超市的采购经理负责为超市中的所有产品设计补货策略。他将贝因美奶粉的周期服务水平确定为 $CSL$。假设提前期为 $L$，该采购经理希望确定合适的 $ROP$ 和安全库存以实现预期的周期服务水平。假设物美超市的贝因美奶粉的需求呈正态分布，且每周的需求相互独立，并有：

期望的周期服务水平=$CSL$

提前期内的平均需求量=$D_L$

提前期内需求量的标准差=$\delta_L$

$$ROP=D_L+SS$$

采购经理需要确定安全库存 $SS$，使下式成立：

概率 $P$（提前期内的需求量≤$D_L+SS$）=$CSL$

假设需求呈正态分布，则采购经理需要确定安全库存 $SS$，使下式成立：

$$F(D_L+SS,\ D_L,\ \delta_L)=CSL$$

由正态分布函数的反函数的定义，可得如下公式：

$D_L+SS=F^{-1}(CSL,\ D_L,\ \delta_L)$ 或 $SS=F^{-1}(CSL,\ D_L,\ \delta_L)-D_L$

由标准正态分布和正态分布函数的反函数的定义，同样可得 $SS=F^{-1}(CSL)\times\delta_L$。

**【例 7-7】**物美超市贝因美奶粉每周的需求量呈正态分布，且均值为 2 500 箱，标准差为 500，补货周期为 2 周。假设物美超市采用连续盘点补货策略，订货批量为 10 000 箱，要使 $CSL$ 达到 90%，物美超市应持有多少安全库存？

**解：**平均订货批量 $Q$=10 000 箱

期望的周期服务水平 $CSL$=0.9

平均的补货提前期 $L$=2 周

周平均需求量 $D$=2 500 箱

周需求量的标准差 $\delta_D$=500

由于需求相互独立，补货提前期内的需求呈正态分布，且均值为 $D_L$，标准差为 $\delta_L$，其中：

$D_L=DL$=2 500×2=5 000（箱）

$\delta_L=\sqrt{L}\ \delta_D=\sqrt{2}\times500\approx707$

$SS=F^{-1}(CSL)\times\delta_L$=NORMSINV（$CSL$）×$\delta_L$=NORMSINV（0.9）×707=906（箱）

因此，为使 $CSL$ 达到 90%，需要持有的安全库存为 906 箱。

## 任务实施

### 1. 数学模型的构建

为了解决前述问题，将最佳采购周期和采购数量计算出来，我们需要建立一个数学模型进行研究。为了研究的方便，我们可以不考虑一些特殊的实际情况，先假定库存消耗是恒定的，当一批存货减少的时候，正好是下一次进货的时候，如果总进货量为 $R$，那么平均库存为 $R/2$。

设每次订购批量为 $Q$，则

订货费用曲线为：$(R/Q)\times S$

库存费用曲线为：$(Q/2)\times C\times I$

总费用曲线为：（$Q/2$）$\times C\times I+R\times S/Q$

费用示意图如图7-4所示。

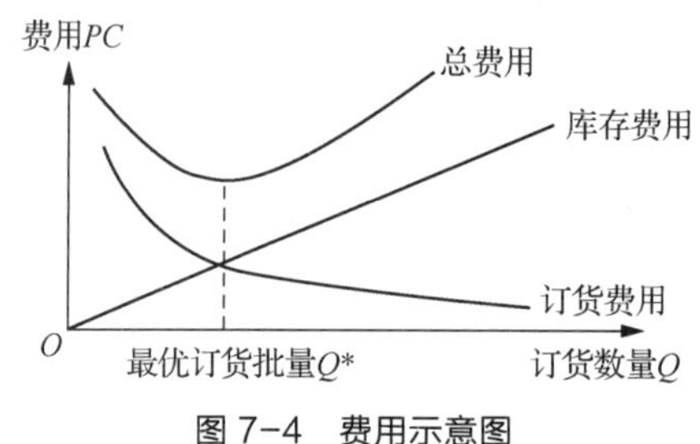


图7-4 费用示意图

由图7-4可知，当订货费用和库存费用相等时，总费用最小。

因此总费用函数为 $f$（$Q$）=（$Q/2$）$\times C\times I+R\times S/Q$。

根据EOQ公式，得：

$$Q=\sqrt{2RS/(CI)}$$

其中：$Q$ 为最优订货批量的每次订货数量，$C$ 为每个DSP芯片的单价，$I$ 为库存保管费用占总库存费用的比率，$R$ 为DSP芯片的年需求量，$S$ 为每次订货费用。

**2．对模型进行求解**

我们将库存保管费用占总库存费用的比率 $I$（9.46%）、DSP芯片的年需求量 $R$（200 000只）和每次订货费用 $S$（3 200元）这些参数代入上述公式，可以求得最优订货批量的每次订货数量：

$Q=\sqrt{2\times 200\,000\times 3\,200/(5\times 9.46\%)}\approx 51\,640$（个）

即最优订货批量的每次订货数量为 51 640 个时，总的订货费用和库存费用之和是最小的。在最优订货批量的基础上，我们可以继续求解需要订购的次数：

$N=200\,000/51\,640\approx 4$（次）

求解需要订购的周期：

$D=365/4\approx 91$（天）

即每个季度采购一次就可以了。

**3．对求解结果进行决策分析**

在现实中，由于订货和运输需要时间，A公司很少会在上一批存货用完时下一批货物正好送到，这样就会出现存货短缺，造成生产线闲置，形成闲置损失以及相应的销售缺货损失。为了避免出现存货短缺，在实际工作中，根据生产线对DSP芯片的每天使用量需求和订货周期情况，A公司通常都会确定提前订货的库存量。考虑到实际采购到货周期大约为一个月，因此在实际采购的时候，考虑到包装和缺货等因素，A公司第二次采购的时间点应为库存量减少到一个月生产所消耗的数量的时候，即还剩下17 000个DSP芯片的时候。

## 练习与实训

**（一）思考题**

1. 一家超市正在确定向宝洁公司补货的订货批量。该超市在决策时应考虑哪些成本？

2. 如何理解商业促销对订货批量和周转库存的影响?
3. 安全库存在供应链中有什么作用?
4. 解释利用管理杠杆能够降低安全库存水平并提高产品可获性水平的原因。

## (二)实训:利用 Excel 对企业的库存管理进行优化

### 1. 实训目标

① 熟练掌握 Excel 中的相关工具。
② 掌握一般情况下库存优化的方法。

### 2. 实训内容

① 教师给出某企业相关的库存数据资料,学生进行优化分析。
② 学生分组讨论算出的结果。

### 3. 实训准备、步骤及要求

(1)实训准备
① 知识准备:教师通过课堂讲解使学生熟练掌握供应链库存的相关计算知识。
② 学生分组:每 4~5 名学生为一组,每组选出一位小组长。
③ 实训地点:教室或实训室。
(2)实训步骤及要求
① 每组对提供的资料进行计算。
② 每组对计算的结果进行分析、说明。
③ 小组间进行讨论、交流。
④ 各组完成实训报告,要求资料翔实、准确、具体。
⑤ 各组分享实训报告,教师点评。

### 4. 实训成绩评定

实训成绩根据实训报告的完成情况进行评定,评定内容包含以下几项。
① 相关计算思路是否合理,Excel 使用是否正确。
② 实训报告内容的完整性、合理性和全面性。
③ 实训报告是否按要求的规范格式完成。

# 供应链运输管理

## 知识目标

1. 理解运输在供应链中的作用
2. 理解各种运输方式，比较不合理运输的形式
3. 掌握各种运输网络设计方案的特点
4. 理解在运输网络设计中必须考虑的各种因素

## 技能目标

1. 依据运输网络设计的权衡因素，结合实际情况做出正确的运输决策
2. 能够运用最短路线法、不含回路的图上作业法、含有回路的图上作业法求解运输路线问题

## 素养目标

1. 强化互联互通、共建共享意识
2. 培养合作共赢意识

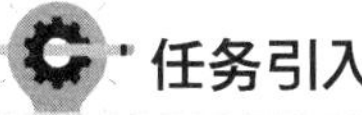


【任务 1】ABC 矿业公司是一家主要经营煤矿业务的公司。ABC 矿业公司所有的订单都通过零担承运商运给客户，运输费用为 100 元 +0.01$\chi$，其中 $\chi$ 表示火车运输煤矿的吨数。目前，ABC 矿业公司能够在收到订单的当天发货。由于运输时间为 2 天，因此现行策略下 ABC 矿业公司的响应时间也为 2 天。表 8-1 给出了 ABC 矿业公司两周内的日需求量。

表 8-1　ABC 矿业公司两周内的日需求量

单位：吨

| 周数 | 周一 | 周二 | 周三 | 周四 | 周五 | 周六 | 周日 |
|---|---|---|---|---|---|---|---|
| 一 | 19 000 | 20 000 | 21 000 | 19 500 | 18 000 | 18 500 | 20 500 |
| 二 | 17 000 | 17 500 | 18 000 | 21 000 | 22 000 | 20 000 | 18 500 |

ABC 矿业公司的总经理认为，现实中客户对 2 天的响应时间并不看重，他们对 4 天的响应时间也会感到满意。延长响应时间会使 ABC 矿业公司在成本上获得哪些优势？

【任务 2】图 8-1 所示为一张公路网络示意图，其中 1 是出发点，10 是终点，2、3、4、5 等是网络中的节点，节点与节点之间以线路连接，线路上标明了两个节点之间的距离，以运行时间（分）表示。要求确定一条从起点到终点的最短的运输路线。

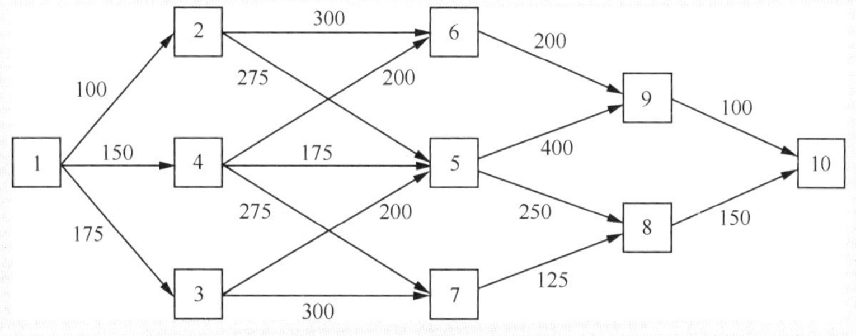


图 8-1　公路网络示意图

【任务 3】在图 8-2 中，4 个工厂 A1、A2、A3、A4（用圆圈表示）向 4 个市场 B1、B2、B3、B4（用正方形表示）配送货物。圆圈内数字表示工厂的供应量（吨），正方形内数字表示市场的需求量（吨）。线段上的数字表示各个节点之间的距离（千米）。求解最佳的配送方案以及配送的最小吨千米数。

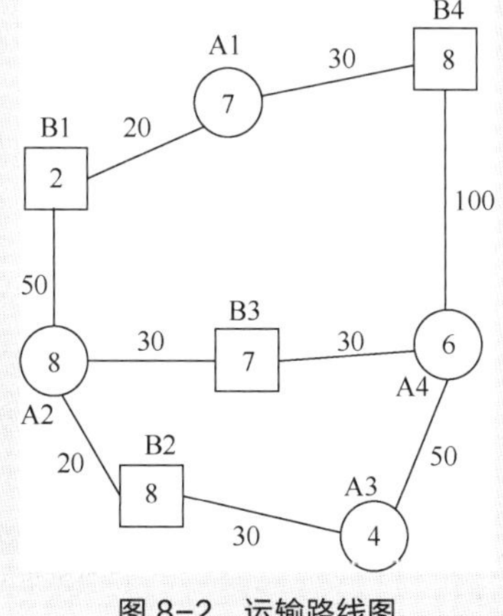


图 8-2　运输路线图

相关知识

## 一、运输在供应链中的作用

运输是指用设备和工具，将产品从一个地点向另一个地点运送的物流活动。在供应链中，运输是为了使产品由供应链源头转移至客户手中而发生的空间位移。供应链运输问题是一个多点系统的运输问题，我们可以将运输网看成节点和连线的集合，运输始于节点，经过连线，终于节点，其中涉及供应商到核心企业、核心企业到分销商，以及供应商之间、分销商之间等多个企业、多个品种的产品、多种运输方式、多条运输路线的组织规划等问题。企业要根据供应链正常运行的节拍，确定各节点之间的正常运量，然后统一组织联合运输、配送和准时化供货。运输在供应链中的作用体现在以下几个方面。

① 运输可以创造产品的空间效用和时间效用。由于产品不可能只滞留在供应链的某个环节上，运输可以改变产品的位置从而创造出产品的空间效用或者可以使产品能够在适当的时间到达适当的地点，或者可以短时间地存放产品，从而创造出产品的时间效用。例如，由于地域原因，南方盛产香蕉，北方的供应商可以从南方的供应商手中购买香蕉并运送到北方，以满足北方香蕉市场的需求，从而创造香蕉的空间效用；北方的供应商也可以在香蕉成熟之前将青涩的香蕉运输至北方，此时的香蕉即将成熟，不久就可以进入市场销售。

② 运输可以扩大产品的市场范围。在最初的市场交易中，产品只在本地进行销售，每个供应商所面对的市场都是有限的。随着各种运输工具的发明，供应商通过运输可以寻找世界各地的供应链合作伙伴，供应商的市场范围逐渐扩展、机会大大增加。

③ 运输可以保证产品价格的稳定。各个地区由于地理条件的不同，所拥有的资源也有所不同。正是因为这种资源的地域不平衡，造成了产品供给的不平衡，如果没有一个顺畅的产品运输体系，那么，本地市场所需要的产品也只能由本地供应，这势必会引起产品价格产生较大的波动。因此，拥有一个顺畅的产品运输体系，当本地市场的产品供给不足时，外地的产品就能够通过运输进入本地市场，本地的过剩产品也能够通过运输进入其他市场，这样能够保持供应链中供求的动态平衡和价格稳定。

④ 运输能够促进供应链的社会分工发展。随着社会的发展，为了实现真正意义的社会高效率，必须推动社会分工的发展来提高整个供应链的效益，而对于产品的生产和销售来说，也有必要进行分工，以达到最高的效率。例如，戴尔公司目前仅拥有少数工厂，但在世界各地都有供应商，并且其产品也销往全球各地。运输使得产品能够在戴尔公司的全球网络中流动。

通常，物流成本是业务工作中最高的成本项目之一，仅次于制造过程中的材料费用或批发、零售产品的成本。日本曾对部分企业进行调查，在成品从供货者到客户手中的物流成本中，保管费占16%，包装费占26%，装卸搬运费占8%，运输费占44%，其他费用占6%。在表8-2中，美国、加拿大企业的物流成本中运输费用所占的比例也较高。由此可见，运输费用在物流成本中占的比重相当大。如何有效地降低运输费用在供应链中的比重，使企业管理者做出高效正确的运输决策，并使企业从中得到更多的利润尤为重要，这也是所有供应链中各个角色所面临的难题。

表 8-2 美国、加拿大企业的物流成本构成情况

| 成本内容 | 美国企业成本 | 加拿大企业成本 |
| --- | --- | --- |
| 订单、清关 | 8% | 8% |
| 仓储 | 25% | 25% |
| 运输 | 37% | 36% |
| 管理 | 9% | 8% |
| 库存、搬运 | 21% | 23% |

## 二、各种运输方式及其特征

产品在供应链各环节中的转移，可以通过多种运输方式来实现。那么对运输方式和运输工具的选择，则成为研究合理运输的重要内容。采用合理的运输方式对提高整个供应链的整体效益有着重要的意义。根据运输方式的特征，我们可以将运输方式分为 6 种：铁路运输、公路运输、水路运输、航空运输、管道运输、多式联运。

### 1. 铁路运输

铁路运输是指利用机车、车辆等技术设备沿轨道运行的运输方式，主要承担长距离、大数量的货运。在没有水运条件的地区，几乎所有大批量货物都是依靠铁路运输的。它是在干线运输中起主要运输作用的运输形式。

铁路运输的优点如下。

① 铁路运输受自然条件的影响较少，能保证运行的经常性和连续性。

② 铁路运输的价格结构及对重型货物的运载能力，使得它成为远距离、大体积、高密度、高吨位货物的理想运输方式。

③ 由于是轨道运输，铁路运输的安全系数大、计划性强，在运输的准时性方面具有优势。

铁路运输的缺点：没有自营的货运专线，也不能随意更改车次和发车时间，只能在固定线路上行驶，不能随处停车，并且还需要与其他的运输方式配合和衔接才能实现"门到门"运输（从发货者门口直接送到收货者门口），灵活性和时间敏感性较差。

我国经常将吨千米这个单位作为对货物运输进行衡量的单位，也就是将货运量（吨）与货运里程（千米）相结合用以衡量货物运输的总量。对于短距离的货运，铁路运输的运费无疑是较多的。能够将大吨位的货物运至远距离的目的地使铁路运输成为城际运输大批货物的主力军，但是铁路运输的总成本中的固定费用较高，如昂贵的机车、铁轨、列车调度场以及沿途各站点设施都需要投入大量的资金，一旦停止营运，这些投资不易转让或回收，损失较大。

**小链接**

通常，货物运输按照一批货物的重量、体积、性质或形状等因素可以分为整车运输、零担运输和集装箱运输 3 种。一批货物的重量、体积、性质或形状需要一辆或一辆以上铁路货车装运（集装箱装运除外），即属于整车运输。我国现有的铁路货车以棚车、敞车、平车和罐车为主，标记的载重量（简称为标重）大多为 50 吨、60 吨及以上，棚车的容量在 100 立方米以上。达到这个重量或容量条件的货物，应采用整车运输。为了便于装卸、交接和保管，以提高作业效率和货物安全性，一件体积不得小于 0.02 立方米（一件重量在

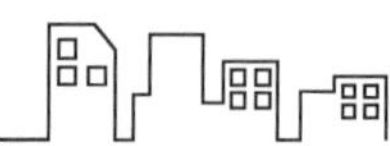

10千克以上的除外)、每批件数不超过300件的货物，均可采用零担运输。集装箱运输是以集装箱作为运输单位进行货物运输的一种先进的现代化运输方式，具有安全、迅速、简便、廉价的特点，有利于减少运输环节，可以通过综合利用铁路、公路、水路和航空等各种运输方式，进行多式联运，实现“门到门”运输。

**2．公路运输**

公路运输主要是使用各种车辆（如汽车、人力车、牲畜车等）在公路上进行货物运输的运输方式，以承担距离较近、批量较小的运输项目为主。

公路运输的优点如下。

① 由于车辆可以在各种类型的公路上行驶，对于其他运输方式难以到达的地区，采用公路运输是非常方便快捷的。同样，公路运输还可以作为其他运输方式的衔接手段，如到铁路站台、港口或者航空港口接送货物，实现“门到门”运输。

② 公路运输可以根据货主的具体要求提供个性化的服务以最大限度地满足不同性质的货物运输需求，并能够灵活地制定运营时间表，货运伸缩性极大。正是基于这种货运伸缩性，公路运输在批发商或仓库至零售商店之间的货物运输市场处于统治地位。

③ 汽车可以作为自行运输的工具，并且原始投资少，资金周转比较快。

公路运输虽然有较高的灵活性，但是也具有以下缺点。

① 载重量小，不适宜运输大批量货物。

② 不适宜装载重件、大件货物，不适宜长途运输，长距离运输费用较多。

③ 车辆行驶时震动较大，容易造成货物受损。

④ 受自然条件影响较大。

⑤ 运输成本相对较高。

⑥ 易污染环境，易发生事故。

**3．水路运输**

水路运输是指以船舶作为运载工具在通航水道上进行货物运输的运输方式。水运是最古老的运输方式之一。19世纪80年代，早期蒸汽机船开始用于水路运输；20世纪20年代，以柴油为动力的船只开始用于水路运输，使得深水航运与内陆可通航水道的运输逐渐有了区别。水路运输适合低成本的大宗货物运输。我国是一个海域辽阔、江河众多的国家，水运资源非常丰富，我国发展水路运输事业具有良好的先天条件。水路运输主要有以下4种形式。

① 沿海运输，使用船舶通过陆地附近沿海航道运送货物的一种运输方式，一般使用中小型船舶。

② 近海运输，使用船舶通过邻近国家海上航道运送货物的一种运输形式，可使用中小型船舶。

③ 远洋运输，使用船舶跨洋运送货物的长途运输形式，主要使用运量大的大型船舶。

④ 内河运输，使用船舶在陆地内的江、河、湖泊等水道运送货物的一种运输方式，主要使用中小型船舶。

水路运输主要有以下优点。

① 水路运输具有运输超大货物的能力。随着国际航运中船舶大型化的发展，海洋运输中的“万吨轮”就相当于200节铁路货车的运载量（一列火车的运载量一般为2 000多吨）。

② 运输费用少，从国际贸易的运货数量和案例来看，水路运输是所有运输方式中运费最低的运输方式。

③ 尽管水路运输公司必须发展并经营自己的码头，但与铁路运输的固定成本相比，水路运输的固定成本要低很多。

④ 航运港口以其独特的地域、设备、装卸、仓储、信息和运输的优势，为客户提供方便的运输、商务、保险、金融和信息服务，从而成为区域性乃至国际性商务和物流综合服务中心。

水路运输主要有以下缺点。

① 运输速度比较慢。

② 运输时间难以保证。

③ 港口设施的建设需要高额费用。

④ 受天气影响很大，如潮汐、暴雨、台风等。

由此看来，水路运输最适合承担运量大、运距长、对时间要求不是很紧迫、运费负担能力相对较低的货物运输。

### 4．航空运输

航空运输是指使用航空器进行客货运输的运输形式，目前主要使用的航空器是飞机。

航空运输的主要优点如下。

① 运送速度快。现代喷气式飞机的飞行速度为 800～900 千米/时，比汽车、火车快 5～10 倍，比轮船快 20～30 倍。

② 适合运输易损而贵重的产品。航空运输不会发生有强烈的震动或者颠簸的情况，这样附加值高的货物破损率低，货物的安全有一定的保障。

③ 机动性能好，可以克服各种天然障碍，到达其他运输方式难以到达的地方。

航空运输的主要缺点如下。

① 运费高。飞机机舱的容积和载重量与铁路运输和水路运输相比较小，所以其运载成本和运价与地面运输和水路运输相比较高。

② 飞机的航行受到天气条件的限制，天气条件会影响飞机到达目的地的准确性。

③ 采用航空运输，货物运达的最终目的地不能离机场太远，否则还要配合其他运输方式进行长时间的运输，这样就体现不出航空运输快捷、高效的特性，所以它有一定的局限性。

### 5．管道运输

管道运输是指利用管道输送气体（如天然气等）、液体（如原油、各种石油成品等）和粉状固体（如矿砂、煤炭等）的一种运输方式。管道运输是靠物体在管道内顺着压力方向顺序移动实现的，它和其他运输方式的重要区别在于管道设备是静止不动的。目前，我国的管道主要有油品管道和气体管道。

管道运输的优点如下。

① 运量大，运输成本低。管道可以持续地执行输送任务。根据管径的大小不同，管道每年的运输量可达数百万吨到几千万吨，甚至几亿吨。大量运输时的管道运输成本与水路运输成本接近，管道口径越大，运输距离越远，运输量越大，运输成本就越低。以运输石油为例，管道运输、水路运输、铁路运输的运输成本之比为 1∶1∶1.7。

② 建设周期短、费用少。国内外交通运输系统建设的大量实践证明，管道建设周期与相同运量的铁路建设周期相比，一般要短 1/3 以上。

③ 不受天气的影响，可以全天候不间断运输。

④ 运输的货物不需要包装，可节省包装费用；由于货物一直在管道内移动，因此货损

货差率也很低。

⑤ 占地少。管道通常埋于地下，其占用的土地很少；管道的建设实践证明，管道埋藏于地下的部分占其总长度的95%以上，因而对于土地的永久性占用很少，仅为公路的3%左右、铁路的10%左右。

管道运输的缺点如下。

① 灵活性差。管道运输不如其他运输方式灵活，适合管道运输的物品很单一，而且永远是单向运输且不易随便扩展管线，难以实现“门到门”运输。对一般用户来说，管道运输常常要与铁路运输或公路运输、水路运输配合才能完成全程输送。此外，运输量明显不足时，运输成本会显著提高。

② 一次性固定投资（管道铺设的成本）很高。

**小链接**

中哈石油管道西起哈萨克斯坦里海（世界第三大油气资源富集区）岸边的阿特劳，东至中国新疆的阿拉山口，全长3 000多千米。整个石油管道分3段：第一段从阿特劳到肯基亚克，第二段从肯基亚克到阿塔苏，第三段从哈萨克斯坦境内的阿塔苏到中国新疆的阿拉山口。该管道于2004年9月动工，2005年12月中旬正式竣工投产，总造价为7亿美元。设计年输油能力为2 000万吨，竣工后的最初运力为每年1 000万吨。

西气东输工程是我国天然气发展战略的重要组成部分，是西部大开发的标志性工程。它以新疆塔里木气田为主气源，以我国中东部的长三角洲地区为目标消费市场，以干线管道、重要支线和储气库为主体，连接沿线客户，形成横贯我国西东的天然气供气系统。

### 6．多式联运

多式联运是指联运经营人根据单一的联合运输合同，由两种及以上的交通工具相互衔接、转运，负责将货物从指定地点运至交付地点的运输过程，又称为联合运输。

多式联运的优点如下。

① 责任统一，手续简便。在多式联运方式下，不论全程运输距离多么遥远、使用多少种不同的运输工具、途中要经过多少次转运，一切运输事宜统一由多式联运经营人负责办理，而货主只要办理一次托运，签订一个合同，支付一笔全程单一运费，取得一份联运单据，就履行了全部责任。由于责任统一，一旦发生问题，货主只要找到多式联运经营人便可解决问题。与单一运输方式的分段托运、多头负责相比，多式联运不仅手续简便，而且责任更加明确。

② 减少中间环节，缩短货运时间，降低货损货差率，提高货运质量。多式联运通常是以集装箱为媒介的直达连贯运输方式，货物从发货人仓库装箱验关铅封后直接运至收货人仓库交货，中途无须拆箱倒载，减少了很多中间环节，即使经多次换装，也都是使用机械装卸，丝毫不会触及箱内货物，货损、货差、偷窃、丢失事故大为减少，从而较好地保证了货物安全和货运质量。此外，由于是连贯运输，各个运输环节和各种运输工具之间配合密切，衔接紧凑，中转迅速、及时，在途停留时间缩短，因此能较好地保证货物安全、迅速、准确、及时地运抵目的地。

③ 降低运输成本，节省运杂费用，有利于贸易开展，是实现“门到门”运输的有效途径。多式联运全程使用一份联运单据和单一运费，这大大简化了制单和结算手续，节省了大量人力、物力，尤其是便于货主事先核算运输成本，选择合理运输路线，为开展贸易提供了有利条件。多式联运综合了各种运输方式，扬长避短，组成直达连贯运输，不仅缩短运输里

程，降低运输成本，而且加快货运周转，提高货运质量，是企业合理运输、取得最佳经济效益的有效途径。

多式联运的缺点：货物在运输途中经过多方转运，风险相对其他运输方式较高；由于运输环节较多，涉及承运人较多，如果没有一个多式联运经营人对全程运输负总责，一旦发生货损、货差，甚至货物丢失的情况，不易划分责任。

表 8-3 所示为各种运输方式的技术经济特征及选择范围。

表 8-3　各种运输方式的技术经济特征及选择范围

| 运输方式 | 技术经济特征 | 运输速度/（千米·时）$^{-1}$ | 运输距离/千米 | 适合的运输对象 |
|---|---|---|---|---|
| 铁路运输 | 运输容量大，速度快，运费较低，受自然因素影响小，连续性强，可靠性好；初始投资大，占地多，短途运输成本高 | 80～160 | 300～800<br>800～2 000 | 大宗货物、杂件货 |
| 公路运输 | 机动灵活，适应性强，短途运输速度快，周转速度快，装卸方便；运量小，耗能多，成本高，运费较高，空气污染严重，占地多 | 80～120 | 300 以下<br>300～800 | 短途、零担、“门到门”运输的货物 |
| 水路运输 | 运输能力大，成本低，能源消耗及占地较少，投资少；速度慢，连续性差，受自然条件影响大 | 河运：8～20<br>海运：10～25 | 800～2 000<br>2 000 以上 | 大宗、远程、时间要求不高的货物，以及需要进行国际运输的货物 |
| 航空运输 | 速度快，效率高；运量小，耗能大，运费高且设备投资大，技术要求严格，空气和噪声污染严重 | 900～1 000 | 2 000 以上 | 中长途运输、急需、贵重、易变质的货物 |
| 管道运输 | 运输能力大，占地小，成本低，连续输送性强，损耗小，平稳安全方便；设备投资大，灵活性差 | 根据输送物品的需求而定 | 根据输送地间距离而定 | 长期稳定的大量流体货物、气体及浆化固体货物 |

表 8-4 比较了各种运输方式的成本结构，表 8-5 比较了各种运输方式在速度、运价、运力、可得性、可靠性和频率方面的运营特点。

表 8-4　各种运输方式的成本结构的比较

| 运输方式 | 成本结构 |
|---|---|
| 铁路运输 | 较高的固定成本（设备、站点、铁轨等的建设费用），可变成本低 |
| 公路运输 | 较低的固定成本（公路是由公众出资建设的或现成的），适中的可变成本（燃料、维修等的费用） |
| 水路运输 | 适中的固定成本（船只和设备等的费用），较低的可变成本（具有可运送大吨位货物的能力） |
| 航空运输 | 较高的固定成本（飞机、机场等的费用），较高的可变成本（燃料、劳动力和保养等的费用） |
| 管道运输 | 较高的固定成本（管道建设费用、泵送的能力等），最低的可变成本（不存在大量的劳动力成本） |

在表 8-5 中，速度是指运输过程中所耗费的时间。运价是指各种运输方式的单位运费。运力即运输能力，是指某一种运输方式应对各种运输要求，如载货尺寸、容积等的能力。可得性是指某一种运输方式所具有的、能够服务于任何既定发货地和目的地的能力。可靠性是指就期待的或公开的运输进度表来说，某一种运输方式发生变化的可能性大小。频率与预计运输的数量有关。在表 8-5 中，我们以排名（1 表示排名最高，5 表示排名最低）来表现这些运输方式的相关运营特点，最后将每种运输方式的各个运营特点的排名看作分值，相加得出综合得分（注：得分最少者为最佳）以及综合排名情况。

表 8-5 各种运输方式的相关运营特点得分

| 运营特点 | 铁路运输 | 公路运输 | 水路运输 | 航空运输 | 管道运输 |
|---|---|---|---|---|---|
| 速度 | 3 | 2 | 4 | 1 | 5 |
| 运价 | 2 | 3 | 1 | 5 | 4 |
| 运力 | 2 | 3 | 1 | 4 | 5 |
| 可得性 | 2 | 1 | 4 | 3 | 5 |
| 可靠性 | 3 | 2 | 4 | 5 | 1 |
| 频率 | 4 | 2 | 5 | 3 | 1 |
| 综合得分 | 16 | 13 | 19 | 21 | 21 |

在表 8-5 中，公路运输的综合得分最低，航空运输和管道运输的综合得分最高，但这不是说公路运输是最好的运输方式。选用哪种运输方式运送货物，还需要考虑运输产品的种类、运输量、运输距离、运输时间、运输成本 5 个方面的因素。

**案例链接**

西米诺尔玻璃厂需要将客户定制的 3 500 磅（1 磅≈0.45 千克）的办公室玻璃窗从位于佛罗里达州的迈阿密运送到俄亥俄州的哥伦布。西米诺尔玻璃厂有以下 3 种运输方式可供选择，如表 8-6 所示。

表 8-6 3 种运输方式的对比

| 运输方式 | 运输时间 | 运输工具数量 | 附加处理 | 费用 |
|---|---|---|---|---|
| 空运 | 8.75 小时 | 3 架 | 2 | 12 100 美元 |
| 卡车直接运输 | 27.75 小时 | 1 辆 | 0 | 2 680 美元 |
| LTL | 3 天 | 3 辆 | 2 | 445 美元 |

采用卡车直接运输的方式，西米诺尔玻璃厂要与承运商签订合同，从迈阿密的工厂将玻璃窗装车，直接运送到哥伦布的客户所在地，中途不停顿、不换车且不加运其他货物。采用 LTL（Less Truck Loading，卡车零担运输，即小批量运输，通常与其他货物拼装到一起运输，以降低成本，提高卡车利用率）的方式，承运商会把西米诺尔玻璃厂的玻璃窗同其他货物装在一起运往哥伦布。需要注意的是，如果采取 LTL 的方式，西米诺尔玻璃厂的玻璃窗可能会在一个集中分拣中心换用其他车辆，这会导致货物接受额外的处理以及时间延迟。

采用空运的方式，需要将玻璃从工厂运到机场，办理托运手续，到达目的地需要从机场运给客户，且需要 3 辆飞机荷载，时间较短，但成本极高。

西米诺尔玻璃厂应该选择哪种运输方式呢？答案取决于其业务要求。LTL 方式有明显的成本优势，而卡车直接运输方式的速度更快，不需要较多的处理。空运可以使玻璃窗到达客户的时间提前 19 个小时。假如正在使用中的建筑玻璃窗发生损坏，急需更换，或者对于一个新的建筑，如果不安装玻璃窗，其内部设施在一天之内可能发生损坏，在这两种情况下，时效性显得很重要。

## 三、合理运输与不合理运输

### 1. 合理运输

合理运输就是在实现产品实体从生产地至消费地转移的过程中，充分有效地运用各种运输工具的运输能力，以最少的人、财、物消耗，及时、快速、按质按量并且安全地完成运输任务。其标志是，运输距离最短、运输环节最少、运输工具最合适、运输时间最短和运输费用最少。

运输合理化的影响因素有很多，起决定性作用的有以下 5 个因素。

① 运输距离。在运输时，运输时间、运输货损、运输费用、车辆或船舶周转等运输的若干技术经济指标，都与运输距离有一定的关系，运输距离长短是运输是否合理的一个基本因素。

② 运输环节。每增加一个运输环节，不仅会增加起运的运费和总运费，而且会增加运输的附属活动，如装卸、包装等，使得各项技术经济指标下降。减少不必要的运输环节，尤其是使用同类运输工具的环节，对合理运输有促进作用。

③ 运输工具。各种运输工具都有适用的优势领域，对运输工具进行优化选择，按运输工具的特点进行装卸、运输作业，最大限度地发挥所选运输工具的作用，是运输合理化的重要环节。

④ 运输时间。缩短运输时间对整个供应链流通时间的缩短有决定性作用，有利于运输工具的加速周转，充分发挥其运力，也有利于资金的周转等。

⑤ 运输费用。运输费用的减少，无论是对货主企业还是对物流企业来讲，都是运输合理化的一个重要目标。运输费用的多少，也是各种合理化措施是否行之有效的最终判断依据之一。

### 2．不合理运输

不合理运输是指在现有条件下可以达到的运输水平并未达到，从而造成了运力浪费、运输时间增加、运输费用超支等的运输形式。目前，我国存在的不合理运输形式主要有以下几种。

① 返程或起程空驶。空车无货载运输是不合理运输的最严重的形式。在实际运输中，有时必须调运空车，从管理上不能将其看成不合理运输。但是，因调运不当、货源计划不周、不采用运输社会化而形成的空载是不合理运输的表现。

② 对流运输。对流运输亦称“相对运输”“交错运输”，是指同一货物，或彼此间可以相互代用但又不影响管理、技术及效益的货物，在同一路线上或平行路线上做相对方向的运输，且一方运程会与对方运程的全部或部分发生重叠交错，如图 8-3 所示。在判断对流运输时需要注意，有的对流运输很不明显，如图 8-4 所示。例如，不同时间的相向运输，从发生运输的时间看，没有出现对流运输，此时企业很难识别对流运输，从而做出错误判断，违反近产近销的原则。

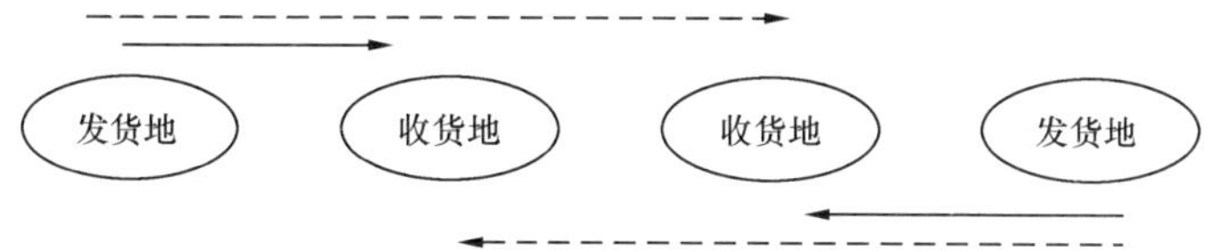


注：实线为合理运输路线，虚线为不合理运输路线

图 8-3 明显的对流运输形式

③ 迂回运输。这是一种舍近求远的运输方式，即放弃选取短距离的运输路线，却选择路程较长的路线进行运输的不合理运输形式，如图 8-5 所示。迂回运输有一定的复杂性，不能简单化，只有因计划不周、地理不熟、组织不当而发生的迂回运输，才属于不合理运输。当最短路线因存交通堵塞、道路状况不好等特殊情况而不能被选用时发生的迂回运输，不能称为不合理运输。

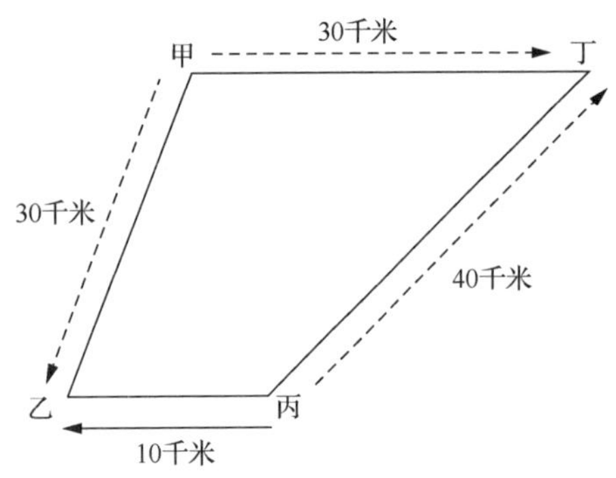


注：实线为合理运输路线，虚线为不合理运输路线

图 8-4 隐蔽的对流运输

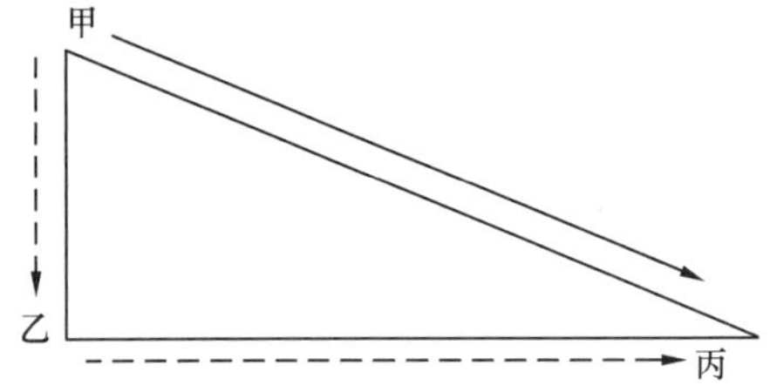

注：实线为合理运输路线，虚线为不合理运输路线

图 8-5 迂回运输

④ 重复运输。原本可以直接将货物运达目的地，却在未达目的地之处，或目的地之外的其他场所将货物卸下，再重装运送至目的地的运输形式称为重复运输，如图 8-6 所示。另一种重复运输的形式是，同品种货物在同一地点运进，同时向外运出。重复运输的最大问题是增加了非必要的中间环节，延缓了流通速度，增加了费用，增大了货损风险。

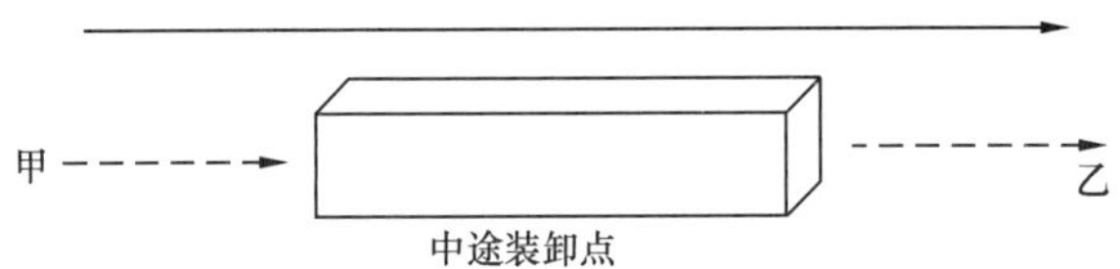


注：实线为合理运输路线，虚线为不合理运输路线

图 8-6 重复运输

⑤ 倒流运输。倒流运输是指货物从销售地或中转地向原产地或起运地回流的一种运输形式，如图 8-7 所示。其不合理程度高于对流运输，原因在于：往返两程的运输都是不必要的，形成了双程的浪费。倒流运输也可以看成隐蔽的对流运输的一种特殊形式。

⑥ 过远运输。过远运输是指货物调运舍近求远，近处有资源不调运却从远处调运，拉长了货物运输距离的浪费现象，如图 8-8 所示。过远运输占用运力时间长，运输工具周转慢，物资占用资金时间长，远距离自然条件相差大，又易出现货损，增加了运输费用。

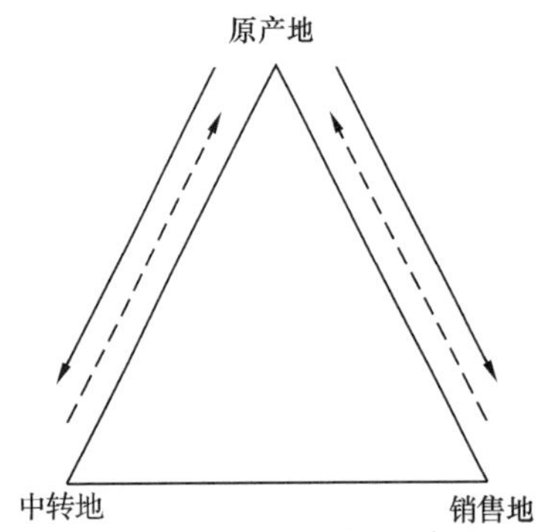


注：实线为合理运输路线，虚线为不合理运输路线

图 8-7 倒流运输

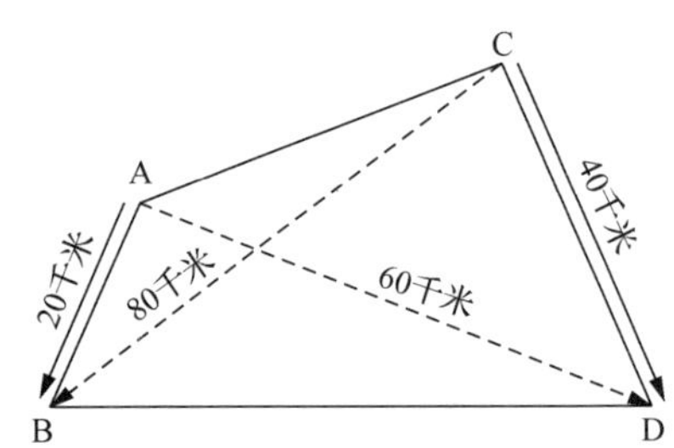


注：实线为合理运输路线，虚线为不合理运输路线

图 8-8 过远运输

⑦ 运力选择不当。运力选择不当是指未发挥各种运输工具的优势而不正确地利用运输工具造成的不合理现象。运力不当主要包括弃水走陆，铁路、大型船舶的过近运输，运输工

具承载能力选择不当等。

⑧ 托运方式选择不当。对于货主而言，托运方式选择不当是指在可以选择最好托运方式时却未选择，造成运力浪费及运输费用增加的一种不合理运输现象。例如，应当用整车运输却选择了零担运输，应当用直达运输却选择了中转运输，应当用中转运输却选择了直达运输等。

案例链接

## 四、运输网络的设计选择

运输网络设计需要考虑在运输网络中建立一些基础设施，它们决定运输日程和路线安排等操作层面的运输决策问题，所以企业要做出正确的运输决策就必须弄清楚，选用哪种运输网络设计方案才有助于供应链能够以较低的成本达到理想的响应水平。下面将讨论当企业面对不同地区的多个供应商时，哪些运输网络设计方案可供选择，以及这些方案的优缺点。这些运输网络设计方案可用于供应链任意两个不同的环节之间。

**1．直接发运网络**

直接发运网络是指每个供应商直接向各个买方所在地运送货物，如图 8-9 所示。对于直接发运网络，运输日程已有详细安排，供应链决策者只需要决定装运量和采用的运输方式。买方需要在运输费用和库存成本之间进行抉择。

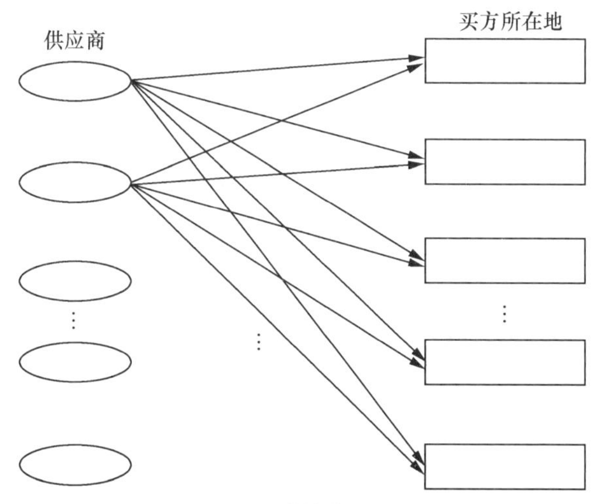


图 8-9 直接发运网络

在直接发运网络中，中转库存得以消除，操作和协调工作得到简化。运输决策全部在当地进行，任何一个运输决策并不影响其他运输决策。因为每次运输都是直接的，不需要在中途中转，路线也都是固定的，所以从供应商到买方所在地所需的运输时间较短。

在采用直接发运网络时，供应链决策者需要判断各供应商对每个地区的最佳补货批量是否与运输工具的最大装载量接近。如果买方需求量很大，足以使每个供应商对每个地区的最佳补货批量接近于运输工具的最大装载量，这种情况下采用直接发运网络就非常有效。但是如果买方需求量很小，采用直接发运网络的成本就会很高。例如，各零售连锁店每天都会有补货需求产生，有时补货需求量很小，如果因为这些很小的补货需求量就要采用一次直接发运网络进行运输，成本就很高。对于供应商而言，在直接发运网络中，因为每个供应商必须单独运送每批货物，所以进货成本会很高。

## 2．利用巡回运送直接发运

巡回运送有两种方式：从一个供应商处选取货物送给多个买方，最后回到出发点，路径如图 8-10（a）所示，是一对多的关系；从多个供应商处选取货物送给一个买方，最后回到出发点，路径如图 8-10（b）所示，是多对一的关系。当供应商与买方在空间上非常接近时，利用巡回运送直接发运可以降低运输成本。

巡回运送通过将同一供应商的货物聚集到一起运送到多个地区或将几个供应商的货物聚集到一起运往同一个零售商，从而实现更低的运输成本，提高运载工具的利用率。如果供应商需要定期进行小批量频繁送货，这时利用巡回运送直接发运可以明显地降低运输成本。如果零售连锁店的补货需求可能很小，采用直接发运网络的运输成本会很高，这时就可以利用巡回运送直接发运。例如，丰田公司在日本和美国对来自多个供应商的供货采取巡回运送策略，以支持其即时制生产系统的运作。在日本，丰田公司有许多装配厂都在邻近地区分布，因此丰田公司采取巡回运送策略，由单个供应商对多个装配厂送货。而在美国，丰田公司采取巡回运送策略，由多个供应商向一个装配厂送货。

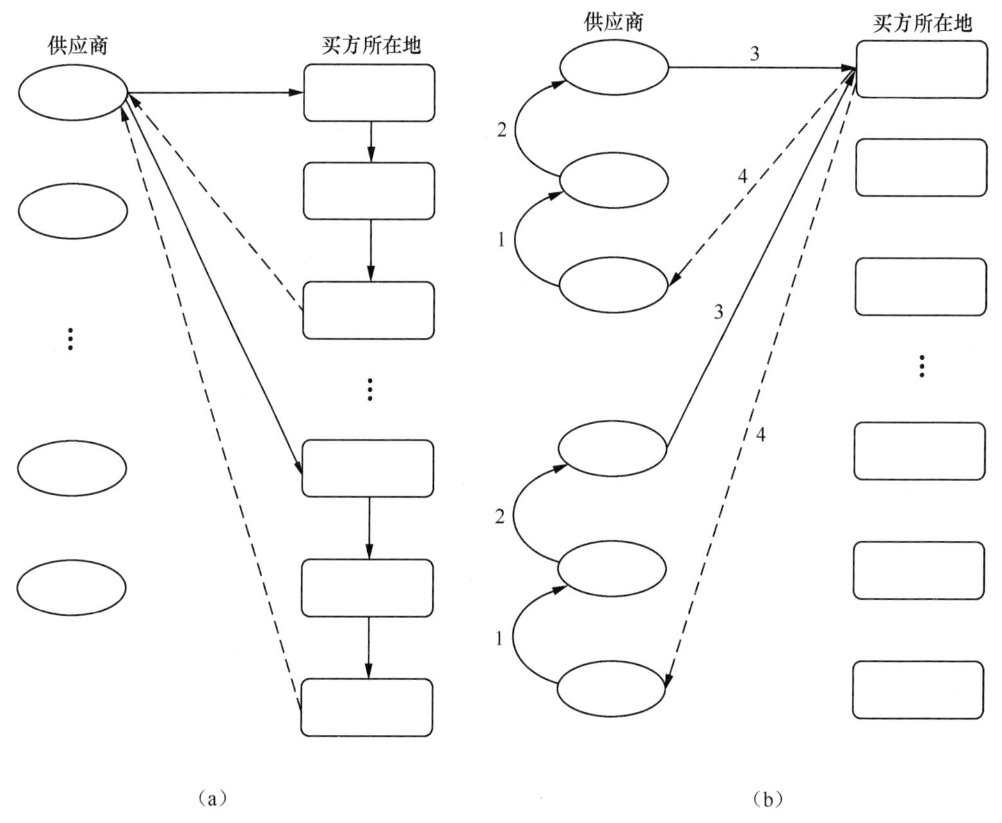


注：直线表示运输路线，虚线表示返回路线

图 8-10 巡回运送

## 3．所有货物通过配送中心发运

通过配送中心发运，供应商不用直接把货物送到买方所在地。买方按照区域进行选址，供应商则在每个区域建造一个配送中心，如图 8-11 所示。供应商把货物送到配送中心，然后配送中心利用适当方式对各个买方需要的货物进行运送。

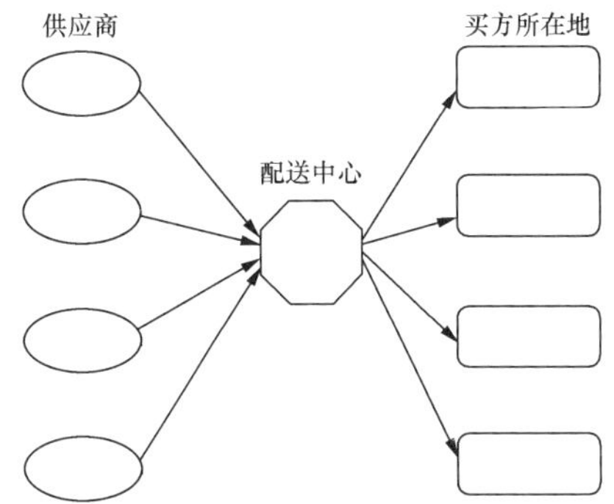


图 8-11　所有货物都通过配送中心发运

**小链接**

配送中心是接收并处理末端客户的订货信息，对供应链上游运来的多品种货物进行分拣，根据客户订货要求进行拣选、加工、组配等作业，并进行送货的设施和机构。

**案例链接**

沃尔玛是一家总部位于美国的世界性大型连锁企业。因为沃尔玛的主要业务是零售业，所以它的供应商遍布世界各地。当沃尔玛采购的产品来自境外供应商时，进站货物的批量远远大于配送中心所服务店铺的订货批量，这时配送中心就要持有一部分库存。如果配送中心所服务客户的补货批量大到足以使进站运输达到规模经济，配送中心就没有必要持有库存。在这种情况下，配送中心就可以采取越库配送策略，即把进货通过分拣、拣选、拆分成运送到每一个客户的较小份额，将来自不同供应商处的卡车送货与对不同客户的卡车出货对接。当配送中心实施越库配送策略时，每辆进站卡车上都装有一个供应商供应给多个客户的产品，而每辆出站卡车上同时装有由多个供应商供给一个客户的产品。越库配送的主要优势在于它使得供应链持有的库存量变小，产品流通速度变快；同时，由于产品不再需要从存储区域搬进搬出，还能够节约搬运成本。

### 4．通过配送中心进行巡回运送

如果送货批量很大，我们可以采用所有货物通过配送中心发运的运输网络，但是当每个买方的订货批量很小时，采用该运输网络则会造成成本的增加，这时供应商就可以通过配送中心进行巡回运送的策略给买方送货，如图 8-12 所示。

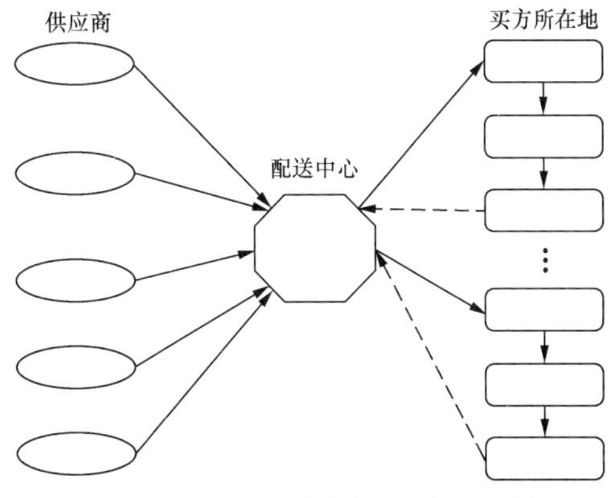


图 8-12　通过配送中心进行巡回运送

### 5．剪裁式网络

剪裁式网络是指通过综合利用上述运输网络降低供应链成本，提高供应链的响应性。它是一种综合性策略，可利用越库配送、巡回运送、整车运输和零担运输等多种策略，目的是针对特定情况选取合适的方案。由于对每种产品或每家零售店采取的送货流程都不同，因此管理这种运输网络的复杂程度很高。它需要买方在获取供应链中各种信息的设施方面投入大量资金以获得实时有效的信息，并加以综合分析，最终得出一套行之有效的方案以实现供应链上各个环节的协同。虽然存在大量的资金投入，但是它的应用使得企业在决定运输网络时更具有选择性，可以实现运输和库存成本的最低化，是一劳永逸的投资。

案例链接

表8-7概括了各种运输网络的优缺点。

表8-7 各种运输网络的优缺点

| 运输网络 | 优点 | 缺点 |
| --- | --- | --- |
| 直接发运网络 | 无中转仓库、易协调 | 库存水平高、接收成本高 |
| 利用巡回运送直接发运 | 小批量货物的运输成本、库存成本较低 | 协调难度大 |
| 所有货物通过配送中心发运 | 通过聚集降低了内向运输成本 | 库存成本增加，配送中心的搬运成本增加 |
| 通过配送中心进行越库配送 | 需要的库存量很少，通过聚集降低运输成本 | 协调难度加大 |
| 通过配送中心进行巡回运送 | 主要运送小批量货物，降低外向运输成本 | 协调难度进一步加大 |
| 剪裁式网络 | 运输方案与单个产品或店铺的需求实现了最优匹配 | 协调难度最大 |

## 五、运输决策

供应链中托运人在做出运输决策之前，必须要弄清楚运输的经济原则。只有了解了在运输中会有哪些因素影响运输的效率，才能做出正确的运输网络选择，这对于控制供应链物流成本、提高运输效率有着重要的影响。有效的运输决策往往能提高企业效益，也能使企业在最短时间内满足客户需求。

### 1．运输的经济原则

在运输效率方面，有两个基本的经济原则：规模效益和距离效益。

① 规模效益。在运输中，规模效益是指运送产品的规模增加时，单位重量的运输成本就会降低。例如，与只利用部分车辆容积的小型运输方式（如零担运输）相比，充分利用整个车辆容积的大型运输（如整车运输）的单位重量的运输成本要低很多。同样，大容量的运输工具（如火车和轮船）的单位重量运输成本低于小容量的运输工具（如汽车和飞机）的单位重量运输成本。也就是说，在运送重量增加的情况下，固定成本会在重量增加的基础上进行分配，因为固定成本（包括计划安排的相关管理费用、设备费用、装卸货时的停车费用和发票费用等）不会随着运输规模的变化而变化，所以一批同样的货物，重量越重，就越能分摊固定成本，如图8-13所示。

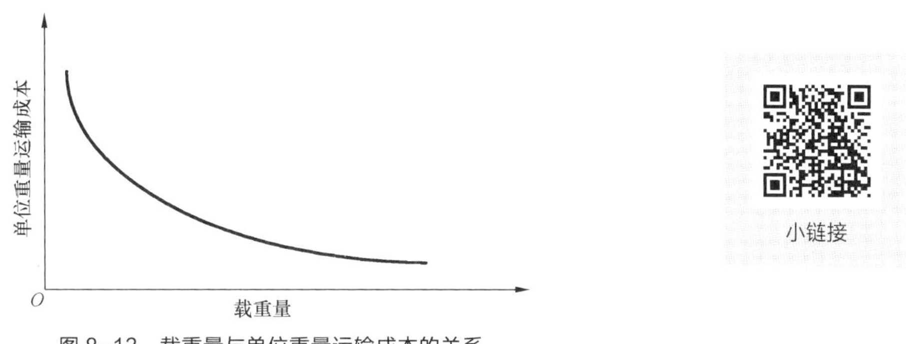


图 8-13 载重量与单位重量运输成本的关系

② 距离效益。距离效益是指单位重量运输成本随着距离的增加而减少，如运送同一重量的两批货物，运送 800 千米所产生的费用比运送 400 千米所产生的费用低。距离与单位重量运输成本的关系如图 8-14 所示。

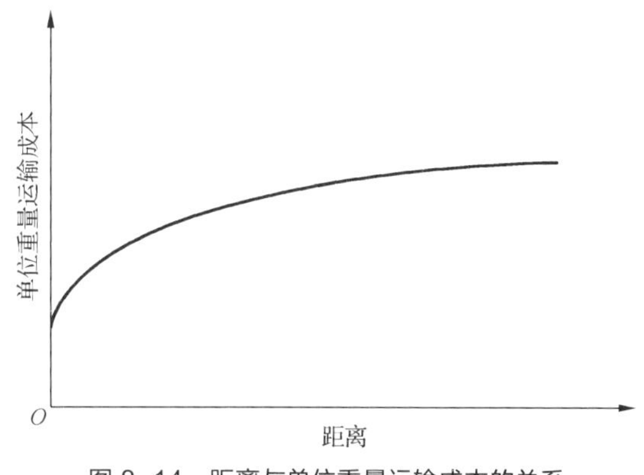


图 8-14 距离与单位重量运输成本的关系

**2. 运输决策的权衡问题**

了解了载重量与单位重量运输成本的关系以及距离与单位重量运输成本的关系后，我们开始讨论供应链管理者在进行运输决策时的两个权衡问题：运输成本与库存成本的权衡，运输成本与供应商响应性的权衡。

（1）运输成本与库存成本的权衡

我们通过运输方式的选择和库存聚集来做出运输成本与库存成本的权衡。

① 运输方式的选择。大多数运输会涉及一种或一种以上的运输方式。供应链运输系统的目标是实现货物迅速到达目的地并且使成本最低，而运输时间和运输成本则是选择不同运输方式的重要依据，运输时间与运输成本的变化必然带来所选择运输方式的改变。目前，企业为降低供应链总成本，对降低运输成本、缩短运输时间的要求越来越严格，这主要是因为在当今经营环境较复杂、困难的情况下，只有不断降低各方面的成本，加快产品周转，才能提高企业经营效率，实现竞争优势。然而，能够使运输成本最低的运输方式并不一定能使运输时间最短。同样，选择快速的运输方式缩短运输时间并不一定能够使运输成本最低。由此可以看出，通过降低运输成本与缩短运输时间来降低供应链总成本是一种此消彼长、此亏彼盈的关系，这也是供应链中各项活动之间存在的“效益背反”现象。

供应链管理者选择不同的运输方式不仅需要考虑运输时间、运输成本，还需要考虑库存成本。价值重量比高的产品应该采取更快速的运输方式，因为对于这些产品来说，降低库存至关重要；相反，价值重量比低的产品应该采用更加低廉的运输方式，因为对于这些产品来说，降低运输成本更加重要。这里的库存成本包括周转库存成本、安全库存成本和在途库存成本。在选择运输方式时，供应链管理者必须考虑每种运输方式下的周转库存、安全库存以及在途库存的成本，选择合理的运输路线和运输工具，以最短的路径、最少的环节、最快的速度和最少的劳动消耗，组织好货物的运输活动。

综上所述，运输方式的选择受运输物品的种类、运输量、运输距离、运输时间、运输成

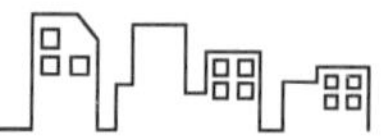

本5个因素的影响。

② 库存聚集。库存聚集是将货物聚集到一个地区，这样企业可以大大降低安全库存。由于运输的成本与规模和路程长短直接相关，这就促使企业把货物进行聚集。在供应链中，各个环节都想缩短存货的闲置时间，以更好地满足客户需求，结果是大量频率高、批量小的订单随之而来。小批量运输的大量出现不仅提高了运输成本，而且造成了物料处理环节和装卸作业的拥挤。如果供应商的库存高度分散，一定程度的库存聚集可能会降低运输成本。然而，一旦超过临界点，库存聚集将导致总运输成本的增加。以新华书店为例，由于客户前往书店买书，书店自身不存在送货成本。如果新华书店决定关闭所有的书店并采取网上销售，就会有进货成本和出货成本。尽管仓库进货的运费会比每家书店进货的运费小，但其送货费用大大增加了，因为对每位客户的送货是以小批量进行的，并且必须采取包裹承运（如 EMS、UPS 等）这种费用很高的运输方式。因此，库存聚集将使总运输成本增加。随着库存聚集程度的提高，总运输成本也将不断提高。由此可见，所有计划采用库存聚集策略的企业在进行决策时，都必须在运输成本、库存成本和设施成本之间进行权衡。

当库存成本和设施成本占供应链总成本的比重较大时，采取库存聚集策略是很好的选择。对于价值重量比很大的产品以及需求不确定性很高的产品，采取库存聚集策略能降低供应链成本。但是在产品的价值重量比很低且客户订货批量较小的情况下，由于运输成本高，采取库存聚集策略很可能会损害供应链绩效。

**案例链接**

EE 公司是一家大型器械生产商，在芝加哥有一家工厂，其设备发动机均采购自达拉斯附近的 WM 公司。EE 公司目前以 120 美元的价格每年从 WM 公司购进 120 000 台发动机。最近几年，WM 公司的产量相对稳定，而 EE 公司预测其今后的需求将维持现状。每台发动机的平均重量为 10 磅，EE 公司通常的订货批量为 3 000 台。WM 公司收到订单后，能在一天内发货。在 EE 公司装配厂，补货提前期内持有的安全库存为平均需求量的 50%。

EE 公司的管理者收到了几条有关运输策略的建议，建议的细节如表 8-8 所示，EE 公司的管理者需要决定采用哪条建议。

表 8-8 对 EE 公司运输策略的建议

| 承运商 | 运输量范围/英担 | 单位运输成本/美元 |
|---|---|---|
| AM 铁路公司 | 200+ | 6.50 |
| 东北卡车公司 | 100+ | 7.50 |
| Golden 公司（老建议） | 50～150 | 8.00 |
| | 150～250 | 6.00 |
| | 250+ | 4.00 |
| Golden 公司（新建议） | >250 | 3.00 |

Golden 公司给出了一个有关单位数量折扣的建议，对于超过 250 英担（1 英担等于 100 磅）的送货量，将边际费率由 4 美元/英担降到 3 美元/英担，并建议 EE 公司将发动机的订货批量增加到 4 000 台，以降低运输成本。对此，EE 公司的管理者该如何应对？

分析：如果 EE 公司的管理者决定发动机的订货批量为 4 000 台，Golden 公司的建议将使 EE 公司的运输成本大大降低。然而，EE 公司的管理者在确定运输策略时对库存成本也要加以考虑。EE 公司的年库存持有成本比率为 25%，这意味着每台发动机的年库存持有成本 $H$=120×25%=30（美元）。铁路运输需要 5 天时间，而卡车运输的在途时间为 3 天。运输策略将影响 EE 公司的周转库存、安全库存和在途库存。因此，EE 公司的管理者决定对每种运输方案的库存和运输总成本进行评估。

AM 铁路公司的建议要求最小运货量为 20 000 磅，即相当于 2 000 台发动机。采用铁路运输的补货提前期 $L$=5+1=6（天）。由于发动机的订货批量 $Q$ 为 2 000 台，于是有：

周转库存=$Q$/2=2 000/2=1 000（台）

安全库存=$L$/2×（$D$/365）=（6/2）×（120 000/365）≈986（台）

在途库存= 120 000×（5/365）≈1 644（台）

平均总库存=1 000+986+ 1 644=3 630（台）

采用 AM 铁路公司运输方案的年库存持有成本=3 630×30=108 900（美元）

AM 铁路公司每英担运输的报价为 6.50 美元，由于每台发动机重 10 磅，故每台发动机的运输成本为 0.65 美元。因此：

采用 AM 铁路公司运输方案的年运输成本=120 000×0.65=78 000（美元）

采用 AM 铁路公司运输方案的库存和运输总成本=108 900+78 000=186 900（美元）。

EE 公司的管理者评估了每种运输方案下的相应成本，结果如表 8-9 所示。通过分析表 8-9，EE 公司的管理者决定与 Golden 公司签订合同，确定发动机的订货批量为 500 台。该方案下的运输成本最高，但总成本最低。如果只考虑运输成本进行运输方案选择，Golden 公司降低价格以获得更大送货量的新建议看起来似乎更具吸引力。但事实上，该方案使 EE 公司产生的总成本更高。因此，在库存成本与运输成本之间进行权衡，能帮助 EE 公司的管理者做出正确决策，使公司产生的总成本最小。

表 8-9　对各项运输方案的分析

| 方案 | 批量（发动机） | 运输成本/美元 | 周转库存 | 安全库存 | 在途库存 | 库存成本/美元 | 总成本/美元 |
|---|---|---|---|---|---|---|---|
| AM 铁路公司 | 2 000 | 78 000 | 1 000 | 986 | 1 644 | 108 900 | 186 900 |
| 东北卡车公司 | 1 000 | 90 000 | 500 | 658 | 986 | 64 320 | 154 320 |
| Golden 公司 | 500 | 96 000 | 250 | 658 | 986 | 56 820 | 152 820 |
| Golden 公司 | 1 500 | 96 000 | 750 | 658 | 986 | 71 820 | 167 820 |
| Golden 公司 | 2 500 | 86 400 | 1 250 | 658 | 986 | 86 820 | 173 220 |
| Golden 公司 | 3 000 | 78 000 | 1 500 | 658 | 986 | 94 320 | 172 320 |
| Golden 公司（老建议） | 4 000 | 72 000 | 2 000 | 658 | 986 | 109 320 | 181 320 |
| Golden 公司（新建议） | 4 000 | 67 500 | 2 000 | 658 | 986 | 109 320 | 176 820 |

**要点：**当进行运输方式选择时，管理者必须考虑每种运输方式下的周转库存、安全库存以及在途库存的成本。运输成本较高的运输方式如果能够使库存成本显著降低，也可能是合理的。

（2）运输成本与供应商响应性的权衡

在供应链中，供应商对客户的响应性直接影响客户的满意度，是客户是否继续与供应商合作的一个决定性因素。而供应商的运输成本又与其响应性有着密不可分的联系。响应性高的供应商能在收到客户订单的当天或者第二天发出全部订货，但是由于其出站货物批量小，故运输成本高。供应商为了降低运输成本，可以采用聚集运输（也叫聚集送货），将较长时间内的订货一起发出，大批量送货，使之形成规模经济。由于发货的推迟，聚集运输大大降低了供应商的响应性，但是由于送货批量的增加，规模经济的实现也帮助供应商降低了运输成本。

由此看来，对客户需求的聚集运输由于增加了送货批量并减小了每次送货批量的波动，因此降低了供应商的运输成本。聚集运输还能提高运输绩效，因为它能够使运输量更加稳定。然而，它也延长了供应商的响应时间。由于聚集运输带来的边际收益随着聚集货物时间跨度的增加而下降，因此，在决定响应时间时，供应商必须在聚集运输带来的运输成本降低与更差的响应性导致的收益损失之间进行权衡。

**案例链接**

某钢铁公司位于克利夫兰地区，它同时是一家钢铁服务中心。该公司所有的订单都是通过零担承运商送给客户的，运输费用为100美元+0.01 $X$，其中$X$表示用卡车运输钢铁的磅数，目前，该公司能在收到订单的当天发货。由于运输时间为2天，现行策略下该公司的响应时间也为2天。表8-10所示为该公司两周内的日需求量。

表8-10　某钢铁公司两周内的日需求量

单位：磅

| 时间 | 周一 | 周二 | 周三 | 周四 | 周五 | 周六 | 周日 |
|---|---|---|---|---|---|---|---|
| 第一周 | 19 970 | 17 470 | 11 316 | 26 192 | 20 263 | 8 381 | 25 377 |
| 第二周 | 39 171 | 2 158 | 20 633 | 23 370 | 24 100 | 19 603 | 18 442 |

该公司总经理认为，现实中客户对2天的响应时间并不看重，他们对4天的响应时间也感到满意。延长响应时间会使企业在成本上获得怎样的优势？

**分析：**若延长响应时间，该公司就能将几天的需求量进行聚集。如果响应时间为3天，该公司可以将送货日前2天的需求量进行聚集。管理者计算了在2周内不同响应时间下的送货量和运输成本，如图8-15所示。

| 天 | 需求量/磅 | 响应时间为2天 | | 响应时间为3天 | | 响应时间为4天 | |
|---|---|---|---|---|---|---|---|
| | | 送货量/磅 | 运输成本/美元 | 送货量/磅 | 运输成本/美元 | 送货量/磅 | 运输成本/美元 |
| 1 | 19 970 | 19 970 | 299.7 | 0 | | 0 | |
| 2 | 17 470 | 17 470 | 274.7 | 37 440 | 474.4 | 0 | |
| 3 | 11 316 | 11 316 | 213.16 | 0 | —— | 48 756 | 587.56 |
| 4 | 26 192 | 26 192 | 361.92 | 37 508 | 475.08 | 0 | —— |
| 5 | 20 263 | 20 263 | 302.63 | 0 | —— | 0 | —— |
| 6 | 8 381 | 8 381 | 183.81 | 28 644 | 386.44 | 54 836 | 648.36 |
| 7 | 25 377 | 25 377 | 353.77 | 0 | —— | 0 | —— |
| 8 | 39 171 | 39 171 | 491.71 | 64 548 | 745.48 | 0 | —— |
| 9 | 2 158 | 2 158 | 121.58 | 0 | —— | 66 706 | 767.06 |
| 10 | 20 633 | 20 633 | 306.33 | 22 791 | 327.91 | 0 | —— |
| 11 | 23 370 | 23 370 | 333.7 | 0 | —— | 0 | —— |
| 12 | 24 100 | 24 100 | 341 | 47 470 | 574.7 | 68 103 | 781.03 |
| 13 | 19 603 | 19 603 | 296.03 | 0 | —— | 0 | —— |
| 14 | 18 442 | 18 442 | 284.42 | 38 045 | 480.45 | 38 045 | 480.45 |
| 总计 | | —— | 4 164.46 | —— | 3 464.46 | —— | 3 264.46 |

图8-15　不同响应时间下的送货量和运输成本

从图 8-15 可知，延长响应时间将使该公司的总运输成本逐渐下降。随着响应时间的不断延长，聚集需求带来的边际收益迅速减少。当响应时间由 2 天变为 3 天时，2 周内的运输成本降低了 700 美元。当响应时间由 3 天延长到 4 天，运输成本仅下降 200 美元。因此，该公司最终将响应时间定为 3 天，因为这时若再延长响应时间，获得的边际收益将变少。

**要点：**对客户需求的聚集由于增加了送货批量并减小了每次送货批量的波动，因此帮助企业降低了运输成本。然而，它也增加了企业对客户的响应时间。聚集需求带来的边际收益随着时间跨度的增大而减少。

## 六、运输路线选择

由于在组织车辆完成货运任务时，通常存在多种可选的运输路线，而车辆按不同的运输路线完成同样的运输任务时，合理的运输路线可以加快运输速度、降低运输成本、增加经济效益。因此，在满足货运任务要求的前提下，选择一条最经济的运输路线是运输活动中一项非常重要的工作。最经济的运输路线，是指在保证运输安全、满足运输服务要求的前提下，运输时间最短和运输费用最省的路线，在忽略车辆行驶速度和不同道路条件下车辆运输成本差别的前提下，行程最短的路线被认为是最经济的运输路线。一般来说，运输路线的研究只针对公路运输。

### 1．确定运输路线的原则

确定运输路线可以采取各种数学方法以及在数学方法的基础上发展和演变出来的经验方法。无论采用何种方法，首先应建立试图达到的目标，再考虑实现此目标的各种限制因素，在有约束的条件下寻找最佳方案，实现目标。

（1）确定目标

目标的选择根据配送的具体要求，如配送中心的水平、实力及客观条件而定。目标可以有以下几种选择。

① 效益最高。在选择以效益最高为目标时，一般是以企业当前的效益为主要考虑因素，同时兼顾企业长远的效益。效益是企业整体经营活动的综合体现，可以用利润表示，因此，在计算时以利润的最大值为目标值。

② 成本最低。计算成本比较困难，但成本和运输路线之间有密切关系，在成本对最终效益起决定作用时，选择以成本最低为目标就是选择以效益最高为目标，并有所简化，比较实用，是可以采用的。

③ 路程最短。如果成本和路程的相关性较强，而和其他因素的相关性较弱时，可以选择以路程最短为目标，可以大大简化计算，而且能够避免许多不易计算的影响因素。需要注意的是，有时候路程最短并不意味着成本最低，如果道路条件、道路收费影响了成本，仅以路程最短为最优解就不合适了。

④ 吨千米数最小。吨千米数最小通常针对长途运输，在有多个发货站和多个收货站，且整车发运的情况下，选择以吨千米数最小为目标是可以取得满意的结果的。在配送路线的选择中，吨千米数最小在一般情况下是不适用的，但在采取共同配送方式时，可以将吨千米数最小定为目标。

⑤ 准时性最高。准时性是配送中重要的服务指标之一，以准时性为目标确定配送路线

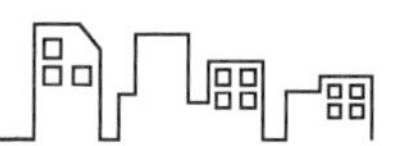

就是将各客户的时间要求和路线先后到达的安排协调起来，但这样做有时难以顾及成本问题，甚至需要牺牲成本来满足准时性要求。在这种情况下，成本不能失控，应有一定的限制。

⑥ 运力利用最合理。在运力非常紧张，运力与成本或效益有一定关系，无须外租车辆或新购车辆时，为节约运力，充分发挥现有运力的作用，可以运力的合理安排为目标，确定配送路线。

⑦ 劳动消耗最低。以油耗最低、司机人数最少、司机工作时间最短等为目标确定配送路线也有所应用，这是在特殊情况下（如供油异常紧张、油价非常高、意外事故引起减员、某些因素限制了配送司机人数等）必须选择的目标。

（2）确定运输路线的约束条件

以上目标在实现时都受到许多条件的约束，必须在满足这些约束条件的前提下取得成本最低或吨千米数最小的结果。一般的运输约束条件有以下几项。

① 满足收货人对货物品种、规格、数量的要求。

② 满足收货人对货物到达时间的要求。

③ 在交通管制允许通行的时间（如城区公路白天不允许货车通行）内进行运送。

④ 各运输路线的货物量不得超过车辆容积及载重量的限制。

⑤ 在承运单位现有运力允许的范围内进行运送。

### 2．制定运输路线

运输路线的选择会影响运输设备和人员的利用，制定合理的运输路线可以降低成本，因此运输路线的确定是运输决策的一个重要领域。虽然运输路线选择问题种类繁多，但主要归纳为3个基本类型：起讫点不同的单一路径规划，多个起讫点的路径规划，起讫点重合的路径规划。

（1）起讫点不同的单一路径规划

对于分离的、单个点和终点的运输路线选择问题，我们可以通过特别设计的方法进行解决。最简单、直接的方法就是最短路线法。运输网络由节点和线组成，各节点之间由线连接，线代表节点与节点之间的运行成本（距离、时间或距离和时间的加权平均）。最初，除起点外，其他所有的节点都被认为是未经过求解的，即没有通过各个节点的明确的路线。起点是已解的节点，计算应从起点开始。计算方法如下。

① 第 $n$ 次迭代的目标。寻求第 $n$ 个距起点最近的节点，$n=1,2,\cdots$，直到找出的最近节点是终点为止。

② 第 $n$ 次迭代的输入值。在前面的迭代过程中，找出 $n-1$ 个距离起点最近的节点和距离起点最短的路线与距离。这些节点和起点称为已解的节点，其余的节点称为未解的节点。

③ 第 $n$ 个最近节点的候选点。每个已解的节点直接和一个或多个未解的节点相连接，这些未解的节点以最短路线连接的便是候选点。

④ 第 $n$ 个最近节点的计算。将每个已解的节点及其候选点之间的距离和从起点到该已解的节点之间的距离加起来，总距离最短的候选点即第 $n$ 个最近节点，也就可以得到起点到达该点的最短路线。

**【例8-1】**图8-16所示为公路运输网络示意图，其中a为起点，j为终点，b、c、d、e、f、g、h、i是网络中的节点，节点与节点之间以线段连接，线段上标明了两个节点之间的距离，以运行时间（分）表示。请确定一条从起点a到终点j的最短运输路线。

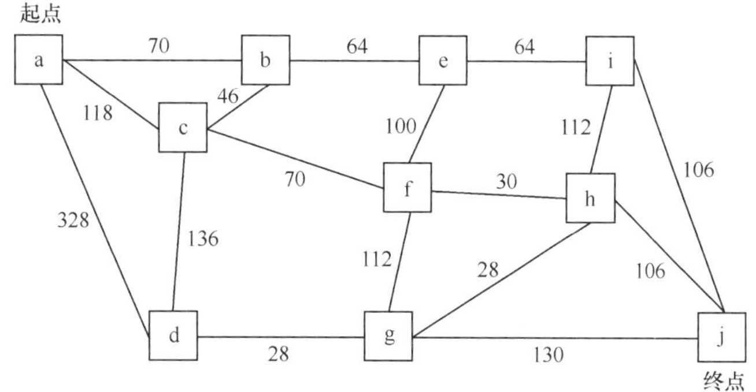


图 8-16 公路运输网络示意图

**解：**

首先，列出一张表格，如表 8-11 所示。第一个已解的节点是起点 a。与起点 a 直接连接的、未解的节点有 b、c 和 d，我们从图 8-16 中可以看出 b 点是距离 a 点最近的节点，记为 ab，这是第 1 步。由于 b 点是唯一的选择，所以它成为已解的节点。

表 8-11 最短路线法计算表

| 步骤 | 直接连接到未解节点的已解节点 | 与其直接连接的最近的未解节点 | 相关总成本 | 第 *n* 个最近节点 | 最小成本 | 最新连接（第 *n* 个最近节点的上一点与其的连接） |
|---|---|---|---|---|---|---|
| 1 | a | b | 70 | b | 70 | ab* |
| 2 | a<br>b | c<br>c | 118<br>70+46=116 | c | 116 | bc |
| 3 | a<br>b<br>c | d<br>e<br>f | 328<br>70+64=134<br>116+70=186 | e | 134 | be* |
| 4 | a<br>c<br>e | d<br>f<br>i | 328<br>116+70=186<br>134+64=198 | f | 186 | cf |
| 5 | a<br>c<br>e<br>f | d<br>d<br>i<br>h | 328<br>116+136=252<br>134+64=198<br>186+30=216 | i | 198 | ei* |
| 6 | a<br>c<br>f<br>i | d<br>d<br>h<br>j | 328<br>116+136=252<br>186+30=216<br>198+106=304 | h | 216 | fh |
| 7 | a<br>c<br>f<br>h<br>i | d<br>d<br>g<br>g<br>j | 328<br>116+136=252<br>186+112=298<br>216+28=244<br>198+106=304 | g | 244 | hg |
| 8 | a<br>c<br>h<br>g<br>i | d<br>d<br>j<br>j<br>j | 328<br>116+136=252<br>216+106=322<br>244+130=374<br>198+106=304 | d | 252 | cd |
| 9 | h<br>g<br>i | j<br>j<br>j | 216+106=322<br>244+130=374<br>198+106=304 | i | 304 | ij* |

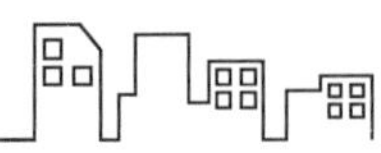

其次，找出距离 a 点和 b 点最近的未解的节点，我们找到是 c 点，这样就有 ab 和 bc，这是第 2 步。这里请注意：从起点通过已解的节点到某一节点所需的时间，应该等于到达这个已解的节点与未解的节点之间的时间。即从 a 点经过 b 点到达 c 点的距离为 ab + bc=70 + 46=116，而从 a 点直接到达 c 点的时间为 118 分，现在 c 点就成为已解的节点。

最后，找到与各已解的节点直接连接的最近的未解的节点。在表 8-11 中，有 d、e、f 这 3 个候选点，从起点到 d、e、f 所需的时间相应为 328 分、134 分、186 分，其中连接 be 的时间最短为 134 分，因此 e 点就是第 3 步得到的结果。

继续重复上述过程，直到到达终点 j，即第 9 步。最小成本为 304 分，在第 9 步的最新连接 ij 的 j 后标注（*），然后向上寻找到第 5 步的 ei，在 i 后标注（*），根据计算结果在示意图上依次向前标注（*），得到最优路线 a—b—e—i—j。

在节点很多时，手动计算是很烦琐的，如果把运输网络的节点和连接的有关数据存入数据库中，就可以用计算机求解。绝对的最短路线并不代表从起点到终点的时间最短，因为该方法没有考虑各条路线的运行质量。因此，应对运行时间和距离设定权数，得出比较具有实际意义的路线。

（2）多个起讫点的路径规划

当有多个货源地可以服务多个目的地时，我们所面临的问题是，不仅要选择货源地，还要同时找到货源地与目的地之间的最佳路线。该问题经常发生在多个供应商、工厂或仓库服务于多个客户的情况下。解决这类问题可以运用一类特殊的线性计算法，即图上作业法。

图上作业法是指在交通示意图上，就产地产量与销地销量的平衡关系，运用运筹学原理，找到能够满足需求的运费最省的方法。由于运力安排不合理，常出现两种与运输距离、运输路线有关的不合理的运输现象，即对流运输和迂回运输。图上作业法可以避免这两种不合理的运输现象出现。图上作业法的基本规则：对于不成圈状的交通示意图，从各断点开始，按就近供应的原则和先支线后干线的基本要领，绘制出没有对流的调运方案图，就是所要控制的最优调运方案；对于形成圈状的交通示意图，且发点与收点交错迂回的，就比较复杂，则必须以“内圈和外圈流向总路程分别小于或等于该圈总路程的一半”的定理为准则，设计出所需要控制的最优调运方案。下面我们将通过例题逐一介绍不含回路的图上作业法和含有回路的图上作业法的设计步骤。

① 不含回路的图上作业法。运输路线上不含回路时，调配方法比较简单：从各个端点开始，按“各站供需就近调拨”的原则进行调配。

**【例 8-2】**设某种商品有 4 个起运站 A1、A2、A3、A4（在图 8-17 中用圆圈表示），其供应量分别为 7 吨、8 吨、6 吨、4 吨（在图 8-17 中用圆圈内的数字表示）；另有 4 个目的地（运输终点）B1、B2、B3、B4（在图 8-17 中用正方形表示），其需求量分别为 2 吨、8 吨、7 吨、8 吨（在图 8-17 中用圆圈内的数字表示）。已知各节点间的距离（在图 8-17 中用线段上的数字表示，单位为千米），交通示意图如图 8-17 所示。如何调运使得总的吨千米数最小。

**解：**具体调运方案从 A1 开始，把 7 吨物资供给 B1，B1 只需要 2 吨物资，这样将剩余的 5 吨物资再供给 A2；B2 所需的 8 吨物资由 A2 供给；A2 可以将剩余的 5 吨物资供给 B3，B3 还需 2 吨物资；A4 的 4 吨物资可以供给 A3；B4 的 8 吨物资由 A3 供给；这时 A3 剩余的 2 吨物资刚好满足 B3 还需 2 吨物资的需求。不含回路的调运方案如图 8-18 所示。

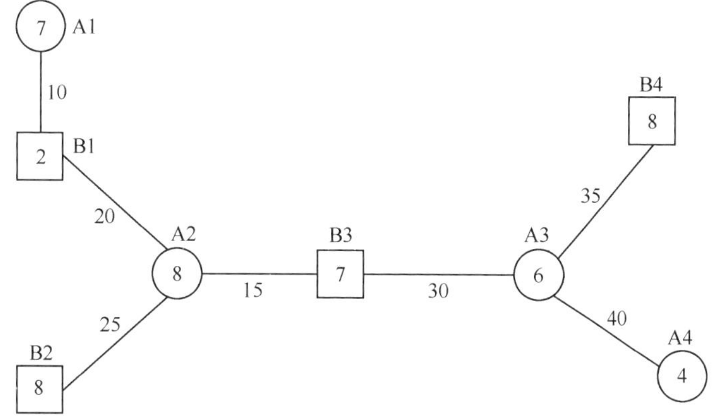

图 8-17　某交通示意图

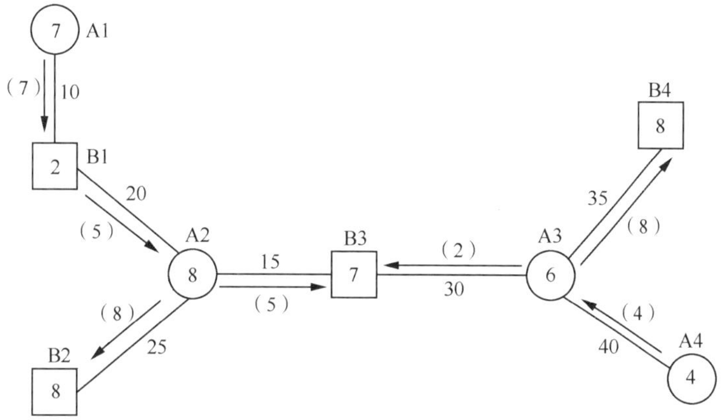

图 8-18　不含回路的调运方案

根据图 8-18，计算总的吨千米数：

总的吨千米数=7×10+5×20+8×25+5×15+2×30+8×35+4×40=945

② 含有回路的图上作业法。当运输路线上含有回路时，我们可以按照下面例题中的步骤求解，直到得出最优方案。

**【例 8-3】**在图 8-19 中，3 个工厂 A1、A2、A3（用圆圈表示）向 4 个市场 B1、B2、B3、B4（用正方形表示）配送货物。圆圈内数字表示工厂的供应量（吨），正方形内数字表示市场的需求量（吨）。线段上的数字表示各点之间的距离（千米）。求解最佳的配送方案以及配送的最小吨千米数。

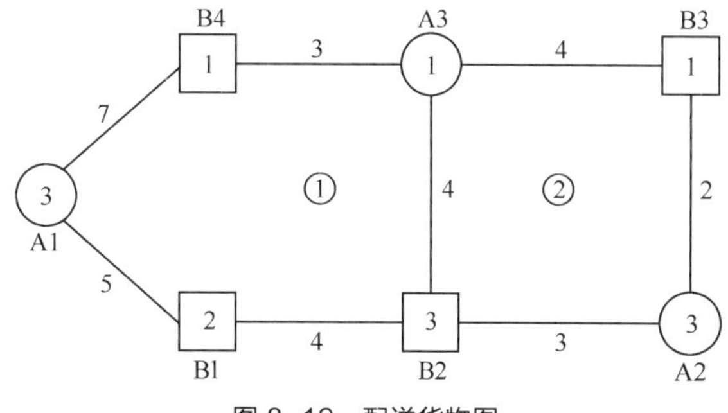

图 8-19　配送货物图

**解：**

第一步，去线破圈，确定初始运输方案。图 8-19 中，此运输网络有两个回路——圈①和圈②，它们是闭合的，所以哪里是起点、哪里是终点无从得知，我们需要让这两个回路变成一条线段，这样就有了起点和终点。将圈①中距离最长的线段 A1B4 去除，圈②中距离最长的线段有两条 A3B2 和 A3B3，由于 A3B2 是两个回路的公共线，所以去除 A3B3。这样原图就变成不含回路的情况，按照不含回路的图上作业法求得初始运输方案。在图 8-20 中，箭头都是从配送点指向需求点的，画在线路的右边。

第二步，检查有无迂回现象。分别检查每个圈，如果各圈的内圈流向的路线长度和外圈流向的路线长度都小于各圈总长度的一半，即各圈总长度的一半大于等于各圈的内圈流向的路线长度和外圈流向的路线长度，那么，这个回路上就不存在迂回现象，此方案就是最佳的运输方案。

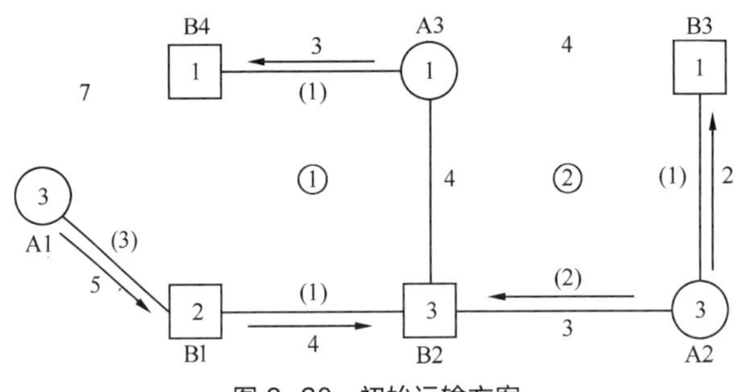

图 8-20　初始运输方案

验证：

圈①总长度的一半=（7+5+4+4+3）/2=11.5

圈①的外圈长度=5+4+3=12>11.5，所以圈①的方案不是最优方案。

圈②总长度的一半=（4+4+2+3）/2=6.5

圈②的内圈长度=3<6.5

圈②的外圈长度=2<6.5，所以圈②的方案是最优方案。

因为圈①的方案不是最优方案，所以要修正圈①的方案。

第三步，修正圈①的方案，取圈外最小的配送量（值为 1），然后圈外的配送量减 1，圈内的配送量或未走过路线的配送量加 1，如图 8-21 所示。

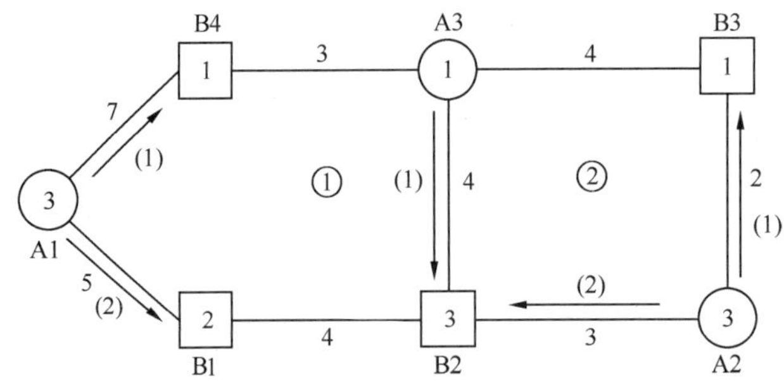

图 8-21　最佳运输方案

修正圈①后，检查有无迂回现象。再重复第二步的验证步骤。

验证：

圈①总长度的一半=（7+5+4+4+3）/2=11.5

圈①的内圈长度=7+4=11<11.5

圈①的外圈长度=5<11.5，所以圈①的方案是最优方案。

圈②总长度的一半=（4+4+2+3）/2=6.5

圈②的内圈长度=3<6.5

圈②的外圈长度=2+4=6<6.5，所以圈②的方案是最优方案。

现在圈①和圈②的方案都是最优方案，故此方案是最优方案。

此方案配送的最小吨千米数=1×7+2×5+1×4+1×2+2×3=29。

（3）起讫点重合的路径规划

供应链管理者经常会遇到的一个路线选择问题是起点就是终点的路线选择。这类问题通常在运输工具归同一部门所有的情况下发生。例如，运送车辆从仓库送货至零售店，然后返回仓库再重新装货；当地的运输车辆从零售店送货至客户等。起讫点重合的路线选择问题通常被称为“旅行推销点”问题，对这类问题应用经验探试法比较有效。经验告诉我们，当运行路线不发生交叉时，经过各停留点的次序是合理的；同时，如有可能，应尽量使运输路线呈菱形。图 8-22 所示为通过各点的运输路线示意，其中图（a）是不合理的运输路线，图（b）是合理的运输路线。

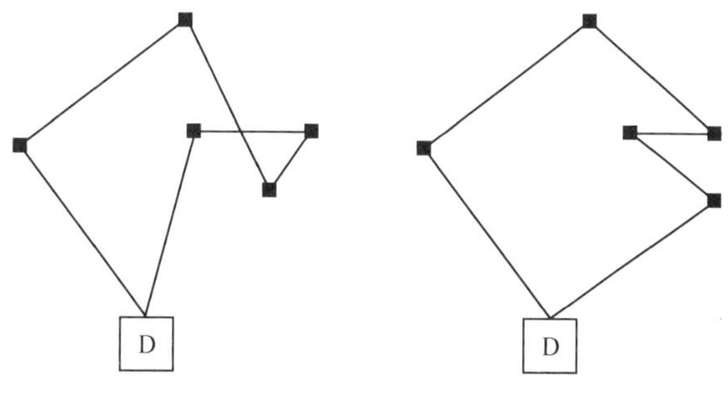


（a）不合理的运输路线　　（b）合理的运输路线

图 8-22　通过各点的运输路线示意图

## 任务实施

**【任务 1】**若延长响应时间，ABC 矿业公司就能将几天的需求量进行聚集。如果响应时间为 3 天，ABC 矿业公司可以将送货日前 2 天的需求量进行聚集；如果响应时间为 4 天，ABC 矿业公司可以将送货日前 3 天的需求量进行聚集。表 8-12 所示为 ABC 矿业公司在不同响应时间下的送货量和运输成本。

表 8-12　不同响应时间下的送货量和运输成本

| 天 | 需求量/吨 | 响应时间为 2 天 | | 响应时间为 3 天 | | 响应时间为 4 天 | |
|---|---|---|---|---|---|---|---|
| | | 送货量/吨 | 运输成本/元 | 送货量/吨 | 运输成本/元 | 送货量/吨 | 运输成本/元 |
| 1 | 19 000 | 19 000 | 290 | 0 | — | 0 | — |
| 2 | 20 000 | 20 000 | 300 | 19 000+20 000=39 000 | 490 | 0 | — |

续表

| 天 | 需求量/吨 | 响应时间为2天 | | 响应时间为3天 | | 响应时间为4天 | |
|---|---|---|---|---|---|---|---|
| | | 送货量/吨 | 运输成本/元 | 送货量/吨 | 运输成本/元 | 送货量/吨 | 运输成本/元 |
| 3 | 21 000 | 21 000 | 310 | 0 | — | 19 000+20 000<br>+21 000=60 000 | 700 |
| 4 | 19 500 | 19 500 | 295 | 21 000+19 500=40 500 | 505 | 0 | — |
| 5 | 18 000 | 18 000 | 280 | 0 | — | 0 | — |
| 6 | 18 500 | 18 500 | 285 | 18 500+18 000=36 500 | 465 | 19 500+18 000+18 500<br>=56 000 | 660 |
| 7 | 20 500 | 20 500 | 305 | 0 | — | 0 | — |
| 8 | 17 000 | 17 000 | 270 | 20 500+17 000=375 000 | 475 | 0 | — |
| 9 | 17 500 | 17 500 | 275 | 0 | — | 20 500+17 000<br>+17 500=55 000 | 650 |
| 10 | 18 000 | 18 000 | 280 | 17 500+18 000=35 500 | 455 | 0 | — |
| 11 | 21 000 | 21 000 | 310 | 0 | — | 0 | — |
| 12 | 22 000 | 22 000 | 320 | 21 000+22 000=43 000 | 530 | 18 000+21 000<br>+22 000=61 000 | 710 |
| 13 | 20 000 | 20 000 | 300 | 0 | — | 0 | — |
| 14 | 18 500 | 18 500 | 285 | 20 000+18 500=38 500 | 485 | 20 000+18 500=38 500 | 485 |
| 成本总计 | 4 105 | | | 3 405 | | 3 205 | |

从表8-12可知，延长响应时间将使ABC矿业公司的运输成本下降。随着响应时间的不断延长，聚集需求带来的边际收益迅速减少。当响应时间由2天变成3天时，2周内的运输成本降低了700元；若将响应时间由3天延长到4天，运输成本仅下降了200元。故我们选择将响应时间定为3天，因为这时若再延长响应时间，获得的边际收益将变少。

【任务2】根据表8-13求出最短路线。

表8-13 最短路线法计算表

| 步骤 | 直接连接到未解节点的已解节点 | 与其直接连接的最近的未解节点 | 相关总成本 | 第 *n* 个最近节点 | 最小成本 | 最新连接（第 *n* 个最近节点的上一点与其的连接） |
|---|---|---|---|---|---|---|
| 1 | 1 | 2 | 100 | 2 | 100 | 12 |
| 2 | 1<br>2 | 4<br>5 | 150<br>100+275=375 | 4 | 150 | 14* |
| 3 | 1<br>2<br>4 | 3<br>5<br>5 | 175<br>100+275=375<br>150+175=325 | 3 | 175 | 13 |
| 4 | 2<br>3<br>4 | 5<br>5<br>5 | 100+275=375<br>175+200=375<br>150+175=325 | 5 | 325 | 45 |
| 5 | 2<br>3<br>4<br>5 | 6<br>7<br>6<br>8 | 100+300=400<br>175+300=475<br>150+200=350<br>325+250=575 | 6 | 350 | 46* |

续表

| 步骤 | 直接连接到未解节点的已解节点 | 与其直接连接的最近的未解节点 | 相关总成本 | 第 *n* 个最近节点 | 最小成本 | 最新连接（第 *n* 个最近节点的上一点与其的连接） |
|---|---|---|---|---|---|---|
| 6 | 3<br>4<br>5<br>6 | 7<br>7<br>8<br>9 | 175+300=475<br>150+275=425<br>325+250=575<br>350+200=550 | 7 | 425 | 47 |
| 7 | 5<br>6<br>7 | 8<br>9<br>8 | 325+250=575<br>350+200=550<br>425+125=550 | 8<br>9 | 550 | 69*<br>78 |
| 8 | 8<br>9 | 10<br>10 | 550+150=700<br>550+100=650 | 10 | 650 | 9,10* |

我们得到了最短路线：1—4—6—9—10。

【任务 3】第一步，去线破圈，确定初始运输方案，如图 8-23 所示。

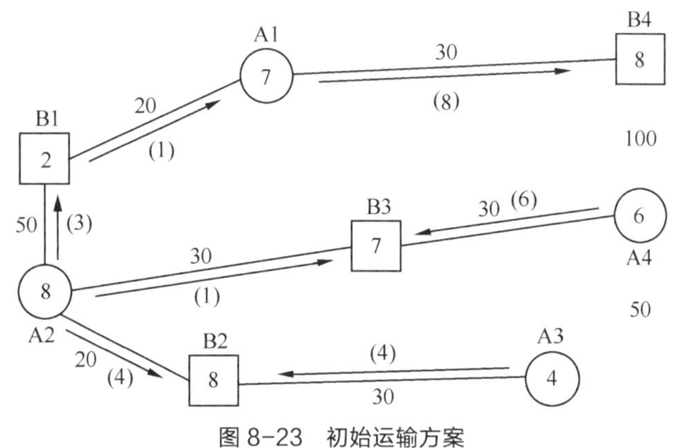


图 8-23　初始运输方案

第二步，检查有无回路。

验证：上圈总长度的一半=（20+30+100+30+30+50）/2=130

上圈的外圈长度=30<130

上圈的内圈长度=20+30+50+30=130，所以上圈的方案是最优方案。

下圈总长度的一半=（30+30+50+30+20)/2=80

下圈的内圈长度=30+30=60<80

下圈的外圈长度=30+20=50<80，所以下圈的方案是最优方案。

故此方案是最优方案。

案例链接

## 练习与实训

### （一）思考题

1. 思考运输在供应链中的作用。

2. 从杭州发运一批物资到深圳，可以采用空中运输，也可以采用陆上运输或水上运输。陆上运输有多种方式，如铁路运输和公路运输。同时，还可采用普通邮包或快件邮包发运这

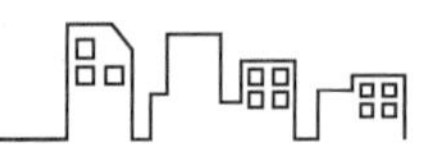

批物资。比较各种运输方式的优缺点。选择运输方式时，你认为必须考虑哪些因素？上述运输方式中，哪一种最适合？为什么？

3. 哪些运输方式最适用于体积大、价值低的货物？为什么？

4. 调查某个超市、便利店，或企业的运输网络，绘制其运输网络图。根据调查的实际情况，分析其运输网络的设计是否合理，并提出你的看法。

（二）实训

1. 图8-24所示为一张公路运输网络示意图，其中，V1是出发点，V7是终点，V2、V3、V4、V5、V6等是网络中的节点，节点与节点之间以线段连接，线段上标明了两个节点之间的距离，以运行时间（分）表示。要求确定一条从起点到终点的最短运输路线。

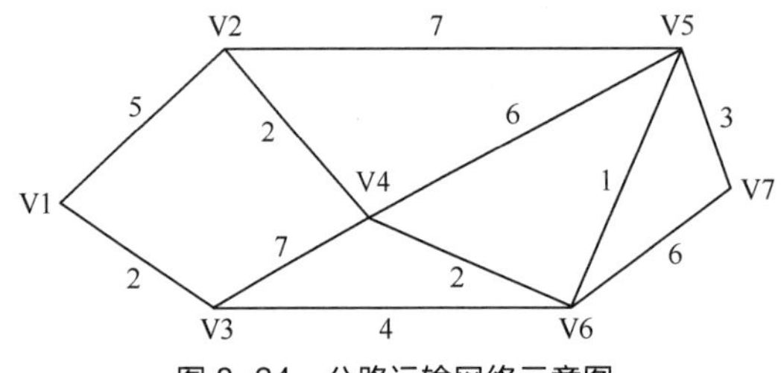


图8-24 公路运输网络示意图

2. 根据给定的运输路线图（见图8-25），运用图上作业法求出最优运输方案。

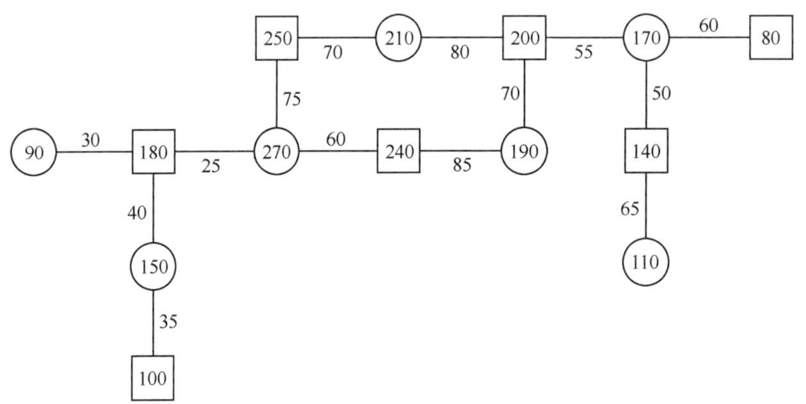


图8-25 运输路线图

# 供应链生产管理

## 知识目标

1. 了解生产流程决策原则
2. 熟悉 5 种典型的生产流程
3. 熟悉生产计划中的一些术语，并能准确应用
4. 了解生产排程的含义及作业排序
5. 了解供应链管理思想下的生产方式

## 技能目标

1. 能完成总进度计划和物料需求计划的计算
2. 利用不同方法对简单的生产任务进行排序

## 素养目标

1. 强化创新意识，增强服务理念
2. 培养坚韧不拔、一丝不苟、精益求精、追求卓越的“工匠精神”

【任务 1】自从 Realco 公司引进了一条新型面包机生产线并用于生产面包机，这种新型面包机凭借具有竞争力的价格和性能在美国市场上获得了巨大成功。尽管 Johnny Chang（Realco 公司法定代表人）对 Realco 公司的生意很满意，但是他对 Realco 公司缺乏以产品为中心的规范计划感到担忧。他一直想知道："Realco 公司有足够的能力满足其接收的订货需求吗？如果 Realco 公司能够满足所接收的订单要求，那么 Realco 公司有足够的能力进一步满足预期需求吗？Realco 公司是否应该为此制订计划呢？"

为了应对这一形势，Johnny Chang 决定和 Realco 公司里不同职位的员工进行一次交谈。首先，他和库存经理进行了沟通，发现上一周周末的库存数量是 7 000 台。Johnny Chang 认为库存水平高得不可思议。

Johnny Chang 还获悉，在上一年每隔一周就会生产出 40 000 台面包机。事实上，这一周就会有另一批产品完工。该产量是以每周 20 000 台左右的需求为基础推测出来的。在过去的一年里，没有人质疑预测需求或生产水平是否应该重新调整。

Johnny Chang 随后造访了 Realco 公司的营销经理杰克·琼斯，想了解目前的订单情况。杰克·琼斯说："没问题，刚好我这里有一些数据。"数据如表 9-1 所示。

表 9-1 公司承诺发货量

| 周 | 承诺发货量 | 周 | 承诺发货量 |
|---|---|---|---|
| 1 | 23 500 | 5 | 13 600 |
| 2 | 23 000 | 6 | 11 500 |
| 3 | 21 500 | 7 | 5 400 |
| 4 | 15 050 | 8 | 1 800 |

Johnny Chang 盯着这些数据看了一会儿，然后问杰克·琼斯："当一个客户打电话订购的时候，你怎么知道公司是否能满足客户的订货需求呢？"杰克·琼斯说："很简单。根据以往的经验发现，在两周的时间里我们能满足几乎所有的订单，因此我们承诺在 3 周内发货。这样我们可以有一个缓冲期。现在看看第 1 周和第 2 周的承诺发货量，尽管这两周的数值看起来有些高，且高于库存数量，但是第 1 周还有另外的 4 000 台面包机入库，因此不会有什么问题的。"

**问题：**

（1）制订一个关于面包机的主生产计划。预计期末库存是多少？Realco 公司是否存在过度承诺问题？你认为 Realco 公司应该调整预测需求还是调整产量？

（2）假定 Realco 公司每周生产 20 000 台面包机，而不是每隔一周生产 40 000 台面包机。根据总进度计划，这会对平均库存水平产生哪些影响？

（3）Realco 公司没有现货而不得不拒绝客户的订单要求，或者先接收订单再按时发货，对于这两种情况，其影响分别是什么？

【任务 2】位于加利福尼亚的某工具制造公司主要生产一系列草坪护理用品，其产品中有一种产品型号为 540 的播种延辗机。该产品组成如图 9-1 所示。

完成表 9-2 所示的物料需求计划，注意以下信息。

- 该公司打算在第 2、4、6 周组装 2 000 台播种延辗机。
- 已经给出齿轮与转片组件的总需求量，需要计算其他项目的总需求量。

- 所有的预期入库量、提前期和期初库存水平已经给出。
- 注意物料清单中开口销出现了两次。

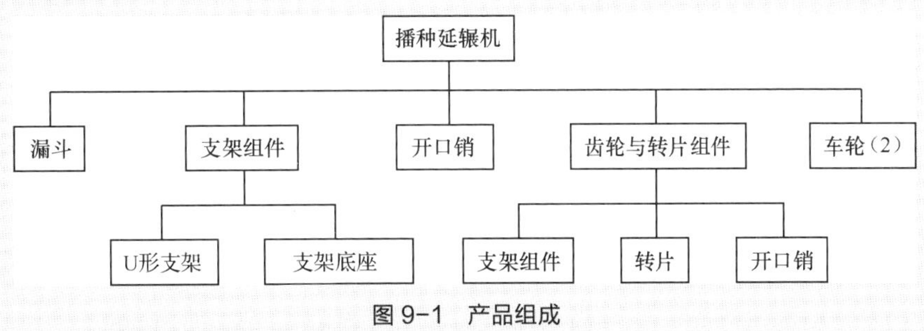


图 9-1 产品组成

表 9-2 物料需求计划

| **阶层 1：齿轮与转片组件（提前期为 1 周）** | | | | **最小订购量= 2 500** | | |
|---|---|---|---|---|---|---|
| **时间段/周** | 1 | 2 | 3 | 4 | 5 | 6 |
| 总需求量 | | 2 000 | | 2 000 | | 2 000 |
| 预期入库量 | | | | | | |
| 计划期末库存量 1 000 | | | | | | |
| 净需求量 | | | | | | |
| 计划入库量 | | | | | | |
| 计划订单量 | | | | | | |
| **阶层 1：车轮（提前期为 1 周）** | | | | **最小订购量= 1** | | |
| **时间段/周** | 1 | 2 | 3 | 4 | 5 | 6 |
| 总需求量 | | | | | | |
| 预期入库量 | | | | | | |
| 计划期末库存量 0 | | | | | | |
| 净需求量 | | | | | | |
| 计划入库量 | | | | | | |
| 计划订单量 | | | | | | |
| **阶层 2：开口销（提前期为 3 周）** | | | | **最小订购量= 15 000** | | |
| **时间段/周** | 1 | 2 | 3 | 4 | 5 | 6 |
| 总需求量 | | | | | | |
| 预期入库量 | | | | | | |
| 计划期末库存量 11 000 | | | | | | |
| 净需求量 | | | | | | |
| 计划入库量 | | | | | | |
| 计划订单量 | | | | | | |

## 相关知识

### 一、生产流程决策

#### 1．生产流程决策的重要性

以下两个原因能说明生产流程决策对企业的重要性。

① 虽然生产流程决策通常需要花费的费用较高，但其对企业发展具有很深远的意义。例如，一个付诸生产线的决策，将会规定所需要的员工和设备的类型，能够生产出的产品类型，以及需要运行这些商业活动的信息系统的种类。因为财务层面的收益要求，这个决策在做出后是不能被轻易改变的。

② 因为不同的生产流程有不同的优势和劣势，所以生产流程决策需要受到额外的关注。一些生产流程特别擅长于提供多样化的产品和服务，而另一些则适合在尽可能低的成本下提供标准化的产品和服务，但是没有一个生产流程适合一切情况。因此，管理者必须仔细地考虑不同生产流程的优势和劣势，同时确信他们所选择的生产流程能够最好地支持总体的商业战略，尤其要满足目标客户的需求。

**案例链接**

Bliven 家具公司面临一项艰难的抉择。Bliven 家具公司需要额外的能力制造坚固的木制椅子，其工程团队给出了两种生产流程供其选择，如表 9-3 所示。

表 9-3 两种生产流程比较

| 项目 | 鞍具和塑型机器流程 | 5 轴刳刨机流程 |
|---|---|---|
| 调整时间 | 6 小时 | 10 分钟 |
| 制造一把椅子的时间（流程调整以后） | 1.1 分钟 | 3.5 分钟 |

第一个生产流程采用了特殊的鞍具和塑型机器将木块切割与组装成合适的椅子形状。一旦流程调整好以后，这些机器的工作速率非常快（平均 1.1 分钟生产一把椅子）。然而当椅子的风格改变后，熟练的机械师每次必须重新调整机器。“调整时间”大约为 6 小时——几乎是整个轮班的时间。

第二个生产流程使用了一种叫作 5 轴刳刨机的新技术，刳刨机机械手可以完成所有鞍具和塑型机器需要完成的任务。刳刨机机械手的运动，包括工具的改变，都由计算机控制，制作每一种不同风格的椅子时采用不同的程序。

5 轴刳刨机的主要优点是它有能力处理各种各样的椅子。只要 10 分钟，它就可以从适用一种椅子风格转换为适用另一种椅子风格。然而，这种 5 轴刳刨机制作一把椅子的时间要更长一些（平均 3.5 分钟生产一把椅子），同时它需要熟练的程序员。

“最好”的生产流程选择取决于 B1iven 家具公司制造的椅子的种类和数量，以及熟练的机械师和程序员的相对有效性。不管 Bliven 家具公司的经理们做出哪个决定，它都必须是正确的：每一个选择都要求数十万美元的投资，并且将对今后几年公司提供的产品产生直接的影响。

### 2．生产流程决策原则

在决定一个具体生产流程的时候，管理者通常面对过剩的选择。Bliven 家具公司面临的选择只是技术和商业问题。当选择和实施一个生产流程的时候，管理者需要记住以下原则。

① 选择一个有效的生产流程不仅要选择一个正确的设备，还包括人员、实体规划、信息系统等的选择。这些方面对生产流程的高效运作起着重要作用。

② 不同的生产流程有不同的优点和缺点。一些生产流程可能适合制造小批量的客户定制产品，另一些生产流程则擅长生产数量巨大的标准产品。企业必须确认它们的生产流程是支持总体的商业战略的。

③ 制造一种特殊的产品需要许多不同类型的生产流程，且它们贯穿于供应链的多个地点和组织中。高效的企业和供应链管理者明白让这些生产流程“进行良好合作”的重要性。

在过去的几十年里，生产发生了很多的变化。高质量已经不再是生产者们区分自己和竞争对手的要素了，而是从事商业活动的一项基本要求。同时，许多客户正要求更小的数量、更频繁地出货、更短的交货时间以及更低的价格。在这份挑战清单上，还需要加上信息技术不断增强的重要性。可以发现，21 世纪初期的生产特点正在发生改变。

即使是这样，有关生产的一个基本真理不会改变：没有一个生产流程在任何情况下都是最好的。选择一个生产流程，企业常常会付出一定的代价。例如，柔性制造系统（Flexible Manufacturing System，FMS）是高度自动化的批量生产流程，它可以降低制造成批相似产品的成本。尽管它很高效，但是一条致力于制造数目稍少的标准产品的生产线的成本比它更低，即使该生产线没有那么灵活。类似地，现在大容量的线性生产流程也许比过去的相似的生产流程更灵活，但是它们永远不如采用通用工具的熟练的工人们灵活。

很明显，生产流程的选择是一个复杂的问题。然而，有经验的管理者发现以下几个问题常规性地出现在生产流程的选择中。

- 企业产品的实体要求是什么？
- 企业制造的产品有多大的相似度？
- 企业的生产空间有多大？
- 在价值链中，客户定制发生在哪里（如果有的话）？

### 3．典型的生产流程

下面介绍 5 种典型的生产流程：生产线、连续流程生产、零工型车间、批量生产、定位设计。

（1）生产线

大多数人想到生产的时候，都会想到生产线。一条生产线是生产流程的一种类型，它用来制造狭窄范围内有着完全相同或高度相似设计的标准产品。

生产线有以几个明显的特征。

① 它们遵从基于产品的设计，资源按照制造产品的步骤被连续地安排。不同的步骤通常由把产品从一个步骤移动到下一个步骤的一些系统连接起来。一条生产电池驱动的手动工具的生产线可能会把装配分成 3 个步骤——把发动机放在包装的右边，把发动机装入手动工具中，在包装的外面贴上警示。3 个步骤连续完成，因此当一个手动工具装上了发动机，另一个手动工具就贴上了警示。

② 产品通常以一个预先确定好的节奏通过生产线。例如，一条生产线可能 1 小时生产 60 单位产品，即 1 分钟生产 1 单位产品。连续完成产品生产之间的时间被称为生产线的循环时间。在生产流程中的每一步，设备和人员有完成每个任务的固定数量的时间。通过把生产流程分成一系列分散的、仔细定时的步骤，生产线取得了设备和人员的高度专门化，同时又有一致的质量和效率。

生产线适合大批量标准产品的生产，或者有相似设计特征（如大小、材料）或生产步骤的产品的生产。一条自动化的装配线可以处理不同的变速器、不同的引擎，甚至不同的内部装置，可以一个接一个地装配同一型号的汽车，这是因为生产线被设计成适合它生产的车型的所有可能选择。

生产线有以下缺点。

① 生产数量大，要求能够平衡在设备和劳动力专门化中的投资。

② 如果产品不适合生产线的设计特征，那么生产线是不灵活的。如果生产数量很少，或者产品多样化要求高，就需要采用其他的解决方法。

（2）连续流程生产

连续流程生产与生产线很相似，通常采用紧密相连的、有节奏的连续步骤生产高度标准化的产品。图 9-2 所示为生产线和连续流程生产示意图。例如，大批量奶酪的生产属于连续流程生产，直到生产流程的终点，奶酪才被切成一块一块的。

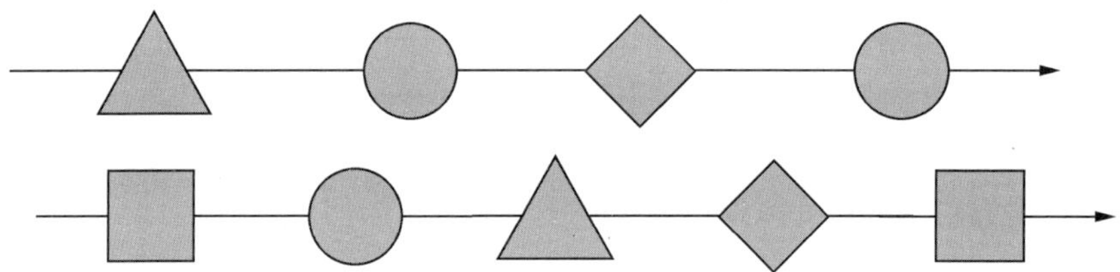

- 基于产品的设计：设备和人员都高度专门化，按照制造一种产品或一个产品系列要求的步骤被连续地安排。
- 生产通常很有“步调”。
- 适合大批量标准产品的生产。

图 9-2　生产线和连续流程生产示意图

它们最主要的区别是产品的形式，即连续流程生产的产品通常不能被分割为分散的单元。连续流程生产包括化学制品流程和纤维成形流程。在许多方面，连续流程生产甚至不如生产线灵活。连续流程生产的产品属性容易导致停工和开工的成本都很高，这限制了灵活性，鼓励了标准化。许多连续流程生产的高度技术属性意味着必须由专业人员进行控制。一线工人的工作只是装填或者卸载材料和监控流程。连续流程生产也倾向于要求资本的高度密集性和产出水平变化的稳定性。

（3）零工型车间

相比之下，零工型车间是一种用来制造多样化且高度客户定制化的产品，在数量上可以少到仅制造一件产品的生产流程。零工型车间以通用设备和拥有广泛技能的工人为特征，主要强调满足客户独特的需求。在零工型车间生产的产品包括定制的家具、生产者使用的特殊工具，在零工型车间中还可以进行修复和刷新工作。例如，福特汽车最初是在福特汽车公司的生产线上制造出来的，其修复却是在以多项技能和通用工具为特征的零工型车间完成的。在零工型车间中，产品设计不是标准化的。事实上，零工型车间也许需要与客户紧密合作以确认产品的特征，当生产开始后，这些特征甚至还会改变。很明显，为这些产品估计时间、成本和具体要求很不容易。

零工型车间依赖高度灵活的设备和人员来完成相应的任务。零工型车间的人员通常处理产品生产的多个阶段。零工型车间遵从功能化设计，其资源按照功能分类成组（如成型、焊接、上漆等）。图 9-3 所示为零工型车间示意图。零工型车间在设计时必须非常灵活。一条有节奏的装配生产线的管理者可能对它的产出水平有很清楚的预期（如 1 小时生产 200 个烤箱），而一个零工型车间的管理者则很难做到这一点。生产要求从一个工作到另一个工作可能有很大的差别。缺乏清楚的、可预测的产品生产流程意味着零工型车间的一些领域的工作可能很理想，而另一些领域的工作则可能很糟糕。

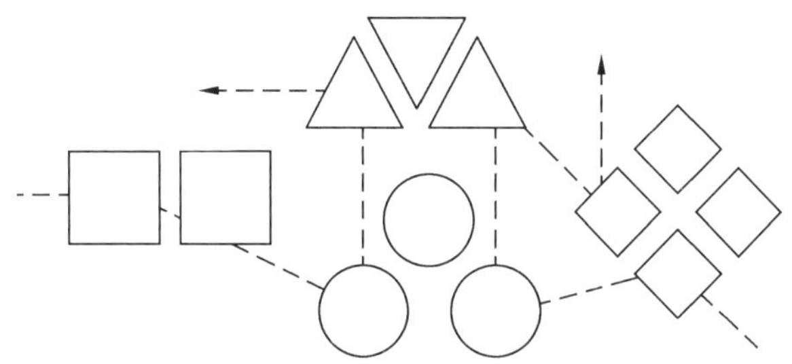

- 通用设备和多技能的工人。
- 功能设计：工作区间按功能进行划分。
- 不同工作之间的要求变化巨大。
- 适用于小批量、一种产品生产一件的情况。
- 高度灵活，但效率不是很高。

图 9-3 零工型车间示意图

（4）批量生产

批量生产得名于产品成群成批生产的方式，是指产品“批量”地通过不同的流程步骤。这种生产流程根据生产空间与灵活性的不同适用于零工型车间和生产线之间的一些地方。批量生产覆盖了广泛的领域，是生产流程中较常用的一种。

仍以 Bliven 家具公司为例，工人们可能让 200 把椅子通过鞍具机器，并把半成品堆叠在一个货盘上。当所有 200 把椅子都完成了这个工序以后，整批将会移动到塑型机器，然后这 200 把椅子将依次等待并完成下一道工序。这个处理、移动、等待的顺序将贯穿整个生产流程。

尽管批量生产的生产数量比零工型车间的数量多，但是流程步骤的联系不够紧密。因此，批量生产在零工型车间的灵活性和生产线的高效性之间找到了平衡。

（5）定位设计

定位设计最显著的特征是产品的位置是固定的。定位设计用在产品体积很大、数量很多、很沉重、产品移动时有很大困难的行业中。定位设计常用于轮船制造、建筑工程以及传统的房屋建造等。

不是所有的生产流程都能被很清楚地归到上面提到的类别中。混合生产流程寻求结合不止一种典型生产流程的特征，特别是优点，如柔性制造系统。柔性制造系统是高度自动化的（如生产线），但是能够处理更大范围的产品（如批量生产）。

尽管实际上有数百种混合生产流程，但我们只讨论其中两种常用的类型：加工中心和群组技术。

加工中心经常在批量生产环境中出现。让它与众不同的地方是，一个加工中心可以完成多个流程步骤而产品不用在流程中移动。例如，Bliven 家具公司使用的 5 轴刳刨机能修整椅子的外部边缘，“挖掘”出可供坐下的部分，在处理下一把椅子之前，甚至为椅子腿和后背轴钻孔。一旦这一批椅子都被 5 轴刳刨机处理后，整批椅子才移动到下一个流程步骤。通过组合流程步骤，加工中心尽力达到生产线的高效率，同时保持批量生产的灵活性。

群组技术也是一种混合生产流程，它通过把设备和人员投入具有相似的生产特征的产品生产中，寻求在批量生产环境中达到生产线的高效率。群组技术通常按照单元式布置，根据产品系列占主导地位的活动流安排资源的物理设置。例如，一个批量生产商发现他生产的 3 000 件产品中，25%都有相似的生产要求，于是这些产品就会被归入一个产品系列中。由于这个产品系列的生产比率较高，管理者就会发现为这些产品安排专门的设备和人员是值得的。这样的群组技术工作单元能够提高效率，但是需要牺牲一些灵活性，如图 9-4 所示。

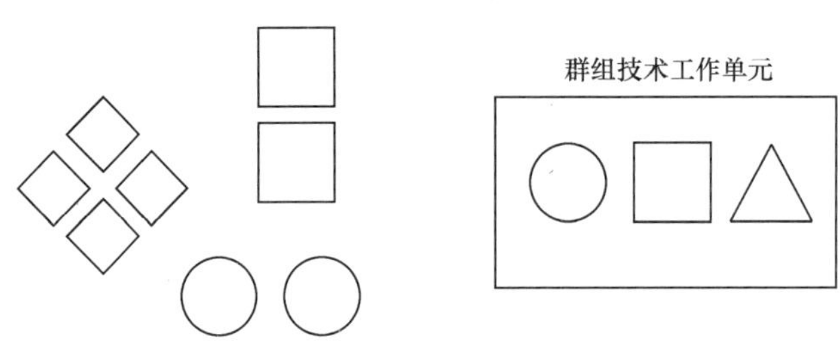


• 设备和人员为一个产品系列的生产而工作。
• 单元配置：资源根据产品系列占主导地位的活动流安排。

图 9-4　群组技术工作单元

### 4．连接供应链中的生产流程

一个生产系统可能由多个不同的生产流程组成，这些生产流程由若干供应链成员连接起来。以运动衫的生产流程为例。纱线的生产具有连续流程生产的所有特征：它是资本密集的、以预先确定的节奏生产标准产品，不需要或很少需要客户的参与。产出的纱线送到织布机织成布匹，这仍然属于连续流程生产。织成的布匹卷会被送到另一台机器，然后布匹被剪成不同的样式，最后被缝制成运动衫。缝制是一个高度劳动密集、要求典型的批量生产的流程，单个工人负责完成 50 件甚至更多件运动衫的缝制。缝制好以后，这些运动衫被送到另一个工作站进行加工，最后是包装。图 9-5 描述了制造运动衫的部分生产流程。

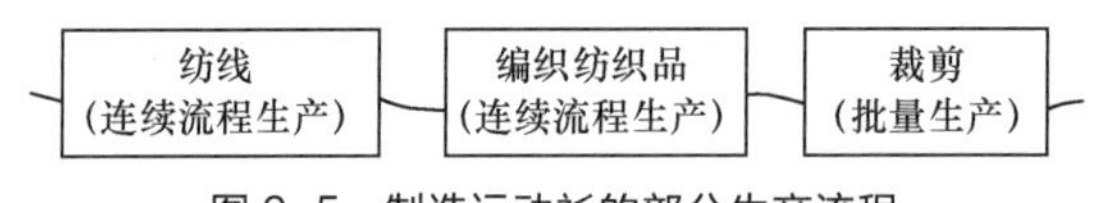


图 9-5　制造运动衫的部分生产流程

### 5．选择生产流程

除了定位设计和连续流程生产（它们事实上服务于产品的物理属性），当挑选一个生产流程的时候，管理者面临多种选择。表 9-4 比较了 3 种生产流程（零工型车间、批量生产、生产线）的主要特征。每一种生产流程都有自己的优点和缺点。当产量低、客户定制化程度高、生产者不以成本为主要竞争要素的时候，零工型车间具有明显的优势。而当产量高、产品为标准产品，且成本很重要时，生产线更好。批量生产处在这两个极端的生产流程之间。

表 9-4　3 种生产流程的主要特征

| 类型 | 对比指标 | 零工型车间 | 批量生产 | 生产线 |
|---|---|---|---|---|
| 产品 | 产品类型 | 特殊，高度定制化 | — | 标准 |
| | 产品范围 | 非常宽泛 | — | 狭窄 |
| 流程特征 | 技术 | 通用技术 | — | 专业技术 |
| | 关键资源 | 熟练技术工人 | — | 设备、材料 |
| | 灵活性 | 高 | — | 低 |
| | 产量 | 低 | — | 高 |
| | 关键生产任务 | 满足客户的独特需求 | — | 保持低成本 |
| | 公司出售什么 | 能力 | — | 产品 |

**6．产品-流程矩阵**

产品-流程矩阵如图 9-6 所示，当将一家企业的生产流程特征与产品特征排列起来的时候，就存在战略匹配，但是需要考虑两个“空”的阴影区域。右上角区域的阴影空白说明了零工型车间试图制造大批量、标准化的产品。尽管这些产品可以在一个零工型车间中制造，但是相应的资源利用率并不高，而且零工型车间不能与以成本为基础的生产线竞争。

相比之下，左下角区域的阴影空白说明了企业试图用大批量生产或生产线制造低产量或每种产品只有一件的产品。同样，这里出现了战略匹配错误——这些生产流程不可能满足这里需要的灵活性和广泛的技能。因此，企业必须考虑它们的市场和产品要求，以选择正确的生产流程。

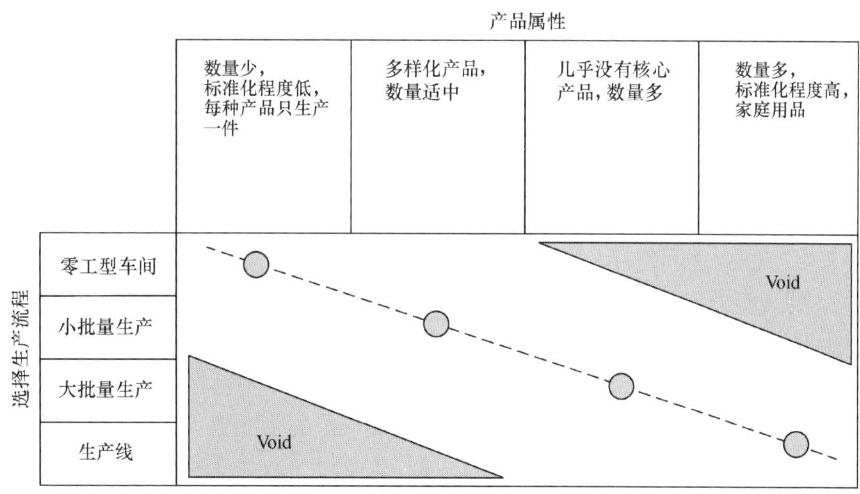


图 9-6　产品-流程矩阵

## 二、生产计划

微课：生产管理综述

**1．供应链环境下的生产计划的制订**

（1）供应链环境下的生产计划的特点

供应链环境下的生产计划具有以下特点。

- 开放性。经济全球化使企业进入全球开放市场，不管是基于虚拟企业的供应链还是基于供应链的虚拟企业，开放性是当今企业发展的趋势，供应链作为一种网络化组织，其生产计划的信息已跨越了组织的边界，形成了开放性的信息系统。决策的信息资源来自企业的内部和外部，并与供应链上下游的其他组织共享。
- 动态性。供应链环境下的生产计划的信息具有动态的特征。为了适应不断变化的客户需求，使企业具有敏捷性和柔性，生产计划的信息随市场需求的更新而变化，模糊的提前期和需求量要求生产计划具有更高的敏捷性和柔性。
- 集成性。供应链是集成的企业，是扩展的企业模型，因此供应链环境下的生产计划的信息是不同信息源的信息集成，不仅集成了供应商、分销商的信息，还包括客户和竞争对手的信息。
- 群体性。供应链环境下的生产计划的决策过程具有群体性特征，这是因为供应链是分布式的网络化组织，具有网络化管理的特征。供应链企业的生产计划决策过程是一个群体协商过程，企业在制订生产计划时不但要考虑自身的能力和利益，还要考虑合作企业的需求和利益。
- 分布性。供应链企业的信息来源在地理上是分散的，信息资源跨越部门和企业，甚至来自全球。通过互联网、内联网、EDI 等通信和交流工具，企业能够把分布在不同区域和不同组织的信息进行有机的集成与协调，使供应链活动同步进行。

（2）供应链环境下的生产计划的编制

在供应链环境下，生产计划的编制过程具有以下特点。

- 包含纵向和横向的信息集成过程。纵向的信息集成是指供应链自下游向上游进行信息集成，横向的信息集成是指生产相同或类似产品的企业之间的信息共享。在生产计划编制过程中，上游企业生产能力信息在生产计划的能力分析中独立发挥作用，通过在主生产计划和投入产出计划中分别进行粗能力、细能力平衡，上游企业承接订单的能力和意愿都反映到下游企业的生产计划中。同时，上游企业的生产进度信息也和下游企业的生产进度信息一同作为滚动编制生产计划的依据，其目的在于保持上下游企业间生产活动的同步性。
- 丰富了能力平衡在生产计划中的作用。在传统的生产计划中，能力平衡只是一种分析生产任务与生产能力之间差距的手段，其结果是修正生产计划的依据。在供应链环境下的生产计划中，根据能力平衡的结构对生产计划进行修正，能力平衡可以发挥出以下作用：①为修正主生产计划和投入产出计划提供依据，这是能力平衡的传统作用；②能力平衡是进行外包决策和零部件（原材料）等急件外购决策的依据；③在主生产计划和投入产出计划中所使用的上游企业能力数据，反映了其在合作中愿意承担的生产负荷，可以为供应链管理的高效运作提供保证；④在信息技术的支持下，对本企业和上游企业的能力状态的实时更新使生产计划具有较高的可行性。
- 生产计划的循环过程突破了企业的界限。在供应链环境下，生产计划的信息流跨越了企业:①主生产计划——供应链企业粗能力平衡——主生产计划；②主生产计划——外包计划——外包工程进度——主生产计划；③外包计划——主生产计划——供应链企业生产能力平衡——外包计划；④投入出产计划——供应链企业能力需求分析（细能力平衡）——投入出产计划；⑤投入出产计划——上游企业生产进度分析——投入出产计划；⑥投入出产计划——车间作业计划——生产进度状态——投入出产计划。

需要说明的是，以上各循环中的信息流只是各循环所必需的信息流的一部分，但可对计划的某个方面起决定性作用。

### 2. 主生产计划

就单个生产制造企业而言，生产计划大致分为 5 个层次，即经营规划、销售与生产规划、主生产计划、物料需求计划和能力需求计划。主生产计划（Master Production Schedule，MPS）又叫主生产进度计划，如表 9-5 所示，是一个重要的计划层次，是贯穿于生产产出以及确保产出与实际客户订单相匹配的一个具体计划过程。简单地说，主生产计划是关于“将要生产什么”的一种描述，它起着承上启下、从宏观计划向微观计划过渡的作用。

表 9-5 企业主生产计划

| 产品 | 周次 | | | | | | | | | | | |
|---|---|---|---|---|---|---|---|---|---|---|---|---|
| | 1 | 2 | 3 | 4 | 5 | 6 | 7 | 8 | 9 | 10 | 11 | 12 |
| 001 3-抽屉文件柜 | | | | | | | 100 | | | 120 | | 120 |
| 002 4-抽屉文件柜 | | | | 60 | | | 60 | 120 | | 60 | | |
| 007 桌子 | | | | | | 150 | | | 150 | | 90 | |

（1）主生产计划的基本原则

主生产计划的基本原则是根据企业的能力确定要做的事情，通过均衡地安排生产，实现生产规划的目标，使企业在客户服务水平、库存周转率和生产率方面都得到提高，并及时更新，保持计划的可行性和有效性。

通常情况下，主生产计划是生产部门的工具，因为它指出了将要生产什么。然而，大家同时还应想到，主生产计划也是市场销售部门的工具，因为它指出了将要为客户生产什么。

（2）主生产计划的作用

有效的主生产计划是提供好的客户订单承诺和进行好的资源利用的基础。通过平衡供需，主生产计划使得每个客户在各种资源的限制下得到最好的服务。主生产计划通过及时向企业高层领导提供关于企业计划和能力的当前状态的信息，使高层领导的目光聚焦在关键处，即如何满足客户需求。可见，主生产计划是联系市场销售和生产制造的桥梁，使生产活动符合不断变化的市场需求，向销售部门提供生产和库存的信息，起着沟通内外的作用。

企业追求最高的客户服务水平、最小的库存、最充分的资源利用，但这些目标是相互矛盾的。主生产计划就是在这些目标之间找到平衡点。为了使企业对市场有灵敏的反应、保持竞争力、不断获取利润，主生产计划发挥着重要的作用。

没有任何一个主生产计划员在不了解上述主生产计划的概念和原则的情况下能够制订好的主生产计划。

任何制造企业都有一组基石，即客户、供应商、产品和资源。把这些基石整合在一起，并形成获利的能力，是一个巨大的挑战。由于这些基石之间并无联系，企业要靠自身的愿景和竞争力把它们整合在一起。愿景是企业的灵魂，是企业的目标，是企业所向往的未来的生动图画，是企业发展和创新的基点。愿景要指出有效的方法，把企业的资源（人、物料、设备、资金）和供应商提供的资源结合起来，以创造市场所需的产品。竞争力是把无形的愿景转化为有形的计划和活动，从而使愿景得以实现的组织和技术能力的总和。竞争力包括创新

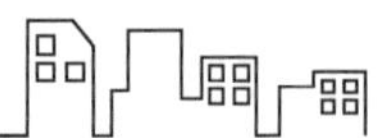

能力、市场和销售能力、设计和开发能力、生产制造能力等。

愿景和竞争力体现在计划之中。愿景表现为战略计划，由企业高层领导确定，表述企业的基本目标。但是，战略计划本身并不能完成什么，要实现战略计划，就必须将其分解为战术级的操作计划，即指明必须做什么的计划。这些计划包括企业的经营规划、销售与生产规划、主生产计划、物料需求计划、能力需求计划等。这些计划互相联系，共同实现企业的战略计划目标。特别是主生产计划，它是平衡企业资源和市场需求的支点。

主生产计划的作用可概括如下。

① 建立一个平衡供需的支点，即供客户、供应商和企业自身打交道的基础平台。

② 建立一份使用资源以满足客户需求的计划。

③ 建立一份相对均衡和稳定的产品或最终项目的生产计划，用来驱动物料需求计划和能力需求计划。

④ 在满足客户需求的前提下，把库存和未完成订单控制在期望的水平上。

在表 9-5 中，主生产计划是在生产总体计划的基础上，根据已接受的客户订单和销售预测，确定在一定计划期间需要生产的最终产品（即独立需求的产品）的生产数量和完成日期。主生产计划的计划期应根据最终产品的完工日期、加工时间，以及所需的各种原材料、零部件等的提取时间等因素确定。计划期的实际单位一般为周或天。

（3）主生产计划的特征

① 根据最终产品生产的进度计划来驱动物料需求计划。

② 生产数量表示计划生产的量而不是需求量，也不是实际能够生产的量。

③ 生产数量根据对客户订单和需求预测的综合分析得出。

④ 主生产计划的主要内容包括需求数量和需求时间（时间单位为周或天）。

**案例链接**

表 9-6 所示为一个生产草坪用设备的制造商制订的 4 个月的销售与运营计划。管理层已经确定了需求量、产量和月末库存量的总目标。这些目标会指导该制造商制定战术决策，包括计划的劳动力水平、库存空间需求和现金流量需求等。表 9-7 所示为该制造商在 3 月要生产的 3 种产品的主生产计划，显示了预期需求量、产量及月末库存量。

表 9-6　部分销售与运营计划

| 月份 | 需求量 | 产量 | 月末库存量 |
|---|---|---|---|
| 1 | 1 500 | 1 500 | 700 |
| 2 | 2 500 | 2 500 | 700 |
| 3 | 4 000 | 5 000 | 1 700 |
| 4 | 5 000 | 6 000 | 2 700 |

表 9-7　3 月的主生产计划

| | 类别 | 初始 | 第 1 周 | 第 2 周 | 第 3 周 | 第 4 周 |
|---|---|---|---|---|---|---|
| 人力除草机 | 预期需求量 | | 200 | 250 | 300 | 350 |
| | 产量 | | 650 | 0 | 650 | 0 |
| | 月末库存量 | 200 | 650 | 400 | 750 | 400 |

续表

| | 类别 | 初始 | 第 1 周 | 第 2 周 | 第 3 周 | 第 4 周 |
|---|---|---|---|---|---|---|
| 动力除草机 | 预期需求量 | | 400 | 500 | 600 | 700 |
| | 产量 | | 0 | 1 350 | 0 | 1 350 |
| | 月末库存量 | 400 | 0 | 850 | 250 | 900 |
| 草坪拖拉机 | 预期需求量 | | 100 | 150 | 200 | 250 |
| | 产量 | | 250 | 250 | 250 | 250 |
| | 月末库存量 | 100 | 250 | 350 | 400 | 400 |
| | | 初始库存量为 700 | | | | 月末库存量为 1 700 |

月度总需求量=4 000

月度总产量=5 000

如果把 3 种产品的主生产计划的产量和预期需求量相加，我们会发现它们和销售与运营计划中的数据一致。同理，如果把主生产计划中第 4 周的月末库存量加总，我们同样会发现它们和销售与运营计划中的数据一致。只要销售与运营计划中的数据（例如，生产 1 单位产品所需要的劳动用时）正确，企业应该有足够的生产能力来实施这些主生产计划。然而，在现实中，主生产计划中的产量与预期需求量不可能和销售与运营计划中的数据完全一致。此外，实际的生产能力与需求量也不可能与计划数量完全一致。例如，销售与运营计划认为，生产 1 单位产品平均需要 4.5 个小时的劳动，但是实际上需要 4.7 个小时。在这种情况下，企业可能需要提取安全库存，或者将主生产计划向后顺延，或者采取其他措施消除计划和实际之间的差距，只要销售与运营计划中的数据和主生产计划中的数据接近，企业就能够控制计划与实际之间的差距。

### 3．物料清单及产品结构树

（1）物料清单

物料清单（Bill of Material，BOM）是构成最终组装产品的所有子装配组件、中间品、零部件和原材料的列表，表明了构成组装产品所需要的每一个物料的数量。它是一个生产制造企业的核心文件。各个部门要用到物料清单：生产部门要根据物料清单生产产品，仓库要根据物料清单进行物料发放，财会部门要根据物料清单计算成本，销售部门要通过物料清单确定是否能满足客户需求，维修服务部门要通过物料清单了解需要什么零部件，质量控制部门要根据物料清单保证产品正确地生产，计划部门要根据物料清单计划物料和能力的需求等。

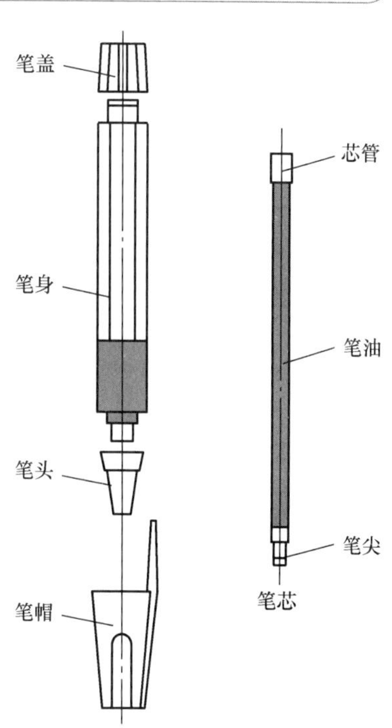

图 9-7　某型号圆珠笔的分解图

某型号圆珠笔的分解图如图 9-7 所示。其生产制造的基本过程为：从生产笔芯中容纳笔油的芯管开始，用剪切机将采购来的塑料管材剪切成要求的长度（约 0.1 米），然后将剪好的芯管与笔尖、笔油一起在笔芯装配线上装配成为笔芯；将采购来的聚乙烯塑料、有机玻璃等塑料颗粒原

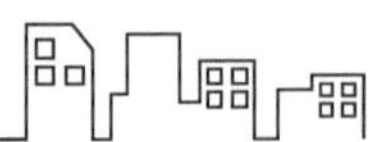

料（注：笔身的原材料是有机玻璃，其余部分的原材料为聚乙烯塑料），按一定比例与回收的聚乙烯塑料、有机玻璃边角料混合后填装进注塑机，注塑机上装有笔盖、笔头、笔帽、笔身等的模具（不同的模具装在独立的注塑机上），以生产出笔盖、笔头、笔帽、笔身等零部件，这些零部件与笔芯一起转到整笔装配线，在整笔装配线上装配出一支支圆珠笔；圆珠笔要进行包装才能入库，所以每10支圆珠笔装入一个包装盒后才算完成生产。根据上述材料，我们可以知道生产某型号圆珠笔的物料清单包括芯管、笔油、笔尖、笔芯、笔身、笔盖、笔帽、笔头等零部件。

（2）产品结构树

产品结构树是说明物料清单中的零部件如何组装成0级项目产品的记录或图解。产品结构树包含了产品的结构层次，所需零部件等的数目、种类，装配比例关系，以及提前期。提前期是指某个零部件或某种原材料从订购开始到它们抵运目的地备用所经过的时间。某型号圆珠笔的产品结构树如图9-8所示。

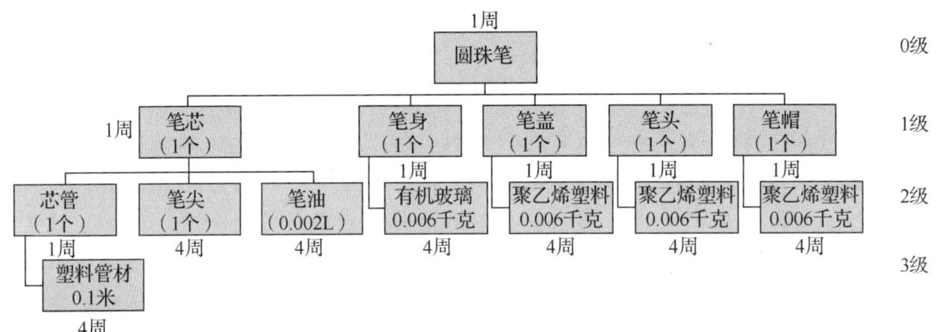


图9-8 某型号圆珠笔的产品结构树

## 📖案例链接

在图9-9中，椅子的物料清单包含5种不同的物料。图9-10所示的产品结构树说明了椅子是如何由物料清单中的物料组装而成的。椅子是由椅子腿组件、椅背组件和座部组装而成的。椅子腿组件和椅背组件由单个零部件组装而成，如椅子腿、侧边栏杆、椅背板条和横梁等。用物料需求计划的术语来说，完整的椅子是0级项目，椅子腿组件、椅背组件和座部是1级项目，其他零部件是2级项目。

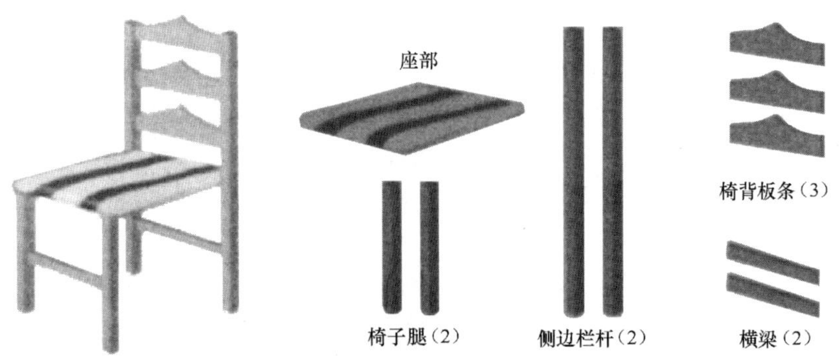


图9-9 椅子的物料清单

产品结构树还表明了每种零部件的计划提前期。例如，成品椅子的计划提前期为1周，即工人使用1级项目组装一批椅子所需要的时间。座部的计划提前期是2周，即一个外部供应商履行座部订单所花费的时间。

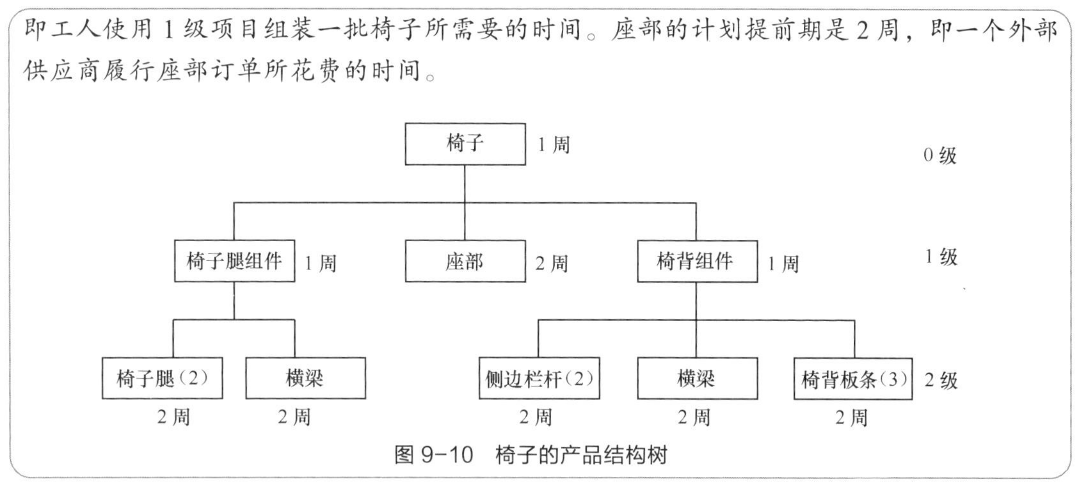


图9-10 椅子的产品结构树

## 4. 粗能力计划

主生产计划制订好以后，要有足够的能力来保证主生产计划的执行。主生产计划不能超越可用物料和可用能力，那些只反映愿望的做法将导致主生产计划无法执行。因此，主生产计划必须经过可行性检验。主生产计划的可行性主要通过粗能力计划进行检验。粗能力计划是对工作中心的能力进行粗略计算的计划。一份主生产计划所产生的能力需求是不现实的，但一项变化对资源或关键设备的能力产生重大超额需求等能从粗能力计划中清楚地反映出来。

如果粗能力计划的计算表明企业存在能力或资源的短缺，那么，管理者在批准主生产计划之前，必须解决这一问题，或者增加能力或资源，或者调整主生产计划。主生产计划与关键资源和能力之间的矛盾一般从以下两个方面进行协调。

- 改变负荷：重新修订主生产计划，延长交货期，取消部分订单，减少订单数量等。
- 改变能力：更改生产制造路线，加班加点，组织外协生产，增加人员和设备等。

粗能力计划的实施方式为将产品或最终项目的主生产计划转换成关键工作中心的能力需求。工作中心是用于生产产品的生产资源，包括机器、人员和设备，是各种生产或者加工单元的总称。工作中心属于能力的范畴或计划的范畴，而不属于固定资产或者设备管理的范畴。一个工作中心可以是一台设备、一组功能相同的设备、一条自动生产线、一个班组、一块装配地域，或者某种生产单一产品的封闭车间。对于外协工序，对应的工作中心则是一个协作单位的代号。工作中心的能力用一定时间内完成的工作量（即产出率）表示。工作量可表示为标准工时（用时间表示）、米（用长度表示）、件数（用数量表示）等。工作中心是企业关键的资源，决定了企业的产能但依靠提高非关键资源的能力来提高企业的产能则是不可能的。

粗能力计划的计算与平衡是确认主生产计划的重要过程，未进行粗能力平衡的主生产计划是不可靠的。虽然主生产计划的对象是最终的成品（产品结构树中的0级项目产品），但企业必须对下层物料所用的关键资源（工作中心）进行确定和平衡。

为了制订粗能力计划，企业首先需要构造能力清单。能力清单给出关于每个关键工作中心的负荷的信息。负荷是指为生产一个单位的主生产计划物料所需的对某个关键工作中心的准备和加工时间，这个时间包括了对该主生产计划物料的所有经过此工作中心的子项物料的准备和加工所需的时间。负荷率是实际能力需求与最大能力供给之间的比率。

📖小链接

粗能力计划的工作量用标准工时（时间）表示。表9-8所示的能力清单表示生产圆珠笔的工作中心现有的资源及资源能力，相应的粗能力计划（见表9-9）给出了主生产计划中具体计划期（一般以周为单位）的能力需求与能力供给之间的平衡。

表9-8 能力清单

| 工作中心 | | | 每日开工准备时间 | 每周维护保养时间 | 每周正常能力时间 | 每周最大能力时间 |
|---|---|---|---|---|---|---|
| 代码 | 名称 | 数量 | | | | |
| | 剪切机（剪切芯管） | 1台 | 0.25小时 | 0.5小时 | | |
| | 笔芯装配线 | 20条 | 0.5小时 | 0.5小时 | | |
| | 注塑机+笔盖模具 | 9台套 | 0.5小时 | 1小时 | | |
| | 注塑机+笔头模具 | 9台套 | 0.5小时 | 1小时 | | |
| | 注塑机+笔帽模具 | 9台套 | 0.5小时 | 1小时 | | |
| | 注塑机+笔身模具 | 9台套 | 0.5小时 | 1小时 | | |
| | 整笔装配线 | 20条 | 0.25小时 | 0.5小时 | | |

表9-9 粗能力计划

| 工作中心 | | | | 能力需求 | 正常能力供给 | 能力超/欠 | 负荷率 | 最大能力供给 |
|---|---|---|---|---|---|---|---|---|
| 周次 | 名称 | 工作效率 | 数量 | | | | | |
| 第……周 | 剪切机（剪切芯管） | 0.5秒/支 | 1台 | | | | | |
| | 笔芯装配线 | 36秒/支 | 20条 | | | | | |
| | 注塑机+笔盖模具 | 18秒/支 | 9台套 | | | | | |
| 第……周 | 注塑机+笔头模具 | 18秒/支 | 9台套 | | | | | |
| | 注塑机+笔帽模具 | 18秒/支 | 9台套 | | | | | |
| | 注塑机+笔身模具 | 18秒/支 | 9台套 | | | | | |
| | 整笔装配线 | 36秒/支 | 20条 | | | | | |

公司员工每周工作5天，每天工作8小时。业务量较大时，公司可安排加班生产，周一至周五每天在8小时正常工作时间之外最多加班3小时，双休日最多只能安排其中一天加班，这一天的工作时间最多不超过8小时（由于员工的技能水平参差不齐且员工有一定的流动性，涉及工作人员的能力测算比较复杂，因此这里不考虑人力资源的能力，假设人力资源完全满足需要）。

“每周正常能力时间”是指在不安排加班的情况下的资源（能力），“每周最大能力时间”是指安排所有可以加班的情况下的资源（能力）。

如果公司某周的主生产计划为生产10万支圆珠笔，工作中心现有的资源能否满足主生产计划的要求？如果公司某周的主生产计划为生产15万支圆珠笔，工作中心现有的资源能否满足主生产计划的要求？如果不能满足，由于工作中心的资源不可能在短期内调整增加，只能对主生产计划进行调整修订，直至工作中心的资源能够满足调整后的主生产计划的要求。

### 5. 物料需求计划

物料需求计划（Material Requirement Planning，MRP）是一个计算机信息系统，用来辅助管理相关性需求（非独立需求）的库存，也是用来计算物料需求和制订生产计划的有效方法。物料需求计划围绕物料转化过程来组织生产资源，以实现按需准时生产。其基本思想是，在需要的时间、需要的地点，按需要的数量提供需要的物料。

物料需求计划的优点：根据生产要求，使物资材料和零部件的订购与交货同步进行；根据有计划和有控制的库存管理，确保所需产品能及时供应而非过早存储；鼓励采购方和供应商之间协同进行规划；在遭遇紧急事件、交货延误等情况时，尽快采取措施应对物资材料的短缺。

下面，举一个关于物料需求计划的同步性作用的例子。假如一最终产品 X 由 4 个部件 A、B、C、D 组装而成，企业在再订购系统中对这 4 个部件都有请购要求，并使用安全库存，以保证 90%的库存供应率。很明显，没有这 4 个部件，产品 X 就无法组装。每个部件都在 90%的时间里有货可供，但这 90%的时间并非同一时间，这 4 个部件同时都有供货的可能性为：$0.9\times0.9\times0.9\times0.9\times100\%=(0.9)^4\times100\%\approx66\%$。换句话说，约 34%的时间会发生缺货，对于库存产品，企业需要支付其发生的利息及保管费用或可能存在的损失费。

（1）物料需求计划的原理

图 9-11 描述了物料需求计划的原理：物料需求计划始于最终产品的时间进度安排，再由它转换为在特定时间生产产成品所需部件、组件以及原材料的时间进度安排。因此，制订物料需求计划等于回答了 3 个问题：需要什么，需要多少，以及何时需要。

物料需求计划的输入及输出如表 9-10 所示。

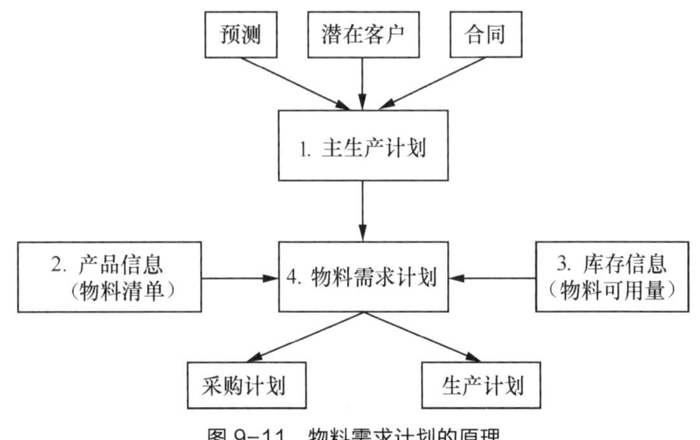


图 9-11 物料需求计划的原理

表 9-10 物料需求计划的输入及输出表

| 物料需求计划的输入 | 物料需求计划的输出 |
|---|---|
| 主生产计划<br>物料清单<br>库存状态文件 | 需求计划的生成<br>需要什么部件<br>需要多少<br>什么时候需要<br>什么时候需要订货或生产 |

## 案例链接

根据客户订单，某公司需要在第5、6、7周分别交付椅子500把、400把、300把，即主生产计划为在第5、6、7周各生产椅子500把、400把、300把。椅子的物料清单和产品结构树分别如图9-9和图9-10所示。计划期末库存量、各物料最小订货规模如表9-11所示。

表9-11 计划期末库存量、各物料最小订货规模

| 物料名称 | 预计入库量 | 计划期末库存量 | 最小订货规模 |
|---|---|---|---|
| 椅子 | | | |
| 座部 | | | 1 |
| 椅子腿组件 | | 第0～7周计划期末库存量分别为25、25、25、25、525、125、825、825 | 1 000 |
| 椅背组件 | 第2周预期入库量为250 | 第2、3周计划期末库存量分别为250 | 250 |
| 椅子腿 | | 第0～2周计划期末库存量分别为25、25、25 | 1 |
| 横梁 | | 第4～7周计划期末库存量分别为600、300、300、300 | 1 000 |
| 侧边栏杆 | 第1周预期入库量为500 | 第0～3周期末库存量分别为100、600、600、100 | 500 |
| 椅背板条 | 第4周预期入库量为75 | | 1 |

分层编制物料需求计划，如表9-12所示。

表9-12 物料需求计划

| 阶层0：椅子（提前期为1周） | | | | 最小订货规模=1 | | | |
|---|---|---|---|---|---|---|---|
| 时间段/周 | 1 | 2 | 3 | 4 | 5 | 6 | 7 |
| 总需求量 | 0 | 0 | 0 | 0 | 500 | 400 | 300 |
| 预期入库量 | 0 | 0 | 0 | 0 | 0 | 0 | 0 |
| 计划期末库存量 | 0 | 0 | 0 | 0 | 0 | 0 | 0 |
| 净需求量 | 0 | 0 | 0 | 0 | 500 | 400 | 300 |
| 计划入库量 | 0 | 0 | 0 | 0 | 500 | 400 | 300 |
| 计划订单量 | 0 | 0 | 0 | 500 | 400 | 300 | 0 |
| 阶层1：座部（提前期为2周） | | | | 最小订货规模=1 | | | |
| 时间段/周 | 1 | 2 | 3 | 4 | 5 | 6 | 7 |
| 总需求量 | 0 | 0 | 0 | 500 | 400 | 300 | 0 |
| 预期入库量 | 0 | 0 | 0 | 0 | 0 | 0 | 0 |
| 计划期末库存量 | 0 | 0 | 0 | 0 | 0 | 0 | 0 |
| 净需求量 | 0 | 0 | 0 | 500 | 400 | 300 | 0 |
| 计划入库量 | 0 | 0 | 0 | 500 | 400 | 300 | 0 |
| 计划订单量 | 0 | 500 | 400 | 300 | 0 | 0 | 0 |

续表

| 阶层 1：椅子腿组件（提前期为 1 周） | | | | 最小订货规模=1 000 | | | |
|---|---|---|---|---|---|---|---|
| 时间段/周 | 1 | 2 | 3 | 4 | 5 | 6 | 7 |
| 总需求量 | 0 | 0 | 0 | 500 | 400 | 300 | 0 |
| 预期入库量 | 0 | 0 | 0 | 0 | 0 | 0 | 0 |
| 计划期末库存量 25 | 25 | 25 | 25 | 525 | 125 | 825 | 825 |
| 净需求量 | 0 | 0 | 0 | 1 000 | 0 | 1 000 | 0 |
| 计划入库量 | 0 | 0 | 0 | 1 000 | 0 | 1 000 | 0 |
| 计划订单量 | 0 | 0 | 1 000 | 0 | 1 000 | 0 | 0 |
| 阶层 1：椅背组件（提前期为 1 周） | | | | 最小订货规模=250 | | | |
| 时间段/周 | 1 | 2 | 3 | 4 | 5 | 6 | 7 |
| 总需求量 | 0 | 0 | 0 | 500 | 400 | 300 | 0 |
| 预期入库量 | 0 | 250 | 0 | 0 | 0 | 0 | 0 |
| 计划期末库存量 | 0 | 250 | 250 | 0 | 0 | 0 | 0 |
| 净需求量 | 0 | 0 | 0 | 250 | 400 | 300 | 0 |
| 计划入库量 | 0 | 0 | 0 | 250 | 400 | 300 | 0 |
| 计划订单量 | 0 | 0 | 250 | 400 | 300 | 0 | 0 |
| 阶层 2：侧边栏杆（提前期为 2 周） | | | | 最小订货规模=500 | | | |
| 时间段/周 | 1 | 2 | 3 | 4 | 5 | 6 | 7 |
| 总需求量 | 0 | 0 | 500 | 800 | 600 | 0 | 0 |
| 预期入库量 | 500 | 0 | 0 | 0 | 0 | 0 | 0 |
| 计划期末库存量 100 | 600 | 600 | 100 | 0 | 0 | 0 | 0 |
| 净需求量 | 0 | 0 | 0 | 700 | 600 | 0 | 0 |
| 计划入库量 | 0 | 0 | 0 | 700 | 600 | 0 | 0 |
| 计划订单量 | 0 | 700 | 600 | 0 | 0 | 0 | 0 |
| 阶层 2：椅背板条（提前期为 2 周） | | | | 最小订货规模=1 | | | |
| 时间段/周 | 1 | 2 | 3 | 4 | 5 | 6 | 7 |
| 总需求量 | 0 | 0 | 750 | 1 200 | 900 | 0 | 0 |
| 预期入库量 | 0 | 0 | 0 | 75 | 0 | 0 | 0 |
| 计划期末库存量 | 0 | 0 | 0 | 0 | 0 | 0 | 0 |
| 净需求量 | 0 | 0 | 750 | 1 125 | 900 | 0 | 0 |
| 计划入库量 | 0 | 0 | 750 | 1 125 | 900 | 0 | 0 |
| 计划订单量 | 750 | 1 125 | 900 | 0 | 0 | 0 | 0 |
| 阶层 2：横梁（提前期为 2 周） | | | | 最小订货规模=1 000 | | | |
| 时间段/周 | 1 | 2 | 3 | 4 | 5 | 6 | 7 |
| 总需求量 | 0 | 0 | 1 250 | 400 | 1 300 | 0 | 0 |
| 预期入库量 | 0 | 0 | 0 | 0 | 0 | 0 | 0 |
| 计划期末库存量 | 0 | 0 | 0 | 600 | 300 | 300 | 300 |
| 净需求量 | 0 | 0 | 1 250 | 1 000 | 1 000 | 0 | 0 |
| 计划入库量 | 0 | 0 | 1 250 | 1 000 | 1 000 | 0 | 0 |
| 计划订单量 | 1 250 | 1 000 | 1 000 | 0 | 0 | 0 | 0 |

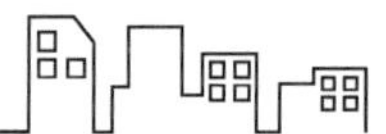

续表

| 阶层 2：椅子腿（提前期为 2 周） | | | | 最小订货规模=1 | | | |
|---|---|---|---|---|---|---|---|
| 时间段/周 | 1 | 2 | 3 | 4 | 5 | 6 | 7 |
| 总需求量 | 0 | 0 | 2 000 | 0 | 2 000 | 0 | 0 |
| 预期入库量 | 0 | 0 | 0 | 0 | 0 | 0 | 0 |
| 计划期末库存量　25 | 25 | 25 | 0 | 0 | 0 | 0 | 0 |
| 净需求量 | 0 | 0 | 1 975 | 0 | 2 000 | 0 | 0 |
| 计划入库量 | 0 | 0 | 1 975 | 0 | 2 000 | 0 | 0 |
| 计划订单量 | 1 975 | 0 | 2 000 | 0 | 0 | 0 | 0 |

根据表 9-12 所示的物料需求计划可以得出零部件的采购计划，如表 9-13 所示。

表 9-13　采购计划

| 物料名称 | 采购时间/周 | | | | | | |
|---|---|---|---|---|---|---|---|
| | 1 | 2 | 3 | 4 | 5 | 6 | 7 |
| 座部 | 0 | 500 | 400 | 300 | 0 | 0 | 0 |
| 椅子腿 | 1 975 | 0 | 2 000 | 0 | 0 | 0 | 0 |
| 横梁 | 1 250 | 1 000 | 1 000 | 0 | 0 | 0 | 0 |
| 侧边栏杆 | 0 | 700 | 600 | 0 | 0 | 0 | 0 |
| 椅背板条 | 750 | 1 125 | 900 | 0 | 0 | 0 | 0 |

物料需求计划输出表如表 9-14 所示。

表 9-14　物料需求计划输出表

| 阶层 $n$：项目 A（提前期为 $m$ 周） | | | 最小订货规模/批量 | | |
|---|---|---|---|---|---|
| 时间段/周 | 1 | 2 | 3 | 4 | 5 |
| 总需求量/毛需求量 | | | | | |
| 预期入库量/已在途的库存 | | | | | |
| 计划期末库存量/预计库存 | | | | | |
| 净需求量 | | | | | |
| 计划入库量/计划接收量/计划应收到的订货 | | | | | |
| 计划订单量/计划投产量/计划应发出的订货 | | | | | |

（2）物料需求计划的整体运行思路

根据产品结构树逐层往下计算，先计算最终产品的需求量和需求时间，然后计算直接构成最终产品的零部件和原材料的需求量和需求时间。表 9-14 中各个项目的具体含义及计算方法如下。

① 阶层：产品结构树中最终产品、零部件、原材料等的层级关系。

② 项目：该阶层物料名称、代码或编号。

③ 提前期（Lead Time）：从发出订单到收到订货的时间。

④ 最小订货规模：发出的最少的订货数量。

批量（Lot Size）：可多次重复发出的订货数量。

⑤ 总需求量/毛需求量（Gross Requirements）：上层（父项）的计划下达的物料需求量。

通俗地说，这是指“需要多少”，最终产品的总需求量是根据预测数量及订单数量来确定的，但不是两者的简单相加，而是以预测数量与订单数量中的较大者为准，以利于在满足客户订单的前提下控制库存量。

⑥ 预期入库量/已在途的订货（Scheduled Receipts）：以前已经发出的并在计划期内应该到货的订货。

⑦ 计划期末库存量/预计库存（Projected on Hand）：每个计划期期末可供使用的库存量。计划期末库存量是从现有库存中扣除预留给其他用途的已分配量，可以用于下一时段净需求计算的库存。它同现有库存量不是同一个概念。它的计算公式如下：

计划期末库存量=（前一时段计划期末库存量+本时段计划入库量）-本时段总需求量

⑧ 净需求量（Net Requirements）：为平衡总需求量的不足而需要补充的需求量。总需求指“需要多少”，而净需求指“还缺多少”。净需求量的计算方法如下：

净需求参数=本时段总需求量-本时段计划入库量-前一时段计划期末库存量（本时段初库存量）

若净需求参数≤0，则净需求量=0；若净需求参数>0，则净需求量=净需求参数值。

⑨ 计划入库量/计划接收量/计划应收到的订货（Planned Receipts）：每一时段的净需求是由该时段的计划入库量满足的，订货量受到批量或最小订货规模的约束。因此，计划入库量是经批量调整或最小订货规模调整的净需求量。

注意，最小订货规模不同于批量。在本时段，净需求量≤最小订货规模，则计划入库量=最小订货规模；净需求量>批量，则计划入库量=净需求量。

计划入库量是按照批量递增的，在本时段，净需求量≤批量，则计划入库量=批量；净需求量>批量时，超出部分按批量增量递增。

⑩ 计划订单量/计划投产量/计划应发出的订货（Planned Releases）：计划应发出的订货/计划投产量是提前期应发出的订货或投产量。每时段的计划入库量是由前一时段的计划订单量决定的。因此，计划订单量在数值上与计划入库量相同，但在时间上要向前倒推提前期的时间。

**案例链接**

某型号背包的产品结构树如图 9-12 所示。A 公司需要制订未来 6 周内所有零部件的物料需求计划。有关信息如下。

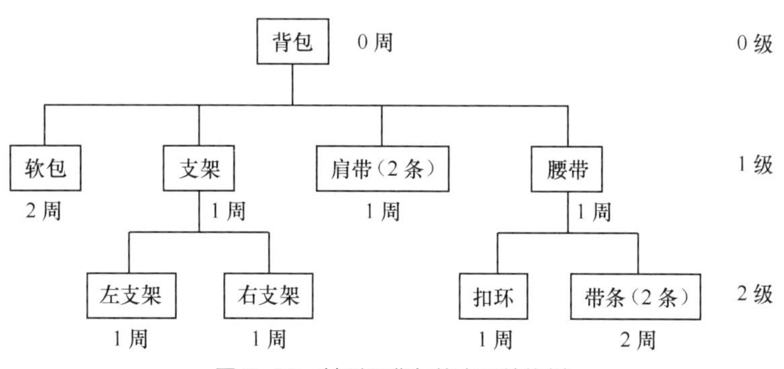


图 9-12 某型号背包的产品结构树

- 为了节省运输和组装成本，背包运出时都是未经组装的，经销商接到的是 1 级部件，在背包进入商店销售时再将其组装起来。

- 根据主生产计划，A公司打算在第4周、第5周和第6周分别备了850个背包用于销售。
- 目前，工厂里面所有的零部件都没有库存。
- 软包、肩带和带条的最低订货数量是1 500单位。其他零部件都没有最小订购规模的限制。
- 目前，在第1周里唯一的预期入库量是50个左支架（一家供应商在早期运送了一部分左支架）。

物料需求计划如表9-15所示，明细采购计划如表9-16所示。

表9-15　物料需求计划

| 阶层0：背包（提前期为0周） | | | | 最小订货规模=1 | | |
|---|---|---|---|---|---|---|
| 时间段/周 | 1 | 2 | 3 | 4 | 5 | 6 |
| 总需求量 | 0 | 0 | 0 | 850 | 850 | 850 |
| 预期入库量 | 0 | 0 | 0 | 0 | 0 | 0 |
| 计划期末库存量 | 0 | 0 | 0 | 0 | 0 | 0 |
| 净需求量 | 0 | 0 | 0 | 850 | 850 | 850 |
| 计划入库量 | 0 | 0 | 0 | 850 | 850 | 850 |
| 计划订单量 | 0 | 0 | 0 | 850 | 850 | 850 |
| 阶层1：软包（提前期为2周） | | | | 最小订货规模=1 500 | | |
| 时间段/周 | 1 | 2 | 3 | 4 | 5 | 6 |
| 总需求量 | 0 | 0 | 0 | 850 | 850 | 850 |
| 预期入库量 | 0 | 0 | 0 | 0 | 0 | 0 |
| 计划期末库存量 | 0 | 0 | 0 | 650 | 1 300 | 450 |
| 净需求量 | 0 | 0 | 0 | 850 | 200 | 0 |
| 计划入库量 | 0 | 0 | 0 | 1 500 | 1 500 | 0 |
| 计划订单量 | 0 | 1 500 | 1 500 | 0 | 0 | 0 |
| 阶层1：支架（提前期为1周） | | | | 最小订货规模=1 | | |
| 时间段/周 | 1 | 2 | 3 | 4 | 5 | 6 |
| 总需求量 | 0 | 0 | 0 | 850 | 850 | 850 |
| 预期入库量 | 0 | 0 | 0 | 0 | 0 | 0 |
| 计划期末库存量 | 0 | 0 | 0 | 0 | 0 | 0 |
| 净需求量 | 0 | 0 | 0 | 850 | 850 | 850 |
| 计划入库量 | 0 | 0 | 0 | 850 | 850 | 850 |
| 计划订单量 | 0 | 0 | 850 | 850 | 850 | 0 |
| 阶层1：肩带（提前期为1周） | | | | 最小订货规模=1 500 | | |
| 时间段/周 | 1 | 2 | 3 | 4 | 5 | 6 |
| 总需求量 | 0 | 0 | 0 | 1 700 | 1 700 | 1 700 |
| 预期入库量 | 0 | 0 | 0 | 0 | 0 | 0 |
| 计划期末库存量 | 0 | 0 | 0 | 0 | 0 | 0 |
| 净需求量 | 0 | 0 | 0 | 1 700 | 1 700 | 1 700 |
| 计划入库量 | 0 | 0 | 0 | 1 700 | 1 700 | 1 700 |
| 计划订单量 | 0 | 0 | 1 700 | 1 700 | 1 700 | 0 |

续表

| 阶层 1：腰带（提前期为 1 周） | | | 最小订货规模=1 | | | |
|---|---|---|---|---|---|---|
| 时间段/周 | 1 | 2 | 3 | 4 | 5 | 6 |
| 总需求量 | 0 | 0 | 0 | 850 | 850 | 850 |
| 预期入库量 | 0 | 0 | 0 | 0 | 0 | 0 |
| 计划期末库存量 | 0 | 0 | 0 | 0 | 0 | 0 |
| 净需求量 | 0 | 0 | 0 | 850 | 850 | 850 |
| 计划入库量 | 0 | 0 | 0 | 850 | 850 | 850 |
| 计划订单量 | 0 | 0 | 850 | 850 | 850 | 0 |
| 阶层 2：扣环（提前期为 1 周） | | | 最小订货规模=1 | | | |
| 时间段/周 | 1 | 2 | 3 | 4 | 5 | 6 |
| 总需求量 | 0 | 0 | 850 | 850 | 850 | 0 |
| 预期入库量 | 0 | 0 | 0 | 0 | 0 | 0 |
| 计划期末库存量 | 0 | 0 | 0 | 0 | 0 | 0 |
| 净需求量 | 0 | 0 | 850 | 850 | 850 | 0 |
| 计划入库量 | 0 | 0 | 850 | 850 | 850 | 0 |
| 计划订单量 | 0 | 850 | 850 | 850 | 0 | 0 |
| 阶层 2：带条（提前期为 2 周） | | | 最小订货规模=1 500 | | | |
| 时间段/周 | 1 | 2 | 3 | 4 | 5 | 6 |
| 总需求量 | 0 | 0 | 1 700 | 1 700 | 1 700 | 0 |
| 预期入库量 | 0 | 0 | 0 | 0 | 0 | 0 |
| 计划期末库存量 | 0 | 0 | 0 | 0 | 0 | 0 |
| 净需求量 | 0 | 0 | 1 700 | 1 700 | 1 700 | 0 |
| 计划入库量 | 0 | 0 | 1 700 | 1 700 | 1 700 | 0 |
| 计划订单量 | 1 700 | 1 700 | 1 700 | 0 | 0 | 0 |
| 阶层 2：左支架（提前期为 1 周） | | | 最小订货规模=1 | | | |
| 时间段/周 | 1 | 2 | 3 | 4 | 5 | 6 |
| 总需求量 | 0 | 0 | 850 | 850 | 850 | 0 |
| 预期入库量 | 50 | 0 | 0 | 0 | 0 | 0 |
| 计划期末库存量 | 50 | 50 | 0 | 0 | 0 | 0 |
| 净需求量 | 0 | 0 | 800 | 850 | 850 | 0 |
| 计划入库量 | 0 | 0 | 800 | 850 | 850 | 0 |
| 计划订单量 | 0 | 800 | 850 | 850 | 0 | 0 |
| 阶层 2：右支架（提前期为 1 周） | | | 最小订货规模=1 | | | |
| 时间段/周 | 1 | 2 | 3 | 4 | 5 | 6 |
| 总需求量 | 0 | 0 | 850 | 850 | 850 | 0 |
| 预期入库量 | 0 | 0 | 0 | 0 | 0 | 0 |
| 计划期末库存量 | 0 | 0 | 0 | 0 | 0 | 0 |
| 净需求量 | 0 | 0 | 850 | 850 | 850 | 0 |
| 计划入库量 | 0 | 0 | 850 | 850 | 850 | 0 |
| 计划订单量 | 0 | 850 | 850 | 850 | 0 | 0 |

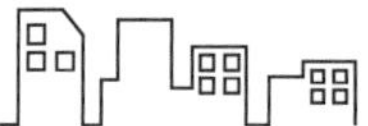

表 9-16 明细采购计划

| 物料名称 | 采购时间/周 | | | | | |
|---|---|---|---|---|---|---|
| | 1 | 2 | 3 | 4 | 5 | 6 |
| 软包 | 0 | 1 500 | 1 500 | 0 | 0 | 0 |
| 左支架 | 0 | 800 | 850 | 850 | 0 | 0 |
| 右支架 | 0 | 850 | 850 | 850 | 0 | 0 |
| 肩带 | 0 | 0 | 1 700 | 1 700 | 1 700 | 0 |
| 扣环 | 0 | 850 | 850 | 850 | 0 | 0 |
| 带条 | 1 700 | 1 700 | 1 700 | 0 | 0 | 0 |

A 公司在制订物料需求计划时，需要注意以下几点。

- 当前周需要采取的唯一行动是订购 1 700 单位的带条。
- 由于背包不需要组装，因此最终组装的计划提前期为零。
- 肩带的总需求是其他 1 级项目需求的 2 倍，因为每一个背包需要 2 条肩带。
- 左支架的物料需求计划与右支架的物料需求计划的差额在于第 1 周运达的 50 个额外的左支架，这些额外的左支架使第 2 周的左支架的计划订单量减少了 50 个。

## 三、生产排程

### 1．生产排程的含义

生产排程是在考虑能力和设备的前提下，在物料数量一定的情况下，安排各生产任务的生产顺序、优化生产顺序、选择合适的生产设备、缩短等待时间、平衡各机器和工人的生产负荷，以优化产能、提高生产效率、缩短生产提前期。简而言之，生产排程就是将生产任务分配至生产资源的过程。它要求在生产开始的时候，原材料能及时到位，生产能力及生产周期能满足出货日期需求，机器设备不冲突，人员的工作时间安排饱满。

**小链接**

甘特图（Gantt Chart）又叫横道图、条状图（Bar Chart）。它是生产排程中较常用的一种工具，它以图示的方式通过活动列表和时间刻度形象地表示出任何特定项目的活动顺序与持续时间，同时追踪项目实施的进度，以便与目标时间对比。正因为如此，甘特图提供了计划与控制的双重功能。

### 2．作业排序规则

作业排序规则是指当资源有限而又需要执行多项任务时，确定各项任务执行顺序的规则。作业排序规则在服务业与制造业中同样有效。

企业可以根据不同的作业排序规则来确定订单在机器设备上的加工优先权。作业排序中有两个基本概念：工件等待和机器空闲。

- 工件等待：工件在某道工序完成后，下道工序的机器还在加工其他工件，这时要等待一段时间才能开始加工。
- 机器空闲：机器已完成对某个工件的加工，随后需加工的工件还未到。

企业在进行作业排序时，需用到优先调度规则。这些规则可能很简单，企业仅需根据一种数据信息对作业进行排序。这些数据可以是加工时间、交货日期或到达的顺序。其他规则尽管同样简单，但可能需要更多的信息，如最短松弛时间规则和临界比率规则。下面列出了几个常用的优先调度规则。

- 先到先服务（First Come First Served，FCFS）规则：按订单送到的先后顺序进行加工。
- 最短作业时间（Shortest Processing Time，SPT）规则：首先进行所需加工时间最短的作业，然后进行所需加工时间第二短的作业，依次类推。应用这一规则的结果是平均流程时间最短，在制品库存最少。
- 最早交货期（Earliest Due Date，EDD）规则：将交货期最早的作业放在第一个进行，下一个进行加工的是所有等待加工的订单中交货时间最早的订单。
- 临界比率（Critical Ratio，CR）规则：临界比率等于任务总持续时间除以剩余的工作日数（即交付前所剩天数），临界比率最大的任务先执行。
- 最短松弛时间（Shortest Slack Time，SST）规则：各作业根据松弛时间由短到长进行排序，松弛时间最短的先加工。所谓松弛时间，是指当前时间距离交货期的剩余时间与该项任务的加工时间之差。
- 后到先服务（Last Come First Served，LCFS）规则：该规则经常作为默认规则使用，因为后到的订单通常被放在先到的上面，操作员就会先加工上面的订单。

实际生产中的排序规则有很多，在排序时应该选择哪一种规则，就需要企业对排序规则进行比较。在比较排序规则时，会用到一些评价准则，常见的评价准则有以下几种。

- 平均流程时间，即在每个作业车间作业的平均滞留时间。
- 系统中的平均作业量，即每天每个车间的平均作业量。
- 平均作业延迟，即作业实际完成的时间超过承诺完成时间的平均值。
- 调整成本，即在一组作业中完成所有机器调整的总成本。

**案例链接**

卡洛斯公司从事古画修复业务，其修复过程分为 3 个步骤，这 3 个步骤必须依次进行。此外，在每一阶段，卡洛斯公司每次只能执行一项任务。

卡洛斯公司有 4 项任务需要执行。这些任务所涉及的相关信息按其接手顺序，如表 9-17 所示。

表 9-17　卡洛斯公司的作业排序规则

| 任务 | 估计时间/天 | | | 任务总时间/天 | 到期时间/天 | 临界比率 |
|---|---|---|---|---|---|---|
| | 第 1 步 | 第 2 步 | 第 3 步 | | | |
| 画廊 | 3 | 2 | 3.5 | 8.5 | 21 | 0.405 |
| 博物馆 | 5 | 2 | 1 | 8 | 20 | 0.400 |
| 学院 | 3 | 2 | 5 | 10 | 10 | 1.000 |
| Smith | 6 | 4 | 1 | 11 | 15 | 0.733 |

总工作时间为 8～11 天。学院要求卡洛斯公司在 10 天内完成所托任务，然而，画廊愿意等 21 天。最后一列中的临界比率说明为了在各项任务到期前交付，卡洛斯公司在该项任务上所花费的时间的比例。临界比率的计算方式为任务总持续时间除以交付前所剩天数。临界比率等于 1，表明总的任务持续时间等于剩余时间。因此，任何等待的时间

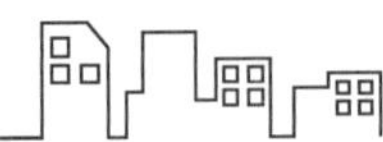

都会耽搁任务的进程。临界比率大于 1，表明如果企业不做出相应调整，任务交付期就会延迟。

结果表明，如果卡洛斯公司想要按时完成画廊所托的任务，就必须花费交付期内 40.5% 的时间用于执行该项任务。也就是说，该项任务在卡洛斯公司的等待时间绝对不能超过交付期 59.5%（100%−40.5%=59.5%）的时间。

卡洛斯公司决定对 3 种常用的作业排序规则进行测试，考察哪种规则最适用。这 3 种规则包括先进先出规则、最早交货期规则和临界比率规则。测试结果如表 9-18 所示。

表 9-18　卡洛斯公司对 3 种常用的作业排序规则的测试

| 先进先出规则 | 估计时间/天 | | | | | | 超时天数 |
|---|---|---|---|---|---|---|---|
| | 第 1 步 | | 第 2 步 | | 第 3 步 | | |
| | 开始 | 结束 | 开始 | 结束 | 开始 | 结束 | |
| 画廊 | 0 | 3 | 3 | 5 | 5 | 8．5 | 0 |
| 博物馆 | 3 | 8 | 8 | 10 | 10 | 11 | 0 |
| 学院 | 8 | 11 | 11 | 13 | 13 | 18 | 8 |
| Smith | 11 | 17 | 17 | 21 | 21 | 22 | 7 |

平均超时：3.75 天

| 最早交货期规则 | 估计时间/天 | | | | | | 超时天数 |
|---|---|---|---|---|---|---|---|
| | 第 1 步 | | 第 2 步 | | 第 3 步 | | |
| | 开始 | 结束 | 开始 | 结束 | 开始 | 结束 | |
| 学院 | 0 | 3 | 3 | 5 | 5 | 10 | 0 |
| Smith | 3 | 9 | 9 | 13 | 13 | 14 | 0 |
| 博物馆 | 9 | 14 | 14 | 16 | 16 | 17 | 0 |
| 画廊 | 14 | 17 | 17 | 19 | 19 | 22.5 | 1.5 |

平均超时：0.375 天

| 临界比率规则 | 估计时间/天 | | | | | | 超时天数 |
|---|---|---|---|---|---|---|---|
| | 第 1 步 | | 第 2 步 | | 第 3 步 | | |
| | 开始 | 结束 | 开始 | 结束 | 开始 | 结束 | |
| 学院 | 0 | 3 | 3 | 5 | 5 | 10 | 0 |
| Smith | 3 | 9 | 9 | 13 | 13 | 14 | 0 |
| 画廊 | 9 | 12 | 12 | 14 | 14 | 17.5 | 0 |
| 博物馆 | 12 | 17 | 17 | 19 | 19 | 20 | 0 |

平均超时：0 天

按照先进先出规则安排处理这些任务似乎是最公平的，但是在本案例里，有两项任务早早就完成了，而另外两项任务延期了。使用最早交货期规则安排任务的优先顺序产生的结果比较好，只有画廊的任务延期了（1.5 天），平均延期时间为 0.375 天。使用临界比率规则能使所有任务都提前完成。基于上述结果，卡洛斯公司决定使用临界比率规则安排任务。

📖案例链接

两台设备加工多个加工对象时，加工顺序不同，总加工周期和等待时间都有很大差别。根据动态规划最优化原理，加工对象在两台设备上的加工顺序不同时的规划不是最优方案，最优排序方案只能在加工对象在两台设备上的加工顺序相同的排序方案中寻找。保证总加工周期最短的排序方法如下：①计算加工对象在两台设备上的加工时间中的最小值；②若最小值属于第一台设备，则将该加工对象排在第一位，若属于第二台设备，则将该加工对象排在最后一位；③对剩余的加工对象重复进行上述步骤，直至全部加工对象的顺序能够确定。

某公司在一次火灾中损坏了 5 台仪器，这些仪器的修复需要经过以下两道工序：①将损坏的仪器运至修理车间，并拆卸；②清洗仪器部件，更换报废部分，并进行装配和测试，最后送回原车间。

每台仪器在两道工序上的加工时间如表 9-19 所示。两道工序分别由不同的人进行。由于原车间没有这 5 台仪器就无法恢复生产，所以希望找到一个较好的排序方案，使总修理时间尽可能短。

表 9-19　每台仪器在两道工序上的加工时间

单位：小时

| 工序 | 仪器 | | | | |
|---|---|---|---|---|---|
| | Y1 | Y2 | Y3 | Y4 | Y5 |
| 工序 1 | 12 | 4 | 5 | 15 | 10 |
| 工序 2 | 22 | 5 | 3 | 16 | 8 |

**解：**①找最短时间，即 3 小时（对应的仪器为 Y3），Y3 在后道工序，所以排在最后，并将 Y3 从排序队列中去掉；②在剩余的数据中找最短时间，即 4 小时（对应的仪器为 Y2），Y2 在前道工序，所以排在最前，并将 Y2 从排序队列中去掉；③重复前两步，得到的排序结果为 Y2—Y1—Y4—Y5—Y3；④完成所有作业所需的总时间为 65 小时。计算过程如表 9-20 所示。

表 9-20　计算过程

| 仪器 \ 修复工序 | 工序 1 | | 工序 2 | |
|---|---|---|---|---|
| | 开始 | 结束 | 开始 | 结束 |
| $Y_2$ | 0 | 4 | 4 | 9 |
| $Y_1$ | 4 | 16 | 16 | 38 |
| $Y_4$ | 16 | 31 | 38 | 54 |
| $Y_5$ | 31 | 41 | 54 | 62 |
| $Y_3$ | 41 | 46 | 62 | 65 |
| 完成所有作业的总时间为 65 小时 | | | | |

## 四、供应链管理思想下的生产方式

### 1. 准时制生产

（1）准时制生产的概念和目标

准时制（Just In Time，JIT）生产是一种“不断改进”的思想，其基本思想是“只在需要的时候，按需要的数量，生产或交付所需的产品或服务”。最初它只适用于生产制造，这种

生产方式的核心是追求零库存，或实现库存最小化。准时制生产的出现是为了满足企业的最终目标，也就是获得最大利润。利润的基本公式为：利润=收入-成本。准时制生产的着眼点主要是降低成本，在单件大批量生产的时代，降低成本主要是依靠单一品种产品生产的规模效应来实现的。但是在多品种小批量生产的情况下，这一方法是行不通的。因此，准时制生产主要通过消除一切可能的“浪费”，在多品种小批量生产方式中达到低成本。

JIT 生产方式以准时生产为出发点，首先暴露出生产过量和其他方面的浪费，然后对设备、人员等进行淘汰、调整，达到降低成本、简化计划和加强控制的目的。在生产现场控制技术方面，准时制生产的基本原则是在正确的时间，生产正确数量的零部件或产品。它将传统生产过程中前道工序向后道工序送货，改为后道工序根据“看板”向前道工序取货。看板系统是准时制生产现场控制技术的核心，但准时制生产不仅仅是看板管理。

准时制生产的目标是彻底消除无效劳动和浪费。例如，丰田公司的藤尾长将浪费定义为“除生产不可缺少的最小数量的设备、原材料、零部件和工人（工作时间）外的任何东西”。后来管理界对浪费的定义进行了进一步拓展，包括两类：第一类是没有产生增值作用的活动；第二类是虽然产生了价值，但所用资源超过了“绝对最少”的界限，这样的活动也是浪费。假如难以界定某项操作是否属于浪费，那么可以思考这样一个问题：进行了这项作业后，客户愿意支付更多的钱吗？

藤尾长同时定义了可被消除的7种主要类型的浪费，具体包括以下内容。

① 过量生产的浪费。例如，客户的需求总量是2 000个，如果生产了2 500个，多余的500个完全没有产生利益，就是一种浪费。

② 等待时间的浪费。例如，生产量变动幅度太大，工人下午无事可做，就是一种浪费。

③ 运输的浪费。搬运不产生价值，如果设计不当，导致多次搬运，就是一种浪费。

④ 库存的浪费。库存越多，资金积压就越多，同时给搬运等造成困难，还会产生价值衰减，也是一种浪费。

⑤ 工序的浪费。在工序上产生了多余加工或者高于精度要求的加工，是一种浪费。

⑥ 动作的浪费。生产现场作业动作不合理而导致的时间损失是一种浪费。

⑦ 产品缺陷的浪费。出现了缺陷产品，就需要进行相应处理，在时间、人力和物力上的消耗都是一种浪费。

从这些关于浪费的定义和分类来看，过量库存（或者称为安全库存）完全是一种浪费，是需要消除的。准时制生产系统不允许出现安全库存，并且要减少生产制造各个环节内的隐藏库存。为达到彻底消除以上7种浪费的目标，企业具体要达到以下目标。

① 保持小批量生产，不生产过量的产品。

② 准备时间最短。准备时间的长短与批量选择有关，如果准备时间趋于零，准备成本也趋于零，就有可能采用极小批量。

③ 减少零部件搬运，搬运量低。零部件搬运是非增值操作，如果能使零部件和装配件搬运量减少，搬运次数减少，可以缩短装配时间，减少装配中可能出现的问题。

④ 库存量最低。准时制生产认为，库存是生产系统设计不合理、生产过程不协调、生产操作不良的体现。

⑤ 生产提前期最短。短的生产提前期与小批量相结合的系统，应变能力强，柔性好。

⑥ 机器损耗程度低。正确合理的操作能减少机器设备的损耗。

⑦ 废品量最低。准时制生产认为，在加工过程中每一道工序都要求达到最高水平，杜绝废品。

（2）准时制生产的基本手段

准时制生产的基本手段可以概括为下列 3 个方面。

① 适时适量生产。对于企业来说，各种产品的产量必须能够灵活地适应市场需求量的变化。否则，生产过剩会引起人员、设备、库存等一系列的浪费。而避免这些浪费的手段，就是实施适时适量生产，只在市场需要的时候生产市场需要的产品。

② 弹性配置作业人员数量。降低劳动力费用是降低成本的一个有效措施，达到这一目的的方法是根据生产量的变动，弹性地安排各生产线的作业人员数量来完成较多的生产任务，主要是将生产线上的作业人员数量减下来，即“少人化”。人员配置的实施依据独特的设备布置和流程布置来进行，企业在确保能完成任务的前提下最大限度地削减人员。从作业人员的角度来看，这意味着标准作业中的作业内容、范围、作业组合以及作业顺序等的一系列变更。因此，为了适应这种变更，作业人员必须是具有多种技能的“多面手”。

③ 质量保证。长期以来，质量与成本是一对矛盾，要想提高质量，就需投入一定的人力、物力来加以保证。但准时制生产则违反这一常识，通过将质量管理贯穿于每一道工序之中来实现提高质量与降低成本的一致性，具体方法是“自动化”。这里的自动化是指融入生产组织中的两种机制：第一，设备或生产线能够自动检测不良产品，一旦发现异常或不良产品就会自动停止运行，因此企业需要安装一些自动停止装置和加工状态检测装置；第二，生产一线的设备操作工人发现产品或设备有问题时，有权自行停止生产。依据这样的机制，不良产品一出现马上就会被发现，从而避免了由此可能造成的大量浪费。

（3）准时制生产的核心管理工具——看板

为保证计划的顺利进行，准时制生产需要优秀的生产工具来保证及时传递信息。而自诞生之日起，准时制生产就引入看板，“看板”的英文为 Kanban，这个词来自日本，意味着“口令”或者“指令”，是一种能够调节和控制在必要时间生产出必要产品的管理手段。在准时制生产中看板是一个信号系统，用于在工序、部门甚至企业间传递生产和运输的信号。

看板生产的主要思想如下：遵循内部客户原则，把客户需求作为生产的依据。传统生产采用前道工序向后道工序送货，加工过程由第一道工序向最后一道工序推进，被称为“推动式”生产；看板生产则是“拉动式”生产，由后道工序向前道工序取货，一道一道地由后向前传送指令。

看板有很多种形式，企业通常可以使用看板卡片、容器系统、信号灯系统、地面空格标志，以及彩色高尔夫球系统等传递信号。具体的看板都是根据生产的实际需要选用的。例如，有的生产车间的前后两道工序分处两层楼，就可以考虑选用彩色高尔夫球系统，后道工序产品数降到一定数量后，借助彩色高尔夫球通过管道送往一楼的前道工序，并告知所需的产品种类及数量。

根据用途不同，看板可划分为 3 类。

- 搬运看板：用来指挥零部件在工序间的移动，包括工序间看板以及外协看板（针对企业与外部协作企业之间的看板）。
- 生产看板：用来指挥零部件的加工任务安排，包括工序内看板以及信号看板。
- 临时看板：用来指挥完成设备维护、修理及其他临时任务。

看板有以下使用准则：没有看板不能生产，也不能搬运；看板只能来自后道工序；前道工序只能取走生产所需的部分；前道工序只能按照收到看板的顺序进行生产；看板必须与实物在一起；不能把劣质品送到后道工序。

### 2. 精益生产

（1）精益生产的概念与内涵

精益生产，又称精良生产，其中，“精”表示精良、精确、精美，“益”表示利益、效益等。精益生产是指以整体优化为观点，以社会需求为依据，以发挥人的作用为根本，有效配置和合理使用企业资源，最大限度地为企业谋求利益的一种新型生产方式。

精益生产的目标被描述为“在适当的时间（或第一时间）使适当的产品或服务到达适当的地点，同时使浪费最小化，并适应变化”。精益生产的原则使企业可以按需求交货，使库存最小化，尽可能多使用掌握多门技能的员工，使管理结构扁平化，并把资源集中到需要它们的地方。精益生产不但可以减小浪费，还能够提高产品流动性和质量。精益生产的基本目的：使企业同时获得极高的生产率、极佳的产品质量和极高的生产柔性。在生产组织上，精益生产与泰勒模式不同，不是强调过细的分工，而是强调企业各部门相互密切合作的综合集成。综合集成并不局限于生产过程本身，还包括重视产品开发、生产准备和生产之间的合作与集成。

精益生产不仅要求在技术上实现制造过程和信息流的自动化，而且从系统工程的角度对企业的活动及其社会影响进行全面的、整体的优化。从企业的经营观念、管理原则到生产组织、生产计划与控制、作业管理以及对人的管理等各方面，精益生产都与传统的大批量生产方式有明显的不同。精益生产的优点具体表现在以下几方面。

首先，精益生产在产品质量上追求尽善尽美，保证客户在产品的整个生命周期内都对产品感到满意。其次，精益生产在生产组织上，充分考虑人的因素，采用灵活的小组工作方式，强调相互合作的并行工作方式。再次，精益生产在物料管理方面，准时的物料后勤供应和零库存目标使在制品大大减少，节约了流动资金。最后，精益生产在生产技术上采用适度的自动化技术，明显提高了生产效率。

精益生产使企业的资源能够得到合理的配置和充分的利用。此外，精益生产还反映了在重复性生产过程中的管理思想，其指导思想如下：通过生产过程的整体优化，改进技术，理顺各种流，杜绝超量生产，消除无效劳动与浪费，充分且有效地利用各种资源，降低成本，改善质量，达到用最少的投入实现最大的产出的目的。

（2）精益生产的思想及特点

由日本人丰田英二和大野耐一创立的丰田生产方式的内涵主要集中在生产制造领域。精益生产的提出，把丰田生产方式从生产制造领域扩展到产品开发、销售服务、财务管理等各个领域，贯穿于企业生产经营的全过程，使丰田生产方式的内涵更加全面和丰富。

精益生产的核心思想在于“消除浪费，强调精简组织机构”和“不断改善”。前者指的是从组织管理到生产过程着重分析“产品流”“物资流”“信息流”，及时暴露问题，删繁就简，杜绝浪费，从而使“价值流”连续流动起来。后者则强调充分发挥人的潜能，力争精益求精，追求尽善尽美。

彻底消除浪费体现了精益生产的精髓。浪费按性质可分为生产现场的浪费和职能部门的浪费两大类。其中，生产现场的浪费有7种：过量制造的浪费、等待的浪费、运送的浪费、加工本身的浪费、库存的浪费、动作的浪费、制造次品的浪费。职能部门的浪费主要有3种：互相不配合、不协调；各自为政，扯皮和拖拉造成内耗；管理流于形式，不解决实际问题。这些都是使企业增加成本、减少利润的根源，必须予以彻底消除。

精益生产作为一种从环境到管理目标都全新的管理思想，并非简单地应用一两种新的管理手段，而是一套与企业环境、文化以及管理方法高度融合的管理体系，自身就是一个自治的系统。精益生产的特点可归纳为以下几点。

① 拉动式准时化生产。以最终客户需求为生产起点，强调物流平衡，追求零库存，要求前道工序加工完的零部件可以立即进入后道工序。组织生产线依靠准时制生产中的看板进行运作，生产中的节拍可由人工进行干预和控制，但重在保证生产中的物流平衡（对于每一道工序来说，即为保证对后道工序供应的准时）。由于是拉动式生产，生产中的计划与调度实质上是由各个生产单元自主完成的，在形式上不采用集中计划，但操作过程中进行生产单元之间的协调极为必要。

② 全面质量管理。全面质量管理强调质量是生产出来的而非检验出来的，由生产中的质量管理来保证最终质量。生产过程中对质量的检验与控制在每一道工序都进行。全面质量管理重在培养每位员工的质量意识，在每一道工序中都注意对质量的检测与控制，以及时发现质量问题。如果在生产过程中发现质量问题，根据情况，可以立即停止生产，直至解决问题，从而保证不出现对不合格品的无效加工。对于出现的质量问题，一般是组织相关的技术与生产人员成立一个小组，一起协作，尽快解决。

③ 团队工作法。每位员工在工作中不仅要执行上级的命令，而且要积极地参与，起到决策与辅助决策的作用。团队并不完全按行政组织来划分，而主要根据业务的关系来划分。

团队成员应一专多能，比较熟悉团队内其他成员的工作，以保证工作协调地顺利进行。团队成员工作业绩的评定受团队内部的评价的影响。团队工作的基本氛围应是充满信任的，以一种长期的监督控制为主，要避免对每一步工作的稽核，从而提高工作效率。团队的组织形式是灵活的，针对不同的业务，可组建不同的团队，且同一个人可能属于几个不同的团队。

④ 并行工程（Concurrent Engineering）。在产品的设计开发期间，精益生产将概念设计、结构设计、工艺设计、最终需求等结合起来，保证以最快的速度按要求的质量完成产品设计。各项工作由与此相关的项目团队完成。进程中团队成员各自安排自身的工作，但可以定期或随时反馈信息并对出现的问题进行协调解决。依据适当的信息系统工具，精益生产可反馈与协调整个项目的进行。

⑤ 紧密的协作配套管理。在生产组织结构和协作关系上，精益生产把 70%的零部件的设计和制造委托给协作厂。主机厂集中精力抓主体件的设计和制造。协作厂与主机厂之间是一种长期共存、长期合作、相互依赖的协作关系。

### 3．敏捷制造

要理解敏捷制造（Agile Manufacturing），我们首先要明白制造的敏捷性是指什么。制造的敏捷性是指在由客户个性化需求驱动的动态市场环境下能够对需求快速予以响应并跟踪其变化，从而创造机会的一种能力。从本质上来说，客户以及客户的产品需求是创造收益的核心。这就要求企业决策者、生产指挥人员根据这些需求在一个时间段内既要关心任务安排，还要关心近期在制品状态、设备负荷、物料状态及实时任务等。因此，“以时间为关键的制造”越来越为现代企业所重视。但是，需求并不是静态的，它们处于一种不断变动的状态中，这将不可避免地影响到企业，要求企业具有更大的柔性。由于制造车间不仅是制造计划的具体执行地，也是制造信息的反馈来源地，更是大量制造实时信息的集散地，所以制造车间的敏捷性在很大程度上决定了整个制造系统的敏捷性。由于市场环境的不断变化，要想满足这些需求，企业就要承受环境变化所产生的持久压力。敏捷制造就是一种能够让企业实现制造敏捷性的技术和手段。

敏捷制造的提出者认为“敏捷制造是一种能在不可预测的持续变化的竞争环境中使企业繁荣和成长，并具有面对由客户需求的产品和服务驱动的市场做出迅速响应的能力”。可以

看出，敏捷制造性包含4个核心概念，它们之间的相互作用如图9-13所示。

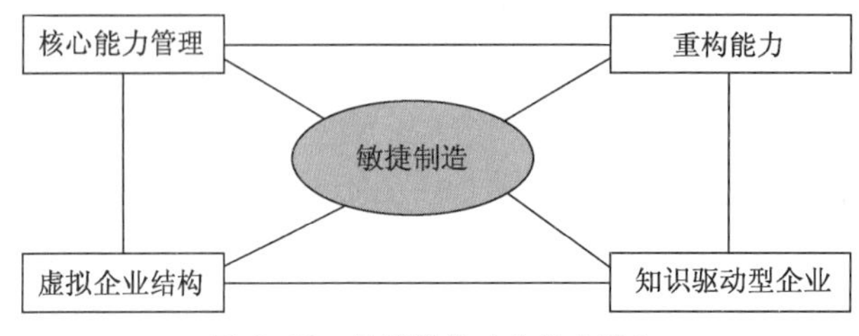


图9-13 敏捷性的4个核心概念

① 核心能力管理（Core Competence Management）。所谓核心能力，就是所有能力中最核心、最根本的部分，它可以通过向外辐射，作用于其他各种能力并影响其他能力的发挥和效果。核心能力管理要求主管核心技能和知识获取的部门应该将企业的主要才能编制成表，找出实现企业目标所缺少的环节，以便这些环节通过内部调整或外部合作得到补充。同时，合作与竞争是可以和谐共存的，即使是与竞争对手也可进行合作。因为企业之间的合作可以提供单个企业不能提供的迅速响应市场某种程度需求的合适平台。当市场机遇出现时，只要通过企业间合作网络，集成不同的技术、技能和人力资源，创作各方便能共同迅速推出市场需要的产品。

② 虚拟企业结构（Virtual Enterprise Formation)。敏捷组织是一种虚拟企业结构，与传统的企业联盟不同，虚拟企业是由两个以上的企业基于市场机遇而结成的一种动态联盟。它最大的优势是以本身的柔性实现对环境变化进行适应的敏捷性。通过彼此间的合作网络集成分散的资源和技术，迅速推出满足客户特殊需求的新产品，这是任何一家现实企业所无法实现的。同时，客户可登录企业网页并实现在线订货。在此背景下，质量功能展开（Quality Function Deployment，QFD）可将客户需求转化为产品设计的详细说明和资源利用的优先顺序。利用QFD将保证设计人员将精力投入客户最需要的特性，从而避免在“华而不实”的特性上浪费精力。QFD将客户需求转化为最终产品设计的功能，对企业组织创新具有深远影响。

③ 重构能力（Capability for Re-configuration）。所谓重构能力是指当市场机遇出现时，敏捷企业能够迅速转移生产重心，通过增加品种样式和重组业务流程来适应特殊目标的要求。此外，敏捷企业具有先于对手提前参与竞争的能力。美国学者普拉哈拉德和哈默尔强调：开发具有广泛通用特性的核心技能战略对重构能力至关重要。这种战略的定位基于对市场变化反应的敏捷性，即能够先于竞争对手将新产品推向市场；同时该战略要求厂商和客户融为一体，当客户的某一需求出现时，企业便能立即向他们提供相应的产品和服务。当然，企业主管部门必须注重投资各项技术，使其具有充分的柔性。

④ 知识驱动型企业（Knowledge-driven Enterprise）。知识型驱动企业的概念来源于人们对知识信息在成功企业中的重要作用的日益深刻的认识。任何企业的成功最终依赖于其将集体的知识和员工个人的技能转化为不断更新产品的能力。有关学者认为关于制造业的知识包括：员工的经验、企业报表、案例、数据库和以其他方式保存的资料。成为敏捷企业的最基本的战略之一是注重对员工素质的培养和开发，以打造一支具备多种技能和专业知识、目标明确的员工队伍。这样的员工队伍是促进企业持续发展的根本动力。

一个具备敏捷制造能力的企业应该具备多种能力，其敏捷制造能力主要包括企业间的虚拟协作能力、高度制造柔性能力、快速制造能力和快速反应能力。这种敏捷性在不同的层面有其各自的内涵。敏捷制造在企业战略层面上主要体现为：企业针对竞争规则的变化、新竞争对手的出现、国家政策法规的变动及社会形态的变化等，能快速做出反应的能力。敏捷制造在企业日常运作层面上主要体现为：企业对影响其日常运作变化，如客户对产品规格、售后服务的需求，供货时间的要求，产品出现的质量问题，设备出现故障等，能快速做出反应的能力。

## 任务实施

【任务 1】面包机的主生产计划如表 9-21 所示。

表 9-21 面包机的主生产计划

| 时间段/周 | 1 | 2 | 3 | 4 | 5 | 6 | 7 | 8 |
|---|---|---|---|---|---|---|---|---|
| 预测需求量/台 | 20 000 | 20 000 | 20 000 | 20 000 | 20 000 | 20 000 | 20 000 | 20 000 |
| 预期订单量（承诺发货量）/台 | 23 500 | 23 000 | 21 500 | 15 050 | 13 600 | 11 500 | 5 400 | 1 800 |
| 计划入库量/台 | 4 000 | | | | | | | |
| 主生产计划/台 | | 40 000 | | 40 000 | | 40 000 | | 40 000 |
| 计划期末库存量 7 000 | −12 500 | 4 500 | −17 000 | 7 950 | −5 650 | 22 850 | 17 450 | 55 650 |

从表 9-21 可以看出，计划期末库存量时而短缺时而过剩，并不能与预期订单量相匹配。可见，产量和实际需求量不匹配。另外，预测需求量和实际需求量出入较大。因此，Realco 公司需要同时调整预测及主生产计划。

假定 Realco 公司每周生产 20 000 台面包机，而不是每隔一周生产 40 000 台面包机，那么调整后的面包机的主生产计划如表 9-22 所示。

表 9-22 调整后的面包机的主生产计划

| 时间段/周 | 1 | 2 | 3 | 4 | 5 | 6 | 7 | 8 |
|---|---|---|---|---|---|---|---|---|
| 预测需求量/台 | 20 000 | 20 000 | 20 000 | 20 000 | 20 000 | 20 000 | 20 000 | 20 000 |
| 预期订单量：计划发货/台 | 23 500 | 23 000 | 21 500 | 15 050 | 13 600 | 11 500 | 5 400 | 1 800 |
| 计划入库量/台 | 4 000 | | | | | | | |
| 主生产计划/台 | 20 000 | 20 000 | 20 000 | 20 000 | 20 000 | 20 000 | 20 000 | 20 000 |
| 计划期末库存量 7 000 | 7 500 | 4 500 | 3 000 | 7 950 | 14 350 | 22 850 | 37 450 | 55 650 |

可见预测需求量与预期订单量存在较大差异，计划期末库存量持续增多。这时，Realco 公司需要销售人员寻求更多的订单或通过其他方式进行大量促销。

由于 Realco 公司没有现货而不得不拒绝客户的订单要求，有可能导致客户流失，丧失销售机会。但如果先接收订单然后按时发货，企业可能需要提取安全库存或者将主生产计划向后顺延，采取其他措施消除计划与实际需求之间的差距。

【任务 2】产品结构树如图 9-14 所示。物料需求计划如表 9-23 所示。

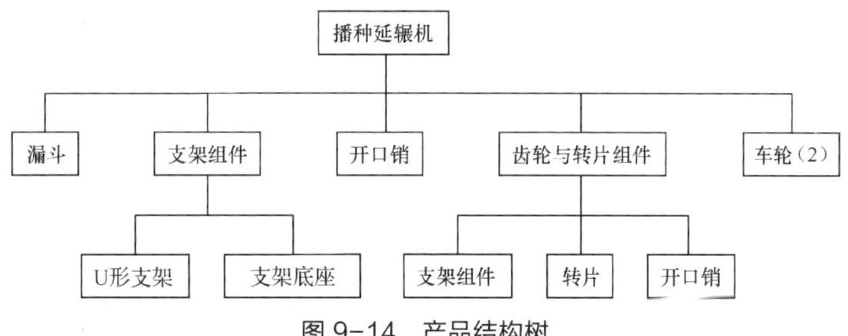


图 9-14 产品结构树

表 9-23 物料需求计划

| 阶层 1：齿轮与转片组件（提前期为 1 周） | | | | 最小订购量=2 500 | | |
|---|---|---|---|---|---|---|
| 时间段/周 | 1 | 2 | 3 | 4 | 5 | 6 |
| 总需求量 | | 2 000 | | 2 000 | | 2 000 |
| 预期入库量 | | | | | | |
| 计划期末库存量 1 000 | 1 000 | 1 500 | 1 500 | 2 000 | 2 000 | 0 |
| 净需求量 | | 1 000 | | 500 | | 0 |
| 计划入库量 | | 2 500 | | 2 500 | | |
| 计划订单量 | 2 500 | | 2 500 | | | |
| **阶层 1：车轮（提前期为 1 周）** | | | | **最小订购量=1** | | |
| **时间段/周** | **1** | **2** | **3** | **4** | **5** | **6** |
| 总需求量 | | 4 000 | | 4 000 | | 4 000 |
| 预期入库量 | | | | | | |
| 计划期末库存量 0 | | | | | | |
| 净需求量 | | 4 000 | | 4 000 | | 4 000 |
| 计划入库量 | | 4 000 | | 4 000 | | 4 000 |
| 计划订单量 | 4 000 | | 4 000 | | 4 000 | |
| **阶层 2：开口销（提前期为 3 周）** | | | | **最小订购量=15 000** | | |
| **时间段/周** | **1** | **2** | **3** | **4** | **5** | **6** |
| 总需求量 | 2 500 | 2 000 | 2 500 | 2 000 | | 2 000 |
| 预期入库量 | | | | | | |
| 计划期末库存量 11 000 | 8 500 | 6 500 | 4 000 | 2 000 | 2 000 | 0 |
| 净需求量 | 0 | 0 | 0 | 0 | | 0 |
| 计划入库量 | | | | | | |
| 计划订单量 | | | | | | |

## 练习与实训

**（一）思考题**

1. 从商业战略的角度来看，如果一家企业投资了一项错误的生产流程，会发生什么情况？请举例说明。

2. 在一个供应链中，你期望在生产线的上游还是下游看到客户的定制点？零工型车间是什么？

3. 1964—1966 年，福特汽车公司生产了超过 100 万辆的野马。现在汽车收藏家们花费上万美元修复“像新的一样”的古老的野马，而这种汽车最初仅以 3 000 美元左右出售。福特汽车公司最初采用了什么类型的生产流程来制造野马？又采用了什么类型的生产流程来修复该汽车？为什么会有这样的区别？

4. 表 9-24 所示为某产品生产任务。每一项任务都要依次经过不同的工作区域，每一个工作区域每次只能执行一项任务。请你根据以下几种规则依次安排任务：先进先服务规则、先进后服务规则、最早交货期规则、临界比率规则。计算在每一种规则下的平均延迟期。使用哪一种规则效果最好？哪一种规则是完全令人满意的？这说明了什么问题？

表 9-24　产品生产任务

| 任务 | 估计天数 | | | 任务总用时/天 | 距交付所剩天数 |
|---|---|---|---|---|---|
| | 喷漆 | 组装 | 包装 | | |
| A | 1.5 | 2 | 0.5 | 4 | 15 |
| B | 4 | 3 | 1 | 8 | 16 |
| C | 3 | 2 | 0.5 | 5.5 | 8 |
| D | 6 | 4 | 1 | 11 | 20 |

**（二）实训：某企业生产计划调研**

**1. 实训目标**

在生产企业生产产品的真实背景条件下，完成从产品生产准备到最终产品生产全过程中涉及的物流事务操作的任务，满足企业产品生产过程对物流保障的要求。

**2. 实训内容**

① 收集资料或开展调查，了解某企业产品生产的基本情况，包括产品结构树、工艺路线，以及客户订单、需求信息等资料。

② 结合相关参数，编制生产计划、物料需求计划、采购计划、生产任务单等。

**3. 实训准备、步骤及要求**

（1）实训准备

① 知识准备：教师通过课堂讲解使学生熟练掌握生产计划等相关知识。

② 学生分组：每 6 名学生为一组，每组选出一位小组长。

③ 实训地点：各组自主选择的目标企业及实训室。

（2）实训步骤及要求

① 各组通过讨论确定熟悉的目标产品或目标企业。

② 以组为单位到该企业进行实地调查，获取相关数据资料。

③ 各组在相关资料的基础上，编制主生产计划、物料需求计划、采购计划、生产任务单等，并发现实际存在的问题，提出改进措施。

④ 各组完成实训报告，要求资料翔实、准确、具体。

⑤ 各组分享实训报告，教师点评。

**4. 实训成绩评定**

实训成绩根据实训报告的完成情况进行评定，评定内容包含以下几项。

① 数据资料收集的完整性。

② 相关生产计划制订的正确性。

③ 存在问题的真实性，以及所提建议的合理性、可行性。

# 了解供应链前沿动态

## 知识目标

1. 了解供应链金融、智慧供应链、绿色供应链
2. 了解互联网与电子商务时代供应链面临的新情况
3. 了解大数据对供应链管理的影响
4. 了解智慧供应链催生的新商业模式

## 技能目标

1. 掌握新环境下的供应链发展趋势
2. 能分析互联网、大数据等新环境对供应链管理的影响

## 素养目标

1. 培养积极进取、勇于开拓的创新精神
2. 树立绿色、可持续发展理念

## 案例引入

2017年我国快递总件数超400亿件，且连续4年位居全球第一，除了狂飙突进的快递件数，我国快递公司也在悄悄地进行质量提升的探索。图10-1所示为我国几大快递公司快递业务量及同比增幅。

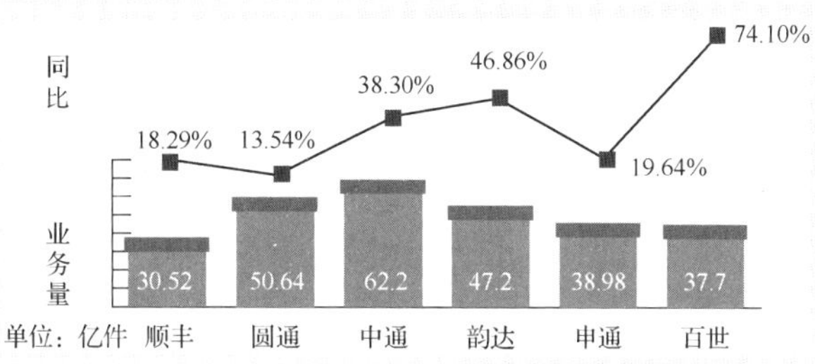


图10-1 我国几大快递公司快递业务量及同比增幅

400亿件快递被送达的背后是百万名快递人员的辛勤付出，而背后支撑百万名快递人员的组织机构的能力和效率更是至关重要的基础。目前，快递组织主流形式为加盟或直营，但这种“中心化”的层级制度还能否继续支撑我国未来快递业务的发展呢？当面临3年后我国的快递总件数到达700亿件或800亿件的巨大挑战时，快递组织（生产关系）将如何应对？又将走向何方？

2018年5月8日，中通快递发布了《实体化区块链：内生于中通快递的共创生态系》。该报告对快递的组织形式变革做了重点论述，其中关于利用区块链技术实施“联盟式”的组织形式，令人眼前一亮。借由底层技术的系统性创新应用来提高整个组织（操作系统）的效率，相对于仅对局部进行的提升（如实现信息化、使用无人机等），不失为一种大胆而有益的尝试。

区块链的分布式数据库结构和快递的组织结构极其相近，且区块链的运行方式和快递组织的运行方式大体相同。

下面从3个维度解析中通“联盟式”的区块链应用。

**1. 去中心化的区块链与泛中心化的快递组织**

快递网络组织是由多层级的转运中心、站点等节点连接而成的，而百万名快递人员通过站点与用户建立联系。在很大程度上，一个站点的区域就是一个小“区块”，总部会在该区域记录任意区域和该区域建立的联系（发件或到件），即I/O的过程。

过去以企业为核心，使用各种销售手段来达成交易、增加销售额并大力向客户推销的零售逻辑已经行不通了，未来的一切都要围绕客户需求来运转，供应链管理也不例外，这让其和传统业态下的供应链有了很大不同。中通快递的报告中称，传统快递组织具有多重中心性，即泛中心化，如图10-2所示。

**2. 分布式记账的区块链与多重交互的快递业务**

在400亿件快递被送达的背后，每天有上亿条信息在全网流动，并在快递完成交付后被一一记录在小“区块”内，这与区块链的分布式记账有着诸多相似之处。任意一件快递的出发地和到达地，与沿途所经过的转运中心，是一条清晰的分布式记账过程，而工作数量、质量、收益等因素也被清晰地记录在“区块”内，而这一“记账”的过程无须总部管控。

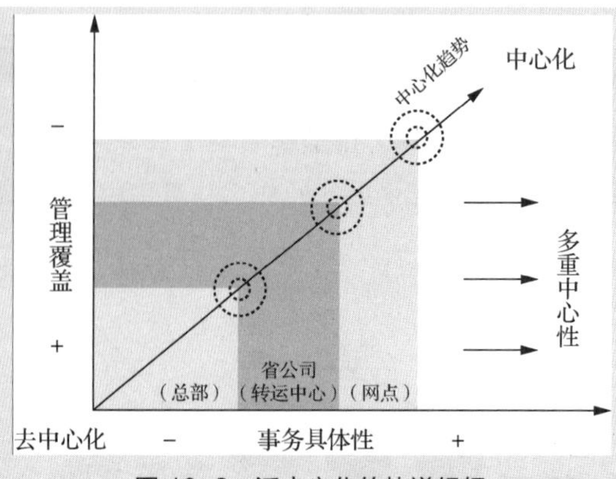


图 10-2 泛中心化的快递组织

**3. 基于多维共识链的利益分配与基于简单规则的利益分配**

当前述基础（操作系统）已经确立，从快递的工作量证明（Proof Of Work，POW）、服务证明（Proof Of Service，POS）、收益证明（Proof Of Benefit，POB）、循环证明（Proof Of Cycle，POC）等维度可清晰地评价快递组织的运营业绩，实现激励政策和利益分配的高效结合。

基于区块链的"联盟式"组织革新，是指中通快递的内部建立了"阿米巴模型"，使得每一小区块成为自主经营体，可自主实现资源配置并调节运营成本和组织成本，如图 10-3 所示。

| 实体化区块链表现 | 贡献度 | | | | | |
|---|---|---|---|---|---|---|
| | 总部 | | 联邦制成员 | | 消费者 | |
| | 降本 | 增效 | 降本 | 增效 | 降本 | 增效 |
| 多重中心化管理（授权赋能） | ●●●●● | ●●●●● | ●●●●● | ●●●●● | ● | ● |
| 内部市场构建（交易成本） | ●●●●● | ●●●●● | ●●●●● | ●●●●● | ●●●●● | ●● |
| 信用体系（低风险链接） | ●●●●● | ●●●●● | ●●●●● | ●●●●● | ●● | ●●●●● |
| 介入权利（联邦制形成） | ●●●●● | ●●●●● | ●● | ●●●●● | ●●● | ●●●●● |
| 共识机制 | ● | ●●●●● | ● | ●●●●● | ●● | ●●●●● |

●●●●● 贡献度高　●●●● 贡献度较高　●●● 贡献度中等　●● 贡献度较低　● 贡献度低

图 10-3 阿米巴模型

快递行业涉及诸多组织实体，包括物流、资金流、信息流等，这些实体之间存在大量复杂的协作和沟通。通过区块链，各方可以获得一个透明可靠的操作系统，从而提高全链条的效率。

在快递总件数从 400 亿件迈向 800 亿件的过程中，生产力的不断进步也要求快递组织形式有所创新。中通快递借由区块链提升整个操作系统的创新和探索，对全行业来说都是有益的。

那么对于快运网络、零担网络等，类似快递的网络结构型企业能否借鉴中通快递的有益探索呢？

## 相关知识

### 一、互联网与电子商务时代的供应链

从行业来看，物流与供应链管理是服务于生产和商务活动的典型的现代服务业；而在互联网时代，电子商务正在成为新的生产和销售活动的商务模式，因此互联网时代的供应链管理首先是服务于电子商务的供应链管理的，也有人称之为电子商务供应链管理。近年来，我国互联网和电子商务迅猛发展，已经处于世界前列，成为推动我国国民经济转型的重要动力，而服务于电子商务的物流与供应链管理则成为这一新进程中不可缺少的重要环节。

电子商务是利用电子信息技术通过网络进行的商务活动。近年来，我国电子商务的迅猛发展，正在从根本上使传统商业产生革命性的改变，它不仅改变了商务和交易的方式，而且改变了人们的消费方式、制造业的生产方式、金融业的服务方式以及政府的管理方式，也改变了构成商务活动基本要素之一的物流的服务方式。近年来，我国发展最快的物流企业几乎都是与电子商务密切相关的。

供应链是由原材料供应商、零部件供应商、生产商、分销商、零售商、运输商等一系列企业组成的价值增值链。因为电子商务追求的就是商业活动的高效率，所以只有高效率的供应链才能从整体上体现电子商务的价值。

在一个完整的电子商务过程中，询价、协商、签订合同、交易、付款都可以通过信息化手段，以虚拟化和平台化的方式高效地完成，但物流无法虚拟化，供应链的运作也无法完全虚拟化，而没有供应链和物流，电子商务活动将无法真正完成。传统的落后的运输和仓储模式造成的供应链的不畅，形成了供应链的瓶颈，也成为电子商务活动的瓶颈。这就是全球一些大型电子商务企业，如亚马逊、京东等，近年来不惜投入大量资金，自建物流设施、机构和平台的原因。而电子商务企业赖以生存的互联网、物联网和先进的信息技术，又成为优化和改造供应链管理体系的利器。信息技术正把全世界连成一个巨大的供应链，使信息及时共享变得可能。电子商务面向企业的整个供应链管理，能使企业降低交易成本、缩短订货周期、改善信息管理和提高决策水平。电子商务整合了供应链上下游企业，并使其构成一个电子商务供应链。电子商务消除了整个供应链上不必要的运作和消耗，促进了供应链向动态的、虚拟的、全球网络化的方向发展。

**1．互联网与电子商务环境下的供应链管理特征**

互联网与电子商务对供应链管理的影响和冲击是颠覆性的，因为它不仅改变了产品交易的形式，而且改变了物流、信息流和资金流的流动方式。如今，所有在线购物的客户都希望在交易订单下达之后，产品能尽快地直接配送到家，并能时刻跟踪订单的处理过程。同时，客户也希望物流承运方能够根据他们的需求改变运输路线、确定交付过程费用、变更交付时间，甚至能够根据多个交付地址拆散订单。

尽管是在新环境下的供应链，其管理原理仍然离不开供应链管理框架，即“需求导向、资源共享、流程协同、利益共赢、信息化支撑”。然而，由于互联网及电子商务所带来的变革，新环境下的供应链对该基本框架提出了更高、更急切的要求，主要特征表现在以下几个方面。

（1）强化了对供应链管理的效率要求

在电子商务的整个业务流转中，无法虚拟化的物流和供应链管理必须适应虚拟化的电子商务的高速度、快节奏，以便提高整个供应链的管理效率。

最为明显的是对订单的响应和处理。传统供应链管理对订单的响应时间可以是一两天甚至几天，而电子商务供应链管理对订单的响应时间必须按小时计，如对仓库内完成订单的全部操作往往被限制在四五个小时之内。因此，供应链管理系统必须和销售平台以及生产系统进行直接对接与协同，这样才可能避免在高峰（促销）时期出现爆仓现象，以及避免对后续环节（运输、中转、“最后一公里”配送等）产生重大影响，甚至使整个供应链瘫痪。

电子商务供应链管理促使供应链中的生产、销售企业与最终客户建立直接联系，并且可以在开放的公共网络上与最终客户进行直接对话，为最终客户提供每周 7 天、每天 24 小时的实时服务，才可能保留住现有客户，发展潜在客户。

（2）改变了供应链的运作模式

传统供应链是一种典型的推动式供应链，制造商为了克服产品转移在空间和时间上的障碍，利用物流将产品送达到市场或客户手中，商流和物流都是推动式的。在电子商务供应链中，产品生产、分销、仓储、配送等活动都是根据客户的订单进行的，商流、物流、资金流都是围绕市场展开的，以力图实现销售方面的“零库存”。因此，电子商务供应链是拉动式的。

实际上，因为直接面对最终客户，所以电子商务供应链更突出体现了“需求导向”理念，并把它演变成一种新的“拉”的模式。这种模式现在已经不仅用于电子商务供应链，而且开始广泛用于所有的现代企业，特别是大型跨国企业的供应链管理实践中。

（3）实现了平台化、网络化的信息共享和运作协同

传统供应链管理中的数据共享和协同大多是基于供应链上合作伙伴（参与方）之间的数据交换，而且基本上都是一对一的交换，甚至还采用纸面文件交换或互通电子邮件等传统方式。

互联网时代下的商业活动逐步由电子商务所主导，而电子商务则主要是通过互联网上的电子交易平台完成其核心业务的。越来越多的销售都在技术先进、规模巨大的云计算平台上完成，如天猫、京东等。因此，企业就很容易想到，采购和供应链的其他环节也都可以在此类平台上完成。

在互联网环境下，从技术功能来看，采购平台非常适合多方参与和协同。例如，在一般工业企业中，物资采购的成本占到企业生产总成本的 70%以上，从事采购工作的员工数较多，日常支出也较大。企业要根据生产部门的需求组织物资采购和供应工作，与各地的供应商联系订货，让供应商送货到需求现场或仓库……这些工作涉及大量的信息传递和处理。采购平台可以很好地处理这些问题。通过电子目录，企业可以快速找到更多的供应商；根据供应商的历史供应电子数据，企业可以选择最佳的供应商；通过电子招标、电子比价等采购方式，企业可以使供应商形成更加有效的竞争，从而降低采购成本；通过电子采购，企业可以缩短采购周期，提高采购效率，减少采购的人工操作错误；通过网络，企业可以减少采购的流通环节，实现端对端采购，降低采购费用；通过电子信息数据，企业可以了

解市场行情和库存情况，科学制订采购计划，做出正确的采购决策。大型集团化企业更可以通过采购平台聚集整个集团的购买力，实现对供应商的集中采购，以量压价，大大降低采购成本。同时，对于供应商而言，采购平台也是它们增加销量、掌握客户需求、降低成本的利器。

（4）创新性地提供了供应链金融服务

完整的供应链包括信息流（商流）、资金流和物流。在互联网和电子商务环境下，物流与资金流逐渐融合，创新性地提供了供应链金融服务，形成了互联网时代下供应链管理的一个新亮点。目前，供应链金融有很多不同的概念和形式，但实质上都是通过供应链管理，对企业所承运及存储的物资，包括订单、提单等虚拟物资，以质押的方式进行担保和监管，协助货主实现银行融资贷款的一种商业模式。尽管该模式在实际运营中尚不成熟，也存在一定的商业诈骗风险，但从长远来看，供应链金融服务对供应链中的各方都可能有益。例如，对于买方特别是中小企业而言，供应链金融服务为它们解决贷款难的问题，帮助它们开拓新的融资途径；对于卖方而言，供应链金融服务可以帮助它们加速资金流转，增加销量；对于银行而言，由于货主以实际库存物资为质押，贷款相对安全，因此银行容易扩大贷款业务；对于物流企业而言，通过把储运对象变成质押监管对象，把服务扩展到金融业，从而打造高附加值的增值服务；而对于政府和社会而言，提供供应链金融服务是减少金融风险、稳定经济、建立社会诚信机制的有效途径。

（5）对管理信息系统的要求和依赖性非常高

及时、高效是电子商务的典型特征，而电子商务的效率是由其信息系统保证的。由于电子商务客户对其购买产品的运输动态的关切程度大大高于普通客户，电子商务平台及其物流承运商为了能够及时在线上向客户报告产品物流动态，同时为了对其内部的供应链加强管理以增强竞争力，对管理信息采集的实时性、频度和准确性的要求也大大提高。

例如，中远物流承担运营的某大型电子商务平台的区域配送中心对仓储管理信息系统的操作时效要求是，每天从该电子商务平台通过 EDI 连接接收 3 个波次订单，每个波次订单需在 4 小时内完成全部操作，包括打印、拣货、复核、包装、发货等。每日该电子商务平台对该区域配送中心的下单量为 3 000 单左右，在“双 11”“聚划算”等活动期间，日下单量更是平时的几倍、十几倍。

在对该电子商务平台反馈信息（通过 EDI 发送）方面，关于业务状态（拣货状态、出库状态、发运状态、签收状态、收货状态等）的报文，以及关于费用参数、库内操作的报文要求实时发送。如果在通信过程中发送失败，则必须在 5 分钟内重新发送。库存快照和订单对照报文在每日凌晨自动发送。

为满足电子商务平台对供应链管理系统的极高要求，除了给信息系统本身配置大容量网络和服务器系统及高效的数据库和应用系统外，区域配送中心的操作层也普遍采用了无线网络、高效能条形码扫描、RFID、手持和车载智能终端等先进的物联网技术，并在系统中设置了监控考核管理模块，通过关键因素和 KPI 指标体系将企业的经营目标与发展计划进行分解，并且根据 KPI 指标体系动态地关注企业绩效的变化情况。

电子商务供应链管理对信息系统的这种高要求是传统供应链管理所没有的。这也造成了一个问题，即对信息系统的高度依赖性。可以说，没有高效的信息系统，电子商务供应链管理就不可能运作，电子商务供应链管理也因此对为其服务的信息系统及其网络提出了更高的可靠性、可扩展性及适应性的要求。目前，先进的云计算和虚拟化技术，以及网络信息安全技术，为解决此问题提供了有效的途径。

**2．新环境下供应链管理面临的主要问题**

随着互联网和电子商务的大发展，供应链管理作为一种新的物流管理模式受到了很大的冲击，在新形势下我国物流企业面临必须尽快转型的严峻挑战。

① 根本问题是观念的转变。互联网环境下的供应链管理对企业最基本的要求是核心业务流程优化和信息化。这不是仅建立一个电子商务网站，开展一些网上营销和客户服务就能解决的。更重要的是，企业应从观念上进行根本改变，需要将物流业务运作模式，按照互联网思维和电子商务模式，在互联网环境下进行重构，使得服务流程模块化，以适应需求多变和个性化服务的新业态。这涉及对原来的业务模式和流程进行大胆的业务流程重组（Business Process Reengineering，BPR）。从管理模式来看，多年来我国企业习惯采用“纵向一体化”的管理模式，而互联网和电子商务的迅猛发展要求采用“扁平化、网络化”的管理模式。所有这些都涉及供应链管理企业在观念上的转变。没有观念上的转变，没有互联网思维，就不可能实现供应链管理企业的成功转型。

② 平台化的管理信息系统建设。在供应链管理模式中，信息共享是企业间实现协调运作的关键，而应用信息技术提高整个供应链的信息精度、及时性和流动速度是提高供应链绩效的必要措施。因此，企业管理战略的一个重要内容就是构建供应链运作的信息支持平台，如集条形码、数据库、电子订货系统、RFID、EDI、全球定位系统等信息交换技术和网络技术于一体，构建企业供应链信息集成系统。这一信息系统不能是孤立的、与外界隔绝的，而必须与供应链上相关企业、供应商和协作商的系统通过互联网顺利进行电子数据交换，即实现系统对接和协同。

③ 贸易伙伴之间的协作问题。目前，我国企业欠缺的是如何协调贸易伙伴间的协作以达到供应链整体利益的最大化。贸易伙伴之间不愿意共享信息，这与我国的企业形成的文化氛围有关。传统观点认为任何协议都会分出一个胜者和一个负者，但博弈论的研究结果说明非零和博弈比零和博弈更能使企业获得收益。除此之外，缺乏一个良好的供应链绩效评估系统也是贸易伙伴之间协作的障碍。没有合理的绩效分配，各企业自然不愿牺牲自己的利益去换取整个供应链的最大利益。因此，良好的供应链协调战略势在必行。

④ 供应链中各环节成员的利益分配问题。随着电子商务的发展，企业之间的信息和资金流动更加频繁，企业之间的相互联系也由单一渠道转变为多渠道，合作程度日益加深，企业之间不断融合，企业边界越来越模糊，最终整个价值链重新整合，形成一个虚拟的“大企业”，由此产生了企业间的“利益分配问题”。

**3．新环境下供应链管理模式的转型**

互联网和电子商务与供应链之间是相互依存、相互促进的，企业必须建立电子商务与供应链管理整合的有效机制，实施与供应商、客户协调合作的电子商务供应链管理。实践证明，企业必须联合供应链的其他上下游企业，建立一个利益相关、业务关系密切的行业供应链，实现优势互补，才能在市场竞争中立于不败之地。如何使电子商务更为有效地支持供应链管理，供应链管理如何与电子商务系统集成与整合，是企业成败的关键，对企业的发展具有十分重要的意义。

（1）电子商务与供应链管理整合的体系结构

在市场经济条件下，传统供应链已不能适应电子商务发展的需求。第一，信息传递失真。传统模式下，企业内部供应链中订单、采购、生产、库存、运输和销售及企业外部供应链中的供应商、制造商、零售商和客户等供应链环节的运作程序是通过订单完成信息传递的。复杂的供应链物理网络及人为因素的影响，导致供应链各环节物流、信息流的滞后，使企业无法得到真实的信息。第二，供应链各环节的联系灵活性差，仅限于点对点及横向的集成，若低效率的供应链中的某个环节断了，整个供应链的运作都无法进行。传统供应链机制会不可避免地造成信息失真及供应链各环节联系的滞后。

电子商务供应链管理不仅需要电子商务技术及网上信息平台，而且更需要依靠强大的供应链作为支撑。对电子商务和供应链管理进行整合和优化，采用高效、快速的物流技术，减少供应链中不必要的环节，解决信息传递失真和供应链各环节联系灵活性差的问题，改善供应链的系统性能，不仅可以提高供应链各环节的响应速度，而且可以使供应链的整体效益得到明显改善。从基于互联网的电子商务供应链管理模式（见图 10-4）可以看到，电子商务供应链在客户/订单管理、采购管理、生产管理、物流管理和销售管理的内部供应链及供应商、制造商、零售商、客户的外部供应链的整合中发挥了重要的功能。供应链各环节可以通过电子商务供应链管理机制，实时查询订单进展的最新情况，运用互联网的电子采购及互联网供应商的自动补给机制，在世界范围内寻找物料资源，减少库存和不必要的成本支出；通过网上订单和内部 ERP 资源的整合，合理规划企业资源，实现企业内部与外部供应链物流、信息流、资金流、价值流和商流的交互式集成及整合。

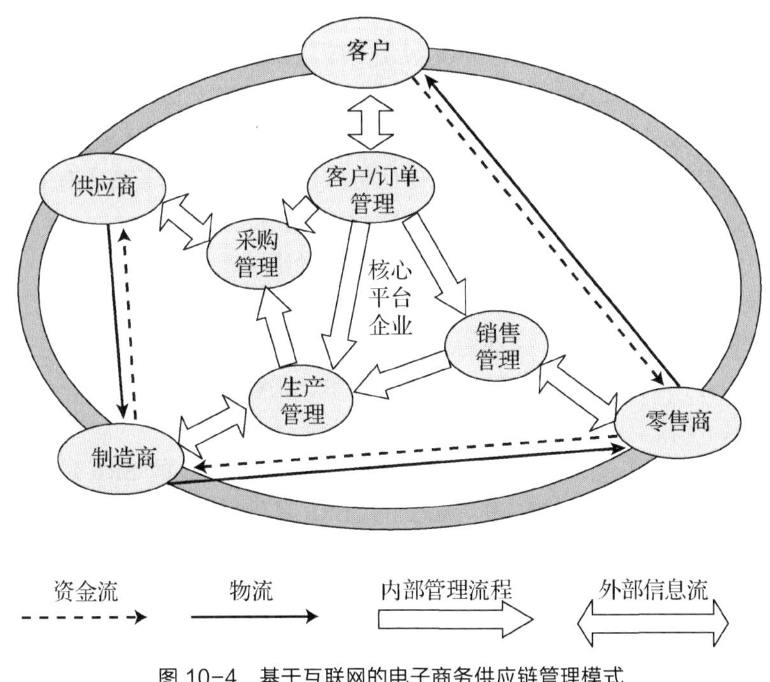


图 10-4　基于互联网的电子商务供应链管理模式

（2）电子商务与供应链管理整合的必要性

电子商务环境下的供应链管理有以下几个特点。第一，电子商务供应链具有信息资源的共享性、可复制性及价值增值的特点，非物质性信息的作用超过其他要素，成为经济增长的主要动力。第二，信息流成为供应链中主导商流、物流和资金流的中心环节。在传统供应链模式下，生产居于主导地位，商流、物流在商务活动中发挥主导作用，信息流仅仅是服务于商流、物流的辅助活动。而在电子商务供应链管理模式下，信息流在商务活动及资源配置上发挥着极大的作用，以信息运动为主要内容的虚拟经济逐步超越以产品和服务为主要内容的实体经济，成为社会经济发展的主导趋势。第三，电子商务供应链是一种跨企业的协作网络。电子商务供应链管理不再局限于企业内部，而是延伸到供应商和客户，涵盖了企业运行的全过程。第四，电子商务供应链管理能够实现社会资源的重新配置。企业间的相互协作实现了企业资源的重组整合，使单个企业的优势向外延伸。电子商务供应链管理有助于高效分配资源，最大限度地提高效率和缩短工作周期。电子商务供应链系统中的各环节都建立在合作的基础之上，共享信息并保持竞争与合作的关系。

企业要在竞争中取得优势，不仅要协调计划、采购、制造、销售等企业内部供应链管理，还要整合包括供应商、承包商、客户在内的上中下游企业之间的外部供应链。更为重要的是，实现电子商务与供应链管理的整合并形成电子商务供应链，使传统供应链发生变革，在质量、成本和响应速度3方面得到改进，最终增强企业的竞争力。互联网的运用，使企业内部供应链和企业外部供应链的业务流程在沟通模式方面发生了实质性的变化，企业信息由订单传递转变为采用互联网即时的电子商务模式进行传递。电子商务供应链极大地缩短了传统供应链各环节在时间和空间上的距离，使企业的生存环境发生根本性的变化，企业内外部的运作方式大为改善。利用互联网，企业将产业上游的供应商和产业下游的经销商及客户进行垂直整体化的整合，形成一个电子商务供应链网络，使供应链管理向动态的、虚拟的、网络化的方向发展。

（3）电子商务与供应链管理整合机制的实现及途径

电子商务供应链管理的变革翻开了商业经济的新篇章。电子商务与供应链管理的整合使供应链理论不断发展和延伸，供应链中的环节逐渐减少，造就新媒介的出现和市场动态的变革。电子商务彻底改变了传统供应链与原有物流、信息流、资金流及价值流的交互方式和实现手段，并将其整合形成电子商务供应链。如何将供应链管理与电子商务有效地整合，充分发挥各自的效用，实现企业的全面信息化是企业亟待解决的问题。

电子商务与供应链管理整合机制可以通过以下途径实现。

① 建设网络基础设施，实现企业内部管理网络化。内部管理网络化是供应链管理的核心，企业必须建立完善的内部网和内部信息管理系统来实现供应链各环节的正常运作。网络已成为企业员工相互交流，企业内部供应链中的订单、采购、库存、计划、生产和质量监督必不可缺少的工具。

② 完善企业资源计划。以互联网为基础、供应链管理为核心的ERP是现代管理的一个重大变革。电子商务是建立在ERP的基础之上的。ERP是针对和定位于企业内部资金流与物流的一体化管理，实现了从原材料采购到产品的各种资源的计划和控制，在一定程度上解决了企业内部供应链的管理问题。而电子商务则以企业与外部的交互为主，涉及企业外部的采购与销售业务交易，并成为企业内部资金流与物流的一部分。完善ERP，可以解决电子商务供应链的上游管理问题。

③ 完善客户关系管理（Customer Relationship Management，CRM）。CRM是电子商务供应链管理的延伸，也是电子商务供应链管理的核心技术。CRM能够突破电子商务供应链上各环节的地域限制和组织限制，将客户、经销商、企业销售系统进行整合，实现企业对客户个性化需求的快速响应，真正解决电子商务供应链中的下游管理问题。CRM使得电子商务供应链管理向客户延伸，将客户反馈的信息折射到电子商务供应链的各个环节，实现电子商务供应链各环节的共赢。

④ 实现供应链各环节生产专业化。电子商务供应链的形成是企业生产专业化的必然要

求，当供应链中的客户对某种产品的市场需求达到一定数量时，企业为满足市场需求量，就会改进供应链中不合理的环节。供应链中某些环节实现了生产专业化，就可以降低企业的生产成本，实现规模经济效益和范围经济效益。生产专业化导致供应、制造、销售和物流配送等社会职能的划分，供应链各环节生产专业化有利于电子商务与供应链管理整合机制的实现。

## 二、供应链金融

### 1. 供应链金融的含义

（1）供应链金融的概念

供应链金融（Supply Chain Finance，SCF）是商业银行信贷业务的一个专业领域（银行层面），也是企业尤其是中小企业的一种融资渠道（企业层面）。供应链金融指银行向客户（核心企业）提供融资和其他结算、理财服务，同时向这些客户的供应商提供贷款及时收达的便利，或者向其分销商提供预付款代付及存货融资服务。简单来说，它是银行将核心企业和上下游企业联系在一起，并为其提供灵活运用的金融产品和服务的一种融资模式。

以上定义与传统的保理业务及货押业务（动产及货权抵/质押授信）非常接近。但它们也有明显的区别，即保理和货押只是简单的贸易融资产品，而供应链金融是核心企业与银行间达成的一种面向供应链所有成员企业的系统性融资安排。

（2）供应链金融的内涵

《欧洲货币》杂志将供应链金融形容为近年来“银行交易性业务中最热门的话题”。一项调查显示，供应链融资是国际性银行于 2007 年在流动资金贷款领域最重要的业务增长点。供应链金融在西方银行业的信贷紧缩大背景下一枝独秀，依然保持高速增长的态势。

一般来说，一个特定产品的供应链从原材料采购，到制成中间产品及最终产品，最后由销售网络把产品送到客户手中，将供应商、制造商、分销商、零售商直到最终客户连成一个整体。在这个供应链中，竞争力较强、规模较大的核心企业因其强势地位，往往在交货、价格、账期等贸易条件方面对上下游配套企业要求苛刻，从而给这些企业造成了巨大的压力。而上下游配套企业大多是中小企业，难以从银行融资，结果造成资金链十分紧张，整个供应链出现失衡。供应链金融最大的特点就是在供应链中找出一个大的核心企业，以核心企业为出发点，为供应链提供金融支持。一方面，供应链金融将资金有效注入处于相对弱势的上下游配套中小企业，解决中小企业融资难和供应链失衡的问题；另一方面，供应链金融将银行信用融入上下游企业的购销行为，增强其商业信用，促进中小企业与核心企业建立长期战略协同关系，增强供应链的竞争能力。在“供应链金融”的融资模式下，处在供应链上的企业一旦获得银行的支持，将资金注入配套企业，也就等于进入供应链，从而激活整个“链条”；借助银行信用，中小企业还能赢得更多的商机。

### 2. 供应链金融体系

完整的供应链金融体系包括供应链金融产品、供应链金融市场、供应链金融主体和供应链金融制度。

供应链金融的优势表现在以下几个方面。

① 企业融资新渠道：为中小企业融资的理念和技术瓶颈提供了解决方案。

② 银行开源新通路：提供了一个切入和稳定高端客户的新渠道，核心企业被“绑定”到为之提供服务的银行。

③ 实现多流合一：供应链金融实现了物流、商流、资金流、信息流等多流合一。

供应链金融通过整合信息、资金、物流等资源，达到提高资金使用效率并为各方创造价值、降低风险的目的。

① 供应链金融产品主要是金融机构提供的信贷类产品，还包括中间增值服务。

② 供应链金融市场基本属于短期的货币市场。

③ 供应链金融主体主要包括以下几个。

a. 资金的需求主体，即供应链上的节点企业。

b. 资金的供给及支付结算服务的提供主体，主要是以商业银行为代表的金融机构。

c. 供应链金融业务的支持型机构，包括物流监管公司、仓储公司、担保物权登记机构、保险公司等。

d. 监管机构，在我国主要是指各级银监部门。

④ 供应链金融制度包括相关法律法规和技术环境。

a. 相关法律法规，例如动产担保物权的范围规定、设定程序、受偿的优先顺序、物权实现等的相关法律，以及监管部门的业务监管相关制度。

b. 技术环境，主要包括与产品设计相关的金融技术和信息技术。

以上要素结合在一起，便组成了一个完整的供应链金融体系。

由于信息技术的发展和流通成本的降低，供应链逐渐转变纵向一体化的管理模式，成为国际上产业组织的主流模式。供应链上各个企业信息流、物流和资金流的管理变得更为复杂，供应链管理成为提升企业市场竞争力的关键因素。供应链金融站在供应链管理全局的高度，为协调供应链资金流、降低供应链整体财务成本提供系统性的金融解决方案，并能够将核心企业的良好信用能力延伸到供应链上下游企业，降低供应链整体融资成本，缓解中小企业融资压力，提升供应链整体的竞争力。

**3．供应链金融的有机构成**

众所周知，金融是指人们围绕货币、资金和资本资产所从事的定价与市场交易的活动。我们可以基于上述对金融的定义，相应地给出“供应链金融”的定义，即供应链金融是指人们为了满足供应链生产组织体系的资金需要而开展的与服务定价与市场交易相关的活动。

① 从广义上来讲，在静态上，供应链金融包含了供应链中的参与方之间的各种错综复杂的资金关系；在动态上，它倾向于指由特定的金融机构或其他供应链管理的参与者（如第三方物流企业、核心企业等）充当组织者，为特定供应链的特定环节或全链条提供定制化的财务管理服务。供应链金融必须能够通过实现整合信息、资金、物流等资源来达到提高资金使用效率并为各方创造价值，降低风险的目的。

② 供应链金融产品主要是第三方金融机构提供的信贷类产品，包括对供应商的信贷产品，如存货质押贷款、应收账款质押贷款、保理等；也包括对购买商的信贷产品，如仓单融资、供应商管理库存融资、原材料质押融资等。此外，它还包括供应链上下游企业相互之间的资金融通，例如需求方向供应商提供的“提前支付折扣”，供应商向需求方提供的“延长支付期限”等产品。除了资金的融通，金融机构还提供财务管理咨询、现金管理、应收账款清收、结算、资信调查等中间业务产品。随着供应链金融的发展，不断有新的产品被

开发出来。

③ 根据上述产品列表，供应链金融市场基本上属于短期的货币市场，其供求双方或者是商业银行或金融公司和工商业企业，或者是供应链上下游企业。

④ 供应链金融主体包括资金的需求主体、资金的供给主体、供应链金融业务的支持型机构、监管机构。

⑤ 供应链金融制度涉及 3 方面的内容：一是相关法律法规，包括担保物范围与担保物权登记公示的法律规定、企业破产清算中不同权利行使的优先顺序等；二是司法体制，包括供应链金融业务中出现纠纷时司法部门的判决机制、裁决公正程度与裁决的执行效率；三是银行业务监管制度，包括监管的具体方法、对象、政策等。

**4．不同视角下的供应链金融**

资金实力雄厚的核心企业固然可以自己提供资金，如向供应商实施的提前付款计划、增加对分销商的赊销等。但是在大部分情况下，这种解决方案并不可行，原因在于以下两点。第一，核心企业实际上替代了银行的作用，专业性和效率值得怀疑。更重要的是，核心企业承担了上下游企业的信用风险。第二，现实中，股东和投资人对核心企业财务稳健的要求，以及核心企业自身面临的资金压力，使得核心企业的财务改善冲动恰恰是向上游企业延长账期和缩短对下游企业的账期。

在这种背景下，供应链金融解决方案的主要当事方除了供应链的核心企业外，银行等金融机构几乎是不可或缺的。银行是资金的提供者，还可以为供应链的财务管理设计和实施提供解决方案。

此外，在国际性银行的供应链金融的实践中，解决方案的提供商很多情况下是电子交易平台服务商，其为银行设置了触发贷款交易的以信息流为基础的“按钮”，并可以引导供应链成员企业按照电子交易平台所规定的路径进行交易结算，以保证银行贷款的自偿性。

因此，供应链金融可以有 3 种不同的理解，它们分别来自供应链核心企业的视角、电子交易平台服务商的视角以及银行的视角。

① 供应链核心企业的视角。供应链金融是一种在核心企业主导的企业生态圈中，对资金的可得性和成本进行系统性优化的过程。这种优化主要是通过在对供应链内的信息流进行归集、整合、打包和利用的过程中，嵌入成本分析、成本管理和各类融资手段而实现的。

② 电子交易平台服务商的视角。供应链金融的核心是关注嵌入供应链的融资和结算成本，并构造出对供应链成本流程的优化方案。而供应链融资的解决方案，就是由提供贸易融资的金融机构、核心企业，以及将贸易双方和金融机构之间的信息有效连接的技术平台提供商合作实现的。技术平台的作用是实时提供供应链活动中能够触发融资的信息按钮，如订单的签发、按进度的阶段性付款、供应商管理库存的入库、存货变动、指定货代收据的传递、买方确认发票项下的付款责任等。

③ 银行的视角。从银行角度论述供应链金融的说法有很多。例如，从银行业务拓展方式的角度来看，供应链金融是指银行通过审查整个供应链，基于对供应链管理水平和核心企业的信用实力的掌握，对供应链中的核心企业和上下游多个企业提供可灵活运用的金融产品及服务的一种融资模式；从供应链融资的功能角度来看，供应链金融就是将资金流整合到供应链管理中，是一种既为供应链各个环节的企业提供商业贸易资金服务，又为供应链弱势

企业提供新型信贷融资服务的服务产品创新模式；从融资的功能指向角度来看，供应链金融是通过对供应链成员间的信息流、资金流、物流的有效整合，运用各种金融产品向供应链中所有企业尤其是中小企业提供的组织和调节供应链运作过程中的资金，从而提高资金运行效率的一种新型融资模式。传统融资与供应链融资模式中银行与供应链成员的关系如图 10-5 所示。

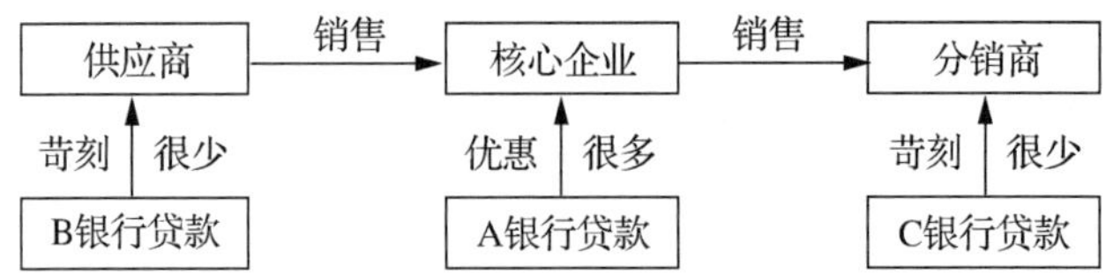


（a）传统融资模式中银行与供应链成员的关系

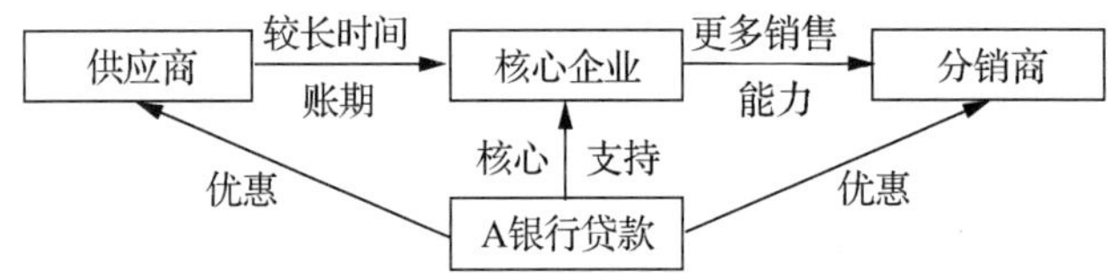


（b）供应链融资模式中银行与供应链成员的关系

图 10-5　传统融资与供应链融资模式中银行与供应链成员的关系

从银行的角度看，供应链金融与传统银行融资的区别主要体现在以下 3 个方面。

a. 对供应链成员的信贷准入评估不是孤立的。银行首先评估核心企业的财务实力和行业地位，以及所在供应链的管理效率。如果条件满足，而且证明整个供应链联系足够紧密，银行将为供应链成员提供融资方案，并且不会对供应链成员的财务状况做特别的评估。对供应链成员融资准入评估的重点在于它对整个供应链的重要性、地位，以及与核心企业既往的交易历史。

b. 对供应链成员的融资严格限定于其与核心企业之间的贸易背景，严格控制资金的挪用，并且以针对性的技术措施引入核心企业的资信，作为控制授信风险的辅助手段。

c. 供应链融资还强调授信还款来源的自偿性，即引导销售收入直接用于偿还授信。

### 5．物流金融与供应链金融的区别

除运作模式的不同，物流金融与供应链金融的主要区别如下。

① 服务对象不同。物流金融面向所有符合其准入条件的中小企业，不限规模、种类和地域等。供应链金融为供应链中的上下游中小企业及供应链的核心企业提供融资服务。

② 担保及风险不同。物流金融中，中小企业以其自有资源提供担保，融资风险主要由贷款企业承担。供应链金融中，担保由核心企业提供，或由核心企业负连带责任，其风险由核心企业及上下游中小企业承担；操作风险较大，但金融机构的贷款收益较高。

③ 物流企业的作用不同。对于物流金融，物流企业作为融资活动的主要运作方，为贷款企业提供融资服务。供应链金融则以金融机构为主，物流企业仅作为金融机构的辅助部门提供物流服务。

④ 异地金融机构的合作程度不同。物流金融一般仅涉及贷款企业所在地的金融机构。对于供应链金融而言，由于上下游企业及核心企业经营和生产的异地化趋势增强，因此涉及异地金融机构间的业务协作及信息共享，同时加大了监管难度。

### 6．供应链金融的作用

供应链金融发展迅猛，原因在于其具有“既能有效解决中小企业融资难题，又能延伸银行的纵深服务”的双赢效果。

① 企业融资新渠道。供应链金融为中小企业融资的理念和技术瓶颈提供了解决方案，中小企业信贷市场不再可望而不可即。

供应链金融开始进入很多大型企业财务执行官的视野。对他们而言，供应链金融作为融资的新渠道，不仅有助于增大被银行压缩的传统流动资金贷款额度，而且通过上下游企业引入融资便利，其所在企业的流动资金需求水平将持续下降。

由于产业链竞争加剧及核心企业的强势，赊销在供应链结算中占有相当大的比重。科法斯发布的《2008 中国企业信用风险状况调查报告》显示，赊账已经成为最广泛的支付条件之一，并导致大量应收账款的存在。一方面，赊销让中小企业直面流动性不足的风险，企业资金链明显紧张；另一方面，作为企业潜在资金流的应收账款，其信息管理、风险管理和利率问题对企业的重要性也日益凸显。在新形势下，盘活企业应收账款成为解决供应链上中小企业融资难题的重要路径。一些商业银行在这一领域进行了卓有成效的创新，如招商银行上线的应收应付款管理系统、网上国内保理系统等。这些系统能够为供应链交易中的供应商和买家提供全面、透明、快捷的电子化应收账款管理服务及国内保理业务解决方案，大大简化传统保理业务的复杂操作流程，尤其有助于解决买卖双方分处两地时的债权转让确认问题，帮助企业快速获得急需的资金。

② 银行开源新通路。供应链金融提供了一个切入和稳定高端客户的新渠道，通过面向供应链系统成员的“一揽子”解决方案，核心企业被“绑定”在为之提供服务的银行。

供应链金融如此吸引国际性银行的主要原因在于：供应链金融可以使企业获得更丰厚的利润，而且能提供更多强化客户关系的宝贵机会。供应链金融的潜在市场巨大，根据 UPS 的估计，全球市场中应收账款的存量约为 13 000 亿美元，应付账款贴现和资产支持性贷款包括存活融资的市场潜力则分别达到 1 000 亿美元和 3 400 亿美元。截至 2008 年，全球较大的 50 家银行中，有 46 家银行向企业提供供应链融资服务，剩下的 4 家银行也在积极筹划开办该项业务。

通过供应链金融，银行不仅跟单一的企业打交道，还跟整个供应链打交道，掌握的信息比较完整、及时，银行信贷风险也小得多。在供应链金融这种服务及风险考量模式下，由于银行更关注整个供应链的贸易风险，对整体贸易往来的评估会将更多中小企业纳入银行的服务范围。即便单个企业达不到银行的某些风险控制标准，但只要这个企业与核心企业之间的业务往来稳定，银行就可以不必针对该企业的财务状况进行独立风险评估，而对这笔业务进行授信，并促成整个交易的实现。

③ 经济效益和社会效益显著。同样重要的是，供应链金融的经济效益和社会效益非常突出，借助“团购”式的开发模式和风险控制手段的创新，中小企业融资的收益—成本比得以改善，并表现出明显的规模经济。

据统计，通过供应链金融解决方案配合下的收款方式改进、库存盘活和延期支付，美国较大的 1 000 家企业在 2005 年减少了 720 亿美元的流动资金需求。与此类似，2007 年欧洲较大的 1 000 家上市公司从应收账款、应付账款和存货 3 个账户中盘活了 460 亿欧元的资金。

④ 实现多流合一。供应链金融很好地实现了物流、商流、资金流、信息流等多流合一。

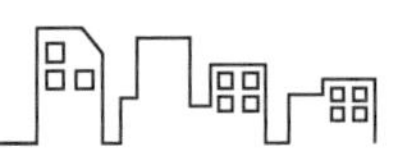

物流：物质资料从供给者到需求者的物理运动，包括产品的运输、仓储、搬运装卸、流通加工，以及相关的物流信息等环节。商流：商业信息和交易条件的来往。资金流：采购方支付货款中涉及的财务事项。信息流：在整个供应链中，和物流、资金流相关联的各类信息，也是物流和资金流的一部分，包括订购单、存货记录、确认函、发票等。在供应链中，物流、商流、资金流、信息流等是同时存在的，信息流和资金流的结合将更好地支持和加强供应链上下游企业之间的货物、服务往来（物流）。

## 三、大数据与供应链

### 1．大数据概述

（1）大数据与大数据技术

大数据是一个较为抽象的概念，不同的行业对于大数据的定义不尽相同。

麦肯锡是研究大数据的先驱。其在报告“Big data：The next frontier for innovation，competition and productivity”中给出的大数据的定义是，大数据指的是大小超出常规的数据库工具获取、存储、管理和分析能力的数据集。它同时强调，并不是说一定要超过特定 TB 值的数据集才能算是大数据。

国际数据公司（International Data Corporation，IDC）从大数据的 4 个特征进行定义，即数据体量巨大（Volume）、数据处理速度快（Velocity）、数据类型繁多（Variety）、数据价值密度低（Value）。

亚马逊的大数据科学家约翰·拉瑟给出了一个简单的定义：大数据指任何超过一台计算机处理能力的数据量。

维基百科对大数据的定义：巨量资料（Big Data），或称大数据，指的是所涉及的数据量规模巨大到无法通过目前主流软件工具，在合理时间内达到撷取、管理、处理并整理成能帮助企业做出经营决策的目的的信息。

本书对大数据的定义：大数据是在多样的或者大量数据中，迅速获取有价值信息的能力。大数据是指无法用现有的软件工具提取、存储、搜索、共享、分析和处理的海量的、复杂的数据集合。它不仅包括海量数据和大规模数据，而且包括非常复杂的数据。在数据处理方面，数据处理速度由传统的周、天、小时降为分、秒的时间处理周期，需要借助云计算、物联网等技术降低处理成本，提高数据处理的效率。

大数据技术是基于云计算的数据处理与应用模式，是可以通过数据的整合共享、交叉复用形成的智力资源和知识服务能力，是可以应用合理的数学算法或工具从中找出有价值的信息，为人们带来利益的一门新技术。大数据核心问题的解决需要大数据技术。大数据领域已经涌现出大量新的技术，它们成为大数据采集、存储、处理和呈现的有力武器。今后大数据技术将在多个领域得到发展应用，如大数据技术在物流领域的应用，有利于整合物流企业，实现物流大数据的高效管理，从而降低物流成本，提高物流整体服务水平，满足客户个性化需求。

（2）大数据的基本特征

大数据通常是指数据规模大于 10 TB 以上的数据集。它除了具有典型的 4 个特征（Volume、Velocity、Variety、Value），即数据体量巨大、数据处理速度快、数据类型繁多、数据价值密度低，还具有数据采集手段智能化、数据预测分析精准化等特点，如图 10-6 所示。

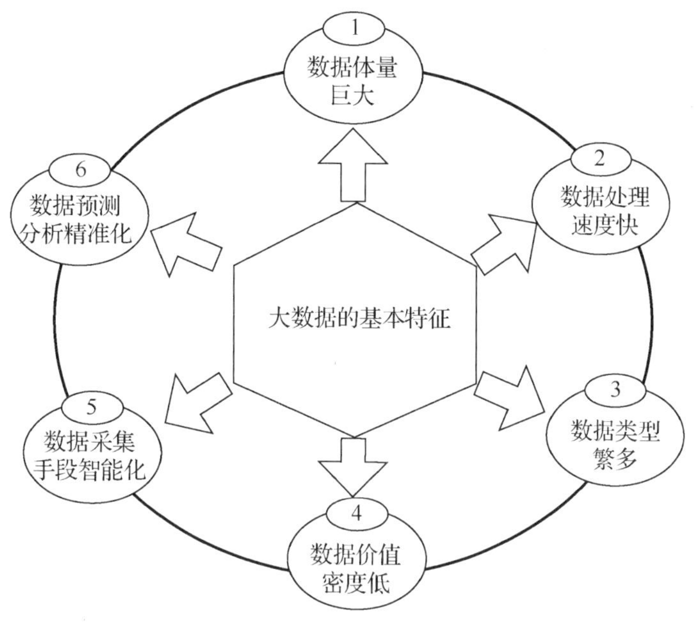


图 10-6 大数据的基本特征

① 数据体量巨大。大数据最显著的特征是数据量巨大，一般关系型数据库处理的数据量在 TB 级，大数据所处理的数据量通常在 PB 级以上。伴随着云计算、大数据、物联网、人工智能等信息技术的快速发展和传统产业数字化的转型，全球数据量呈现几何级数增长。导致数据规模激增的原因有很多。首先是随着互联网的广泛应用，使用网络的人、企业、机构增多，数据获取、分享变得相对容易；其次是随着各种传感器数据获取能力的大幅增强，人们获取的数据越来越接近原始事物本身，描述同一事物的数据量激增。社交网络、移动设备、车载设备等都将成为数据的来源，广泛的数据来源必将带来巨大的数据量。

② 数据处理速度快。数据处理速度快是指数据处理的实时性要求高，支持交互式、准实时的数据分析。传统的数据仓库、商业智能等应用对数据处理的时延要求不高，但在大数据时代，数据价值随着时间的流逝而逐步降低，因此对数据处理速度有更严格的要求。实时分析而非批量分析，数据输入处理与丢弃要立刻见效。数据呈爆发式增长，新数据不断涌现，快速增长的数据量要求数据处理的速度也要相应地提升，才能使得大量的数据得到有效的利用，否则不断激增的数据不但不能为解决问题带来优势，反而成为快速解决问题的负担。数据的增长速度快和处理速度快是大数据高速性的重要体现。

③ 数据类型繁多。大数据所处理的计算机数据类型早已不是单一的文本形式或者结构化数据库中的表，还包括订单、日志、博客、微博、音频、视频等各种结构复杂的数据。大数据环境下的数据类型分为结构化数据、半结构化数据、非结构化数据。以最常见的 Word 文档为例，最简单的 Word 文档可能只有寥寥几行文字，但可以混合编辑图片、音频等内容，使其成为一份多媒体文件，来增强内容的感染力。这类数据通常称为非结构化数据。与之相对应的就是结构化数据。结构化数据可以被简单地理解成表格里的数据，每一条都和另外一条的结构相同。例如每个人的工资条依次排列到一起，就形成了工资表。与传统的结构化数据相比，大数据环境下存储在数据库中的结构化数据仅约占 20%，而互联网上的数据，如客户创造的数据、社交网络中人与人交互的数据、物联网中的物理感知数据等动态变化的非结

构化数据约占80%。数据类型繁多、复杂多变是大数据的重要特征。

④ 数据价值密度低。大数据中有价值的数据所占的比例很小，大数据的价值性体现在从大量不相关的各种类型的数据中，挖掘出对未来趋势与模式预测分析有价值的数据。数据价值密度低是大数据关注的非结构化数据的重要属性。大数据为了获取事物的全部细节，不对事物进行抽象、归纳等处理，直接采用原始的数据，保留了数据的原貌。由于减少了采样和抽象，所有数据和全部细节信息得以呈现，可以用于分析更多的信息，但也引入大量没有意义的信息，甚至是错误的信息，因此相对于特定的应用，大数据关注的非结构化数据的价值密度偏低。以当前广泛应用的监控视频为例，在连续不间断的监控过程中，大量的视频数据被存储下来，许多数据可能是无用的。但是大数据的数据价值密度低是相对于特定的应用而言的，有效的信息相对于数据整体是偏少的，信息有效与否也是相对的，对于某些应用是无效的信息，但对于其他一些应用则可能成为最关键的信息，数据的价值也是相对的。

⑤ 数据采集手段智能化。大数据的采集往往使用传感器、条码、RFID技术、GPS技术、GIS技术、Web搜索等智能信息捕捉技术，这体现了数据采集手段智能化的特点，与传统的人工搜集数据相比速度更快，获取的数据更加完整真实。使用智能采集技术可以实时、方便、准确地捕捉信息并且及时有效地进行信息传递，这将直接影响整个供应链运作的效率。

⑥ 数据预测分析精准化。预测分析是大数据的核心所在。大数据时代下，预测分析已在商业和社会中得到广泛应用，预测分析必定会成为所有领域的关键技术。人们使用智能数据采集手段获得与事物相关的所有数据，包括文字、数字、图片、音频、视频等类型多样的数据，利用大数据相关技术对数据进行预测分析，得到精准的预测结果，从而可以对事物的发展情况做出准确的判断，获得更大的价值。

**2．大数据技术的典型应用领域**

大数据应用主要通过数据捕捉、推送、处理、分析，利用大数据分析的结果，为客户提供辅助决策并结合不同的行业进行预测分析，发掘潜在价值。大数据的应用，可以在多个方面提高企业的效率，增强企业的竞争力。例如，在市场方面，利用大数据关联分析，企业能更准确地了解客户的使用行为，挖掘新的商业模式；在销售规划方面，通过对大量数据的比较，企业能设置合理的产品价格；在运营方面，企业能利用大数据提高运营效率和运营满意度，优化劳动力投入，准确预测人员配置要求，避免产能过剩，降低人员成本；在供应链方面，企业能利用大数据进行库存优化、物流优化、供应商协同等工作，可以缓和供需之间的矛盾、控制预算开支，提高服务水平。

大数据在金融、在线社交网络、医疗健康、物联网等领域得到了很好的应用。大数据的典型应用领域如图10-7所示。

大数据的典型应用领域具体包括以下几个方面。

① 金融。在金融领域，企业内部大数据的应用得到了快速发展。例如，招商银行通过数据分析识别出其信用卡价值客户经常出现在星巴克、麦当劳等场所后，通过“多倍积分累计”“积分店面兑换”等活动吸引优质客户；通过构建客户流失预警模型，对流失率排在前20%的客户发售高收益理财产品予以挽留，使得金卡和金葵花卡客户的流失率分别降低了15%和7%；通过对客户的交易记录进行分析，有效地识别潜在的小微企业客户，并利用远程银行和云转介平台实施交叉销售，取得了良好成效。

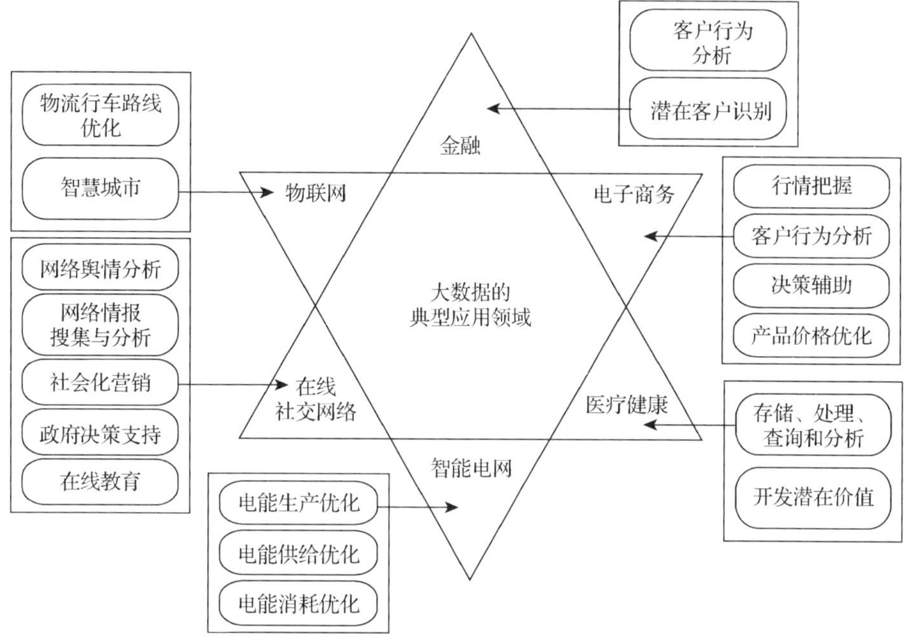


图 10-7 大数据的典型应用领域

② 电子商务。大数据最典型的应用领域还是电子商务领域，每天有数以万计的交易在电子商务平台上进行，与此同时，相应的交易时间、产品价格、购买数量等信息会被记录。更重要的是，这些信息可以与客户的年龄、性别、地址，甚至兴趣爱好等个人特征信息相匹配。淘宝数据魔方是针对淘宝平台开发的大数据应用服务，通过这一服务，商家可以了解淘宝平台上的行业宏观情况、自己品牌的市场状况、客户行为情况等，并可以据此进行生产、库存决策。而与此同时，更多的客户也能以更优惠的价格买到更心仪的产品。蚂蚁金服通过“互联网推进器计划”助力金融机构和合作伙伴加速迈向“互联网+”，为小微企业和客户提供普惠金融服务。

③ 物联网。物联网不仅是大数据的重要来源，还是大数据应用的主要领域。在物联网中，现实世界中的每个物体都可以是数据的生产者和客户，由于物体种类繁多，大数据在物联网中的应用也层出不穷。

对于大数据在物联网中的应用，物流企业有着非常深刻的体会。UPS 为了使总部能在车辆出现晚点的时候跟踪到车辆的位置和预防引擎故障，它的货车上装有传感器、无线适配器和 GPS。同时，这些设备也方便了 UPS 监督管理员工并优化行车线路。UPS 为货车定制的最佳行车路线是根据过去的行车经验总结出来的。2011 年，UPS 的驾驶员少跑了近 4 828 万千米的路程。除了优化物流行车路线，智慧城市作为一个基于物联网大数据应用的热点研究项目，不仅能帮助政府在治理城市各项事务和提升公共安全方面制定决策时获得更好的信息支撑，同时能帮助政府智慧地管理各个业务环节，给城市带来多方收益。

④ 在线社交网络。在线社交网络是一种在信息网络上由社会个体集合及个体之间的连接关系构成的社会性结构。在线社交网络大数据主要来自即时消息、在线社交、微博和共享空间 4 类应用。由于在线社交网络大数据代表了人的各类活动，因此对于此类数据的分析得到了更多关注。在线社交网络大数据分析是从网络结构、群体互动和信息传播 3 个维度，通过基于融合数学、信息学、社会学、管理学等多个学科的理论和方法为理解人类社会中存在

的各种关系提供的一种可计算的分析方法。目前，在线社交网络大数据的应用包括网络舆情分析、网络情报搜集与分析、社会化营销、政府决策支持、在线教育等。

⑤ 医疗健康。医疗健康大数据是持续、高增长的复杂数据，蕴含的信息价值也是丰富多样的。对其进行有效的存储、处理、查询和分析，可以开发出潜在价值。对于医疗大数据的应用，将会深远地影响人类的健康。

⑥ 智能电网。智能电网是指将现代信息技术融入传统能源网络构成新的电网。分析客户的用电习惯等信息，优化电能的生产、供给和消耗，是大数据在智能电网领域的应用。智能电网可以解决电网规划；实现发电与用电的互动，提高供电效率，减少电能浪费；进行间歇式可再生能源的接入等。

### 3．大数据在供应链中的应用

随着供应链变得越来越复杂，企业必须采用更好的工具来迅速、高效地发挥数据的最大价值。供应链作为企业的核心网链，将彻底变革企业市场边界、业务组合、商业模式和运作模式等。

第三产业供应链协同应用市场进入空间较大，尤其以医疗、金融、电子商务等细分领域的需求较高。第二产业供应链协同应用市场成熟度逐步提高，尤其以物流、零售、汽车行业、公共事业为主要领域，供应链协同数据将起到市场升级的核心驱动作用。

无论是第三产业，还是第二产业，该如何应用大数据?

① 进行准确的需求预测。需求预测是整个供应链的源头，是整个市场需求波动的晴雨表，需求预测的准确与否直接关系到库存策略、生产安排以及对终端客户的订单交付率，产品的缺货和脱销将给企业带来巨大损失。企业需要通过有效的定性和定量的预测分析手段及模型并结合历史需求数据和安全库存水平综合制订准确的需求预测计划。

例如在汽车行业，在应用SAS分析平台进行准确需求预测后，可以及时收集何时售出、何时处理故障及何时保修等一系列信息，由此从设计研发、生产制造、需求预测、售后市场及物流管理等环节进行优化，实现效率的提高，并给客户带来更佳的用车体验。

② 进行敏捷、透明的寻源与采购。为新产品、优化成本而寻找新的合格供应商以满足生产需求；同时，通过供应商绩效评估和合同管理，使采购过程规范化、标准化、可视化、成本最优化。

③ 提高协同效率，即建立良好的供应商关系，实现信息交互。良好的供应商关系是消灭供应商与采购商间不信任成本的关键。双方库存与需求信息交互、VMI运作机制的建立，将降低由于缺货造成的生产损失。企业处理采购订单与生产订单的能力在当前集团化、全球化、多组织运作的环境下尤为重要。订单处理的速度在某种程度上能反映出供应链的运作效率。

④ 改善供应链计划，具体指与物料、订单同步的生产计划与排程。有效的供应链计划系统集成企业所有的计划和决策业务，包括需求预测、库存计划、资源配置、设备管理、渠道优化、生产作业计划、物料需求计划与采购计划等。企业根据多工厂的产能情况编制生产计划与排程，保证生产过程的有序与匀速，其中包括物料供应的分解和生产订单的拆分。在这个环节中，企业需要综合平衡订单、产能、调度、库存和成本间的关系，使用大量的数学模型、优化和模拟技术为复杂的生产与供应问题找到优化解决方案。

⑤ 优化库存。成熟的补货和库存协调机制能消除过量的库存，降低库存持有成本。从需求变动、安全库存水平、采购提前期、最大库存设置、采购订购批量、采购变动等方面进

行综合考虑，监理优化库存结构和库存水平设置。

⑥ 提高物流效率。通过大数据分析合理的运输管理、道路运力资源管理，建立全业务流程的可视化、合理的配送中心间的货物调拨机制以及正确选择与管理外包承运商和自有车队，企业能增强对业务风险的管控能力，提高运作效率和客户服务品质。

⑦ 进行网络设计与优化。对于投资和扩建，企业从供应链角度分析的成本、产能和变化更直观、更丰富，也更合理。企业需要应用足够多的情景分析和动态的成本优化模型，来完成配送整合和生产线设定决策。

⑧ 大数据使得行业管理特点突出，明确了供应链管理重难点。制造业各行业管理特点突出，在供应链管理上呈现出行业管理差异。例如，汽车行业重点关注准时上线和分销环节，食品饮料行业重点关注冷链及配送环节，服装行业的供应链管理的重难点是消除高水平库存等。

⑨ 进行风险预警。通过大数据预测分析，企业可发现大量的供应链机会。例如，问题预测使企业可以在问题出现之前就准备好解决方案，避免造成经营灾难。大数据预测分析还可以用于质量风险控制，如上海宝钢的生产线全部实现流水化作业，生产线上的传感器可获得大量实时数据，上海宝钢利用这些数据可以有效控制产品质量。上海宝钢也可以通过采集生产线上的大量数据，来判断设备运营状况、健康状况，对设备发生故障的时间和概率进行预测，从而提前安排设备维护，保证生产安全。

从需求产生、产品设计到采购、制造、订单、物流以及协同等各个供应链环节，大数据的应用使企业能更清晰地把握库存量、订单完成率、物料及产品配送情况等；通过预先进行数据分析调节供求；利用新的规划优化供应链战略和网络，推动供应链成为企业发展的核心竞争力。

#### 4. 大数据催生供应链管理变革

（1）大数据对供应链管理的影响

① 预知供应链运作状态，提高供应链的灵活性。传统的供应链大多灵活性不强，通常只是基于平均值和简单的“if-then-else”逻辑做出响应。大数据的兴起，使供应链管理开始转向文本挖掘和使用基于准则的本体（Ontology）等新型预测分析方法，通过学习系统图示“多 if 到多 then”。新型模式识别、优化与学习系统的结合，可以使企业预知供应链运作状态，提高供应链的灵活性。例如，企业在进行供应链风险管理时，可以通过大数据培养倾听能力，以尽早获知和尽快减小供应链风险。

② 以多种形式获取市场反应，构建新的供应链渠道。大数据使企业能够通过评级与评审、博客评论和社交媒体反馈等非结构化数据来了解客户并直接得到反馈。在企业重新考虑供应链渠道时，社交媒体、移动装置、电子商务与数字设备的结合会给企业提供新的选择。这在零售行业称为全渠道（Omni Channel），在消费品行业称为数字化采购途径。移动、社交和电子商务数据与 POS 系统数据等结合在一起，对一些供应链管理者来说，很快就会形成 PB 级的大数据。

③ 催生数字化制造与服务。对来自设备传感器和可编程控制器的数字输入的运用，正促使加工制造业转型。生产线从基于事件的计划，转为基于物联网的实时感应。维修计划、生产排程等供应链生产管理都可以依据设备的产出而不是平均故障时间进行。同样，运用移动性和重装备的数字输入也正促进服务业转型。例如，飞机、轮船、车辆等会定期向控制台远程传送信号，以用于计划服务和更换零件。物联网也正在改变着服务业供应链，由此产生

的数据也是海量的。

④ 重构供应链可视化。地理位置信息、数据图示化和可视化呈现与感应传输（如在货物、托盘、车厢上的传感器）相结合，使供应链可视化从来自实际位置信息提供的接近实时数据向实时数据转变。实时感应需求与供应变化，可以缩短供应链对市场的响应时间，提高产品配送的安全性。例如，侧重于温度控制的供应链采用 RFID 传感器后，数据的体量将增大，速度将提高，加上新型模式识别技术，可以更好地感应和响应。因此，大数据在冷链管理中的应用时机已经成熟。

（2）大数据带给第三方物流的影响

大数据像一把“双刃剑”，在给供应链改善带来巨大机遇的同时，由移动装置、社交媒体、感应器等相结合所形成的爆炸数据，也在数量、速度和多样化 3 方面给供应链管理技术带来前所未有的挑战。

① 数量。全球售出的 RFID 标签预计将由 2011 年的 1 200 万迅速增加到 2021 年的 2 090 亿，与此同时，对温度传感器、二维码以及 GPS 装置的需求也会显著增长，由此产生的供应链数据将会大大超出预期。数据在多个系统和来源之间流动，通常是容易出错和不完整的。处理如此海量的数据是一大挑战。

② 速度。供应链环境是高度动态和多变的，由意外事件引发的供应链运行变化必须得到及时的处理，以免造成不必要的损失，因此对数据处理速度的要求很高。优化决策必须迅速做出，缩短处理时间是供应链成功运作的关键，而这些都是传统供应链管理信息系统所不具备的。

③ 多样化。在供应链中，数据以多种形式生成，包括事务性、时段性的结构化数据，社交性、渠道性的非结构化数据，温度、RFID、二维码、GPS 坐标等感应数据，以及图示、录像、声音、数字图像等新类型数据。处理如此多样、混杂的数据集，对许多企业来说是一大挑战。

将数据转换为商业价值是这一挑战的核心，它会使供应链管理者淹没在数据之中，但这也成为扩展第三方物流服务的驱动力。增长的数据需求给第三方物流进行角色转换带来 3 个清晰的机会。

第一，第三方物流必须是一个有竞争力的数据管理者，从而成为有价值的合作伙伴。由于供应链的主要和关键部分的数据只有第三方物流能接入，因此其必须确保数据被获取、集成并向供应链各方开放。与此同时，第三方物流还需要提供数据的可靠性指数，因为货主企业在进行关键决策时需要知道，它们能够在多大程度上依赖第三方物流的数据结果。

第二，第三方物流需要成为数据客户的服务商。对大型数据集进行人工处理是笨拙和不现实的，特别是当数据以文本、照片、GPS 坐标及系列号混合的多媒体方式出现时。同样，大多数货主企业并没有一个能够在数据分析前将各个数据点集中化的系统。相反，数据分析分布在许多小系统中，并与执行系统和计划系统结合在一起。简而言之，提取大型和复杂数据中的价值需要专门的 IT 工具，这已成为货主企业对第三方物流服务期望的一部分。除了拥有系统之外，第三方物流间的差异体现在将数据分析植入执行系统的程度。

第三，第三方物流必须配备相应的人员和流程，以抓住来自数据可得性的大量机会。货主企业已不再把第三方物流的核心功能看作“移动货物”，取而代之的是对其数据管理服务的需求增长。尽管第三方物流专注于移动货物可能会找到增加的规模经济性，但是会失去对来自更好管理数据的颠覆性转变的洞察。

（3）大数据激发服务模式创新

为适应大数据时代第三方物流的角色转变，越来越多的物流企业积极应用大数据，促使供应链物流服务模式产生颠覆性创新，一些全新的服务模式正在兴起。

① 实时服务。实时服务可以对变化的状况做出灵活和高效的调整，并通过将实时信息整合进智能和交互分析框架以实现供应链的优化。实时服务提供以秒为周期的数据，这些数据能够被接收、分析并整合进随时随地的运作活动中。

- 实时追踪服务：随时随地对发货的数据进行传输（追踪事件），提供有关位置、状况（如温度、湿度等）和完整性（如带有灵活接入授权的电子铅封等）的信息。
- 实时风险管理：在运输中的产品的状况或完整性发生变化时提供实时信息，可以使客户对供应链风险立刻做出干预（如产品召回、温度控制、电子铅封等）。
- 实时动态路径选择服务：可以追踪卡车的活动和位置，并有可能将路径选择解决方案从预先计划的循环取货改变为灵活地确定取货和送货位置。
- 实时库存服务：是全渠道运作的基础，建立在库存可视化之上。这一服务将替代不同渠道库存的不相干性，借助管理软件实现对零售商运作的每个渠道的库存可视化。
- 实时追踪智能物流目标：为客户提供控制和运作全部物流的系统，并实现与视频、3D 扫描、RFID 及传感器等各种技术相结合的复杂解决方案。

实时服务使第三方物流企业通过更快地处理实时数据来提高效率、提高客户服务水平并提供增值服务，同时能够控制与减少资金占用和货物偷盗等损失，改进可视化水平和安全功能。另外，实时服务使客户能够随时掌握货物的位置和配送状态等信息，从而使整个供应链更具透明度、灵活性，并能进行个性化解决方案（如灵活的“最后一公里”配送选择等）的快速配置。

② 众物流。众物流（Crowd Logistics）是一种基于社交网络的新的服务模式，对物流服务的成本、灵活性和二氧化碳排放量都有着显著的影响。新的共享、物物交换和私人产品推销文化，导致本地、区域和全国层面的客户之间的交易活动增加，第三方物流企业需要通过将灵活的、便捷的“最初”与“最后一公里”服务有效地融入客户日常生活之中来支持这些活动。

- 众包（Crowdsourcing）：目前，有大约 70%的可用运输能力（如轨道、公路、私人汽车等）没有得到利用。采用让客户介入取货和送货流程的众包方式，不仅可以显著降低运输成本，而且通过运输量的在途整合，可以大大减少二氧化碳排放量。
- 众导航（Crowdnavigation）：员工使用的微博等提供实时信息的社交网络，能够对道路事故、交通阻塞和其他显著事件，做出比传统的导航和车载系统更快的反应。
- 众挖掘（Crowdmining）：通过社交网络对有关企业、品牌和产品的评论进行常规检测，同时利用微博等更新特别服务、折扣、季节性优惠等，并对客户投诉和反馈做出实时响应，以及检测客户在微博上反映的事件并实时做出响应等。

众物流可以使第三方物流企业提高资源利用率以及降低运输成本，也给提供众物流解决方案的企业带来新的商业机会，同时可以帮助客户降低运输成本，获得灵活的配送服务选择，以更方便地进行物物交换。当然，第三方物流企业也需要考虑客户介入取货和送货流程的法律与服务一致性的制约问题。

③ 超级网络物流。超级网络物流（Supergrid Logistics）将带动新一代物流企业的形成，主要专注于协同连接生产企业和物流企业的全球供应链。基于模块化的、灵活的、可配置的物流服务，超级网络物流将面向服务的物流（Service-oriented Logistics）概念引入新的商业模式，对整个物流市场产生影响。

- 驱动新的市场细分。物流市场将细分出新的行业，如服务专家、用户、配置商、复杂物流解决方案的协同商以及服务商城业主等。全球性物流企业将主要专注于跨境整合、额外付费服务以及协同区域与本地服务企业（竞合者），以形成全球超级网络。物流商城将提高市场透明度，使小型本地企业可以进入全球市场。
- 带来成本高效的额外付费服务。由于一些复杂性日益提高、开发成本不断提高的服务，如风险管理与安全、报关与一致性等，只能由少量的专家提供，额外付费服务，如电子账单支付、电子一致性、电子报关等，将变成新的市场差分要素。
- 增加企业价值：物流服务不仅可以被出售给客户，而且可以被出售给服务伙伴甚至竞争对手。合作将影响基础设施开发、支撑能力和资源利用（如共享车队等），以确保运行通畅、成本降低、能源节省和可持续性提高。合作也会通过支持基础设施（如铁路、桥梁和枢纽等）的建设，推动经济的增长。

超级网络物流联盟的实现，需要借助大数据对不同内部与外部来源的全球发布的地理位置、日常事务与主数据进行快速分析，以支持实时业务流程与事件管理。

## 四、智慧供应链

### 1. 智慧供应链的概念及特点

智慧供应链是结合物联网和现代供应链管理的理论、方法和技术，在企业中和企业间构建的，实现供应链的智能化、网络化和自动化的技术与管理综合集成系统。

与传统供应链相比，智慧供应链有以下特点。

① 技术渗透性更强。在智慧供应链环境下，管理和运营者会系统地、主动地吸收包括物联网、互联网、人工智能等在内的各种现代技术，主动使管理过程适应引入新技术带来的变化。

② 可视化、移动化特征更明显。智慧供应链更倾向于使用可视化的手段表现数据，使用移动互联网或物联网的技术手段收集或访问数据。

③ 协同、配合更高效。由于主动吸取物联网、互联网、人工智能等新技术，智慧供应链更加注重供应链上各环节的协同和配合，从而及时地完成数据交换和共享，实现供应链的高效率。

④ 供应链链主更凸显。在管理体系上，往往由一个物流服务总包商（Lead Logistics Provider，LLP）对供应链链主（一般是货主）直接负责，利用强大的智慧型信息系统管理整个门对门的物流链的运作，包括由一些物流分包商或不同运输模式的承运商所负责的各个物流环节。

### 2. 智慧供应链管理的金字塔体系结构

智慧供应链管理信息系统的体系结构可以用图 10-8 表示，我们可称之为智慧供应链金字塔。

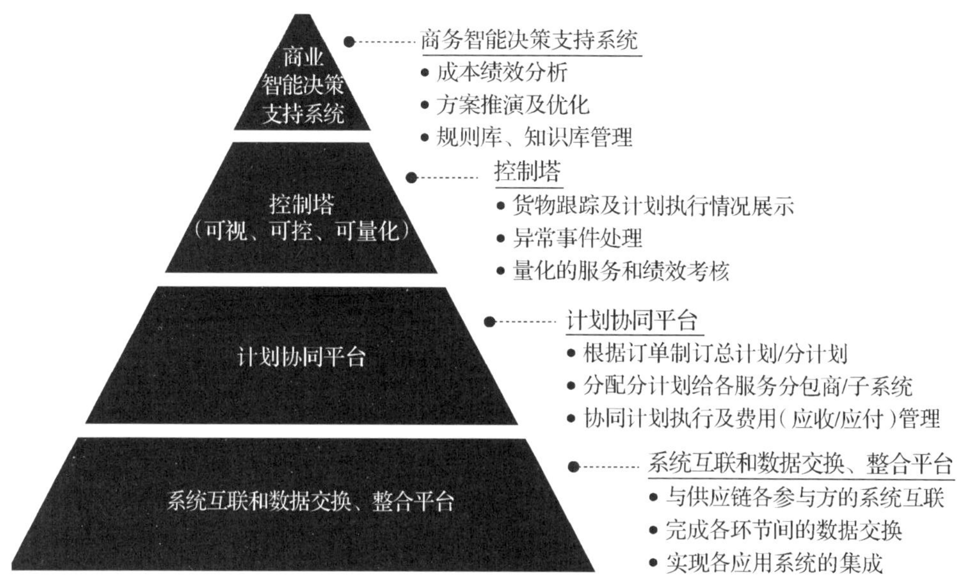


图 10-8 智慧供应链管理信息系统的体系结构

这不是一个具体的物流系统的结构，而是从整个供应链管理的视角对各环节具体的智慧物流系统进行协同、全面监控和管理的体系结构。使用智慧供应链金字塔的是物流服务总包商。

智慧供应链金字塔最底层的系统互联和数据交换、整合平台是与供应链各参与方或同一参与方的其他应用系统进行互联对接集成、完成数据共享协同的基础设施。企业内部各应用系统的集成主要通过面向服务架构（Service Oriented Architecture，SOA）体系下的企业服务总线（Enterprise Service Bus，ESB）和接口技术等实现，与外部企业（包括货主、制造商和物流分包商）的数据交换则通过系统互联和 EDI 实现。

计划协同平台是指根据各种订单和供应链上的各种资源，在商务规则的控制下，以智能化的方式制订总体的物流计划，并分解成各具体环节或针对具体物流服务商的分计划，将这些分计划分配给各服务分包商或子系统，并根据总计划协调各分计划的执行。同时，平台的商务模块将根据与各服务分包商的合同和完成的服务对其应付费用进行核算管理，根据与货主的合同对整个供应链的费用进行应收核算管理，形成应收/应付凭证通过接口转发的财务系统。

控制塔是近年来针对复杂的供应链管理需求而发展起来的，对供应链全过程实行全面监视、异常事件处理和量化考核的体系，如同机场上居高临下、统管全局的控制塔台。

智慧供应链金字塔的顶端是商务智能决策支持系统。目前，用于物流行业的商务智能决策支持系统通常由基于规则库、知识库的决策支持体系构成，具有成本绩效分析、方案推演及优化等基本的决策支持功能。在系统运行并积累大量数据的基础上，如果有业务需求，它也可以通过建立数学模型或使用其他大数据分析方法，实现对整个供应链运作的更高层次的智慧化决策支持。

**3．构建智慧供应链的意义**

① 高度整合供应链内部信息。传统供应链内部成员之间的信息交流是发生在存在直接

的供应和需求关系的企业之间的。在实际的交流过程中，信息往往会由于不同企业采用不统一的信息系统而导致无法正常流通，使得供应链内部信息无法共享。相比之下，智慧供应链依托对智能化信息技术的集成，能够采用有效方式解决各系统之间的异构性问题，从而实现供应链内部企业之间的信息共享，保证信息无障碍地在供应链的各个“动脉”和“静脉”组织之间流通，提高信息的流通效率和共享性。

② 提高供应链流程的可视性、透明性。传统供应链环境下，上下游企业之间缺乏有效的信息共享机制和实现方式，整个供应链是不可视的。由于供应链的不可视性，供应链上下游企业无法对产品的供产销过程进行全面的了解，只能根据自身流程和业务，以比较单一的成本因素考虑如何选择供应商和销售商。这样就无法实现供应链内部企业的一致性和协作性，更不能形成良好稳定的合作关系，导致供应链竞争力低下。拥有良好可视化技术的智慧供应链，能够实现企业之间的信息充分共享，提高对自身和外部环境做出反应的敏捷性，企业管理者能够依据掌握的全面的产品信息和供应链运作信息，正确做出判断和决策，组织契合市场需要的生产，实现有序生产管理。

③ 实现供应链全球化管理。全球化运作的供应链一般都是由复杂的、多式联运的众多物流环节构成的。智慧供应链具有良好的延展性，一方面能保证供应链实现多种运输模式下的协同，另一方面能防止供应链在全球化扩展情况下出现效率降低的问题。信息交流和沟通方式在传统供应链下是点对点、一对一的，但随着供应链层级的增加和范围扩展，这种传递方式难以应对更加复杂的信息轰炸。智慧供应链依据自身对信息的整合和有效的可视化特点，可以打破各成员间的信息沟通障碍，不受传统信息交流方式的影响，从而能够高效处理来自供应链内部横向和纵向的信息，实现全球化管理。

④ 降低企业的运营风险。智慧供应链所具有的信息整合性、可视性、可延展性等特点，使得供应链内部企业能够实时、准确地通过了解供应链中各环节企业的生产、销售、库存情况保证和上下游企业的协作，避免传统供应链中由于各环节企业不合作导致的缺货问题。因此，智慧供应链能够从全局和整体的角度将不利于各环节企业合作的运营风险降到最低。

**4．智慧供应链催生新商业模式**

随着新零售时代的到来，市场体系、经济运作随着商业环境的变化而不断改变。新零售是指以互联网为依托，通过运用大数据、人工智能等技术手段，对产品的生产、流通与销售过程进行升级改造，进而重塑业态结构与生态圈，并对线上服务、线下体验以及现代物流进行深度融合的零售新模式。这里提到的物流，早已不是我们认为的传统物流，而是智慧供应链。

（1）智慧供应链为商业赋能

我们可以想象这样一个场景：客户在电商平台上下了一个订单，之后他并不会关心这件产品是通过什么样的路径送达的，他关心的只是能否更快收到产品。传统供应链的做法是，按部就班，从仓库发货。而智慧供应链打通仓库和门店间的库存，从而判断客户附近的品牌实体店是否有库存；如果有，就立刻从实体店调拨产品。这样一来，发货速度大大提高，客户的购物体验自然变好了。

我们再想象这样一个场景：厂家将生产的产品出售给供应链下游各个层级的经销商，经销商向厂家支付货款。从传统意义上来说，厂家的销售环节在其收到贷款时就算是完成了。而事实上，产品并没有在真正意义上被消费。不论是积压在经销商手里，停留在便利店的货架上，还是真正送到客户手中，厂家获取的信息都不全面，也就无法更好地改善自己的供应链。

智慧供应链追求的则是全链条信息数据的可视化。一方面，智慧供应链实现物流管理透明化，提高库存准确率，厂家通过系统可以实时看到各个区域的库存水平；另一方面，如果能够进一步打通从厂家到下游经销商的库存，则厂家可以掌握各地区的一手销售信息，实现仓库布局优化，提高效率。产品甚至在一定程度上略过中间环节，直接到达末端的商超或客户手中，这将有助于降低物流成本。这样一来，产品销售数据就能直接反馈给厂家，厂家就可以针对需求进行更精准的预测，进一步实现按需生产，从而优化供应链。这些都是智慧供应链为商业模式赋能的真实案例。

以上某些场景下的应用，已经在百世集团和其客户供应链体系的合作中实现了落地。百世集团通过互联网信息系统组成的数据传输和处理网络形成了“天网”。在这张“天网”中，百世集团自主研发的订单、仓储、运输等管理系统，不仅可以为品牌商进行供应链诊断，也可以帮助商家进行合理的供应链规划，提供全渠道全供应链物流解决方案。同时，由百世集团旗下百世云仓的仓储网络、百世快运的运输网络、百世快递的配送网络形成的“地网”，则能帮助企业实现“门到门”的仓配一体化。

事实上，对于企业来说，传统的仓储配送体系中所积压的库存产生的成本，都是企业的巨大负担。而智慧供应链可以更灵活地调整物流布局，更精准地配置库存，减少无效或者低效的环节，真正帮助企业实现全渠道销售覆盖，在降低企业物流成本的同时，提升客户体验。

（2）供应链水平是国家竞争力的重要标志

2021 年 3 月,《商务部等 8 单位关于开展全国供应链创新与应用示范创建工作的通知》指出，通过供应链创新与应用示范创建，力争用 5 年时间培育一批全国供应链创新与应用示范城市和示范企业，实现我国供应链发展新目标：一是供应链优势培育取得新成效，现代信息技术深入供应链各环节，创新链、供应链与实体产业深度融合，培育供应链新技术、新模式、新理念、新增长点，产业链供应链新竞争优势加速形成，供应链创新生态全面建立；二是供应链效率效益得到新提高，各产业供应链组织方式和流程优化，各类要素资源在供应链上高效连接、顺畅流转，实现全链条效率和效益系统化提升；三是供应链安全稳定达到新水平，供应链弹性韧性有效提升，自我修复能力明显增强，在关乎国民经济安全稳定的基础、关键和核心领域，涌现一批核心企业、专业领域单项冠军企业，有力增强重点行业供应链控制力和保障力，保障全球供应链地位；四是供应链治理效能得到新提升，以供应链思维融入政府治理理念，体制机制改革加速探索，跨部门、跨行业、跨区域政策措施适应性、协调性更加凸显，经济发展活力有效激发。

创新型智慧供应链服务提供商通过科技、综合物流、供应链管理、“最后一公里”服务和增值服务搭建智慧供应链平台，将商户、加盟合作商、运输企业及其他供应商和客户汇聚起来，形成丰富多样的生态系统，为新零售赋能。

我国的供给侧结构性改革正在稳步推进，其中一个非常重要的任务就是降低成本。降低成本最根本的途径之一是供应链的创新。只有供应链通过整合、优化、协同，使整个经济运行更加高效、便利、有序，成本才能真正降低。显然，供应链的创新和应用，对供给侧结构性改革来讲是非常重要的抓手，甚至已经成为企业、产业甚至国家经济的核心竞争力之一。

## 五、绿色供应链

小链接

### 1．绿色供应链管理的概念与特征

绿色供应链管理又称环境意识供应链管理（Environmentally Conscious Supply Chain Management），它是指在供应链管理的基础上增加环境保护意识，把“无废无污”“无任何不良成分”及“无任何副作用”贯穿于整个供应链管理中。它考虑了供应链各个环节的环境问题，注重对环境的保护，以促进经济与环境的协调发展。绿色供应链管理具有以下特征。

① 充分考虑环境问题。传统的供应链管理是对供应链中物流、信息流、资金流及工作流进行计划、组织、协调及控制，是以客户需求为中心，将供应链各个环节联系起来的全过程集成化管理。它强调在正确的时间和地点以正确的方式将产品送达客户，但仅仅局限于供应链内部资源的充分利用，没有充分考虑在供应过程中所选择的方案会对周围环境和人员产生何种影响、是否合理利用资源、是否节约能源、废弃物和排放物会被如何处理与回收、对环境影响是否做出评价等，而这些正是绿色供应链管理具备的新功能。

② 强调供应商之间的数据共享。共享数据包含绿色材料的选取、产品设计、对供应商的评估和选择、绿色生产、运输和分销、包装、销售和废物的回收等过程的数据。供应商、制造商、回收商以及执法部门和客户之间的联系都是通过互联网实现的。因此，绿色供应链管理的信息数据流动是双向互动的，并通过网络支撑。

③ 闭环运作。绿色供应链中流动的物流不仅是普通的原材料、中间产品和最终产品，更是一种“绿色”的物流。在生产过程中产生的废品、废料和在运输、仓储、销售过程中产生的损坏件及被客户淘汰的产品均须回收处理。报废产品或其零部件经回收处理后可以再使用，或可作为原材料重复利用。绿色供应链没有终点，可实现“从摇篮到再现”。回收的产品经处理后可重新销售、回到制造厂或作为原材料使用。

④ 体现并行工程的思想。绿色供应链管理研究的是从原材料的生产、制造到回收处理，实际上是研究产品生命周期的全过程。并行工程要求面向产品的全生命周期，从设计开始就充分考虑设计下游可能涉及的影响因素，并考虑原材料的回收与再利用，尽量避免在某一设计阶段完成后才意识到因工艺、制造等因素的制约造成该阶段甚至整个设计方案的更改。因此基于并行工程的思想，绿色供应链中的企业需要对原材料的生产、产品的制造和回收与再利用并行加以考虑。

⑤ 充分应用现代网络技术。网络技术的发展和应用，加速了全球经济一体化的进程，也为绿色供应链的发展提供了机遇。企业利用网络完成产品设计、制造，寻找合适的产品生产合作伙伴，以实现企业间的资源共享和优化组合，减少加工环节、节约资源和全社会的产品库存；通过电子商务搜寻产品的市场供求信息，可拓宽销售渠道；通过网络技术进行集中资源配送，可减少运输对环境的影响。

### 2．构建绿色供应链的意义

对于企业而言，绿色供应链管理不应是一种强制性实施的环保策略，而应该与企业的经济利益相一致，它不仅是一种社会效益显著的行为，也是帮助企业取得显著经济效益的有效手段。当前，企业既注重其竞争能力，也注重自身的社会形象。越来越多的重要客户已提出供应商应该拥有一整套有效的环境管理措施。绿色供应链可以避免资源浪费，增强企业的社会责任感，给企业带来良好的声誉和树立绿色产品的品牌形象，扩大产品市场。生产原材料的节约降低了最终产品的生命周期成本，从而最终客户只需付出更低廉的价格就能得到更安全、更环保的产品。绿色供应链管理将全面改善或美化企业员工的工作环境，既可改善员工的健康状况和提高工作安全性，减少不必要的开支，又可使员工心情舒畅，有助于提高员工的主观能动性和工作效率，以创造出更大的利润；进一步为企业创造更好的社会形象，为企业增添无形资产。

另外，企业的行为都是建立在所有供应链节点企业之间对话基础上的，是供应链系统最优化的体现，供应链上游所取得的生产绿色化方面的成就可以在供应链下游得到放大。实行绿色供应链管理的企业不仅自身更容易达到环保标准，而且可以促进供应链上其他企业达标。实行绿色供应链管理的企业通过建立长期的合作关系，以同时达到提高商业利润和促进环保的目的。

当前，绿色供应链管理的措施已经被逐渐采用，典型的例子就是许多欧洲工业化国家进行了环境立法，让生产商为其产品的逆向物流负责，包括旧产品和工业废品的处理。另外，一些全球性企业，如国际商业机器公司（IBM）、施乐公司等均采取有效措施来整合它们的供应商、批发商等，并通过改善设计和生产工艺来提高产品的可重用性，促进绿色供应链的发展。

**3．实现绿色供应链管理的措施和途径**

① 加强企业内部管理。由于企业的情况千差万别，绿色供应链管理的模式也是多种多样的，因此企业在决定实施绿色供应链管理时应仔细分析自身的状况，要从承载能力和实际出发，这样既能解决企业急需解决的问题，又能以较快见效的环节作为突破口，明确认识实施目标，确保成功。

企业应加强内部管理，重新思考、设计与改变在旧的环境下形成的按职能部门进行运作和考核的机制，有效地建立跨越职能部门的业务流程，减少生产过程中的资源浪费，达到节约能源和减少环境污染的目的。

企业应强化高层领导和员工的环境保护意识。企业高层领导要转变观念，积极地把经济目标、环境目标和社会目标恰如其分地同供应链联系在一起考虑。通过学习和培训，企业提高了各个层次员工的环境认识，让员工了解了企业对环保的重视。

企业应实施绿色采购，尽量根据自身的需求采购原材料和零部件，减少原材料和零部件库存量，对于有害材料，尽量寻找替代物，对多余设备和原材料要充分利用。

② 加强供应商的环境管理。绿色供应过程对供应商提出了更高的要求。首先，制造商要根据自身的资源与能力、战略目标对供应商评价指标加以适当调整，设置的指标要能充分反映制造商的战略意图。其次，供应商与制造商在企业文化与经营理念上要实现对环境保护的认同，这是供应链成员间战略伙伴关系形成的基础。再次，供应链成员应具有可持续的竞争力与创新能力。最后，供应商之间要有可比性，这有利于制造商在多个潜在的供应商之间做出最优选择。

③ 加强客户绿色消费意识。企业要从我国人均资源占有水平低、资源负荷重、压力大的角度出发，充分认识绿色消费对可持续发展的重要性。发展绿色消费可以从消费终端减少消费行为对环境的破坏，遏制生产者粗放式的经营，从而有利于实现我国社会经济可持续发展的目标。同时，发展绿色消费不仅可以通过优质无污染的消费对象来改善人们的消费质量和身体健康状况，而且在消费过程中可以通过观念的转化、行为的转变来加深广大群众对环保、绿色消费与可持续发展的认识。

④ 加强管理部门环境执法。由于一家企业的技术水平和资金相对有限，企业的生产能否做到节约资源、能源和减少环境污染是无法确定的。企业为了保护环境，会对生产过程进行适当的修改，但由于习惯、经验、技术、设备和资金的影响，大多数企业对生产过程的修改是有限的，效果如何也不能很好地判断。有一些企业即使效益很好，能对生产过程进行大改造，以节约资源和能源及减少环境污染，但也不愿冒险尝试。有些企业为了追求短期效益，甚至不顾环境污染。这时需要全社会的力量参与进来。执法部门应广泛深入地宣传环保，既向各企业决策者宣传绿色市场营销观念，又向广大客户宣传保护生态环境的重要意义，针对不同对象，采取不同方式进行教育培训。

绿色供应链的实施过程中存在许多具体问题，如绿色材料选择、绿色采购、绿色生产计划、绿色包装、绿色仓储、绿色运输、绿色分销和回收处理等过程中的问题，如何将这些过程有机集成起来，实现整体效益最大化，是从真正意义上实现供应链绿色化的关键。实现供应链绿色化应用到的信息技术包括信息集成和信息交换，必须建立一个强大的数据库和确定统一的数据传输格式，从而使各节点企业能利用 EDI 技术实现内部数据和外部数据的信息集成与交换。

⑤ 技术支持。绿色供应链管理的优势源于先进的技术支撑，因此企业要紧随技术的发展，加强应用和集成相关技术的能力。这方面的技术包括物流过程自动化、ERP、业务流程重组、EDI 以及环保技术等。

另外，重新审视从企业内部到外部的业务运作方式是构建动态的绿色供应链必须面对的问题。为提高绿色供应链的效率，供应链管理者需要在时间上重新规划供应流程，在地理上重新规划供销厂家分布，在生产上对所有供应商的制造资源进行统一集成和协调。树立绿色供应链管理的思想要求供应链各个成员牢固树立环境保护意识，寓环保意识于企业决策之中，开展以消除和减少对生态环境的影响为中心的供应链管理活动。企业应充分认识到管理的目的是增强竞争力、降低产品成本和追求可持续发展。

案例链接

## 练习与实训

### （一）思考题

1. 供应链金融与物流金融的区别有哪些?
2. 大数据对供应链的影响表现在哪些方面?
3. 如何理解智慧供应链?
4. 简述实现绿色供应链管理的措施和途径。

### （二）实训：绿色供应链管理实施情况调研

1. 实训目标

① 在掌握绿色供应链管理概念、绿色供应链管理实施情况相关知识的基础上，调研某几家企业实施绿色供应链管理的现状。

② 通过以组为单位进行实地调查获取资料的方式，培养学生的团队合作精神，增强学生发现问题、分析问题与解决问题的能力，以及人际交往与沟通的能力。

**2. 实训内容**

① 收集资料或开展调查，说明某一企业、产品或行业实施绿色供应链管理的情况。

② 通过相关软件或网络搜索、实地调查等途径，开展调查并对所调查的内容进行统计分析。完成调查并获得相关资料后，以组为单位完成实训报告。实训报告题目为“绿色供应链管理实施调查报告”（或自定）。报告中应包含以下内容：企业实施绿色供应链管理现状，实施绿色供应链管理存在的问题、障碍及解决途径。

**3. 实训准备、步骤及要求**

（1）实训准备

① 知识准备：教师通过课堂讲解使学生熟练掌握绿色供应链管理及绿色供应链管理实施要素等相关知识。

② 学生分组：每 6 名学生为一组，每组选出一位小组长。

③ 实训地点：各组成员自定。

（2）实训步骤及要求

① 各组通过讨论确定实训方案和步骤。

② 以组为单位构建绿色供应链管理实施要素。

③ 各组通过实地调查、资料查找、网络搜索等途径进行调查、分析和总结。

④ 各组完成实训报告，要求资料翔实、准确、具体。

⑤ 各组分享实训报告，教师点评。

**4. 实训成绩评定**

实训成绩根据实训报告的完成情况进行评定，评定内容包含以下几项。

① 相关资料是否通过实地调查、网络搜索等途径获得，调查资料是否翔实、准确、具体。

② 实训报告内容的完整性、合理性和全面性。

③ 实训报告是否按要求的规范格式完成。

# 参考文献

[1] 栾向晶. 供应链管理 [M]. 北京：科学出版社，2009.

[2] 缪兴锋，别文群. 供应链管理技术与方法 [M]. 广州：华南理工大学出版社，2006.

[3] 乔普拉，迈因德尔. 供应链管理 [M]. 陈荣秋，等译. 北京：中国人民大学出版社，2010.

[4] 博扎思，汉德菲尔德. 运营与供应链管理导论 [M]. 李东贤，李成强，译. 北京：清华大学出版社，2007.

[5] 加托纳. 供应链管理手册 [M]. 王海军，马士华，张翔，等译. 5 版. 北京：电子工业出版社，2004.

[6] 加托纳. 战略供应链联盟 [M]. 宋华，郑平，白鹏，等译. 北京：经济管理出版社，2003.

[7] 乔普拉，迈因德尔. 供应链管理：战略、规划与运作 [M]. 北京：清华大学出版社，2001.

[8] 柴跃廷，刘义. 敏捷供需链管理 [M]. 北京：清华大学出版社，2001.

[9] 科蓝，莱德. SAP 业务蓝图：理解供应链管理 [M]. 朱岩，肖勇波，译. 2 版. 北京：中国人民大学出版社，2003.

[10] 中国物流与采购联合会. 中国供应链管理最佳实践案例集[M]. 北京：中国财富出版社，2017.

[11] 马士华，林勇，陈志祥. 供应链管理 [M]. 北京：机械工业出版社，2000.

[12] 罗勇，禹海慧. 供应链管理 [M]. 长沙：湖南人民出版社，2007.

[13] 侯方淼. 供应链管理 [M]. 北京：对外经济贸易大学出版社，2004.

[14] 王之泰. 现代物流学 [M]. 北京：中国物资出版社，1995.

[15] 胡军，彭扬. 供应链管理理论与实务 [M]. 北京：中国物资出版社，2006.

[16] 赵林度. 供应链与物流管理理论与实务 [M]. 北京：机械工业出版社，2003.

[17] 邹辉霞. 供应链物流管理 [M]. 北京：清华大学出版社，2004.

[18] 宋远方. 供应链管理与信息技术 [M]. 北京：经济科学出版社，2000.

[19] 宋华，胡左浩. 现代物流与供应链管理 [M]. 北京：经济管理出版社，2000.

[20] 林勇，马士华. 供应链管理的战略管理策略 [M]. 北京：机械工业出版社，1998.

[21] 李波，洪涛. 供应链管理（SCM）教程 [M]. 北京：电子工业出版社，2006.

[22] 波特. 竞争战略 [M]. 陈小悦，译. 北京：华夏出版社，1997.

[23] 杨思远. 供应链管理 [M]. 北京：冶金工业出版社，2008.

[24] 孙元欣. 供应链管理原理 [M]. 上海：上海财经大学出版社，2003.

[25] 周艳军. 供应链管理 [M]. 上海：上海财经大学出版社，2004.

[26] 宋华. 现代物流与供应链管理案例 [M]. 北京：经济管理出版社，2003.

[27] 张良卫，王学锋. 供应链管理教程 [M]. 北京：中国商务出版社，2005.

[28] 高本河，缪立新，沐潮. 供应链管理 [M]. 深圳：海天出版社，2004.

[ 29 ] 杨晓雁．供应链管理［ M ］．上海：复旦大学出版社，2005.

[ 30 ] 鲁晓春．物流管理案例与实训［ M ］．北京：清华大学出版社、北京交通大学出版社，2005.

[ 31 ] 贝利．采购原理与管理［ M ］．北京：电子工业出版社，2009.

[ 32 ] 宋华．电子商务物流与电子供应链管理［ M ］．北京：中国人民大学出版社，2004.

[ 33 ] 韦伯斯特．供应链管理原理与工具［ M ］．北京：机械工业出版社，2009.

[ 34 ] 周利国．物流与供应链金融［ M ］．北京：清华大学出版社，2016.

[ 35 ] 芬驰，杨东涛．当代营运管理：供应链、利润和绩效［ M ］.南京：南京大学出版社，2009.

[ 36 ] 宁宣熙，刘思峰．管理预测与决策方法［ M ］．2 版．北京：科学出版社，2009.

[ 37 ] 王喜富．大数据与智慧物流［ M ］．北京：北京交通大学出版社、清华大学出版社，2016.

[ 38 ] 张相斌，林萍，张冲．供应链管理：设计、运作与改进［ M ］．北京：人民邮电出版社，2015.